1　吉野ケ里遺跡（復元）

2　登呂遺跡（復元）

3　赤堀茶臼山古墳出土の家形埴輪

4　四天王寺金堂（復元）

5　山田寺東面回廊の出土建築部材

6　法隆寺西院金堂・五重塔

7　法隆寺東院伽藍（夢殿・舎利殿・絵殿）

8　伊勢神宮内宮正殿（唯一神明造）

9　出雲大社本殿

10　住吉大社本殿

11　宇治上神社本殿

12　藤原京模型（南から）

13　平城京模型（北から）

14　平城宮第一次大極殿（復元）

15　平城宮朱雀門（復元）

16　薬師寺金堂（復元）

18　薬師寺東塔

17　薬師寺東塔の三手先組物

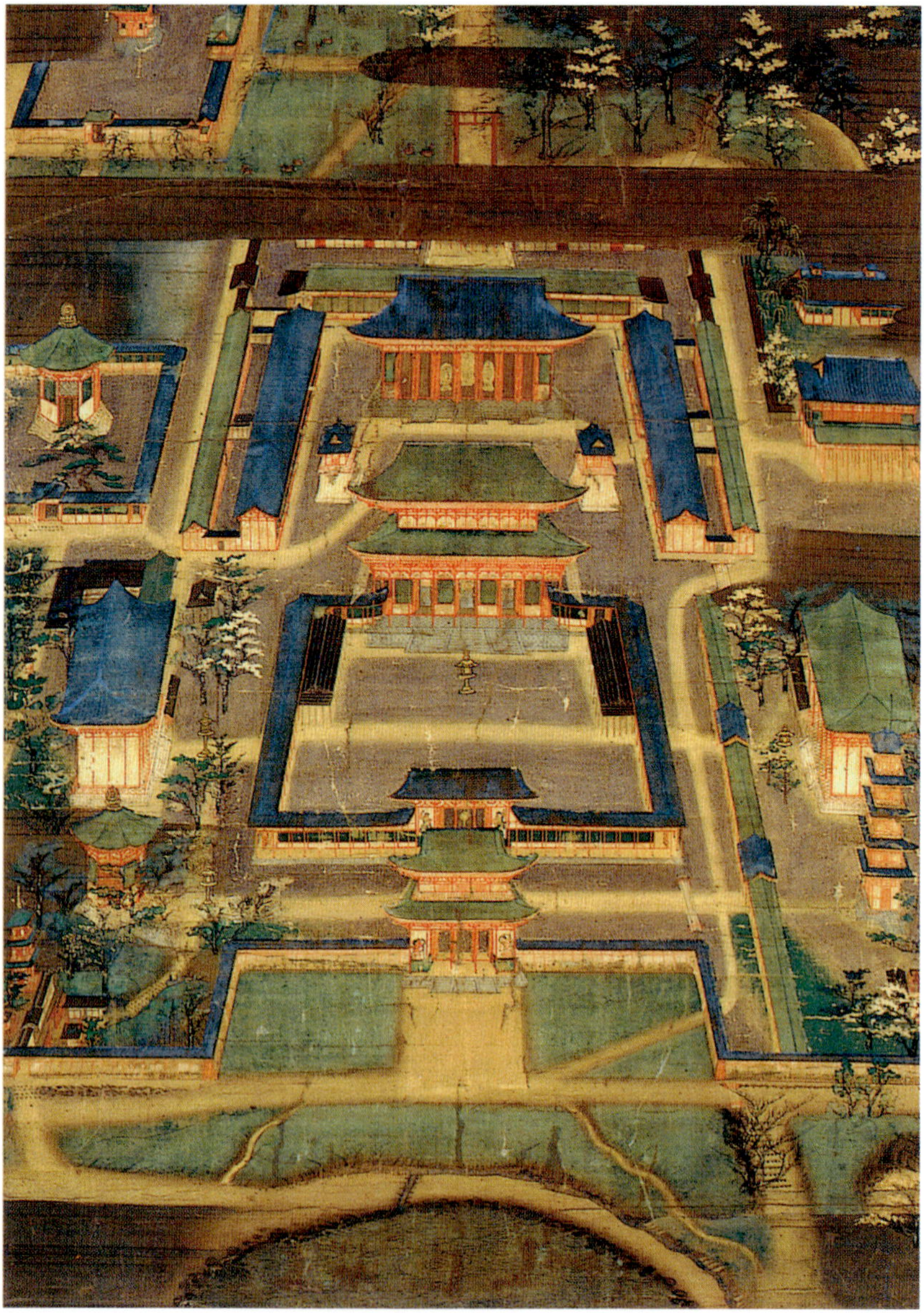

19　春日社寺曼荼羅に描かれた興福寺境内

20　唐招提寺金堂

21　正倉院正倉

22　室生寺金堂

23　室生寺五重塔

24　浄瑠璃寺本堂内部

25　法界寺阿弥陀堂

26　平等院鳳凰堂

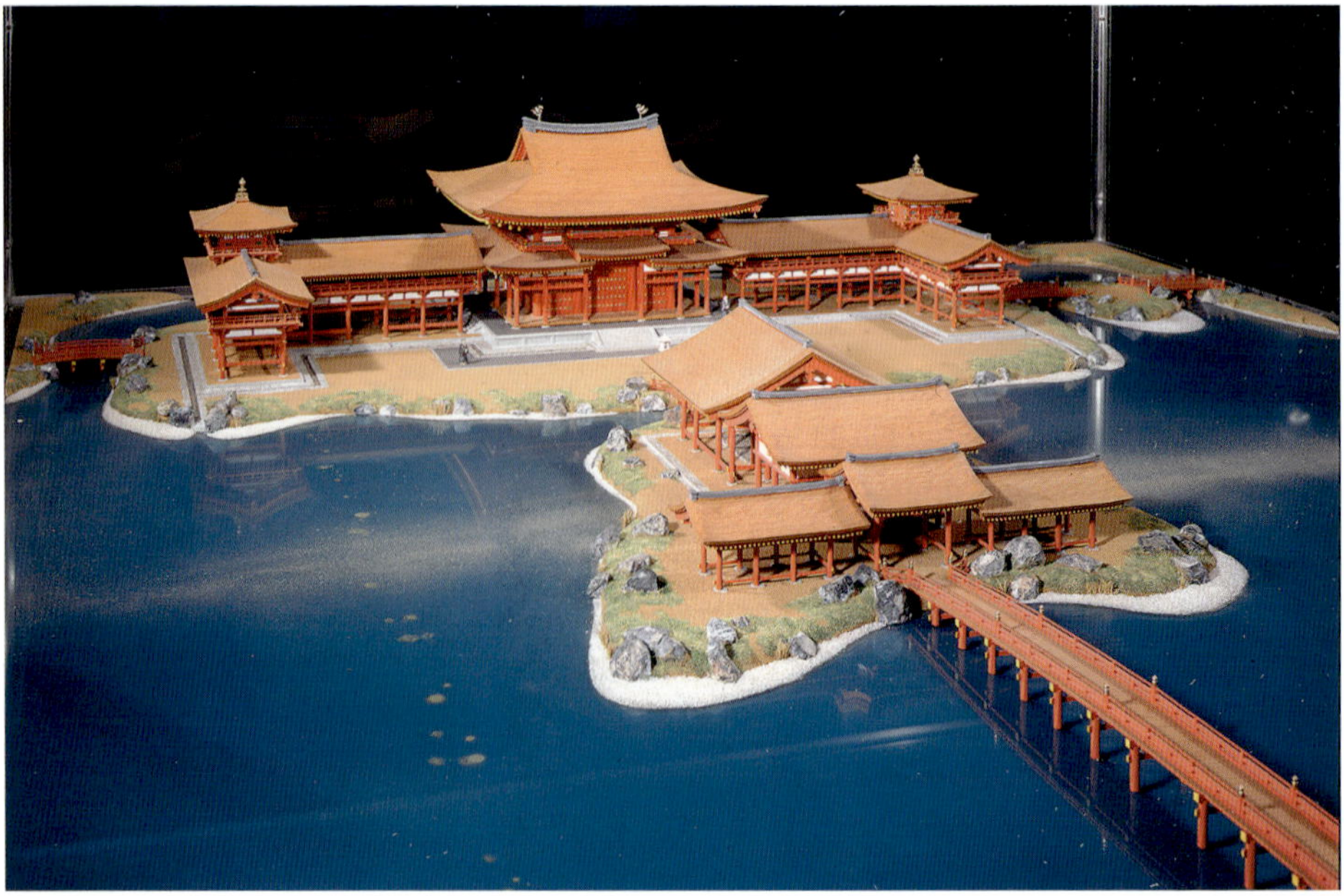

27　無量光院の復元模型

28　東三条殿の復元模型（寝殿造）

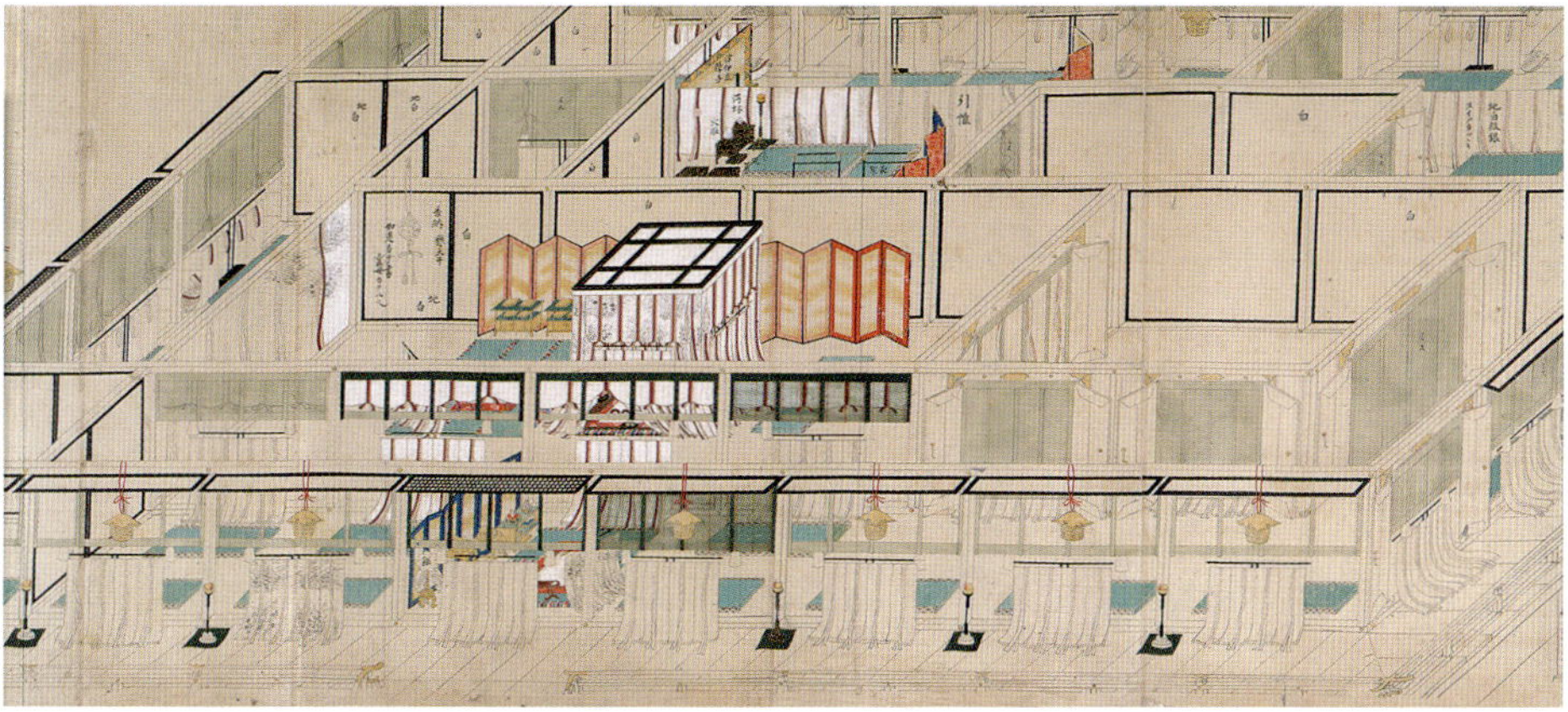

29　『類聚雑要抄』に描かれた東三条殿の寝殿の室礼

30　中尊寺金色堂内部

31　東大寺南大門

32　浄土寺浄土堂内部

33　永保寺観音堂と庭園

34　功山寺仏殿の架構と組物

35　鶴林寺本堂礼堂の架構

36　大報恩寺本堂礼堂

37　洛中洛外図屏風（歴博甲本）柳の御所

38　慕帰絵詞に描かれた歌会の様子（東京国立博物館模本）

39　二条城大広間上段の間

41　西本願寺唐門桟唐戸

40　二条城唐門

43　妙喜庵待庵内部

42　燕庵露地

44　燕庵内部

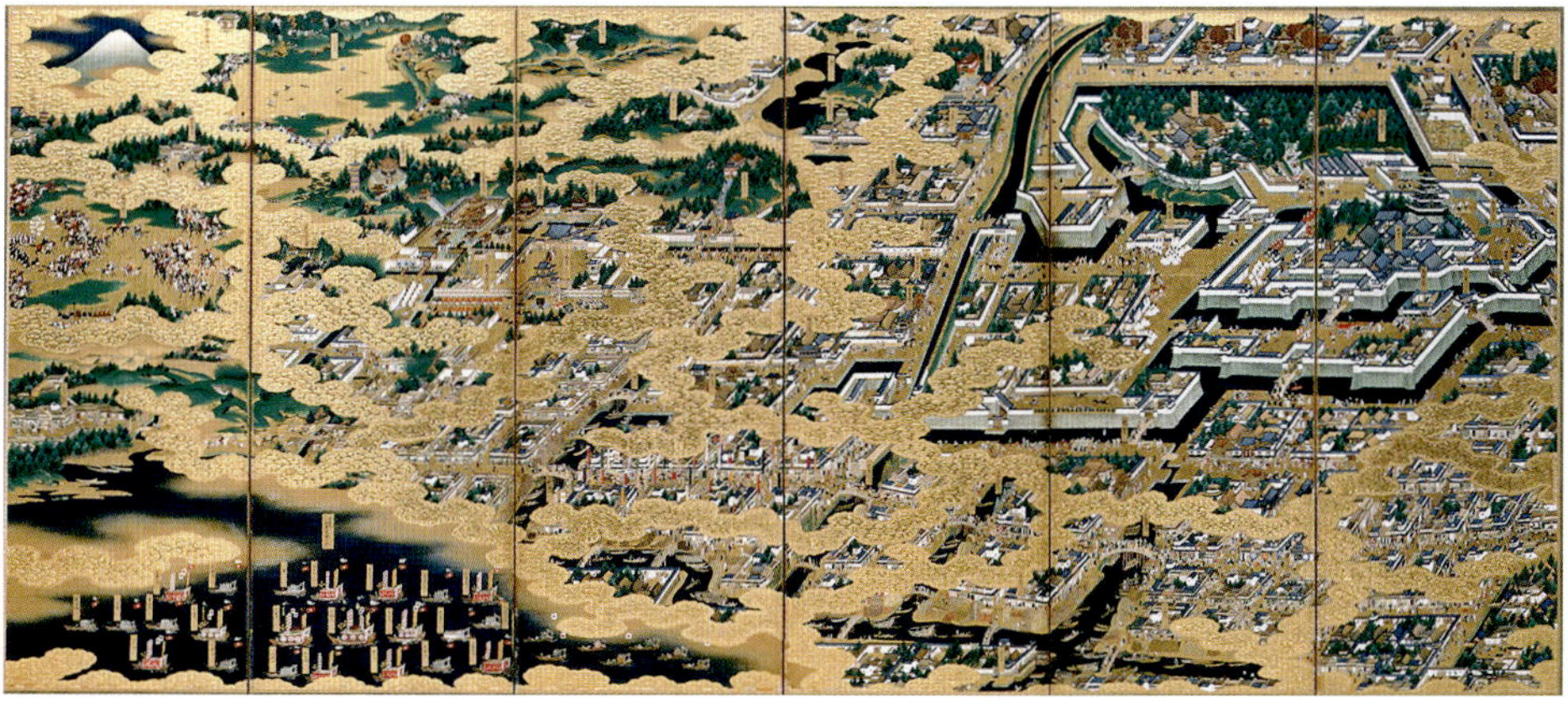

45　江戸図屏風

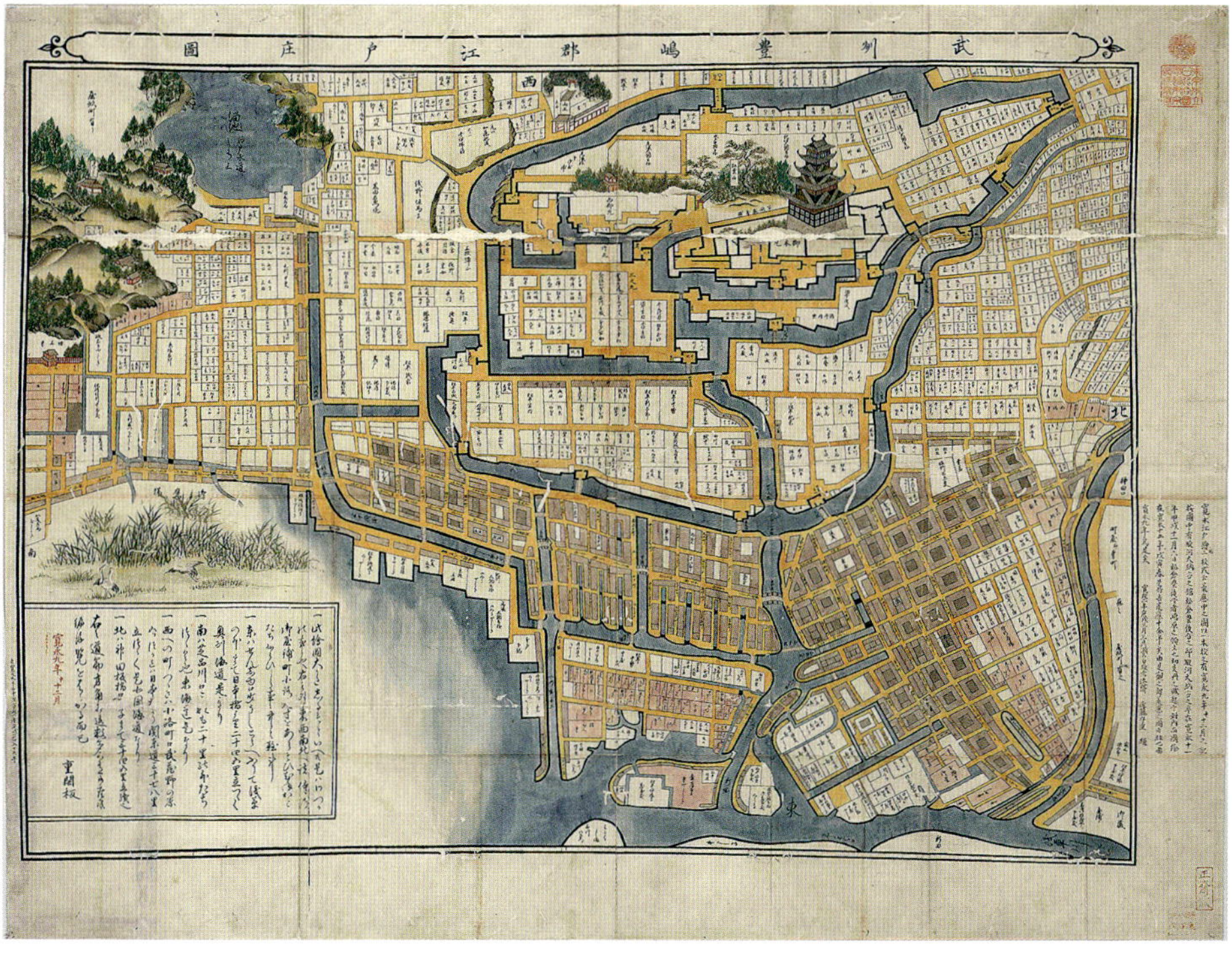

46　武州豊嶋郡江戸庄図

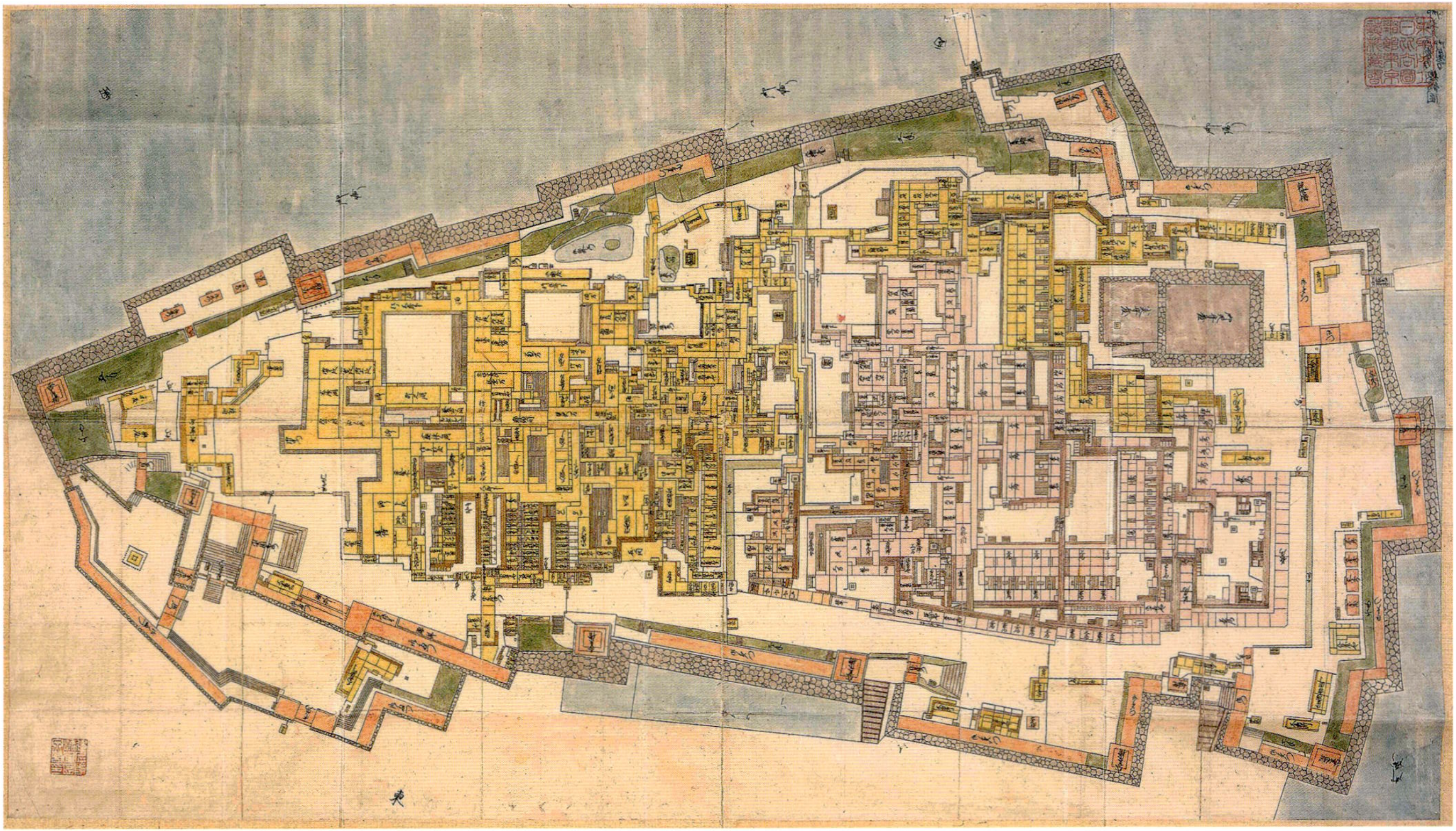

47　江戸城御本丸御表御中奥御大奥総絵図（万治度）

48　日光東照宮陽明門

50　旧台徳院霊廟惣門

49　久能山東照宮本殿の組物と彫刻木鼻

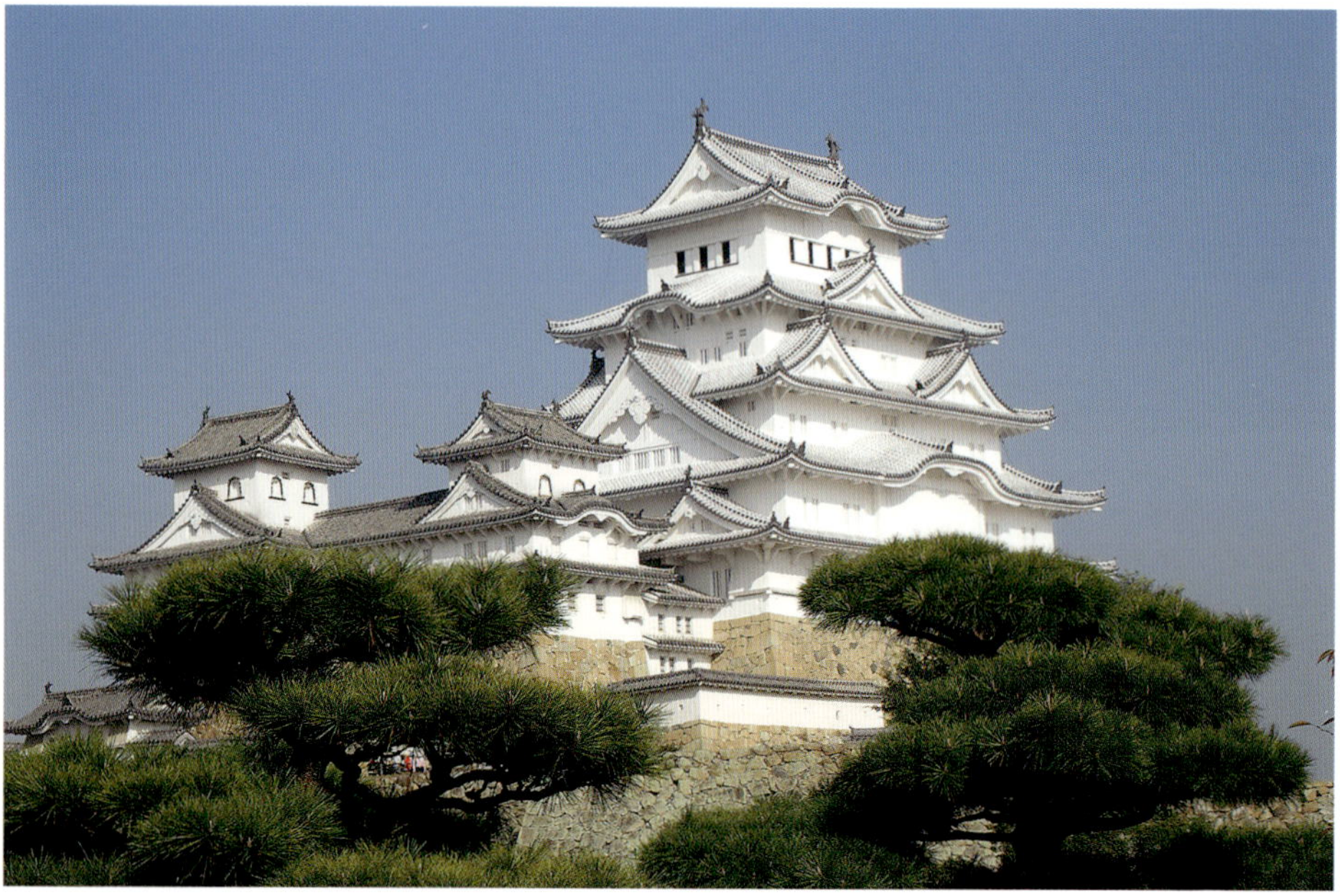

51　姫路城

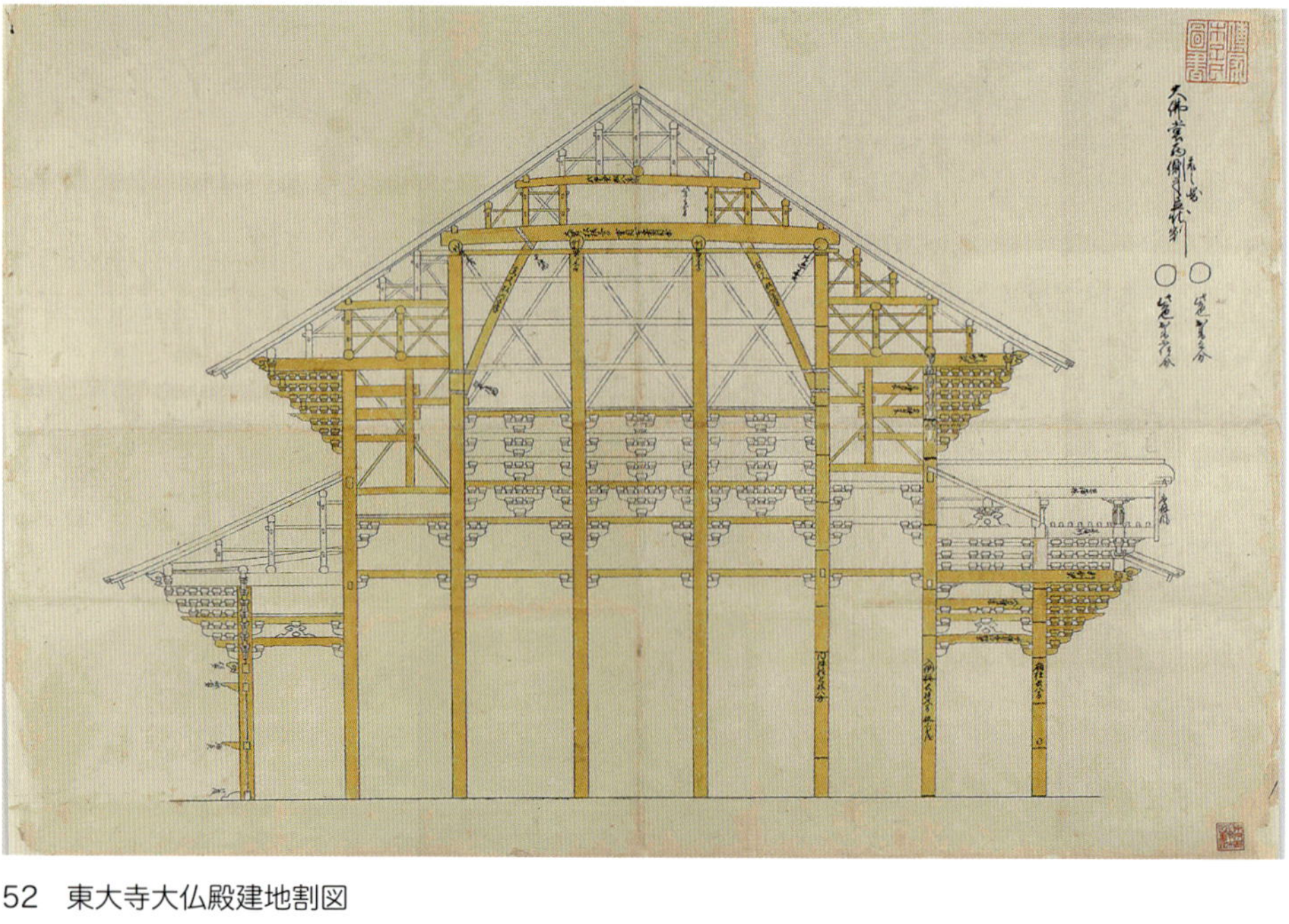

52　東大寺大仏殿建地割図

53　万福寺大雄宝殿

54　大瀧神社本殿・拝殿

56　旧正宗寺三匝堂（さざえ堂）

55　成田山新勝寺三重塔

57　善光寺詣り

58　箱木家住宅

59　寺内町の町並み（今井町）

60　旧鹿児島紡績所技師館

61　造幣寮泉布観

62　岩崎久彌邸

63　開智学校車寄せ

64　旧済生館病院本館

65　反射炉（山口県萩市）

66　富士屋ホテル

67　旧賓日館御殿の間

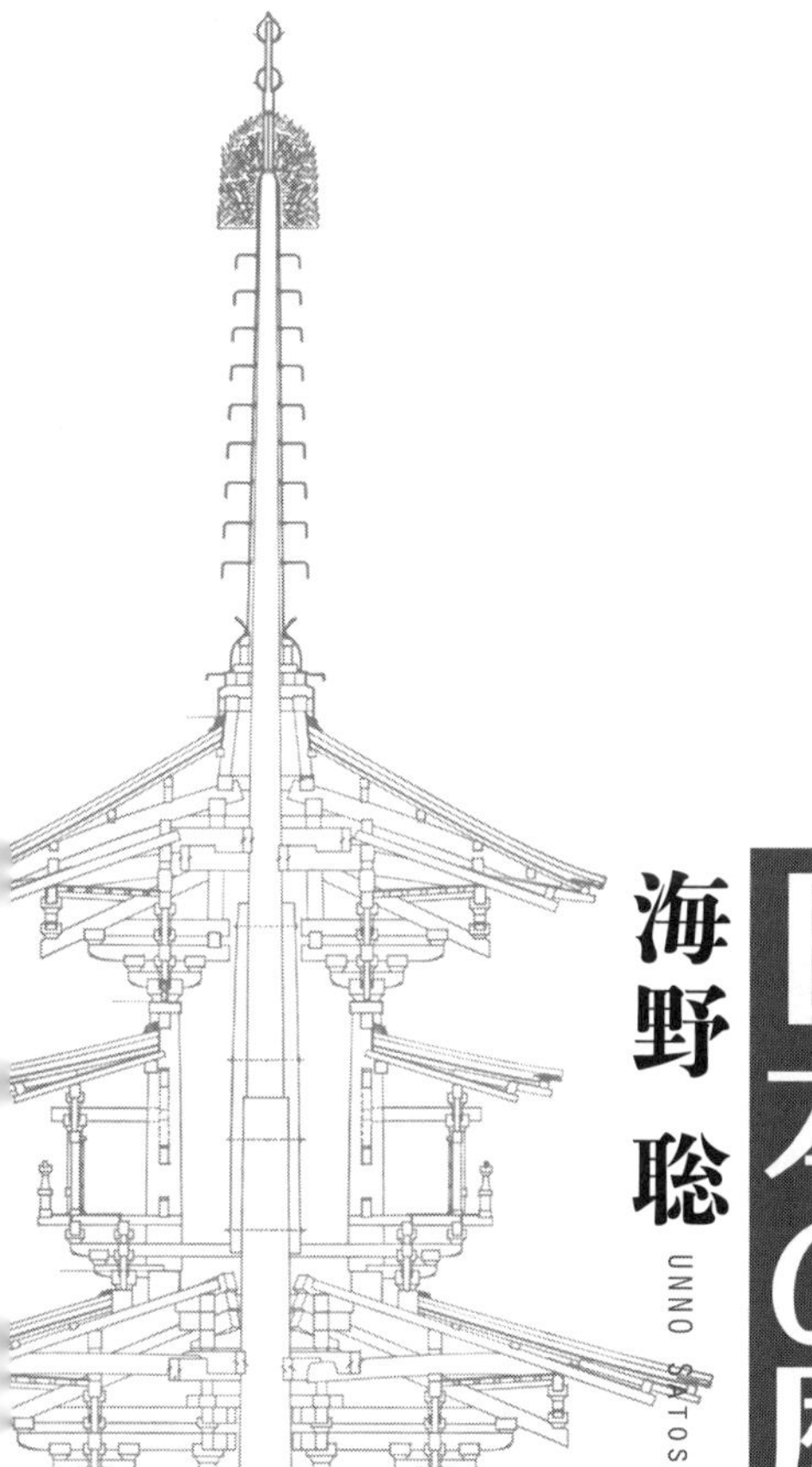

建物が語る日本の歴史

海野 聡
UNNO SATOSHI

吉川弘文館

目次

はじめに

歴史のなかの建築

日本の歴史にはさまざまな人々が登場する。卑弥呼《ひみこ》、聖武《しょうむ》天皇、最澄《さいちょう》、空海《くうかい》、後白河《ごしらかわ》法皇、足利尊氏《あしかがたかうじ》、織田信長《おだのぶなが》、徳川家康《とくがわいえやす》……。これらの名前を挙げていったら切りがない。そして長い歴史のなかで、政治・宗教・文化などのあらゆる面で、さまざまな事柄が起こり、多くのドラマが生み出されてきた。こうした歴史の流れが表舞台であるとしたら、それらが起こった場所、生活空間などは舞台そのものともいえるかもしれない。いうなれば建築は歴史の舞台であり、歴史を語る生き証人なのである。そこで本書ではその舞台に光を当て、人間の生活に欠くことのできない建物という要素を通して、日本の歴史を読み解いてみたい。

いわゆる建築の歴史を扱った研究分野としては、「建築史学」がある。文字通り、建築の歴史を扱ったもので、現存建築や史料から建築の形式を紐解いた成果は、その賜物である。例えば、寝殿造《しんでんづくり》や書院造《しょいんづくり》といった言葉は耳にしたことがあろう。

いっぽうで建築史学は現存する古建築の調査・研究を大きな目的の一つとしているため、現存古建築の建築技術に焦点を当てたものが多い。それゆえ、建物の歴史といっても、細部の建築様式の変化や個別の建物の修理・改造の履歴といった建物そのものの歴史が主である。もちろん、現存建築の調査・研究の成果のおかげで、現存建築は維持管理され、後世へと受け継がれていることは事実ではあるが、こうした視点は他分野の研究者や一般の方々にはなじみが薄いといわざるを得ないだろう。また現存する建築は、歴史の偶然の産物として現代に継承されたもので、その背後には歴史の流れのなかで失われた多くの建築があることを忘れてはならない。
そのため、ごく一部の歴史上、有名な建物を除き、歴史の表出として建物を捉えられることは少なく、建物の歴史はそれぞれのものの技術・意匠・空間を中心に語られることが多かった。社会の流れ、すなわち、政治や文化の歴史とはやや距離を持っていたのである。そこで本書では、こうした既往の建築史観とは異なり、日本の歴史を通観するなかで、歴史における建物の位置づけ、その意義を紹介していきたい。

例えば東大寺《とうだいじ》大仏殿《だいぶつでん》、平等院鳳凰堂《びょうどういんほうおうどう》、安土城《あづちじょう》、鹿鳴館《ろくめいかん》などは権力者の威信をかけて造られた、記念性や象徴性の強い建築で、当時の世相を映している。現代でも、一九六四年の東京オリンピックで建設された代々木体育館は日本の戦後復興の象徴の一つであろうし、二〇二〇年の東京オリンピックで議論の的になった新国立競技場も世相を映す鏡であろう。

そのいっぽうで、こうした政治・権力と関係の深いものだけが建物の歴史ではない。現存する歴史的建造物の多くは、必ずしも日本史の表舞台に登場したものばかりではなく、むしろ、地方の寺社や住宅など、歴史の大きな流れと深く関与しなかった建物も多い。特別な建物だけではなく、その基底に、これらの一般的な建物があってこそ、日本の建築文化、あるいは風土が構成されてきたといえよう。もちろん、各建物に、それぞれの歴史が編み込まれていることはいうまでもないが……。

さて、日本の古建築の多くは寺社であり、現存建築に依拠した建築の歴史ではここに焦点が当てられようが、本書は前述のようなコンセプトのもとで構成しているため、寺社の古建築だけではなく、権威を示す為政者の施設、社会のなかで建築に求められた役割、造営のための組織などにも言及し、日本の歴史に沿って、紐解いていきたい。

時代を追って概観していくと、まず縄文時代の原始住居に始まり、弥生時代の水稲農耕の開始にともなう倉庫や巨大建造物、古墳の出現が代表的なものとして挙げられよう。古墳は建物ではないが、モニュメント性そのものともいえる存在で、社会階層化と政治権力の集中といった社会の変革を映している。

そして仏教とともに寺院建築が日本にもたらされると、以降の日本では寺院建築に最新の技術が用いられることが多く、日本の歴史を通して寺院建築が建築技術の先端を走ることになる。瓦葺《かわらぶき》・礎石《そせき》の寺院建築は、掘立《ほったて》柱《ばしら》・草葺の建物がほとんどであった当時の日本人にとって、見たこともない驚愕の建物であったであろう。また七世紀の混迷する古代東アジアのなかにあっては、日本が律令国家として、唐や諸国と渡り合うために都城《とじょう》が整備された。この寺院建築や都城を持ち込んだ時代は日本建築の歴史のなかで、最初の大きな技術導入の画期であった。しかし技術導入があったからといって、すべての建築が一新されたのではなく、それ以前から存在した民俗建築としての日本の伝統的な形は維持された。例えば、仏教建築の導入にともなって、神道においても、視覚的に信仰の対象となるような、神社の社殿が発生したと考えられているが、仏教建築導入以前の日本古来の建築の形を受け継いでいるとみられ、神社建築は定期的な更新により旧態を保持しようとする傾向が強い。伊勢神宮の社殿の式年遷宮《しきねんせんぐう》はその最たるものである。

平安時代に入ると、日本建築は独自の発展を遂げ、仏堂への礼堂の付加により平面の拡大がなされる。そのいっぽうで、中世には再び大陸から技術移入があり、巨大建築の造営のための建築様式である大仏様、宋様式の禅宗様が導入された。二つ目の技術変革である。

また住宅では貴族邸宅や武家の邸宅、そして各地の民家など、さまざまなものが造られた。これらは生活や慣習に合わせたもので、そこには人々の活動や暮らしが表れている。民家は環境に適合すべく、さまざまな工夫をしており、風土に根差した建築の様相を呈している。高級住宅は建具を取り外すと、ほぼ柱と屋根のみとなる非常に開放的なつくりで、「家の作りやうは、夏を旨とすべし」（『徒然草《つれづれぐさ》』）という夏の蒸し暑さを避けるための工夫と理解されている。いっぽうで、暖を取ることの難しい庶民住宅は冬の寒さに備えて堅牢であり、この開放性と閉鎖性の違いにも、衣服で暖を取ることができるかどうかという身分に応じた生活の差が如実に見て取れる。

そして集住により形成された近世の都市、特に大都市江戸では武家地と町人地など、整然とした都市計画がなされ、さらに火事に対する備えなど、社会性が強く示された。同時に江戸幕府により、その大量の造営を組織的にコントロールする管理体制も整備されていた。

近代に入ると、西欧列強との外交関係から、近代国家としてふさわしい西洋建築・近代都市の整備が求められ、建物も大きな変革を迫られた。木造からレンガ造・石造などへの変貌である。こうした状況は強大な唐に対抗して、都城を整備した古代と非常によく似ている。第三の技術的な大変革である。

このように建物は歴史の潮流から独立して発展してきたのではなく、社会から影響を受けつつ変化し、建物の歴史は紡がれてきた。権威の誇示・仏堂の荘厳による仏への帰依・法会への近接の欲求・巨大建築への憧憬・風土への適応・都市の形成のための災害対策など、その要因はさまざまである。また政権が覆ったとき、中国をはじめとする諸外国では前時代の権威ある建物が破壊されることも少なくないのに対し、日本では、継承や模倣、あるいは過去の由緒ある地への建設などにより、それらを利用しようとする動きがみられる。こうした傾向も社会における建物あるいは土地の持つ意味の肯定という点で、日本特有の文化の一端を形成しているといえよう。

これらをふまえて、本書では、社会の欲求の表出として建物を捉え、建物を通して日本の歴史を読み解いてみたい。技術的側面が中心になりがちであった建築史において、社会史的な側面を重視し、歴史のなかでの建築の意味を探求することには研究の面においても意義があり、先駆的な取組みである。ただし、建物から日本の歴史をみるというスタンスにあっては、権威性の強い建物を中心に取り上げざるを得ないため、いわゆる建築文化の多様性やすそ野の広さを示すには向いておらず、建築の歴史の一側面に光に当てたにすぎない点は心残りである。

また通史の叙述であるため、各時代の建築や個別の建築に深く踏み込めず、幕の内弁当的な内容であることも否定できないが、本書が建築の歴史に興味を持つきっかけになれば幸いである。

それゆえ、冒頭で、日本建築の歴史に関する基本的な概説書をいくつか挙げておきたい。また本書では紙幅も限られるため、かなり概略化して記述した部分も多い。これを補足するため、本書末尾にも各章の内容の入門となる参考文献を数冊挙げておいた。より深く、日本建築史を知りたい方は、他書も併せて読み進めていただきたい。

【参考文献】

太田博太郎『日本の建築 歴史と伝統』筑摩書房、一九六八年
太田博太郎『日本建築史序説』増補第三版、彰国社、二〇〇九年
太田博太郎編『日本建築様式史』美術出版社、一九九九年
藤井恵介・玉井哲雄『建築の歴史』中央公論新社、二〇〇六年
光井渉・太記祐一『建築と都市の歴史』井上書院、二〇一三年
日本建築学会編『日本建築史図集』新訂第三版、彰国社、二〇一一年
日本建築学会編『日本建築史』新建築学体系二、彰国社、一九九九年

1 集落の形成と農耕

日本の地勢と気候

現代の最新の建築物の多くは鉄・ガラス・コンクリートなどで構築されている。ヨーロッパ・アメリカ・東南アジア・日本・中東、世界のどこを見渡しても、似たようなもので、暑くもなく、寒くもなく、人間にとって快適な環境が提供されている。しかし、いにしえより、建築は地勢・気候・入手可能な建材・道具など、周囲の環境に大きな影響を受けて成立してきた。いうなれば、建物を取り巻く環境が建物の地域性や独自の建築形式・建築文化を育んできたのである。日本でも、地域ごとの民家の多様性を見れば、これらの影響が大きいことは想像に難くないであろう。

日本列島は周囲を海に囲まれ、約六割が山地、丘陵も含めれば四分の三が山地という地形で、国土に比して、居住に適した地が少なく、盆地や川沿いの平地が主な人々の居住の場である。また多くの河川や湖が点在し、水を比較的得やすい環境である。

気候は地域により多少の差異はあるものの、世界的に見れば高温多雨であるが温暖で、大陸のような厳しい気候条件にはさらされていないという特徴がある。ただし、旧石器時代は氷期・間氷期を交互に繰り返しており、現在よりも気温が低く、海面も大きく低下しており、大陸とつながったり離れたりした時期であった。縄文時代以降は大きくは現在と変わらない気候で、概して温和な気候である。

こうした地形や気候、日照・降雨といった条件は日本の豊富な植生を生み出し、森林をはじめとする良好な自然環境を形成してきた。建築とのかかわりでいえば、これらの豊富な森林資源が日本の建築文化に与えた影響は計り知れず、木造建築が花開く素地を築いたといっても差し支えなかろう。

そして海に囲まれた地形のおかげで朝鮮半島や中国大陸と軍事的にも文化的にも一定の距離を保って接することができ、建築文化についても、大陸の影響を多分に受けつつも直接的に圧倒されるのではなく、他国文化の受容と独自性の形成というスタンスを取ることができた。もちろん、仏教公伝以降、飛鳥・奈良時代における唐の建築の受容、鎌倉時代における宋建築の伝来、明治時代における西洋建築の導入など、新しい建築を外国から取り入れる画期は存在したが、そのいっぽうで、人々は生活環境の改善のため、大変革ではないものの、日々の技術革新を積み重ね、少しずつ建築を変化させてきたのである。まずは弥生時代以前について見ていこう。

原始住居と集落

日本に限らず、建築の原初は住居であり、万国共通であろう。これは人間の生活環境として、第一に風雨に対する備えや一定の防寒性能などを必要とするためである。ひとことで住居といっても、気候条件、地形、景観などの風土により、世界を見渡すと多様な住居がみられる。日本の原始的な住居の形式としては、地面を掘り下げた竪穴《たてあな》式、地表面をユカとする平地《へいち》式、ユカを高く張った高床《たかゆか》式、洞窟のような横穴《よこあな》式がある（図1―1）。日本の横穴住居の多くは自然の洞窟を利用したものである。また一部、掘立柱《ほったてばしら》建物もあるが、遺跡で確認される原始住居の大半は竪穴建物である。もちろん、世界最古の現存する木造建築は七世紀後半の法隆《ほうりゅう》寺《じ》金堂《こんどう》であるから、それ以前の建物の様相は現存建築からはわからない。これらを我々に伝えてくれる手掛かりは、主に考古学による発掘成果である。建物の痕跡である遺構とともに発掘調査によって得られる石器・木器・土器などの道具や生活用具が往時の人々の暮らしや技術レベルを教えてくれる。

住居の形態は定住との関係性も大きい。旧石器時代は、狩猟・採集を主とする生活で河川流域や大地の縁辺部を遊動していたとみられる。いくつかの集団による交換や共同作業など、社会性の萌芽が確認できる。季節により、食糧となる動植物も変化するため、一定の期間、洞窟や小屋により、居を構える建物を造っていたようである。

こうした移動型の住居は縄文時代の草創期まで続いたが、縄文時代に入ると海岸部や河川流域を中心として、数戸単位での定住化が進んだ。そして縄文時代早期には大型の集落も形成され始め、祭祀《さいし》関連の施設が設けられることもあった。前期に入ると、一〇メートルを超える大型住居も登場し、食糧備蓄のための貯蔵穴なども設けられるようになり、中期には一〇〇棟以上の住居で構成された環状・馬蹄形《ばていけい》の集落も出てくるが、縄文時代全体から見れば、環状構造とならない集落のほうが一般的であった。後期には集落の数や規模は小さくなり、竪穴建物に加えて掘立柱建物も建てられ、集落内にも墓域が設けられ、周辺に貯蔵穴が作られた。

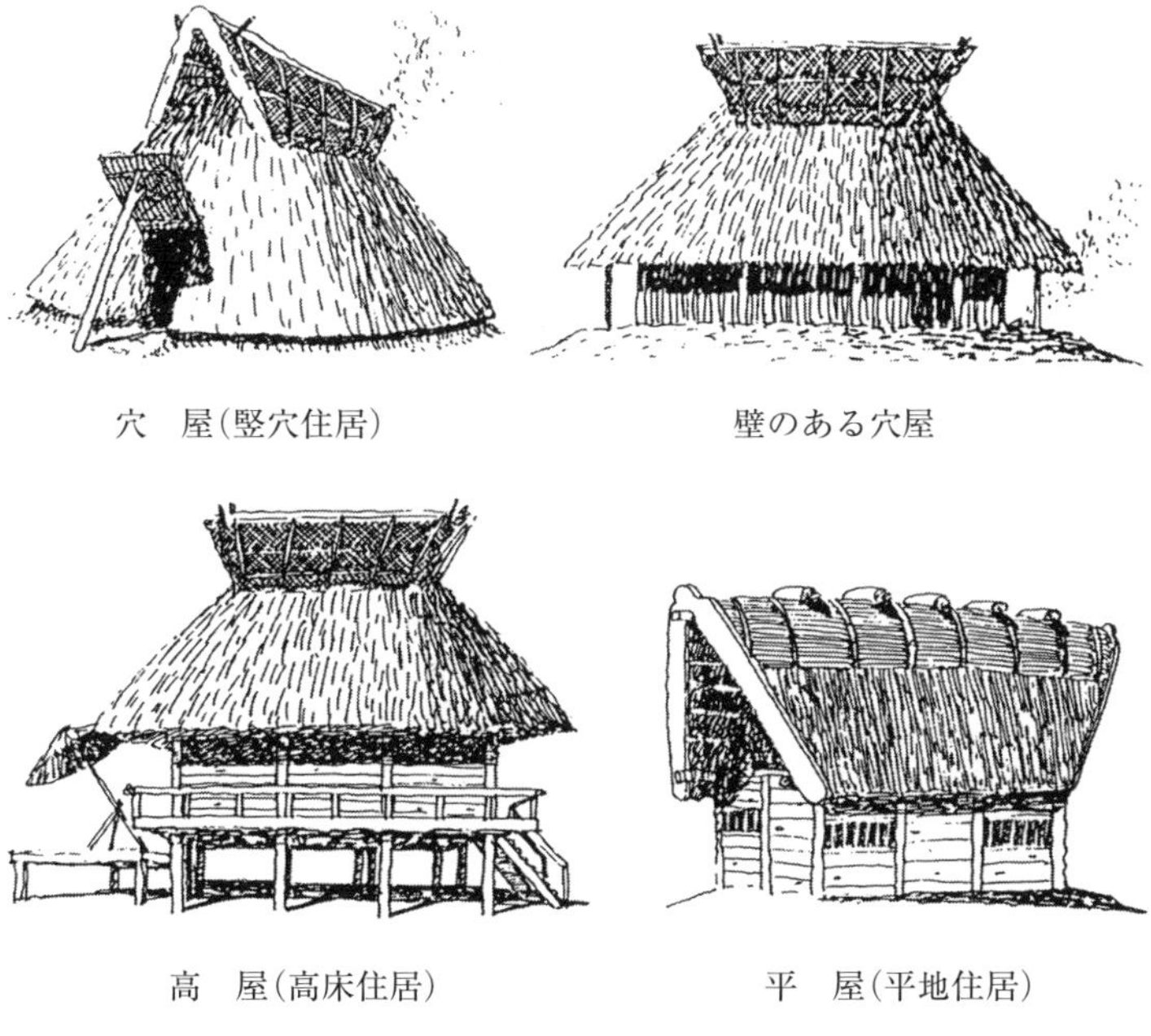

穴　屋(竪穴住居)

壁のある穴屋

高　屋(高床住居)

平　屋(平地住居)

図１−１　原始の建築形式

また縄文時代の馬蹄形の集落では、その中央には広場が設けられることがあった。縄文時代前期の南堀《みなみぼり》遺跡（神奈川県）は広場を持つ古い例で、約三〇メートル×約六〇メートルの広場を囲むように、一四軒の住居が造られていた。広場は集落の人々の共有の場であり、その存在が共同社会の形成を裏づけているのである。

水稲農耕の開始と集落の変化

さて、弥生時代に入り、水稲農耕が広まっていくと、狩猟・採集による生活から農耕による生活へと変化し、この変化は集落の社会に大きな影響を与えた。水稲農耕には水田が必要であり、そこに水を引くための灌漑用水が求められた。すなわち、水利が非常に重要な意味を持ってきたのである。したがって自然と集落の場所も水を得やすい地が選ばれるようになる。もちろん、台地上や丘陵上にも集落が設けられたが、湧水点のある平野をのぞむ台地上や平野の微高地などが生活の便のよい地であったのである。

そして水稲農耕が始まると、生産力の発展や人口増加とともに、富の蓄積による貧富の差が顕在化し、これにともなって、新たに収穫物の保管という機能を持った建物が生まれた。湿気、動物や虫による被害、あるいは略奪に備えるための高床倉庫である。以後、富の象徴たる倉庫は格式や権威をもつことになる。また弥生時代は石器から金属器への変化の時代でもあり、祭器と考えられる銅剣・銅鐸《どうたく》などの青銅器や実用的な鉄器が大陸からもたらされた。鉄器の初見は弥生時代早期とされ、鉄製の武器や農具が普及した。農業生産や建材の加工技術の向上の面で果たした鉄器の役割は計り知れず、高床倉庫などの精度の高い建築はこうした鉄器の使用に裏づけられたものとみられる。

さて集落の様相を見ていくと、一般的には一〇棟程度の竪穴住居に倉庫、少し離れた墓地という構成が多いが、さらに大規模な集落（ムラ）を形成することもあり、ここでは外敵や害獣に対する備えとして、集落の周囲に濠を廻らせた環濠《かんごう》集落が形成された。周濠は集落の防御のほか、祭祀施設や居住地域などの区画内の機能の明示や集落の湿気除去、ゴミ捨て場やトイレなど、さまざまな役割を果たしたとも考えられる。集落の数と人口が増加すると、環濠集落を拠点として周囲にさらに集落が形成され、これらが集まることで地域社会であるクニが成立した。こうした大規模な集落では、貧富や身分の差が顕著に表れ、強力な支配者（首長）も出現するようになる。

クニの中心的な集落は、環濠で囲まれたエリアが複数ある大環濠集落で、ここでは超大型建物が造られることもあり、集落の周囲を濠で囲い、物見櫓《ものみやぐら》を建てて外敵に備えた（【巻頭カラー1】）。こうした集落では、居住域・倉庫群に加え、工房や祭祀施設など、さまざまな施設が集約していた。ここでいう祭祀は祖霊信仰、恵まれた天候や豊穣を願う農耕儀礼などであったと考えられる。

このように、水稲農耕の開始によって、集落は立地を変え、収穫した米を備蓄し守るための倉庫を作り出し、富の偏在や階層的な社会を生み出した。この階層社会は富の集中と労働力の掌握により、大型化や荘厳化という形で、建築にも大きな影響をおよぼしたのである。この格差は埋葬にも影響を与えており、縄文時代の墓は土を掘りくぼめて穴を作り、そこに遺体を埋葬する土坑墓《どこうぼ》であったが、弥生時代に入ると権力者のものとみられる大型の墓が出現する。ただし弥生時代前期には西日本各地で墳丘墓《ふんきゅうぼ》が造られたものの、その規模に大きな差はなく、格差もそれほど大きくはなかったようである。これが中葉から後期にかけて格差が広がり、首長や地域の有力者クラスのものでは墳長二〇㍍《メートル》を超える大型墓が出現してくる。社会的格差が墓の規模として顕在化したのである。

竪穴建物の構造と規模

さて、弥生時代以前の住居として見つかる多くは竪穴建物である。これについて見ていこう。

竪穴建物にも多くの種類があるが、地面から深さ〇・五メートル程度、深いもので一メートルほど掘り下げ、その上に屋根を葺き下ろしたものである。竪穴建物の平面は時代や地域で多様であるが、縄文時代以来、円形、楕円形、方形、長方形、六角形などがあり、弥生時代から古墳時代前期には隅丸の長方形、古墳時代後期以降は方形に近い長方形のものが多くなる。規模も多様で、直径は五メートル内外のものから、大規模なものでは一〇メートル、超大型のものでは、不動《ふどう》堂《どう》遺跡（富山県、縄文時代中期、図1―2）の長さ一六メートル、幅八メートルや三内丸山《さんないまるやま》遺跡（青森県、縄文時代前期、図1―8）のように長さ三二メートル、幅一〇メートルにおよぶものもある。まずは古墳時代までの一般的な竪穴建物について概観したい。

内部には地面に直接柱を立てた掘立柱の構造の柱を数本立てるが、少ないものでも二本、多いものでは五本以上の柱を立てる。二本柱では構造的に弱く、小型の竪穴建物に用いられた。五本以上のものでは、円形の柱配置のものと方形の建物で横長としたものがあり、大型のものは後者の形式をとる。最も単純な構造の場合、テント構造の竪穴建物となり、三本ないし、四本の柱を頂部で束ねて、その周囲に垂木《たるき》を配して屋根を葺く構造となる（図1―3）。普遍的な四本のものは伏屋式《ふせやしき》の竪穴建物で、柱の上に梁《はり》・桁《けた》を置き、その上に扠首《さす》・棟木《むなぎ》を組み、垂木をかけて、屋根を葺く構造になる（図1―4）。この伏屋式の場合は、棟木を用いるため、頂部一点で束ねるテント構

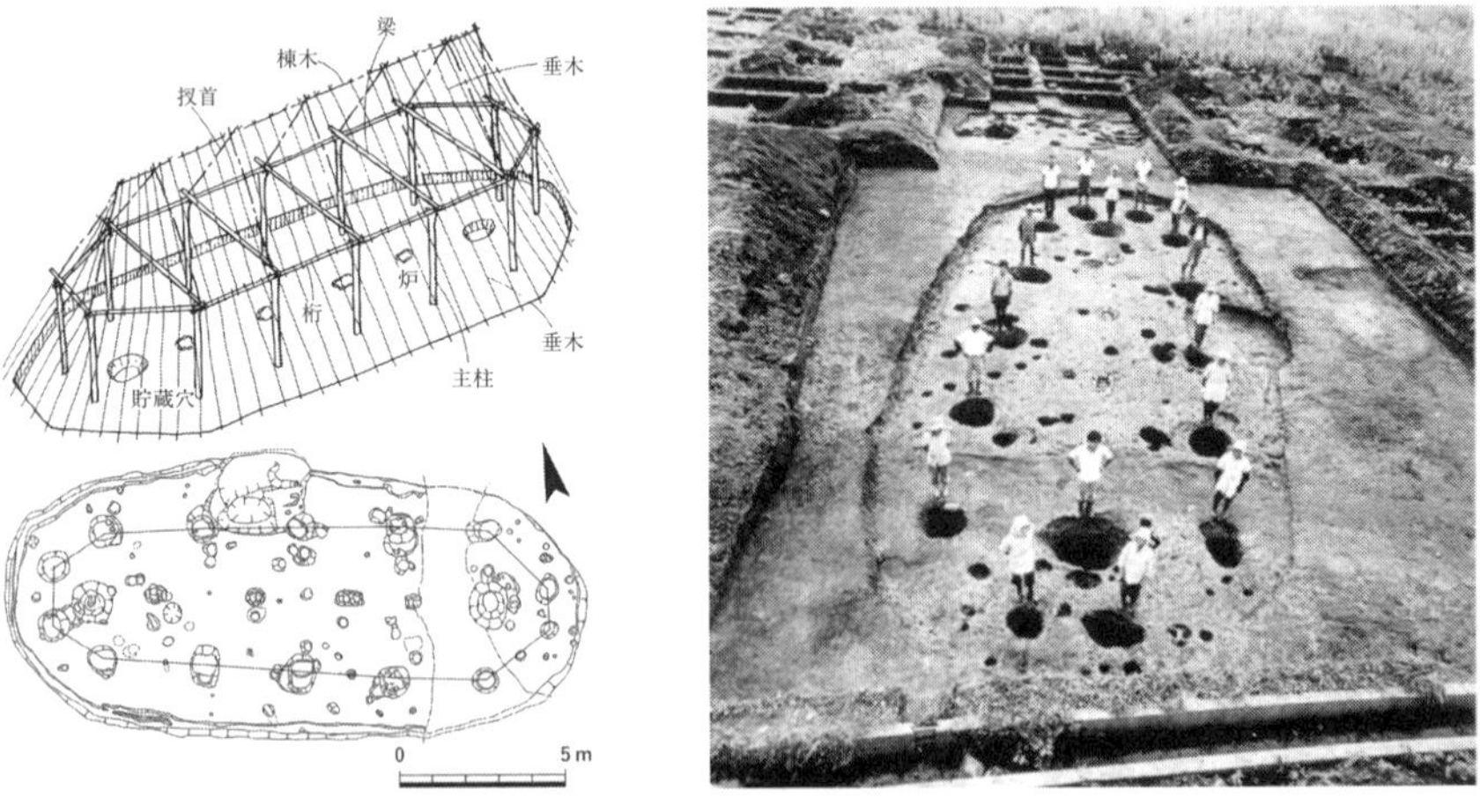

図1―2　超大型竪穴建物の発掘遺構と復元図（不動堂遺跡）

造とは異なり、規模を拡大することができ、竪穴建物の巨大化には重要な構造である。

竪穴建物内の生活のための設備

竪穴建物について考える際には生活のための設備が鍵となる。暖をとる、調理する、食料などを保存する、寝るなどのための設備、すなわち、炉・カマド・貯蔵穴・ベッド状施設が住居にはあり、工房などでは製作のためのロクロピット（ロクロを据え付けるための穴）などが必要である。これらは生活と密接に関係しており、往時の人々の生活の息吹が感じられる。

炉は煮炊きや照明のために用いられた設備で、工房などでは作業用の施設としても用いられ、古墳時代のカマド出現以前の建物に一般的なものであった。普遍的なものは床《ゆか》面を掘りくぼめ、火床《ほど》とした地床炉《じしょうろ》で、これは縄文時代から古代まで設けられた。ほかにも石囲炉《いしがこいろ》や土器埋設炉など、さまざまな種類があるが、いずれも炉の直径や長軸の長さは〇・五～一メートルほどのものが多い。

カマドは煮炊き用の施設で竪穴部の壁に造り付けられることが多かった。古墳時代初頭には九州北部や近畿でわずかにみられる程度で、主要な調理施設として広範に伝播するのは五世紀以降である。またカマドのある竪穴壁に接して造られた棚状施設は、食器類や調理具など、おもに食生活関係の道具

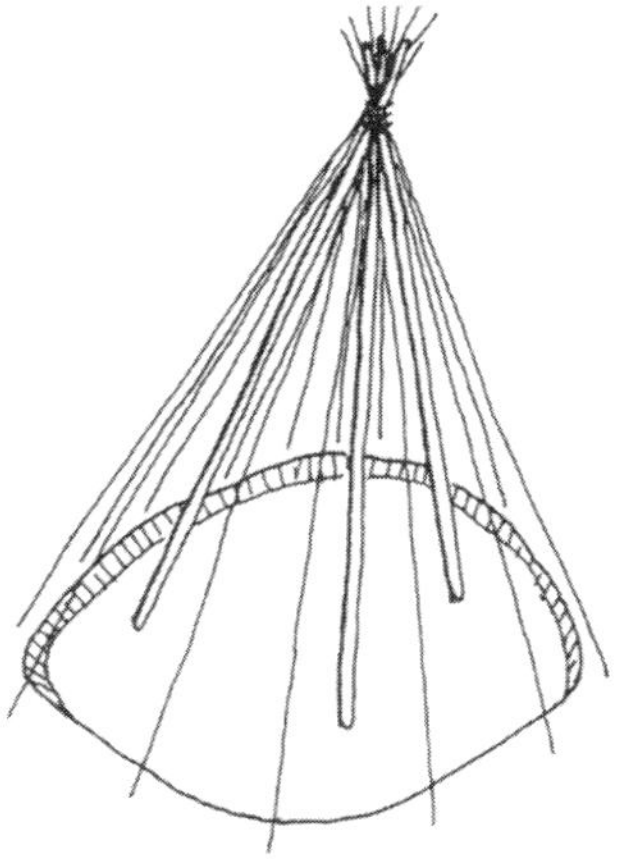

図1−3　テント構造の竪穴建物

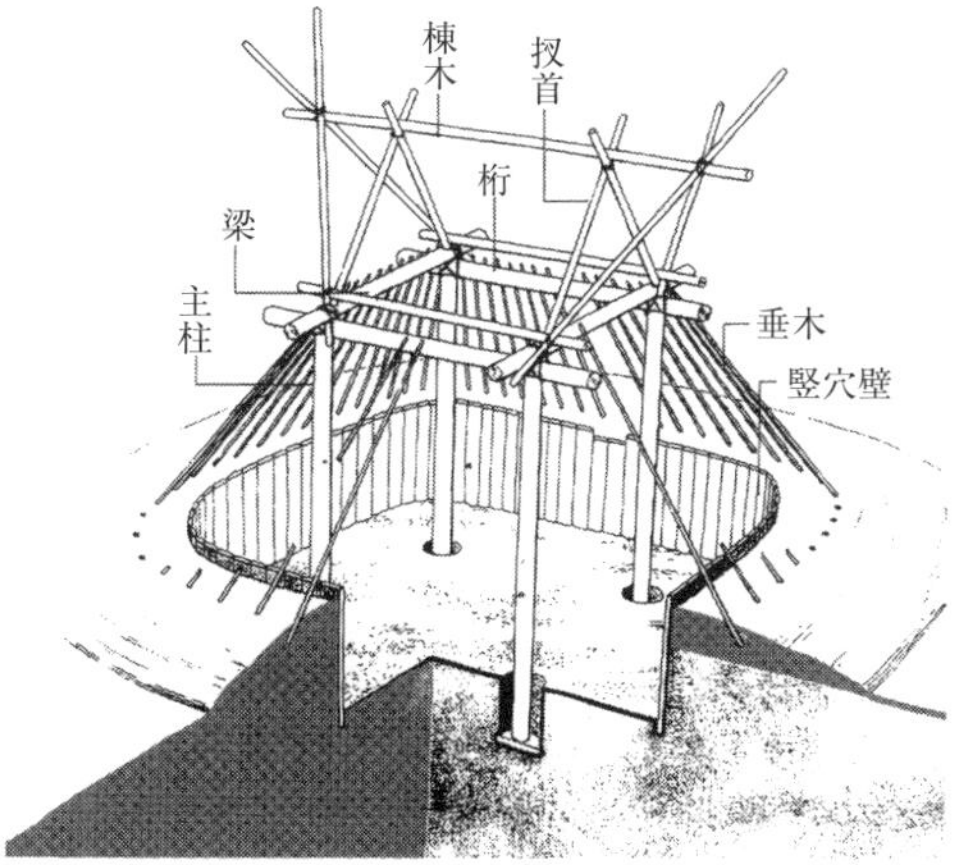

図1−4　伏屋式竪穴建物の構造

置き場とみられている。ただし祭祀関係の遺物が出土することもあり、こうした用途との関連性も考えられている（図1―5）。

貯蔵穴は文字通り、食糧などを貯蔵するための穴で、縄文時代は円形、弥生時代以降は隅丸方形のものが多く、蓋や木枠などをして、貯蔵物を保管していたようである。もちろん、貯蔵食糧の保護には苦心したようで、水が入ると食糧が腐ってしまうため、弥生時代後期から古墳時代後期には貯蔵穴の周囲に盛土で低い土手を作り、水の侵入を防ぐ工夫を凝らしていた。

高床建物

さて、高床建物というと、倉庫を思い浮かべるかもしれないが、高床建物はこれだけではない。貴人の住居や祭殿などにも高床建物は用いられた。前者の場合は、一般の住居とは異なる特別な施設にふさわしい構造として、高床建物の形式が選ばれたのであろう。

収穫物の備蓄のための倉庫が弥生時代の重要な建物の一つであることは、前にも述べたが、高床倉庫は農耕の普及とともに、一般の集落にまでおよび、平野部には高床住居の集落も出現した。例えば登呂《とろ》遺跡（静岡県、弥生時代後期）では、住居跡一二棟と高床倉庫二棟が水田・水路などとともに検出されており、水稲農耕を営んだ集落の様相が明らかになっている。そのいっぽうで、高床倉庫の出現は社会構造の変化を意味している。倉庫は財産の証であり、富の掌握とその背後にある権力の象徴であった（図1―6）。特に大型の倉庫を集中的に管理した状況は大きな政治権力の存在を裏づけている。

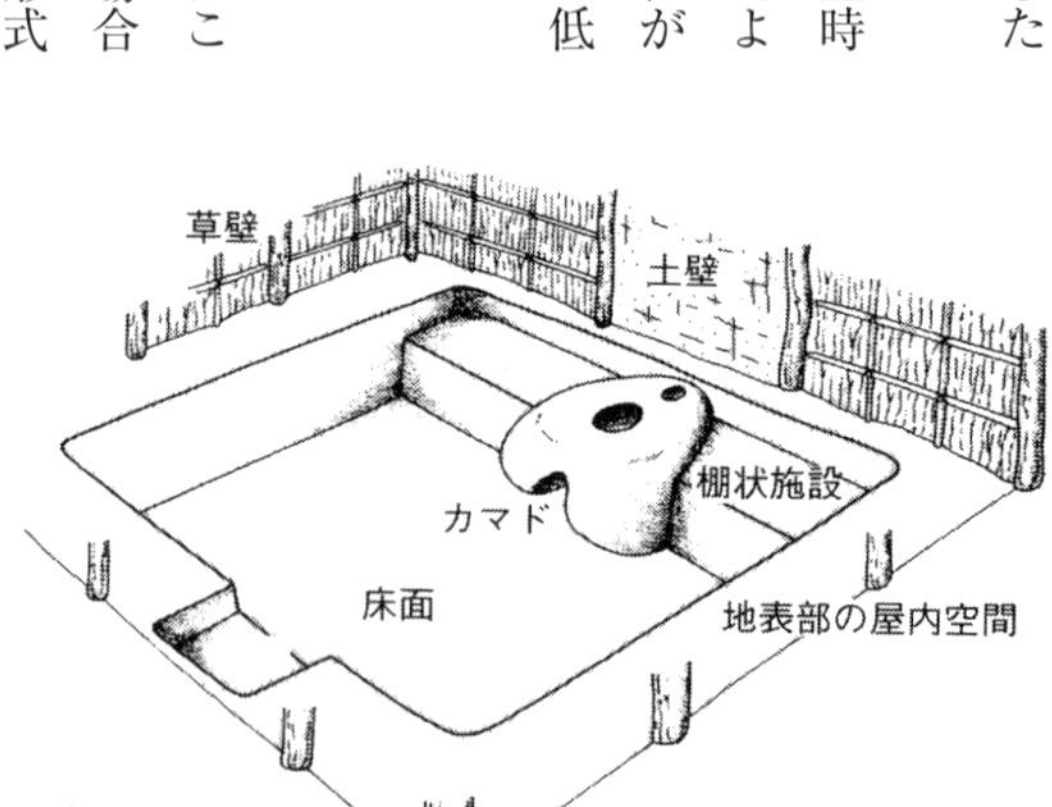

図1―5　カマド付竪穴建物の内部

高床倉庫の規模や構造はどのようなものであったのであろうか。もちろん弥生時代の高床倉庫は現存しないが、建築部材が出土することがあり、その姿を知ることができる。そのなかでも有名なものは山木《やまき》遺跡（静岡県、弥生時代末期）の出土建築部材で、登呂遺跡ではこれを参考にして高床倉庫が復元されている（【巻頭カラー2】、図1—7）。

山木遺跡の高床倉庫は桁行三間、梁間一間の小規模な倉で、柱の床下部の柱を円形、上部を角柱の造り出しとして、角柱の上部から鼠返《ねずみがえ》し、梁行台輪《はりゆきだいわ》・桁行《けたゆき》台輪を落とし込んで、床組《ゆかぐみ》を構成する。台輪上に横板壁を井桁に組み、壁面を作り、角柱の頂部で平桁・平梁を組む。

この角柱の造り出し、鼠返し、横板壁などの部材加工には高い精度が要求される。例えば、それぞれの角柱の造り出しの位置が異なれば、その上に張る床板の高さがそろわず、水平な床を張ることができない。同じく、横板壁も壁板同士が接する上下の面を平滑に作らなければ、壁に隙間ができてしまい、風雨・虫害・害獣に対する備えとして不十分なものになってしまう。そのため、各部材に高い施工精度が求められるのである。この高い加工技術を支えたのが、鉄製の道具である。これらの加工道具はヤリガンナ・ノミ・オノ・チョウナ・横挽きのノコであり、基本的な大工道具の構成がすでに整っていた。

水稲農耕の伝播経路については、いくつかのルートが想定されているが、高床建築は、これとともに伝わったもので、この技術は杭上・樹上生活を営む南方系の建築の系統をひくものと考えられている。梁・桁を組み、垂木を平行に掛ける構法から、屋根は切妻造《きりづまづくり》と推察され、垂木を放射状に掛けて入母屋造《いりもやづくり》状の屋根

図1−6　高床倉庫（吉野ケ里遺跡）

とする竪穴建物とは大きく異なる系譜の技術であろう。

高床は倉庫だけではなく、高い位置に昇る床上は特別な場所で、祭殿や合議の場など、竪穴建物での一般生活とは隔絶したものであったようである。この床上が特別という概念は、その後も日本建築に深く根づいていく。

巨大建造物

縄文・弥生時代の社会では、巨大建造物は政治権力や経済力の誇示、記念性、象徴性などの意味を強く持っていた。すなわち、立派な建物を「見せつける」ということに主眼が置かれていたのである。巨大建造物とはいっても、いろいろな形の建物があり、高層建築や平面的に巨大な竪穴建物がある。もちろん、物見櫓などは、周囲を警戒する望楼《ぼうろう》としての機能があろうが、それ以外の巨大建造物には、実用性は見出しがたい。

こうした巨大建造物は階層社会や国家の形成を考えるうえで重要な指標となる。実用性が低く、衆人に「見られる」ための巨大建造物を建てるためには、径が大きく、長大な材料の確保が必要あり、巨材を探せるだけの広い支配地域と運搬、加工のための労働力の統制が求められる。

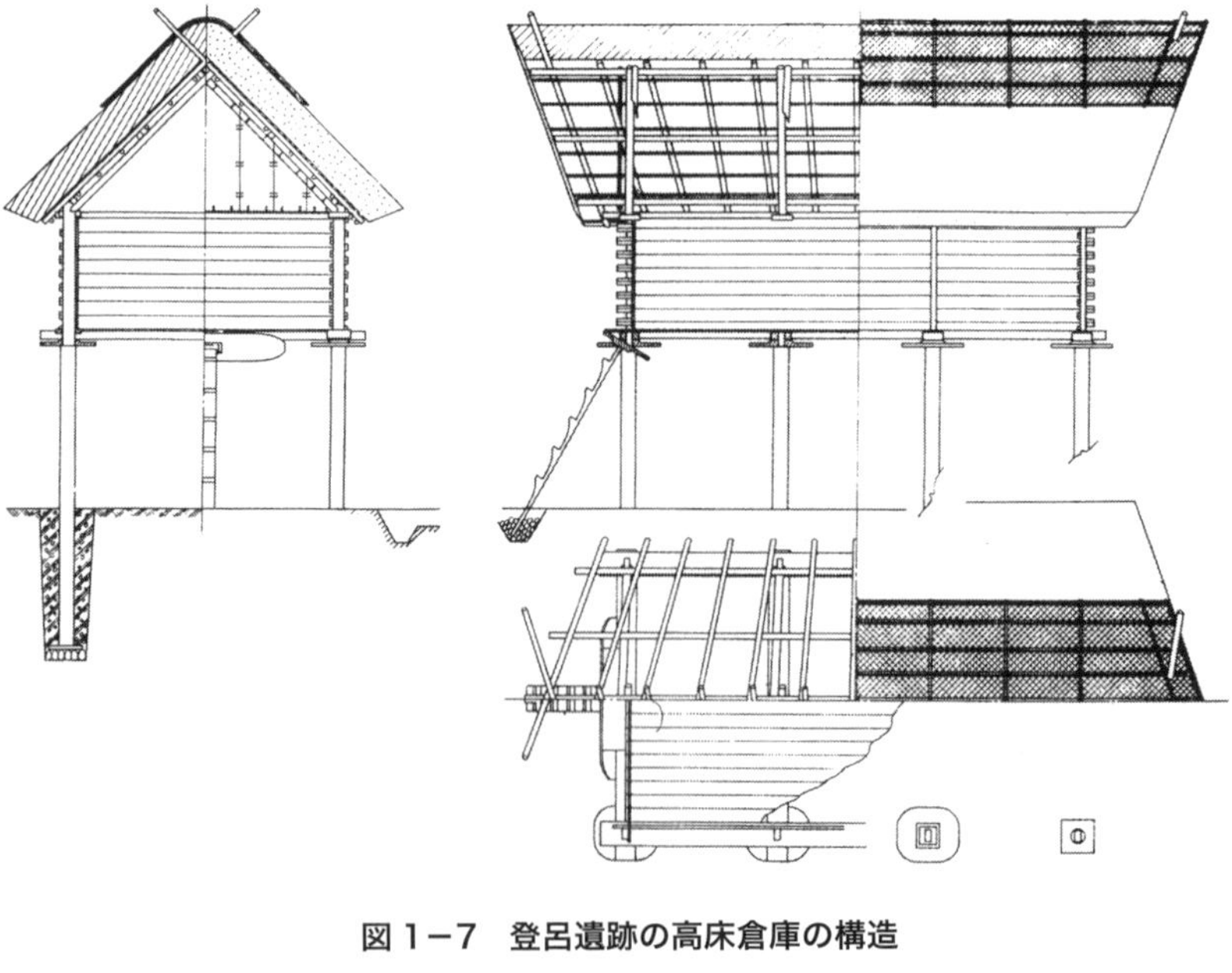

図1−7　登呂遺跡の高床倉庫の構造

巨大建造物のなかでも特に高層建築には、高い木や柱の神聖視と通じる精神性もある。自然に抗い、何百年もの間、生き続けてきた巨木の生命力に対し、縄文・弥生の人々が崇高と尊厳の念をもって接したと推察され、高層建築にも似た感情を抱いたのかもしれない（図1―8）。神社の大樹を御神木として崇めることを見れば、原始宗教としての巨木信仰も理解できよう。時代が下った事例であるが、諏訪《すわ》神社の御柱《おんばしら》祭、伊勢《いせ》神宮の独立棟持柱《むなもちばしら》、出雲《いずも》大社の心御柱《しんのみはしら》にもその神聖性は確認できる。これらの柱は、その圧倒的な存在感をもって「見られる」ことが重要だったのである。また唐古《からこ》・鍵《かぎ》遺跡出土の土器には楼閣《ろうかく》が描かれており、さらに軒先に渦を巻く特徴的な描写がなされている。この特徴的な軒先のデザインも、楼閣の特殊性とさらなる荘厳を示す要素とみられる（図1―9）。

いっぽうで、文字資料が残る時代より古い時代の建物の機能（使い方）は明確ではなく、巨大竪穴建物の場合、その内部は共同作業の場とも考えられている。この場合でも共同作業にかかわる人が多いということは、集落の規模、そして、それを統治する支配者の権力を示すこととなり、間接的とはいえ、巨大建造物は、やはり権威を示すものであったと理解される。

図1−8　大型竪穴建物と掘立柱建物（三内丸山遺跡）

このように巨大建造物は、造営の背景にある支配者の権威や影響力、あるいは信仰対象の神聖性の体現と捉えられるのである。ちなみに、巨大建造物の造営はピラミッドをはじめ、世界的にも、歴史的にも、普遍的におこなわれており、現代のビルの高さランキングが注目されるのも、こうした歴史の延長線上にあるのかもしれない。

邪馬台国の景観

さて弥生時代末期、三世紀になるとクニの連合により、倭国が形成された。その中心的なクニとして女王卑弥呼《ひみこ》が治める邪馬台国《やまたいこく》の名が知られ、その場所については、畿内説・九州説が唱えられている。畿内説の有力地とされる纒向《まきむく》遺跡（奈良県）は広大な面積を持つ巨大集落で、矢板で護岸された巨大水路、掘立柱建物、祭祀遺構、製鉄跡など、都市の様相を見せている。特に一般の住居である竪穴建物が少なく、掘立柱建物が多い点は、高床の宮殿建築の存在を想起させる。

そして纒向遺跡の傍には、卑弥呼の墓と目される箸墓《はしはか》古墳がある。箸墓古墳は周濠の出土遺物によると、卑弥呼の没年に近い三世紀中ごろの築造とされ、古墳出現期のものとしては大型の墳長約二七八メートルにもおよぶ前方後円墳である。この古墳は多くの古墳のなかでも画期であり、日本列島が古墳築造に沸く契機を卑弥呼の死に求める説もある。いずれにせよ、邪馬台国の比定地の論争については決定的な根拠はいまだ発見されておらず、今後の調査成果を待ちたい。

図1−9　そびえたつ楼閣（唐古・鍵遺跡）

いっぽうで、邪馬台国の様相は中国の文献『魏志《ぎし》』倭人伝《わじんでん》にも記述されている。徴税・夫役という政治に関して記述したものであるが、倭国では国々で交易のための市が開かれており、邪馬台国では女王卑弥呼は千人の婢を侍らして、宮室や楼観で起居し、険しい城柵を築き、多くの兵が守衛していたという。もちろん、表現のすべてをそのまま素直に受け取ることはできないが、卑弥呼の宮殿は他の一般住居とは異なる宮殿建築や楼閣を備えていたことがわかり、邪馬台国が城柵《じょうさく》という防御性の高い設備を備え、多くの兵士で守っていたことから、邪馬台国の様相が弥生の一般的な集落をはるかに超える規模のものであったことは確かであろう。さらに卑弥呼が死去すると、直径一〇〇歩の大きな墳墓が造営され、奴婢《ぬひ》一〇〇人ほどが殉葬されたといい、これは弥生時代末期の墳丘墓としては巨大なものであるから、ここからも強大な権力と広大な地域支配がうかがえる。わずかな記述であるが、『魏志』倭人伝の内容から読み解ける建物の構成に富の蓄積、政治権力の集中、さらには国家形成の萌芽が表れているのである。

よもやま話①　大工さんの秘密道具

多くの日本の伝統建築は木でできている。その木を挽く、切る、削る、穿つことで、ただの木から建築材へと生まれ変わっていく。ノコギリ・ノミ・オノ・カンナ・チョウナ……、大工さんはさまざまな道具を駆使して、美しい木造建築を造り上げていくのである。

大工道具の基本構成はノコギリ・ノミ・カンナ・チョウナの四種類で、このほかにも部材を測り、墨付けをするための曲尺《かなじゃく》や墨壺、マサカリ、ヤスリ、さらには道具を手入れするための砥石など、多岐にわたる秘密道具がある。特に引き戸を多く用いる日本の木造建築は精巧で、

木奥家所蔵の大工道具

この精度を担保するためにさまざまな道具が生み出された。例えば鴨居や敷居の溝を削る専用のカンナ、柱の面取りのためのカンナなど、部分部分を加工する道具も考案された。そのため、大工道具一式となると大小合わせて一〇〇種類を超えることも珍しくない。

さてこうした大工道具のうちダイガンナの透き通るような薄い削りくずは大工さんの腕の証として知られているが、実はダイガンナは古代にはなかった。ダイガンナが登場する前にどのようにして木材を平滑にしていたかというと、ヤリガンナという道具を使っていた。最古のヤリガンナは八日市地方遺跡《ようかいちじかた》（石川県）から出土した柄付の鉄製のもので、弥生時代には日本列島に持ち込まれていたと考えられている。このヤリガンナはその名前の通り、ヤリのような形状をしており、刃も細い。この細い刃で木材を少しずつ削って平滑にするのである。チョウナも耳慣れない名前かもしれないが、手斧と書き、木を斫《はつ》って薄くしていったり、平滑にしたりする道具である。そしてなじみのあるノコギリも現代の我々が見慣れたノコギリとは大きく異なる。古代から木を横に切断する横挽きのノコギリはあったが、縦方向に切る縦挽きの大鋸《おが》は中世まで待たねばならない。

こうした縦挽きのノコギリやダイガンナなどの道具がない状況では板を作ることは難しく、手間のかかるものであった。現代であれば、板を作るのに縦挽きのノコギリで木材を挽き、ダイガンナで仕上げればよいのであるが、材木を木目に沿って楔を入れて割り、その割れた面をチョウナで平滑にしていく必要があったのである。そのため一本の木から多くの板を採るのは難しく、一枚の板を作るのにも多くの手間がかかり、チョウナで削り取るにしても削り取ってムダになる部分も多く、とても贅沢な材料の使い方をしなくてはならなかったので、板材はとても貴重であった。

こうしたチョウナ・ヤリガンナ・大鋸を使っている様子は『松崎天神縁起絵巻《まつざきてんじんえんぎえまき》』に描かれており、同じく座ってチョウナを使う姿やヤリガンナから削りくずの出る様子、大鋸で材木の両側に立って二人で挽く様子などが描かれている。

このように日本の木造建築の美は大工さんの腕とその秘密道具に支えられて生み出されたもので、技術の発展の裏には新しい大工道具の力があったのである。

2 王権と巨大建造物

古墳の出現とヤマト王権

古墳時代は、三世紀中葉から六世紀ごろまでの高塚墳墓《たかつかふんぼ》が造営された時期である。クニがまとまりを見せ始め、大和・河内を中心とする諸豪族によって大王《おおきみ》を盟主とした連合政権が形成された。中国の文献に三世紀中ごろから五世紀初頭までの倭国の記載がないため詳細は不明であるが、前後の時代の日本列島の情勢に鑑みると、このころに倭国のヤマト王権が拡大したと考えられている。

古墳には前方後円墳をはじめ、前方後方墳《ぜんぽうこうほうふん》・円墳《えんふん》・方墳などの形がある。その発生には弥生時代の墳丘墓《ふんきゅうぼ》から発展したとする説と大陸からの影響により出現したという説があるが、いずれにしても弥生の墳丘墓と比べて古墳の規模はきわめて大きい。弥生の墳丘墓が一五メートル四方程度の大きさであるのに対し、国内最大の大仙陵《だいせんりょう》古墳（仁徳天皇陵《にんとくてんのうりょう》、大阪府）は墳丘部で最大長約五二〇メートル、最大幅約二九〇メートルにもおよぶ。

規模一つとっても、古墳が象徴的な意味を強く持っており、造営された時代の背景を強く表していることがうかがわれよう。古墳時代はヤマト王権を中心として、統一国家を形成した時期で、まさに古墳はその権威と社会の大きさの表出なのである。

いうまでもなく、巨大古墳には視覚的に圧倒する力があるが、築造の背景を考えるとその意味は深まる。古墳を造るには大量の労働力の徴発が必要であり、またその統制が必要である。つまり強力な権力の存在が背後にあって初めて古墳を築造できるのである。もちろん弥生の集落においても灌漑用水や濠の掘削に多くの動員が必要であるから、労働力統制の基礎はすでに出来ていたと考えられるが、前述のように両者の規模には大きな差がある。

また古墳に限らず、大規模な建築・土木工事には、さまざまな人々の力が必要である。基本設計や土量の計算・土質の選定など、頭脳労働を主とし、計画全体を見渡す集団と実働にあたる大量の労働者である。前者には測量・天文・土木技術・算術など、多方面の高度な知識が不可欠であり、後者の労働者は大量に必要であることに加えて、それを統括し効率的に指揮する指導者も求められる。こうした人員統制は軍事とも関連が深く、支配地域が広く、高い軍事力をもつクニは大量の労働力を効率的に統制できたと考えられる。

造営に直接かかわる仕事だけではなく、これらの労働者を支えるために事務的な雑務も膨大であったと推察される。労働者に対する食事供給、食糧・物資の保管のための場所や人員の確保、道具の整備、その道具を生産する工人の手配など、事務的な職務は多岐にわたる。同時に石棺や埴輪の製作など、墳丘以外の準備も進めなくてはならない。古墳造営のプロジェクトはその規模ゆえに関与する人数も多く、もろもろの雑事は人数の増加により相乗的に増え、弥生時代の墳丘墓とはまったく異なる規模でおこなわれたのである。

図2−1　大仙陵古墳

このように、古墳は単に陵墓の規模が大きくなっただけではなく、実現できる力をもった統制的社会の存在があって初めて成り立つもので、ヤマト王権の社会構造の表出として生み出された。すなわち、古墳は死者を埋葬するという本来の機能を超えて、まさに王権の威光と権力を視覚的に誇示するモニュメントであったのである。

古墳造営の推移と地域社会

さて古墳造営の背景とその意味を考えると、古墳が当時の社会状況を映す鏡であったことは理解できよう。さらに詳しく見ると、巨大古墳の分布地域と石棺の材料などから、有力な地域や支配地域、あるいは人々の移動の範囲がうかがえる。

まずは隔絶した規模を持つ大型の前方後円墳の分布を見てみよう。三世紀後半から四世紀前半には大和《おおやまと》古墳群や柳本《やなぎもと》古墳などが奈良盆地東南部に造られ、四世紀中葉から後半には奈良盆地北部の佐紀盾列《さきたたなみ》古墳群に大型古墳が築造された。これが四世紀末以降になると、大阪平野の古市《ふるいち》古墳群や百舌鳥《もず》古墳群に造られた。古墳は本貫《ほんがん》地《ち》の近くに築造されるのが一般的であるため、この巨大古墳の位置の移動をもって、中心勢力が奈良盆地から河内平野に移ったとも考えられる。古墳がヤマト王権の盟主、すなわち大王の移動を考える材料になるのである。大王墓は五世紀前半から中ごろにかけて、さらに巨大化し、畿内中央部では六世紀まで築造が継続する。

そのいっぽうで、地方にも巨大古墳は確認でき、五世紀前半の吉備の造山《つくりやま》古墳（岡山県）は墳丘長約三五〇㍍にもおよぶ巨大古墳である。これは吉備地方の政治連合の首長の墓と類推され、巨大古墳を造営するほどの有力な政治連合の存在が見え隠れする。この時期の畿内の代表的な古墳は百舌鳥古墳群の上石津《かみいしづ》ミサンザイ古墳（大阪府）であるが、造山古墳はこれとほぼ同じ大きさであり、畿内の古墳に匹敵するものが吉備に築造されたのである。ただし吉備地方における巨大古墳も五世紀中ごろには築造されなくなったようで、吉備地方の政権の勢力の低下がうかがわれる。この時期になると、大規模な前方後円墳は畿内以外の地域では築造されなくなっており、ヤマト王権の力が強大化し、大王とそれに服属する地方豪族という情勢に移り変わったとみられる。各地で造られた前方後円墳も七世紀初頭で終焉に至り、円墳や方墳の築造に替わっていき、七世紀後半から八世紀に入ると、大王や一部の有力豪族によってキトラ古墳や高松塚《たかまつづか》古墳などの特殊な古墳が築造される程度で、ほとんど古墳造営はおこなわれなくなり、古墳時代は終末を迎えた。

さて、古墳の規模と地域の関係について見たところで、石棺《せっかん》や埴輪《はにわ》を通して、広域的な社会を見てみたい。もちろん墳墓そのものは遠隔地から運ぶことはできないが、石室の石材、石棺、埴輪は広域に運搬されており、ここから政治や交流の範囲の広範さを垣間見ることができる。

例えば、箸墓《はしはか》古墳の後円部の埴輪は弥生時代後期の吉備地方の首長墓の系譜をひくもので、前方部のものは弥生時代末期の濃尾平野の系譜をひくものとされ、ここから古墳の築造に広域の首長が参画していた様子がうかがえる。広範なクニの連合の一端を表しているといえよう。

石材の産地が遠隔地におよぶものもあり、大阪府柏原市芝山の玄武岩や羽曳野市の春日山の安山岩《あんざんがん》が奈良の大和古墳群や柳本古墳群の石室の石材に用いられた。さらに、石材が瀬戸内海を渡った例もあり、香川県の安山岩が岡山県の主要古墳に用いられており、徳島県の片岩が神戸市の西求女塚《にしもとめづか》古墳などに運ばれた。造営する墳墓近辺に石材の産地があるにもかかわらず、あえて特定の地域から石材供給をおこなったのである。こうした状況から、石室の石材の供給だけではなく、石材産地の地域の首長によって石室そのものが造営された可能性も想定されている。

石棺の場合、石室よりも移動距離が大きく、香川県の凝灰岩《ぎょうかいがん》が大阪府柏原市の石棺に用いられており、熊本県阿蘇の凝灰岩が岡山・香川・畿内各地の古墳に運ばれており、産地の首長によって遠隔地の古墳に石棺が運ばれたと考えられている。そして古墳時代中期ごろの近畿・吉備の大型前方後円墳で用いられる長持形石棺の多くは竜山石《たつやまいし》と呼ばれる兵庫県の凝灰岩で作られている。竜山石の長持形石棺は形態や製作技法に共通点があり、この地方の首長が一括して製作に携わったと推定されている。この竜山石は藤原宮《ふじわらきゅう》大極殿院南門《だいごくでんいんなんもん》や姫路城《ひめじじょう》石垣など、長きにわたって良質の石材として使用されており、竜山の一帯は日本の歴史を通じて良質な石材の産地であったことから、石の宝殿および竜山石採石遺跡（国指定史跡）になっている。

このように古墳は一元的な支配体制のもとに造られるものではなく、首長の連合体によって、協力して造るという性格を帯びており、その共同体の範囲は材料の移動から見てもかなり広域であったことがうかがえる。巨大構築物である古墳の造営には、かつてのクニの連合の様子の一端が表れているのである。

古墳造営と土木技術

古墳造営には測量をはじめとする高い土木技術が必須である。墳丘・堤・周濠の輪郭を正確に測量し、その位置を定めなくてはならない。こうした技術の基礎は弥生時代にすでに確認でき、登呂《とろ》遺跡（静岡県）をはじめ、水田が碁盤の目状に並べられ、水田一枚ごとに区画されていた。これには長さ・直角といった測量の基本的な技術が必要であるから、古墳築造の技術の基礎は水稲農耕により育まれていたのである。

こうした土木技術に加えて、膨大な労働力の徴発と統制も求められる。現代の分業化・省力化された建築・土木作業とは異なり、古代の造営は大量の労働力を背景に成り立っていた。その大量の労働は軍事と通じるものがあり、労働力の統制が可能な首長は軍事的な勢力も大きかったと考えられる。現に奈良時代以降も、軍団兵士や武門の家柄の氏族が造営の指揮を執っている。

同時に各地から集められる材料の運搬には道路、港湾などのインフラ整備が求められる。もちろん、道具なしにこうした重量物を運ぶことはできないので、石棺や石室などの巨石の運搬には修羅《しゅら》が用いられた。修羅は巨石運搬のための木ゾリで、その下に丸太を置き、運搬したと考えられている。実際に仲ツ山《なかつやま》古墳（大阪府）近くの三ツ塚《みつづか》古墳の濠底から、二つの修羅とテコとみられる丸太が出土した（図２—２）。

こうした労働統制・土木技術・運搬技術は律令制以降の大量造営に対応できた素地であり、古代建築の文化の基礎が古墳造営によって培われていたのである。

技術者という点では、古墳築造に深く関与した土師《はじ》氏について述べておく必要があろう。土師氏の祖、野見宿祢《のみのすくね》は垂仁《すいにん》天皇の皇后日葉酢媛命《ひばすひめのみこと》の葬儀に際して、通例となっていた殉死に代わり、埴輪を樹《た》てることを進言し、これにより、天皇より土部の職に任じられた。土師氏は和泉の百舌鳥《もず》、河内の古市・丹比地方（いずれも大阪府）、大和の秋篠・菅原地方（奈良県）に多く分布しており、修羅の出土した三ツ塚古墳も土師氏の本拠地の近くである。これらの地域には五世紀に大古墳が造営されており、土師氏はこの時代から大王の陵墓である大古墳の造営や埴輪作りで貢献し、代々、氏族として技術を継承し、ヤマト王権に仕えたと考えられる。こうした特定の氏族が技術を有し、重用された状況は、部分的であるが分業による専門性の確立が可能な社会が成立していたことを示しており、ヤマト王権の支配による社会の安定や多様性の表れであろう。

図２−２　三ツ塚古墳出土の修羅

家形埴輪と家屋文鏡

古墳にはさまざまな副葬品があり、これらが威信財で被葬者の社会的地位や経済力の一端を示しているであろうことは考古学の成果に詳しい。ここでは、そうした副葬品の価値ではなく、そこから得られる建築的な情報について見ていきたい。

例えば、赤堀茶臼山《あかぼりちゃうすやま》古墳（群馬県、五世紀中ごろ）から出土した家形埴輪は建物を模したもので、八個出土している（【巻頭カラー3】）。これらの家形埴輪は有力な豪族居館の様子を示すと考えられ、古墳時代の建物にはバリエーションに富んだデザインがあったことをうかがわせる。

同じ切妻造《きりづまづくり》の建物でも、中心建物とみられるものには屋根の上に鰹木《かつおぎ》を置いており、もう一つには鰹木がない。また高床とみられるものもあり、切妻造のものが二棟、寄棟造《よせむねづくり》のものが一棟ある。その他の二棟も低いが床《ゆか》のような表現があり、豪族居館の様相をうかがい知ることができる。正確な建物配置は不明であるが、正殿を中軸に、高床の切妻造の建物を左右対称に並んでいた可能性がある。一般の集落の住居は竪穴建物であったろうから、こうした家形埴輪のような建物構成は相当に立派に見えたのであろう。

継体天皇陵とみられている今城塚《いましろづか》古墳（大阪府、六世紀前半）の家形埴輪にも同様の傾向が確認できるが、鰹木を置きつつ高床ではなく閉鎖的な建物や錣《しころ》葺《ぶき》状の屋根の建物があり、赤堀茶臼山古墳の家形埴輪にはない特徴がみられる。

このように、多様な建築形式が存在し、それぞれを差別化していたのである。デザインとして用いられた鰹木は屋根の上に置かれる材で、現在は神社に多く用いられるが、鰹木を置いた主屋の存在からは通常の建物と区別するために、特別なデザインが加えられたことがわかる。このデザインの違いから鰹木付きのものは格式が高い正殿と考えられる。建物の荘厳化は前出の唐古・鍵遺跡の土器に描かれた楼閣の軒先の渦などにもみられ（図1—9）、これらのデザイ

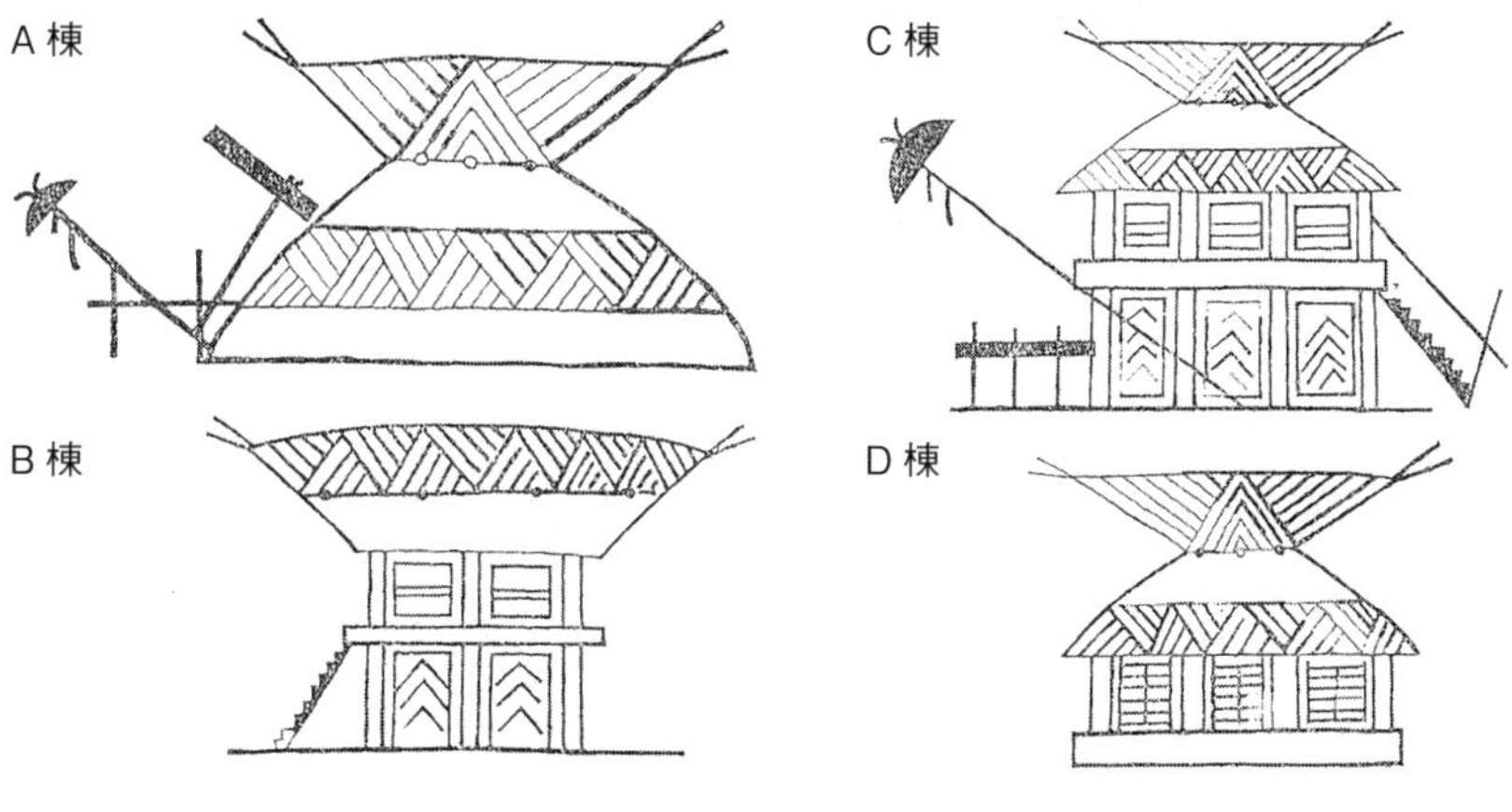

図2−3　家屋文鏡に描かれた建物

ンが特定の建物を差別化するサインとして外観に示されていたのである。

また銅鏡にも建物の姿が確認できる。有名な家屋文鏡《かおくもんきょう》（佐味田宝塚《さみたたからづか》古墳出土、奈良県）には四棟の建物の絵が描かれている（図2—3）。入母屋造《いりもやづくり》伏屋建物（A棟）・切妻造高床倉庫（B棟）・入母屋造高床住居（C棟）・入母屋造平屋住居（D棟）が表現されており、いずれも草葺の屋根と推察される。この鏡の絵からも弥生時代以来、多様な建築形式が存在したことがわかる。

A・C棟には蓋《きぬがさ》が描かれていることから、高貴な人物の建物、もしくは祭殿とみられ、ここにも社会階層差が表れている。特にC棟は高床で、細かい部分をみると床下の壁を網代《あじろ》でふさいでおり、貯蔵などの空間に用いられたのかもしれない。また妻側に階段が架けられており、そこには手摺りも付いている。手摺りは倉庫とみられるB棟の階段にはなく、C棟の格式の高さがここにも表れている。

もちろん、これらの造形や描写はデフォルメされていることを考慮しなくてはならないが、家形埴輪や家屋文鏡の描写から、高床の建物があったことや建物の格式差を示す荘厳装置がすでに存在したことがわかる。まさにこうした建築のデザインが社会階層差を視覚化するサインであったのである。

豪族居館

古墳時代の拠点集落は大規模古墳を築造した各地の地方豪族の居館で、豪族の首長の祭祀と居住の場であったが、この豪族居館は弥生時代のそれとは大きく異なっていた。弥生時代の首長の館は環濠《かんごう》集落内の一住居であったが、古墳時代には集落とは別に豪族居館を設け、庶民の住宅や工房などは集落に置かれた。すなわち、豪族居館が一般の集落から独立し、特別化したのである。また豪族居館には環濠が設けられないこともあり、ヤマト王権を中心とする首長連合の成立により、弥生時代に比べて、古墳時代の政情が比較的、安定していた様子が垣間見える。そして豪族居館の別置は、支配者たる首長と被支配者たる集落の民という社会階層の格差が表出したものと理解できる。

五世紀後半から六世紀初めの三ツ寺Ⅰ遺跡（群馬県）からその実態がわかる（図2―4）。規模は約九〇メートル四方で、その周囲に三〇～四〇メートル程の濠をめぐらせ、濠は古墳と同じく葺石で護岸している。さらに面白いのが内部の構成で、大きく二つの区画に分かれており、南の区画には長さが一四メートル近い巨大な建物、八角形の井戸屋形、石敷きの池があり、池から祭器が出土している。この南の区画は水に関連した聖なる場で、首長が祭祀を執りおこなったのであろう。北側の区画では竪穴住居などが発掘されており、ここは日常生活の場であった。古来、祭政一致であったことから見て、居住空間・祭祀空間の区別は、世俗と神聖、すなわち、「政《まつりごと》」の空間の特別化であったとみられる。

また榛名山の火山灰で埋没した黒井《くろい》峯《みね》遺跡（群馬県）も六世紀の集落の実

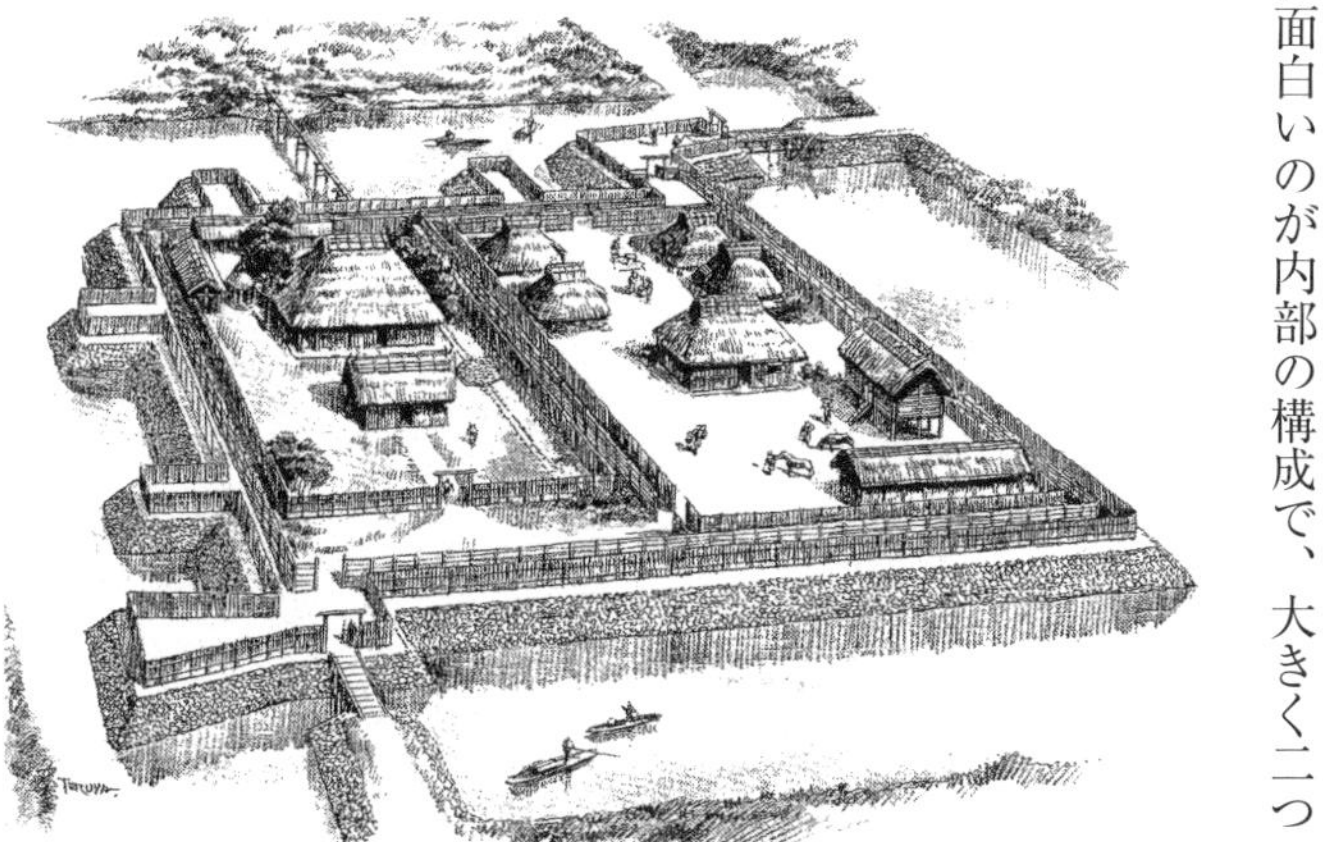

図２−４　古墳時代の豪族居館の想像図（三ツ寺Ⅰ遺跡）

図２−５　家畜小屋をともなう集落（黒井峯・西組遺跡、国立歴史民俗博物館蔵）

態を今に伝えている（図2—5）。イタリア・ポンペイの遺跡と同じく、集落の建物が建ったまま、火山灰によって埋もれたため、良好に遺構が残っていたのである。

軽石の堆積を取り除くと、居館を囲む垣根やそのなかに数棟の平地住居や納屋、高床建物、牛や馬を飼っていた家畜小屋が見つかった。そして垣根の外には大型の竪穴建物、水場、祭祀場などがあり、それぞれをつなぐ道が整備されていた。こうした集落の様相は古墳時代の人々が構成した家族単位や家畜との生活など、往時の様子を生々しく伝えている。

このように古墳時代になると各地の首長も一定の力をつけ、豪族居館を構えて政や祭祀をつかさどり、地域を支配していたのである。もちろん、これらの豪族居館の造営には一定の労働力の徴発や建築技術が求められ、その後の地方における古代建築の展開の素地がこの時期に形成されていたのである。

宮室と大王

五世紀になると、大王を中心とする体制が確立し、宮室が営まれるようになる。崇神《すじん》天皇・垂仁天皇・応神《おうじん》天皇以降の諸宮は、大和・摂津・河内・山背の地域内に営まれ、ほぼ一代ごとに移動したとされる。四章で述べる都城とのかかわりも大きいが、一代ごとの宮殿造営は死に対する忌避や建築寿命の短い掘立柱という建築構造上の問題が影響していたのであろう。

『日本書紀《にほんしょき》』に残る断片的な情報のみであるが、宮室の建造物には大殿・南門・東門などがあったことが知られ、門の存在から区画を囲んでいたことがわかる。また六世紀後半のことであるが、用明《ようめい》天皇が幸玉宮《さきたまのみや》大殿で、敏《び》達《だつ》天皇が磐余池辺双槻宮《いわれのいけべのなみつきのみや》大殿で崩御したと記され、政務空間と生活の場の区分は明確ではなかったようである。

宮室の建築構造は、掘立柱・茅葺《かやぶき》、もしくは檜皮葺《ひわだぶき》が基本で、そのなかでも天皇の宮殿建築が特別であったことは『古事記《こじき》』にもうかがえる。垂仁天皇の夢に何者かが現れ、私の神殿を天皇の宮殿のように整備してくださるならば、望みをかなえようと語り掛けたといい、ここでは建物を立派にする際の比較対象として神殿を天皇の宮殿と比較していることから、天皇の宮殿は美しいもの、尊いものとして認識されていたことがわかる。

同じく『古事記』には鰹木に関する記述がある。かつて、鰹木は天皇（大王）の宮殿にのみ許された特別な部位であったようで、大后が日下《くさか》の直越《ただごえ》の道から河内に行き、山の上に登って国内を望見すると鰹木を上げている家を造っているところがあった。そこで天皇は「その鰹木を上げて造っている家は誰の家だ」と問い、これに「志機大県主《しきのおおあがたぬし》の家です」と答えた。すると天皇は「自分の家を天皇の御舎《みあらか》に似せて造ったな」と詔して、すぐに人を派遣して、その家を焼かせてしまった。

ここでのやり取りをみると、鰹木を上げた家が天皇の御殿に似ていること、それが不遜であることが問題となった。つまり、この史料が作成された当時、天皇の御殿に用いる鰹木が権威の象徴であると認識されていたのである。さらに家を焼いてしまうところから、社会階層に応じた建築の格式が厳格であったこともうかがわれる。また『古事記』には大国主神の宮殿の立派な様子の記述があり、地中の岩盤に宮殿の柱を太く立て、棟には千木を空高く立てて住むのがよいとしており、地中に埋めた掘立柱の太い柱や千木が立派な宮殿を示す要素であったことが知られ、ほぼ同様の記述は『古事記』の建御雷神《たけみかづちのかみ》と大国主命《おおくにぬしのみこと》との会話にも出てくる。

このように天皇の宮殿は特別なデザインを施したもので、一般の建物とは差別化を図っており、そのデザインは他者には許されず、社会階層の差を強く明示していた。いい換えれば、建物が威厳装置として機能していたのである。もちろん、『古事記』は和銅五年（七一二）の編纂で、編纂時に修正された可能性があることに留意しなくてはならないが、天皇の建物が特別化していった背景には、クニの連合であった政治形態から天皇への集権という社会的な要因があった。また『古事記』の編纂において誇張された表現に修正されていたとしても、天皇の威厳・正統性を担保するために天皇の宮殿の荘厳を話のネタに用いたのであろう。

大型倉庫群

弥生の集落において、倉庫群が富と権力の集中と社会階層を示す視覚的な装置であったことは前章でも述べたが、古墳時代に入るとその様相はさらに顕著になった。和歌山県の鳴滝《なるたき》遺跡では五世紀前半の大型倉庫群が建ち並んでいるが、その規模は豪族居館のそれを大きく超える。その様相から、紀伊の一豪族のものではなく、ヤマト王権の海外交易基地である紀伊水門との関係がうかがわれる。

同じく海に面した大坂では、難波宮《なにわのみや》下層で、やはり五世紀後半から六世紀初頭の大型倉庫が発見されている（図2―6）。難波の地は難波津や難波堀江など、古墳時代より瀬戸内海の海運の要所であり、まさに海運路の拠点のための倉庫群と考えられる。

ちなみに、ヤマト王権では支配地域が拡大し、各地から大王への献納物が増大したことで、倉庫の重要性はさらに増した。履中《りちゅう》天皇の時代には朝鮮からの貢物が増え、斎蔵《いみくら》の傍に内蔵を、雄略《ゆうりゃく》天皇の時代には諸国の献納物が増えて大蔵を新設し、蘇我満智《そがのまち》にこれら三蔵を検校させ、秦氏《はたうじ》に出納、東漢氏《やまとのあやうじ》・西漢氏《かわちのあやうじ》に記録させたことが有名である。ヤマト政権にとって蔵は富の象徴であるとともに、諸国からの貢納、すなわち地方支配という権力の象徴になったのである。二〇〇一年に財務省となるまで、国の財布を握っていた省の名に「大蔵」の名が用いられてきたことからも、その権威性の高さはうかがわれよう。

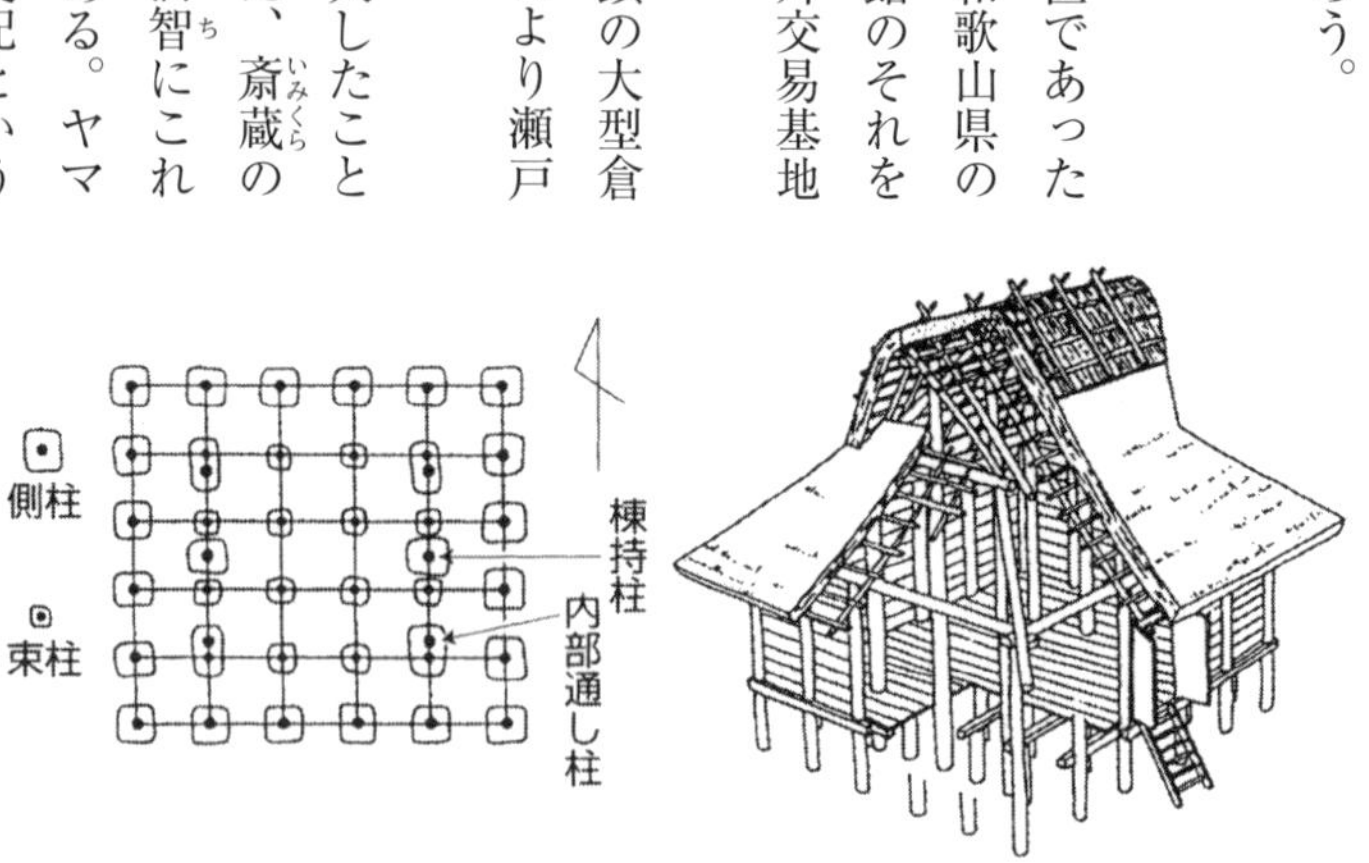

図2−6　難波宮下層の巨大倉庫

よもやま話②　建物の出生証明書

さて多くの建物の建築年代がさらっと述べられているが、建物の造られた年はどのようにしてわかるのであろうか。人であれば誕生日を覚えていたり、出生証明書などの書類で調べたりすることができる。では自分の家が建った時期を知っているであろうか。最近、建てたのであれば役所に出した書類もあるであろうし、オーナーなども覚えていることも多いであろうが、何代も前のご先祖様が建てたとしたら、その時期を調べるのはたやすいことではないだろう。

旧長谷川家住宅の棟札と墨書

　こうした古い建物であっても生まれ年がわかることがある。一つは昔の人の記録である。現代以上にかつての建物の建設は多くの時間と費用がかかる一大イベントであったから、当時の人々が建設の記録を付けていることも多い。ましてや国や寺の大造営であれば朝廷や幕府の公式記録や僧・公家の日記などにもキチンと書き留められることも少なくないし、僧であれば伽藍《がらん》復興は主要な功績として記され、「東大寺別当次第」などに別当の業績として記述されて引き継がれる。木材の購入や作業者への賃金の支払い、寄付金集めといった事務書類も大事な手がかりである。ではこうしたものがない場合、どのようにして建物の生まれた年を判断するのだろうか。

　最も信頼のおけるのは「棟札《むなふだ》」である。棟札は建物の出生証明書ともいうべきもので、建設の記念として多くは棟木《むなぎ》・棟束《むなづか》・小屋束《こやづか》などに打ち付けられている。その内容も上棟した年だけではなく、施主・大工・絵師など、建設に関与した人々の名などが記されていることも多く、当時の造営現場の様子を生き生きと伝えてくれる。新築時だけではなく修理の際にも棟札を作成することがあり、建物修理の履歴書としても価値がある。こうしたキチンとした棟札ではなく、棟木・束・梁《はり》・柱などの部材に直接、年月を書いている場合もある。ちなみに建築年代だけではなく、職人が見えないところに落書きをしたり、奥さんや子供の名前を書いたりしている例もあり、往時の現場の匂いが感じられるようでほほえましい。棟札や書付は屋根裏にあることが多いため一般の人はほとんど目にする機会がないが、高欄の擬宝珠《ぎぼし》などの金具や鬼瓦など見えるところに記された年号を目にすることもある。こうした建物自体に書かれた年は棟札と同様、建物とともに伝わってきた資料で特に信頼できる。また周囲の石造物も建物とともに整備された可能性があり、これらに記された年代も参考となることがある。

直接、建築年代が書かれなくとも、寄進者、大工、絵師の名前などから、おおよその建築年代を知ることもできる。なかでも絵には銘を入れることが多く、著名な絵師であれば活躍した時期を絞り込むことができ、ある程度の年代がわかる。ただし建具などは入れ替えも可能であるから、注意も必要であるのだが。

こうした文字による情報がない場合でも建物の特徴からおおよその年代を判別できる。古代であれば建物のプロポーションに対して木太いのに対し、近世建築は比較的、部材が細く、彫刻などの装飾が各所に施される、といった具合である。また木の風食具合も建ってからの経年を知る材料となるし、組物《くみもの》や蟇股《かえるまた》などの細部も時代によって違いがあって年代指標となる。近世建築では虹《こう》梁《りょう》などの絵様という渦の彫り方などの細部意匠も参考になり、この形状でおおよその年代を判断できるのだ。

このように出生証明書である棟札や金具の刻銘など建築そのものに書かれた文字、日記・記録などの史料、建築全体の構成、細部意匠が建物の生まれた年を我々に語り掛けてくれている。ただしその建築年代はしばしば議論となり、世紀を超えた論争になることもある。これについては、次のよもやま話にとっておこう。

3 仏教公伝と寺院建立

仏教の公伝

日本建築の歴史を語るにあたって、仏教は避けては通れない。六世紀半ばに日本へ仏教が公的に伝えられると、国内にも寺院が造営されるようになる。仏教公伝の時期としては、戊午説（五三八）と壬申説（五五二）の二つの説があるが、いずれも親交の深かった百済《くだら》の聖明王《せいめいおう》から日本に仏教がもたらされたとする。むろん、それ以前に、渡来人《とらいじん》による私的な信仰としては、日本に伝来していたのであろう。

ただし倭国での仏教の受容には困難をともなった。欽明《きんめい》天皇十三年（五五二）に百済からもたらされた仏像の見たこともないような煌びやかさに欽明天皇は感銘を受けた。仏教は伝わった当初から荘厳性に富んだ仏像彫刻という目に見える「カタチ」により、日本列島の人々に衝撃を与えたのである。そこで欽明天皇は仏を礼拝したいと願いつつも、群臣に対して仏教の受容に関して意見を求めた。渡来人勢力と関係が深く、国際情勢に明るかった蘇我氏の蘇我稲目《そがのいなめ》は諸国が崇仏していることを挙げ、仏教の受容を求めた。いっぽうで、原始信仰で神との関係の深かった物部氏や中臣氏の物部尾輿《もののべのおこし》・中臣鎌子《なかとみのかまこ》らは国神の怒りを恐れ、これに反対した。いわゆる崇仏・廃仏をめぐる論争である。

この対立は蘇我馬子《うまこ》・物部守屋《もりや》の代にも問題となり、敏達《びだつ》天皇末年の疫病流行や用明《ようめい》天皇の病気が論争の種となった。ようやく用明天皇二年（五八七）に戦に終止符が打たれ、蘇我氏が諸皇子らを味方につけて勝利し、仏教を受容していくことになる。

寺院建立と技術者の渡来

さて欽明天皇は仏像の美しさに度肝を抜かれ、魅了されたが、その仏像を収める寺院の堂も立派で、人を惹きつけるものとする必要があった。「ワビ・サビ」などの言葉で表現されるように、現在の寺院の古建築の多くには彩色や塗装がないが、当時は赤・青・白・緑など、極彩色で華やかに彩られていた。そのなかに金色に輝く仏像が安置されることで、まさにこの世のものとは思えないような空間を作り上げていた。とはいえ、運搬できる仏像とは異なり、建築は容易に運ぶことはできないから、寺院造立は困難を極めたが、礎石《そせき》・瓦葺《かわらぶき》で、彩色を施した寺院の建築群は当時の人々に強烈な印象を与えたであろう。

記録に確認できる日本最古の寺院は飛鳥寺《あすかでら》（法興寺《ほうこうじ》）で、『元興寺伽藍縁起《がんごうじがらんえんぎ》并《ならびに》流記資財帳《るきしざいちょう》』によると、用明天皇二年（五八七）に物部氏との戦いに勝利したのちに、蘇我馬子が飛鳥寺の建立を発願したのがはじまりである。この飛鳥寺の建立については『日本書紀《にほんしょき》』や『元興寺伽藍縁起并流記資財帳』に詳しく記されており、多くの苦労をともなった。

寺院を造営するには、まず技術者が必要である。ましてや、外来の新宗教の見たこともない建築を造るには、なおさらである。そのため『日本書紀』によると、崇峻《すしゅん》天皇元年（五八八）には百済から日本へ仏舎利《ぶっしゃり》とともに僧と技術者が送られた。技術者の内訳は寺工二名、鑪盤《ろばん》博士一名、瓦博士四名、画工一名で、仏塔の相輪の露盤を造るための金属製品の製作技術者、屋根を葺く瓦の工人など、それ以前の日本にはない建築を造るため、国外の技術者の力が必要であった。また『元興寺伽藍縁起并流記資財帳』によると、金堂《こんどう》の「本様」が送られてきたという。「様」は訓読みで「ためし」と読み、模型や設計図などであったと考えられ、技術者の渡来とともに、こうした方法で技術移転が図られたのであろう。

技術面以外でも飛鳥寺の造営は問題が山積みであったようで、『日本書紀』によると、崇峻天皇元年（五八八）に飛鳥寺の建設を試みた時には、予定地に飛鳥衣縫《きぬぬい》造《のみやつこ》祖《のおや》樹葉《このは》の家があり、これを立ち退かせて家を壊して、寺を建設したという。新文明の花形である仏教寺院の建立のためには既存の建物の立ち退きもやむを得なかったのであろうが、この強引な造営からも物部氏との抗争に勝利した蘇我氏の権勢がうかがえる。

現代も同じであるが、古代には建設計画を決めてもすぐに着工にこぎ着けることはできず、その前に設計や山に入って材木を確保する杣取《そまど》りをおこなわねばならなかった。もちろん、これらの背景には運搬のための労働力・インフラ、そして材を入手できる支配地域・安定した社会が必要であることはいうまでもない。

特に物にあふれた現代とは異なり、建築材料の入手のためには山から木材を切り出す杣取りが重要である。さらに木を切ってすぐに建材に使えるわけではなく、河川などを利用して運搬する過程で樹液が抜け、これが乾燥されて初めて木造りが可能になる。そもそも杣入りをして木を切り出すにしても、その前に使用する木材量を計算するために詳細な設計が必要である。巨大伽藍《がらん》の造営ではこうした準備に長い時間を要したのである。

飛鳥寺の建立においても、同三年（五九〇）になって、ようやく山に入って材を探し求めることができるようになり、同五年（五九二）に仏殿と歩廊の起工にこぎ着けた。翌年には塔の中心の柱の礎石、心礎《しんそ》に仏舎利を安置しており、心柱《しんばしら》を立て、塔の建設に取り掛かったようである。この塔心礎は発掘調査によって地中に埋められていたことがわかっており、舎利容器が埋納されていた。ただし、これは後世に塔が焼失したのちに、再埋納されたもので、心礎の埋納品には古墳の副葬品と同じく、玉や鈴などが含まれ、仏舎利として納める宝物には前時代の伝統もそのまま引き継いでいたようである。伽藍がある程度完成したのちには、蘇我馬子の息子善徳が寺司となり、高句麗《こうくり》僧の恵慈《えじ》、百済僧の恵聡《えそう》が住み始めた。

こうした苦労の末に造られた飛鳥寺は塔の周りを三金堂で囲み、全体を回廊で囲む伽藍配置で、これらは高句麗の清岩里廃寺《せいがんりはいじ》や定陵寺などに同様の例があり、朝鮮半島の形式が持ち込まれたとされる。大陸との深い関係は、軒瓦《のきがわら》の文様が百済扶余《ふよ》のものに似ている点にも表れており、文献に記されている百済からの技術者の移入の信憑性《しんぴょうせい》を裏づけている。この飛鳥寺をはじめとする寺院建立を皮切りに、古墳から寺院へという流れが日本列島各地で起こっていったのである。

さて飛鳥寺の本尊については面白い逸話がある。飛鳥寺の本尊はかの有名な飛鳥大仏であるが（図3―1）、これは推古《すいこ》天皇十三年（六〇五）に天皇が聖徳太子《しょうとくたいし》（厩《うまや》戸皇子《どのおうじ》）や蘇我馬子らに詔して、丈六《じょうろく》仏像の造立を請願し、造仏工に鞍作鳥《くらつくりのとり》を命じたものである。しかし計画に問題があったようで、金堂の扉よりも仏像が高く、金堂に像が入らないという事態に陥ってしまった。そこで像を入れるために扉を壊して入れようとしていたところ、鞍作鳥の妙案で扉を壊さずに安置できたという。このように、一技術者の活躍や逸話が正史『日本書紀』に記されているところにも当時における技術者の重要性が表れている。

図3−1　飛鳥大仏

伽藍配置

さて先に飛鳥寺の伽藍配置について少し触れたが、伽藍配置は時代性、すなわち僧や施主などの要望を反映している。伽藍は元来、僧侶が集まって修行する清浄・閑静な場所であり、のちに寺院の建物の総称となった。古代寺院の伽藍は本尊を祀る金堂を中心に、仏舎利を納めた塔、経典の講義や説教をするための講堂《こうどう》、僧侶が一堂に会して食事をするための食堂《じきどう》、時を告げるための梵鐘《ぼんしょう》を吊るした鐘楼《しょうろう》、経典を収める経蔵《きょうぞう》、僧侶の生活の場である僧房《そうぼう》などの主要施設によって構成されていた。これらの建物によって構成された伽藍が、いわゆる七堂伽藍《しちどうがらん》である。寺物を収めるための倉も多く設けられた。もちろん、小規模な寺では、七堂伽藍のうちのいくつかの建物が省略されたり、機能が統合されたりしていた。

　伽藍のなかでも、高層の塔はひときわ目を引く建物で、金堂ともに伽藍の中枢に置かれた。この金堂と塔の位置関係を見ていくと、時代的な傾向がうかがえる（図3―2）。六世紀までの伽藍配置を見ると、飛鳥寺の伽藍配置では塔を取り囲むように三金堂が建っており、まさに釈迦の骨を祀る塔が伽藍の中心にある。また四天王寺《してんのうじ》式伽藍配置では金堂の前に塔が置かれており、やはり伽藍の中軸にある。いわゆる法隆寺《ほうりゅうじ》式伽藍配置では回廊で囲まれた一画に金堂・塔が並立している。さらに一つの寺院に塔一つとは限らず、七世紀後半に藤原京に建てられた本薬師寺《もとやくしじ》では金堂の前に二基の塔が並び、平城京の薬師寺に継承された。

　飛鳥時代以前には塔が金堂と同じく伽藍の中心に置かれ

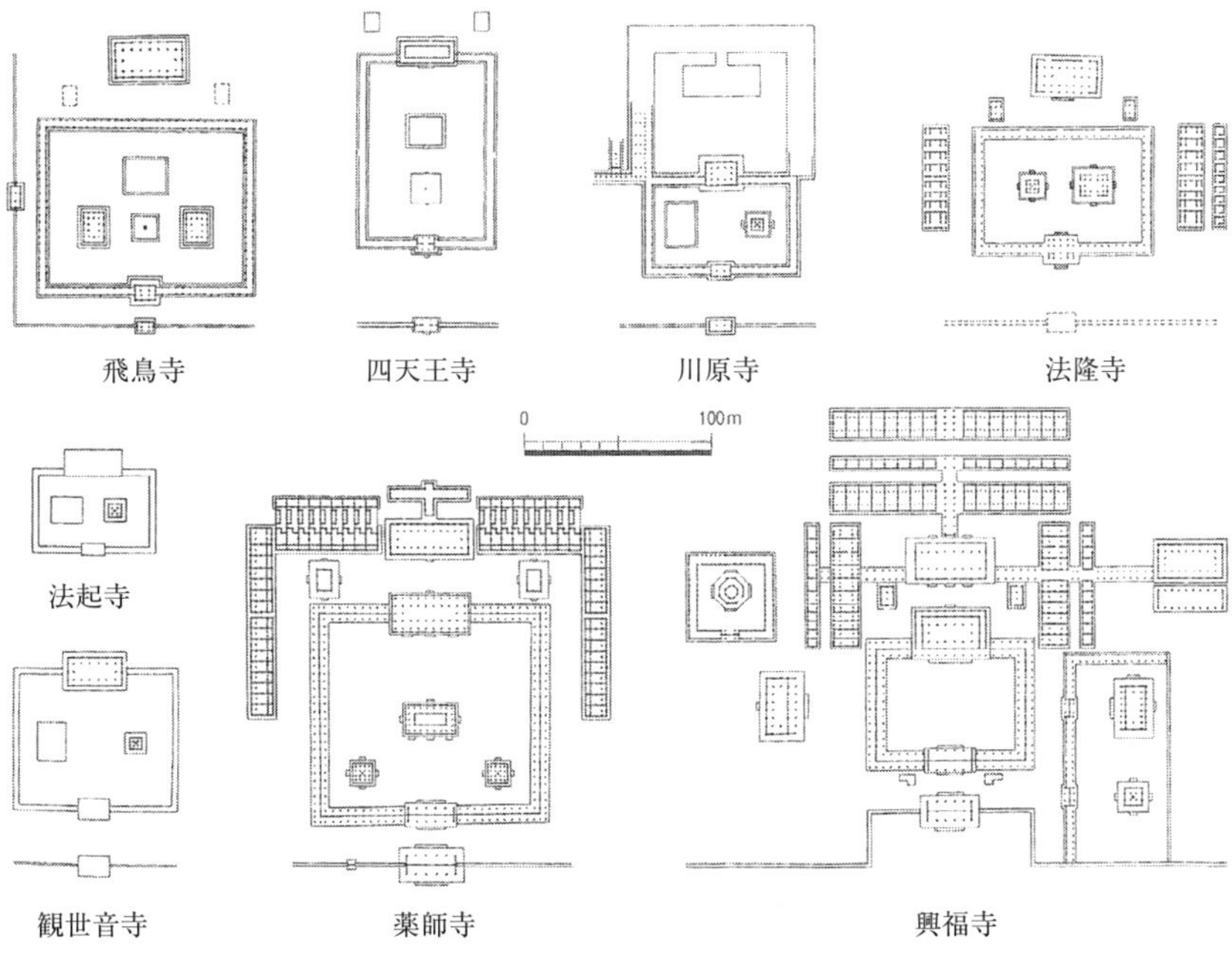

図3−2　さまざまな伽藍配置

たいっぽうで、奈良時代になると伽藍配置に変化がみられる。興福寺では金堂院の外に塔が置かれており、東大寺でも金堂院とは別に東塔院・西塔院が別々に設けられた。このように飛鳥時代までは文字通り、塔が伽藍の中心に位置したが、奈良時代に入って法会《ほうえ》が重視されるようになると、仏舎利を納めた塔よりも、仏教儀礼に重要な金堂とその前の空間が重視されるようになり、伽藍配置に変化が生じたのである。

四天王寺と百済

四天王寺は大阪市の中心地にあり、『日本書紀』から草創が知られる。これによると、用明天皇二年（五八七）の崇仏派の蘇我氏と廃仏派の物部氏の闘争において、蘇我氏方であった聖徳太子は、四天王像を彫り、勝利した暁には、四天王を安置する寺院の建立を誓願した。蘇我氏が勝利した後、推古天皇元年（五九三）に聖徳太子が摂津難波の荒陵《あらはか》で四天王寺を建立し、その財政基盤として、物部氏の奴婢《ぬひ》や土地が用いられた。これが四天王寺の創建である（【巻頭カラー4】）。

四天王寺の伽藍配置は古い形式で、百済の王興寺や軍守里廃寺と共通しており、日本と百済の密接な交流を示している。いずれも塔・金堂・講堂が一直線に並び、その塔も朝鮮半島に多く見られる石塔ではなく、木塔が建っていた（図3―2・3）。

王興寺は『三国史記《さんごくしき》』に六〇〇年の造営と記されているが、発掘調査により、造営開始の時期がさらに遡ることが明らかとなった。木塔の心礎部分から舎利容器と舎利荘厳具が出土し、青銅製の舎利容器の刻銘には、丁酉

図3―3　南北に並ぶ四天王寺の塔と金堂（北東から撮影）

年（五七七）二月十五日に威徳王《いとくおう》が亡くなった王子のために寺を建てたという創立の経緯が記されていた。この王興寺の伽藍配置は塔・金堂・講堂が一直線に並ぶ四天王寺式であるが、回廊が廻るのではなく、金堂の両脇には長い建物が並ぶという構造であった。

このように、四天王寺は百済の寺院の影響を直接的に強く受けて造られたもので、伽藍配置にそれが表れている。飛鳥寺と並んで日本最古級の寺院である四天王寺は飛鳥寺とともに百済と倭国の親密な関係を示しているのである。

飛鳥の宮殿と大造営

さて飛鳥寺が建立された六世紀末になると、大王の宮殿も飛鳥に営まれ、その周辺に寺院が造営されるようになる。特に推古天皇が豊浦宮《とゆらのみや》で即位した五九二年から持統《じとう》天皇が藤原京《ふじわらきょう》に遷都した六九四年までの約一〇〇年間、この地に集中して宮殿が営まれ、この時代を飛鳥時代という。その宮殿も、もともとは大王の住まいなどの私的な空間があり、そこに政《まつりごと》をおこなうための公的な要素が付加されて成立したとみられる。

もちろん、この時期には寺院建築の導入により、礎石の上に柱を立てるという新しい技術がもたらされていたが、藤原宮より前の宮殿は地面に直接柱を立てる掘立柱という伝統的な方法で建設された。この飛鳥の宮殿では建物の周囲に石を敷きつめることで荘厳し、同時に水はけにも配慮していた。

掘立柱《ほったてばしら》の建物は礎石に比べて柱の根元が腐りやすいことから耐用年数が低く、かつては藤原京以前の掘立柱の宮殿は天皇の代替わりごとに宮殿を移したとも考えられてきたが、その後の発掘調査により、飛鳥の宮殿は建替えられてはいるものの、継続して営まれたことが判明している。この飛鳥の宮殿やその関連施設群で構成された一帯を飛鳥京と呼んでいる（図3―4）。

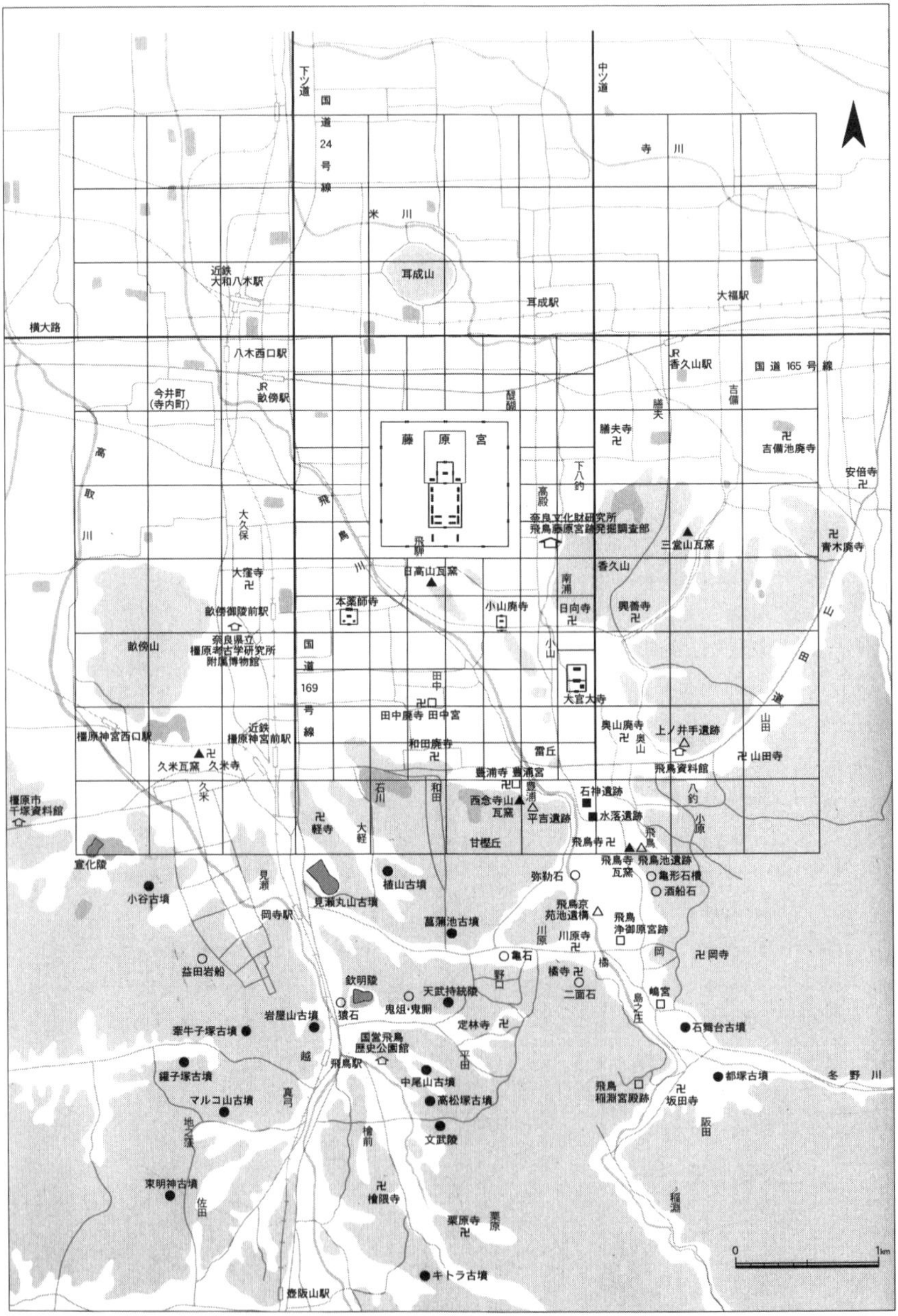

図３−４　飛鳥・藤原京周辺の寺院

さて飛鳥に宮殿が集中する一つのきっかけとなった豊浦宮であるが、これも推古天皇のために新築されたものではなかった。推古天皇は崇峻天皇五年（五九二）十二月に豊浦宮で即位したが、ここには崇峻天皇がその前月に暗殺されたという特殊な事情があった。さすがに掘立柱の宮殿であっても一ヵ月での造営は不可能であろうから、この豊浦宮は既存の施設を利用したと考えられる。

推古天皇十一年（六〇三）になって、ようやく小墾田宮《おはりだのみや》に宮殿を移す。その背景には同八年（六〇〇）に送られた遣隋使《けんずいし》を介した大陸との交流があり、この遣隋使が隋《ずい》の文帝《ぶんてい》に謁見して倭国の政治システムを説明したところ、東アジアの政治システムへの変更が求められた。そこで大きな改革として帰国後に冠位十二階や憲法十七条が定められ、史書の編纂や大道の整備がおこなわれた。こうした時期に小墾田宮は造営されており、政治体制の一新とあわせて、東アジア的な宮殿を志向したとみられる。その小墾田宮の中心部である朝庭は大殿・門とその両脇の庁（朝堂）によって構成された中国的な左右対称の空間とみられ、この空間構成は藤原宮以降の大極殿院《だいごくでんいん》や朝堂院《ちょうどういん》の原形となっている（図3―5）。これに加えて、小墾田宮では瓦葺の殿舎を計画していた。これは宮殿造営用の材料がなく計画倒れに終わったが、ここにも中国的な宮殿の整備への志向が表れている。

この豊浦宮や小墾田宮はそれぞれ飛鳥寺の北西、北方に営まれており、厳密な意味で飛鳥の中枢部からは離れていた。飛鳥の中心部は飛鳥寺の南方で、ここに飛鳥の宮殿が断続的に営まれており、飛鳥宮跡として国指定史跡になっている。

『日本書紀』には飛鳥岡本宮《あすかおかもとのみや》、飛鳥板蓋宮《いたぶきのみや》、後飛鳥岡本宮、飛鳥浄御《きよみ》原宮《はらのみや》という名称が変わっているが、いずれも飛鳥宮跡の地

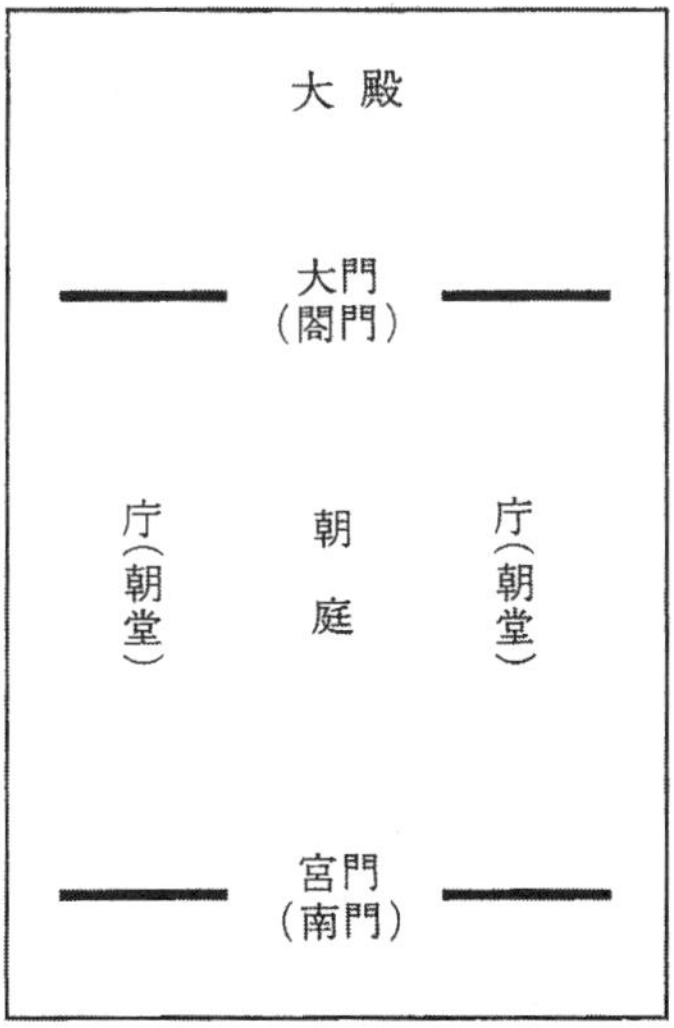

図3−5　小墾田宮の建物構成
（岸俊男説による）

に営まれたとみられる。このうち飛鳥板蓋宮という名称は、やや特殊であるが、草葺の建物が多かったこの時代にあって、飛鳥板蓋宮はその名の通り、屋根の板葺を美称として、宮殿名に用いたのであろう。縦挽きの鋸がない古代には板材は太い材を割って作っており、多くの材料と手間がかかる板葺きは高価かつ珍しいもので、権力を示すシンボルであったのである。

さらに斉明《さいめい》天皇二年（六五六）に後飛鳥岡本宮を建設した斉明女帝は造営に執心したようで、香具山《かぐやま》の西と石上山の間に運河を掘り、石上山の石を二〇〇槽の船で後飛鳥岡本宮に運び、その東の山に石垣を造った。運河造営には三万人を動員し、石垣の築造に七万人を要したとされ、造営の過多から、当時の人々から運河は狂心《たぶれこころ》の渠《みぞ》と誹りを受け、石垣は自然と崩れるばかりと非難されるほどであった。このほかにも多武峰《とうのみね》に石垣を廻らせ、「観《たかどの》（道教の施設、もしくは高殿）」を造って、これを両槻宮や天宮と呼んだとされる。造営工事の行き過ぎもあったが、斉明女帝は単なる造営道楽に興じたのではなく、六四四・六四五年の唐の高句麗への侵攻をはじめとする東アジアの緊迫した状況のなかで、飛鳥京の周辺を早急に整備しようとしたのであろう。

また飛鳥浄御原宮は天武《てんむ》天皇・持統天皇の二代にわたって用いられた宮殿で、発掘調査や『日本書紀』の殿舎名から大規模であったことが判明しており、その一画であるエビノコ郭には大極殿《だいごくでん》が設けられた。このエビノコ郭は天武天皇の時代に儀礼空間として宮殿に付加されたとされ、政務空間の独立という志向がここに表されたのである。次章で述べるように、大極殿は古代宮殿の中枢施設で、中国的な空間構成の最たるものであり、まさに東アジア的な宮殿構成の萌芽であるといえよう。

このように寺院建立と時を同じくして、宮殿も大陸との交流のなかで少なからず影響を受け、小墾田宮のように中国的な左右対称の空間構成や瓦葺の宮殿も志向された。しかし飛鳥の宮殿建築は寺院建築のような礎石ではなく、伝統的な掘立柱という方法で建てられ続け、礎石・瓦葺の実現は藤原宮まで待たねばならなかった。

飛鳥周辺の寺々

飛鳥寺の建立を皮切りに、推古天皇二年（五九四）に仏教興隆の詔が出されたことにより、各地で急速に寺院が建立されるようになる。飛鳥周辺もその例にもれず、推古天皇の豊浦宮の跡地に建てられた豊浦寺をはじめ、各氏族が競って寺院を建て、蘇我氏系氏族は飛鳥寺のほかにも奥山久米廃寺や山田寺《やまだでら》を造営した。渡来系氏族も鞍作氏の坂田寺、東漢氏《やまとのあやうじ》の檜隈寺《ひのくまでら》、竪部使主《たてべのおみ》氏の立部寺などを飛鳥の南側の小高い丘に建立した。

こうした各氏族の寺院造営もあり、『扶桑略記《ふそうりやっき》』によると、推古天皇三十二年（六二四）には、寺院四六ヵ寺、僧八一六人、尼五六九人であったものが、持統天皇四年（六九〇）には安居中の沙門は三三六三人もの数を数え、同六年（六九二）には寺院は五四五ヵ寺まで増加したという。また飛鳥周辺の寺院の数も『日本書紀』によると、天武天皇九年（六八〇）には京内だけでも二四ヵ寺もあり、飛鳥の狭い平坦地のなかに寺院が林立しており、寺院建築は飛鳥京を荘厳するための景観の一部として機能していたのである。これらの氏寺が隆盛するいっぽうで、巨大古墳の造営はおこなわれなくなっていった。

このように各氏族によって寺院が建立されたのであるが、もちろん天皇が発願した寺院もあり、これらは氏寺の規模を超越するものであった。百済大寺《くだらのおおでら》・川原寺《かわらでら》・薬師寺の造営である。

初の国立寺院である百済大寺は国家の威信をかけた造営で、九重塔を備えた立派なものであった（図3―6）。百済大寺の造営では、朝鮮系渡来人の漢《あや》氏系を大匠とし、舒明《じょめい》天皇十一年（六三九）に、百済川沿いに、大宮と大寺を造営したことが知られる。東は遠江、西は安芸までの地域から造営丁を徴発し、西の民に大宮、東の民に大寺を造らせた。伽藍造営のための木材も各国に求めており、材料・労働力ともに当時の広大な支配地域の力を結集したものであった。

皇極《こうぎょく》天皇元年（六四二）に百済大寺の庭で法会をおこない、雨乞いのために仏菩薩四天王の像を飾って、大雲経を読んだと記録があるが、この時には、まだ伽藍の造営は完了していなかった。白雉元年（六五〇）に丈六像、脇侍、八部衆など三六体の繍仏を造り始めたとあり、ようやく、このころに諸堂に仏像を安置することができるようになったとみられる。この百済大寺の場所は長らく不明であったが、一九九七・九八年の発掘調査により、飛鳥から三キロ北方の吉備池の南岸で巨大な塔と金堂の基壇《きだん》を発見し、ここが百済大寺であったことが判明した。舒明天皇自身、蘇我氏の擁立によって即位したのであるが、蘇我氏との国政上の対立も深まっていたため、蘇我氏の建立した飛鳥寺よりも巨大で、豪華絢爛な寺院を飛鳥から離れた地に建立することで、蘇我氏から独立した天皇の権威を示したかったという政治的な意図がうかがえる。巨大寺院の建立を通して蘇我氏から独立した天皇の権威を示し、権力の重心を移そうとしたのである。

さて飛鳥から離れた地に建てられた百済大寺であるが、天武天皇二年（六七三）には移築され、高市大寺《たけちだいじ》と称するようになり、その造営のために、美濃王と紀臣訶多麻呂《きのおみかたまろ》を造高市大寺司に任命している。この高市大寺の位置は不明であるが、飛鳥浄御原宮の整備の時期と重なっており、飛鳥地方に大寺と宮殿を建てることで壮麗な景観を作り出そうとしたとみられる。さらに藤原京のころには再び藤原京と飛鳥寺の間に移されて、大官大寺《だいかんだいじ》となり、やはり九重塔が建てられた。しかし『扶桑略記』によると、移って間もない和銅四年（七一一）には焼失し

図3−6　古代東アジアの塔の規模

てしまったとされ、発掘調査でも確かめられている。なお、この発掘調査により、大官大寺の伽藍が次章で述べる藤原京の条坊と一連の伽藍計画であったことがわかっており、さらに金堂の規模は平城宮第一次大極殿に匹敵するほど、巨大であったことが知られる。まさに都城《とじょう》景観を荘厳するにふさわしい巨大な堂宇《どうう》を構えていたのである。

もう一つが謎に包まれた官寺といわれる川原寺である。川原寺は七世紀中ごろに天智天皇によって母である斉明天皇の供養のために建立されたとみられるが、正史『日本書紀』に創建の記述がまったくない。この謎の大寺、川原寺であるが、斉明天皇元年（六五五）の飛鳥板蓋宮の焼失後、斉明天皇二年（六五六）に岡本宮に移るまでの間に使用された川原宮に由来するとみられ、その跡地に建てられたようである。天武天皇二年（六七三）には川原寺で一切経の写経をしていたというから、このころまでには伽藍が完成しており、天武天皇も母斉明天皇を弔ったのであろう。

『日本書紀』に創建の記述がないいっぽうで、川原寺は天武天皇十四年（六八五）には飛鳥寺・大官大寺とともに飛鳥の三大寺に、翌年には飛鳥寺・大官大寺・豊浦寺・坂田寺とともに五大寺、文武天皇（六七九〜八〇〇）のころには飛鳥寺・大官大寺・薬師寺とともに四大寺に数えられており、非常に寺格の高い寺院であった。

川原寺の位置は飛鳥寺南方の地で、尼寺である橘寺と対になるように建てられた（図3―4）。すなわち飛鳥宮跡と飛鳥川をはさんだ対岸の地である。川原寺の伽藍配置は一塔二金堂の特殊なもので、塔と西金堂を回廊で囲み、回廊は中金堂につながり、講堂はその北方に置かれた（図3―1）。この西金堂は南北に長い向きで、通常、長手部分に入口が設けられるため、入り口は中軸側の西面となり、塔と向かい合う位置に入口が設けられた。こうした金堂と塔が向かい合うような伽藍配置は、大宰府《だざいふ》の観世音寺《かんぜおんじ》（七世紀、福岡県）や多賀城《たがじょう》の多賀城廃寺（八世紀、宮城県）にもあり、前者は『続日本紀《しょくにほんぎ》』によると、やはり天智《てんじ》天皇が斉明天皇の追善供養のために建てたとされる。川原寺とは異なり中金堂はないものの、大宰府・多賀城という律令国家の要衝の地に畿内と類似の伽藍配置の寺院が建てられたのである。

さて川原寺の特異性は伽藍配置だけではない。諸堂宇の屋根瓦には、大型の複弁八弁蓮華文《ふくべんはちべんれんげもん》の軒丸瓦が用いられている。飛鳥寺は工人が百済から送られたように、百済系の瓦当文様であったが、この川原寺の軒瓦の文様は初期唐様式のものであった。唐《とう》が隋を滅ぼしたのが六一八年で、その唐と新羅《しらぎ》の連合軍と倭国が戦った白村江《はくそんこう》の戦いが六六三年であるから、七世紀にも遣唐使を送っていたとはいえ、まさに唐の最新技術を導入して川原寺を建立したのである。

さらに川原寺の裏山からは、磚仏《せんぶつ》が約一万四〇〇〇点も出土している。磚仏とは薄い板状の磚《せん》（粘土を固め焼成した煉瓦《れんが》）の表面に浮彫りで仏像を表現したレリーフのことで、仏堂内の壁はこの磚仏で荘厳されていたとみられる。まさに仏に囲まれた仏の世界を堂内に表現しようとしていたのである。こうした煌びやかな空間は当時の飛鳥の人々にとっては衝撃的であったであろう。

藤原京に建てられた薬師寺は、天武天皇九年（六八〇）に皇后（のちの持統天皇）の病気平癒を祈願して、天武天皇が発願した寺院である。この藤原京に造られた薬師寺は平城京の薬師寺と区別するため、現在は本薬師寺と呼ばれ、橿原市城殿町に東西両塔および金堂の土壇《どだん》を残している（図3―4）。

この双塔式の伽藍配置は百済や高句麗にはみられないが、朝鮮半島にルーツがみられる。六七九年に創建された新羅の慶州四天王寺が双塔式の伽藍で、さらに六八四年の望徳寺でも同様の形式が採用されている。朝鮮半島では感恩寺のように次第に塔が木塔から石塔に代わっていくが、これらの初期の寺院では木塔であった。またこれらの創建年代は藤原京の本薬師寺の時期と近く、同形式の伽藍配置が百済からではなく新羅からの影響を受けている点は、白村江の戦いののち東アジアの情勢が変化するなかで、日本が百済に代わって新羅から迅速に情報を得ており、大陸との密接な交流をおこなっていたことを示しているといえる。

このように飛鳥の周辺では氏族や天皇によって数多くの寺院が建立され、飛鳥京や藤原京の周辺を荘厳していた。目にしたことのなかった瓦葺や朱塗りの巨大建築の出現は新文明の到来を広く知らしめるもので、金色に輝く仏像・僧による読経・香の匂いも相まって、目・耳・鼻・心で飛鳥の人々を圧倒したのである。

また大官大寺の九重塔や巨大金堂、川原寺の最新式の瓦、薬師寺の双塔伽藍など、唐や新羅の最新技術を用いた新建築の出現の背景には、東アジアに唐の脅威が広がるなかで、都城の建設と同じく最新の仏教文化を取り入れた壮麗な寺院を造ることで、国力を内外に示すという目的があった。実際に百済の弥勒寺九重塔（石塔）や新羅の皇龍寺九重塔・慶州四天王寺の双塔伽藍など、各国が競うかのように寺院建築の建立に努めており、まさに、荘厳された建物の権威ここに極まれり、といったところであったのであろう（図3—6）。

奇偉荘厳の山田寺

さて、飛鳥の官大寺から少し目を移して、氏寺についても見てみたい。悲劇の寺、山田寺である。山田寺は蘇《そ》我倉山田石川麻呂《がのくらのやまだのいしかわまろ》の発願によって建立された氏寺で、その造営の過程は聖徳太子の伝記『上宮聖徳法王帝説《じょうぐうしょうとくほうおうていせつ》』の裏書に記されている。欽明《きんめい》天皇十三年（六四一）に寺地の造成が始まり、まずは皇極天皇二年（六四三）に金堂が建立された。

発願者である石川麻呂は乙巳《いっし》の変の役者の一人である。天皇の前で朝鮮三国からの文書を読み上げ、それを合図に蘇我入鹿《いるか》を殺害する計画であったのであるが、この時、文書を読み上げたのが石川麻呂、その人である。ただし予定通りとはいかず、読み終わりに差し掛かっても暗殺者が来ず、声が乱れ、汗が流れる石川麻呂の様子を入鹿が不審に思って、その理由を尋ねるという瀬戸際の舞台であった。その後の結果は周知のように、何とか蘇我入鹿の首をはね、この計画は成就した。こうした手に汗を握るような緊迫した状況で、重要な役目を担った石川麻呂は、その功により右大臣となり大化の改新に尽力し、国政を担った。しかし大化五年（六四九）に蘇我日向《ひむか》から中大兄皇子《なかのおおえのおうじ》に石川麻呂謀反の密告があり、山田寺で非業の死を遂げる。この死により山田寺の造営は中断を余儀なくされる。その後も山田寺の造営は再開と中断を繰り返し、天武天皇十四年（六八五）にようやく講堂の本尊丈六仏《じょうろくぶつ》の開眼供養に至って完成した。

こうして完成した山田寺であるが、伽藍配置は塔と金堂を南北に並べて、これを回廊で囲み、回廊の外側に講堂を置く伽藍配置であった（図3―7）。なかでも金堂は護国寺本『諸寺縁起集』に「一間四面二階」と記述されており、二重屋根の立派なものであった。その荘厳は特段、素晴らしかったようで、後世にも称賛されている。治安三年（一〇二三）に御堂関白藤原道長《みどうかんぱくふじわらのみちなが》が南都を訪れ、その足で山田寺を訪れた際には、堂内は「奇偉荘厳《きいしょうごん》」にして、言葉を失ってしまい、真の姿を判別できないほどであると褒めたたえている。山田寺の金堂・塔の周辺からは川原寺と同じように多数の磚仏が出土しており、これらが金堂の壁面いっぱいに飾られていたのであろう。平安京で栄華を謳歌し、南都六大寺の諸建築を見てきた道長をしても、美麗と感じるくらいであるから、飛鳥時代の人々にとっては衝撃的であったに違いない。

その後の山田寺については、十一世紀前半には宝蔵・東面回廊が倒壊し、さらに十二世紀後半には金堂・塔・講堂も焼亡してしまい、鎌倉時代前半には再興されたが、創建の伽藍は今に伝わっていない。

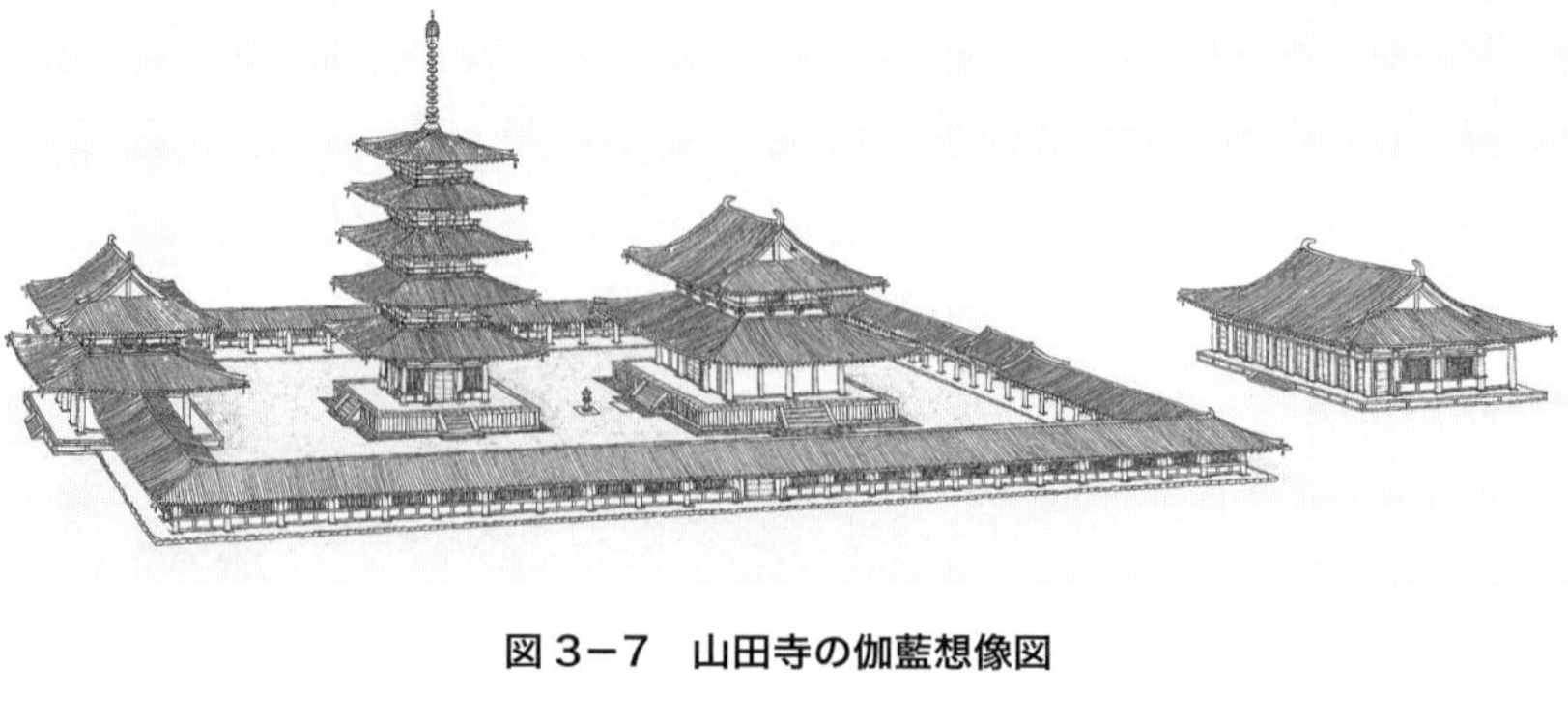

図3―7　山田寺の伽藍想像図

なお治承四年（一一八〇）の平重衡《たいらのしげひら》の南都焼き討ちの余波は山田寺にもおよんでおり、ここでも悲劇が起こっている。この焼き討ちにより興福寺《こうふくじ》の諸堂宇は灰燼に帰したが、すぐに再建に着手し、東金堂《とうこんどう》は元暦二年（一一八五）には完成した。しかし東金堂以外の諸堂宇の再建も必要であり、さらに東金堂の本尊造立の仏師選びも難航したため、新しい東金堂の本尊の造立は暗礁に乗り上げてしまった。そこで文治三年（一一八七）に興福寺の僧兵は山田寺講堂に赴き、薬師三尊像を持ち去ってしまう。これを興福寺東金堂の本尊としたのである。なおこの仏像にはさらなる悲劇が待ち受けており、応永十八年（一四一一）の東金堂の落雷による類焼の際に頭部のみとなってしまった。悪いことは重なり、同二十二年に現東金堂が再建されると、その仏頭は本尊台座の下に納められて、なんと忘れ去られてしまった。ようやく、これが再発見されたのは昭和十二年（一九三七）の東金堂の解体修理の際で、約五〇〇年ぶりに日の目を見ることになった。この悲運の運命をたどった本尊丈六仏こそが、現在、興福寺に伝わる仏頭である。

さて仏頭の数奇な運命も山田寺を語るうえで欠かせないが、ことに建築についていえば東面回廊の出土建築部材について話しておく必要があろう。昭和五十七年、突如として地面の下から「建物」が現れた（【巻頭カラー5】）。まさに直前まで建っていたかのような姿が日の下にさらされたのである。

山田寺回廊の出土部材の発見まで建築史研究は七世紀唯一の現存建物である法隆寺に主に依拠してきたが、この発見により、その常識が覆された。この山田寺の出土建築部材は、法隆寺に限られる七世紀の建築と共通する点もあったが、大きく異なる特徴も示していた。例えば柱の胴張りは両者で共通している。いっぽう、法隆寺は雲の形を象った雲斗《くもと》・雲肘木《くもひじき》という組物《くみもの》を用いているが、山田寺は平三斗《ひらみつど》という奈良時代以降の一般的な組物をしていた（図3—8）。このほかにも、組物の細部や扉を支持する方法などに違いがある。

この山田寺の出土建築部材は飛鳥時代の多様な建築の存在を示しており、その技術や様式を見ると、法隆寺西院伽藍の建物、奈良時代の建物の両方の特徴があるとともに、異なる点も数多くあることが判明した。これは七世紀段階の多様性な建築技術の存在の証で、大陸的な建築様式を受容し、奈良時代に日本的な形式として一定程度、成立するまでの、いわば過渡期の状況を示しているといえよう。現存建築のみに頼っていては理解不可能なことで、まさに出土建築部材が古代建築の新たな道を切り開いたのである。なお山田寺の主要な建築部材を含む出土品は二〇〇七年に重要文化財の指定を受けて、保存処理されて、飛鳥資料館に組み上げられている（図3―8）。

図3―8　組み上げられた山田寺回廊

法隆寺と斑鳩宮

さて、建物で歴史を見るにあたって、現存最古の建築に触れないわけにはいかないであろう。いわずとして知れた法隆寺である。法隆寺は推古天皇の摂政《せっしょう》であった聖徳太子が創建した寺院で、現在の法隆寺の伽藍は金堂・五重塔・中門などの西院（【巻頭カラー6】、図3―9）と夢殿・伝法堂などの東院の二つの区画からなる（【巻頭カラー7】）。

草創に関する史料は少ないが、推古天皇九年（六〇一）に聖徳太子は法隆寺東院付近に斑鳩宮《いかるがのみや》を造り始め、同十三年（六〇五）ごろからここに居を構えた。また法隆寺金堂の薬師如来像の光背銘文には推古天皇十五年（六〇七）にこの像と寺を造ったとある。初めに斑鳩宮の持仏堂《じぶつどう》のようなものが造られ、法隆寺西院伽藍の前身の若草伽藍に発展したとみられ、舒明天皇の百済宮と百済大寺のように宮殿と寺が並立したのであろう。この前身の若草伽藍であるが、昭和初期の発掘調査によって、古式な四天王寺式の伽藍配置を持つ寺で、出土した瓦は同じ太子ゆかりの四天王寺と同じ木型から造ったものであることがわかっている。その後、皇極天皇二年（六四三）には蘇我入鹿によって斑鳩宮は焼かれ、山背大兄王ら太子一族は滅ぼされてしまい、『日本書紀』によると若草伽藍も天智天皇九年（六七〇）に全焼してしまった。これらの厄災を経て、その後に再建されたものが現在の建物群である。

聖徳太子という庇護者を失った寺の再興には苦慮したようで、再建の法隆寺の経済基盤・寺格はともに創建のものとは大きく異なるものであった。特に大化三年（六四七）から与えられていた食封《じきふ》が天武天皇七年（六七八）に停止されたことは法隆寺にとって経済的な大打撃であったに違いない。

ただし幸いなことに文武朝以降、仏教の振興策により、持統天皇七年（六九三）には仁王会《にんのうえ》のための諸仏具の奉納、その翌年には金光明経《こんこうみょうきょう》の奉納もあり、このころには金堂などの伽藍主要部も整備されていたようである。とはいえ五重塔や中門は未完成で、和銅四年（七一一）になって、ようやく塔内の塑像や中門の金剛力士像を造立している。

図3−9　法隆寺西院伽藍

さて法隆寺金堂・五重塔・中門は日本建築のなかでも特異な構造やデザインである。金堂は二重基壇の上に建ち、梁行《はりゆき》（奥行）の深いどっしりとした初層と屋根に比してスリムな上層で、重厚感と軽快感を併せ持っている。初層には壁画保護のために、創建後に付加された裳階が廻っている。太い柱には中央部にやや膨らみをもった胴張りがあり、力強さがある。

上下層ともに軒の出が大きく、水平の広がりの強い屋根である。その大きな屋根を支えるのが雲斗・雲肘木という斑鳩の地域にみられる組物である（図3―10）。この組物では斜め四五度方向にのみ手先が出ており、玉虫厨子《たまむしのずし》の屋根も同じ形式である。組物がやわらかい曲線を描くのに対して、垂木《たるき》は角垂木の一軒で、堅固な印象を与えるデザインである。ちなみに上層のなかはガランドウで、見せかけのデザインに過ぎず、通常、人が登ることはない。下層の屋根の上には高欄が置かれているが、縁板が張られていないのもそのためである。なお法隆寺金堂も創建以来、多くの修理によって現代に受け継がれているが、上層四隅にある龍彫刻の軒支柱は元禄年間の修理に加えられたもので、江戸時代の職人の修理に対する思いが表れている。

初層の内部には柱が立つのみで、仕切りはなく、本尊を祀る内陣《ないじん》は天井を折り上げて、さらに天蓋をつるして荘厳し、外周壁の内側は壁画で彩られている。天井・天蓋と壁画によって飾ることで外周から中心の本尊の釈迦三尊像に向かって、徐々に荘厳性を高めた空間としているのである。

五重塔は逓減が大きく、安定感のある外観であるが、高さは金堂の約二倍におよび、古代の人々とっては天にも届かんかのごとく見えたのではなかろうか。ただし、やはり五重塔も二層目以上に上ることはできず、見せかけの装置である。内部には中心に相輪を支えるための心柱が建ち、その周囲に四天柱が立てて、その四天柱の内

図3―10　法隆寺金堂の雲斗雲肘木と軒支柱

側いっぱいに、須弥山を築き、塑像群を配している。まさに仏の世界をここに表そうとしたのである。

さてこうした西院伽藍の諸建築であるが、中国を手本にしたことは明らかで、高欄の卍崩しや人字型割束を並べたデザインは北魏の雲崗石窟（図3―11）や初唐の永泰公主墓壁画にみられるし、大斗の下につく皿斗も北魏で流行したもので、人字型割束は高句麗の水山里古墳玄室にも描かれている。法隆寺西院の再建は七世紀後半以降であるが、初唐の様式ではなく、当時としても、やや古式なデザインで造り上げられたのである。これ以降の洗練された唐様式の建築を比べると、木太く、独特の細部意匠に富んだ建築であるが、以降の日本の建築文化が発展する素地をここに見ることができる。

寺院建築と神社建築

日本の古建築といえば、寺院だけではなく、神社が頭に浮かんでこようが、ここで神社建築についても述べておきたい。神社建築の発生については諸説あり、一つは仏教建築よりも神社建築の成立は古く、日本古来の自然信仰にもとづいて神社本殿が成立したとする説である。もう一つは仏教建築の導入に対する関心と対抗意識から、神道も神社建築という立派な「カタチ」を求めたという説である。例えば、大神神社《おおみわじんじゃ》（奈良県）や諏訪《すわ》神社（長野県）のように、山や森といった自然を御神体としたものには神社本殿は必要なく、自然物崇拝という点からみれば神社に本殿がなかったというのも首肯できよう。

日本の総氏神とされる天照大御神《あまてらすおおみかみ》を祀る伊勢神宮の歴史をみても、その成立期には五世紀後半から六世紀後半まで各説があり、その他の神社についても、天武期以前

図3－11　雲崗石窟の三斗と人字型割束の表現

の信頼できる史料は少なく、『日本書紀』『古事記《こじき》』『風土記《ふどき》』などに鹿島神宮や熊野大社がみられる程度である。天武期以降になると、律令制による神祇体制を敷くことで宗教的な支配を試みており、この時に伊勢神宮を頂点とした官社の体制が成立し、各地の神社の社殿が整備され、一定期間ごとに社殿を建て替える式年造替という神社特有の制度ができたと考えられている。

さて神社建築の発生起源がいずれであるかについては、現存建築からはよくわからない。というのも現存最古の神社は平安時代に建てられた宇治上《うじがみ》神社本殿（京都府、【巻頭カラー11】）であり、奈良時代以前のものは残っていないからである。法隆寺をはじめとする古代建築の残る寺院建築とは異なり、神社の現存建築はこれらと比較すると時代が下るのであるが、神社特有の式年造替という定期的な社殿の更新文化がその一因である。ただし伊勢神宮や出雲大社などの一部の社殿は古式のカタチを今に伝えているとみられている。

仏教の導入時に舒明天皇が仏像の美しさに心惹かれたことは先に述べたが、建築に関しても同じで、仏教建築の華やかさ、煌びやかさは倭国の既存の宗教にとって脅威であった。そのため神社建築は意匠面で外来ではないスタイルを示すことで、これに対抗して仏教建築と区別しようとしたのである。伊勢神宮に奉仕した斎王の御所である斎宮で、仏寺をさす忌み言葉として「瓦葺」を用いたことからもその対抗意識はうかがえよう。

寺院建築は屋根の寄棟造《よせむねづくり》（もしくは入母屋造《いりもやづくり》）、瓦葺、礎石、組物、朱塗りといった大陸的な外観であったことはこれまで述べてきたとおりである。これと対比するため、神社では切妻造《きりづまづくり》の屋根、非瓦葺（草葺・板葺・檜皮《ひわだ》葺など）、掘立柱、組物の不使用、塗装を用いない素木《しらき》などの方法を採用し、さらに千木《ちぎ》や鰹木《かつおぎ》、独立棟持柱といったデザインを採用した（【巻頭カラー8】）。これらは家形埴輪にもみられるように、古墳時代以前から倭国にあった形式で、視覚的に仏教建築と差別化することで、神社建築の独自性を確立しようとしたのである。

さて古式を伝える神社建築の形式としては伊勢神宮の唯一神明造《ゆいいつしんめいづくり》、出雲大社の大社造《たいしゃづくり》、住吉大社の住吉造が代表として挙げられる。ここでは、これらを通して古代の神社に触れておきたい。

伊勢神宮と式年遷宮

伊勢神宮の成立時期は先述のように諸説あるが、『正倉院文書《しょうそういんもんじょ》』や『皇大神宮儀式帳《こうたいじんぐうぎしきちょう》』（延暦二十三年＝八〇四）などから、大なり小なり、変化はあるものの、奈良時代の伊勢神宮は現状と大きくは変わらないことが示されている（図3―12）。

伊勢神宮は簡素さと力強さを兼ね備えた建築で、ドイツの近代建築家ブルーノタウトがその美しさに「稲妻に打たれたような衝撃」を受けたという話は有名である。伊勢神宮の式年造替は天武天皇十四年（六八五）から始まり、中断や延期はあるが、二十年ごとに遷宮をおこなっており、古い社殿のあった古殿地《こでんち》の隣の新御敷地《しんみしきち》に新しい社殿を建てており、二〇一三年に第六二回の式年遷宮《しきねんせんぐう》を迎えている。屋根は反りのない切妻造の茅葺の平入《ひらいり》で、これを神明造《しんめいづくり》といい、伊勢神宮のものを特に唯一神明造という。太い柱は地中に埋められ、高い床《ゆか》を張る。破風は千木として側面を飾り、棟持柱の上に載る棟には鰹木が置かれる（【巻頭カラー8】）。いずれの要素も直線的で、構造・意匠ともに明快である。材料もほぼ自然そのままの材料で、その材料特性を生かすことで素朴かつ崇高な神殿を造り上げている。

そのなかでも強い精神性を持っているのが「心御柱《しんのみはしら》」である。心御柱

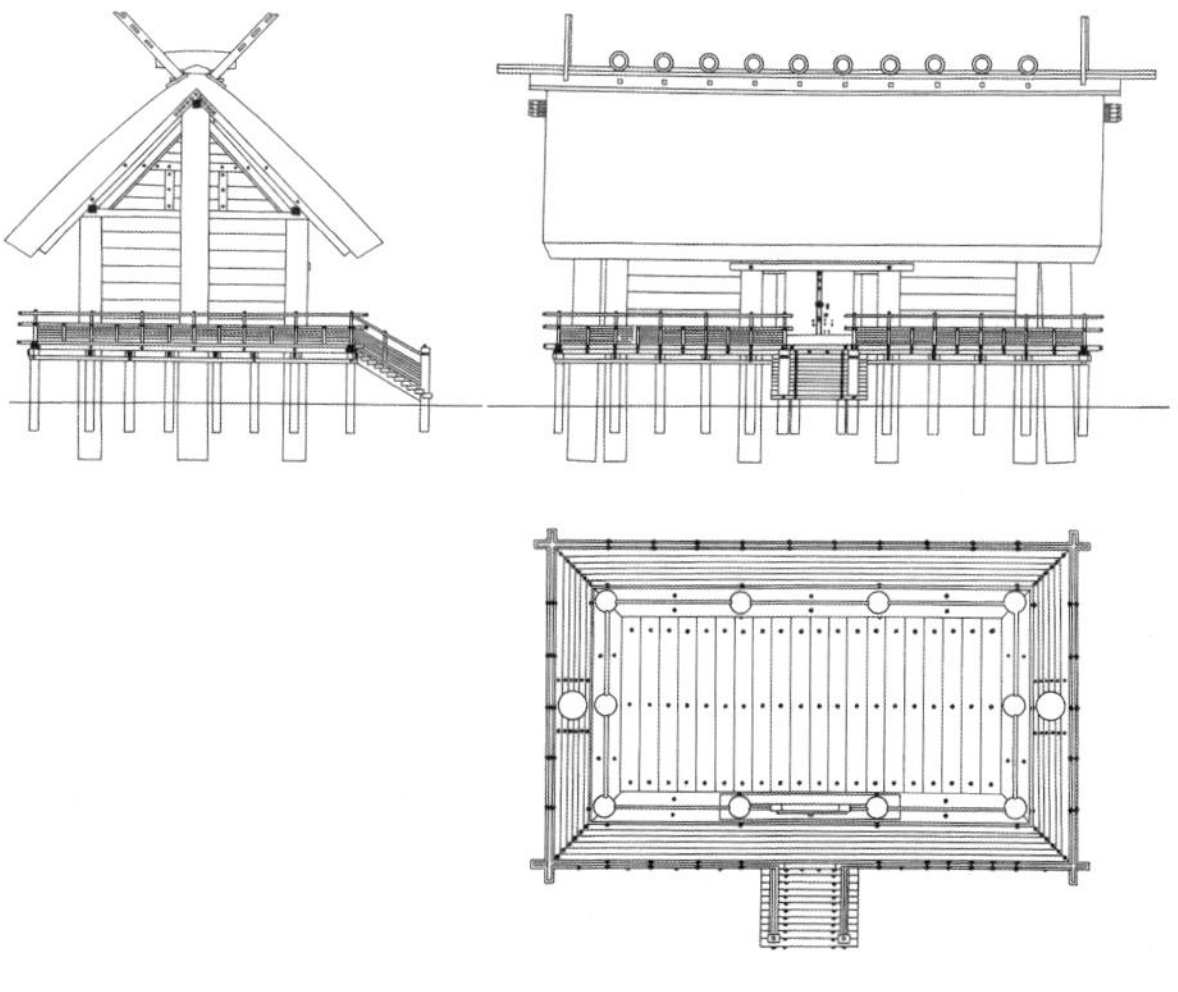

図3―12　奈良時代の伊勢神宮内宮正殿の復元図

は社殿の中心に立てられ、建物とは接しておらず、構造体ではなく、神秘的かつ禁忌性を帯びた宗教的象徴と考えられている。実際に心御柱は遷宮に先立って立てられ、新しい正殿の床下に二十年間、遷宮の後も古殿地に小さい覆屋を立てて、さらに二十年間保護される宗教的に重要な象徴であった。

巨大建築出雲大社

さて次に出雲大社を見てみよう。出雲大社は大国主命《おおくにぬしのみこと》を祭神に祀り、天照大神の子、天穂日命《あめのほひ》を祖とする出雲国造家が祭祀をつかさどってきた。出雲国は大国主命が治めていたが、豊かな地であったため、天照大神がこの地を欲した。これに対し、大国主命は「天之御舎《あまのみあらか》」のように、太く深い柱で、千木が高天原《たかまがはら》まで届くような立派な宮の造営を条件に国譲りに応じたという。これが出雲大社創建の神話であり、『日本書紀』によれば、斉明天皇五年（六五九）に出雲国造に「神之宮」を修造させたとある。

現在の出雲大社は江戸時代の延享元年（一七四四）の造替で、高さ八丈（約二四メートル）にもおよぶ巨大建築である。やはり屋根には千木・鰹木が付くが、茅葺ではなく檜皮葺に変えられており、妻入《つまいり》である。社伝によると、上古は三二丈、中古は一六丈であったといい、巨大な柱根が三本束ねられて出土した状態がそれを想起させる（図3—13）。社殿の大きさへのこだわりは強く、大社では、八丈の規模・形式のものを正殿式といい、これを下回る規模で建てたものは仮殿式と呼んでいる。規模は縮小され、巨大建築を維持するために変化してきているが、処々に古式を守ってきているものがある。

その筆頭は柱の配置で、通常、柱間（柱と柱の間）を奇数として、建物の中軸に柱が置かれないようにするが、出雲大社では二間と偶数とするため、正面中央に柱が置かれてしまうのである（【巻頭カラー9】）。そのため正面の大きな階段は建物の中央ではなく、右に寄った位置に取り付く。内部では建物の中央に「心御柱」がそびえたち、その右の側柱との間に間仕切壁があり、この壁があるため入口の扉から内部に入って時計回りに心御柱の周りを回ることでようやく最奥の御内殿と呼ばれる神座にたどり着く（図3―14）。こうした点が大社造の特徴である。

出雲大社でも柱の存在が精神的に重要なのであるが、これは第一章で述べた巨大建造物に対する信仰と共通するものであろう。出雲大社のなかでも中央に建つ「心御柱」は特に神聖視されており、ひときわ太い柱である。「宇《う》豆《ず》柱《ばしら》」は両側面中央の妻柱で、心御柱に次いで太い柱である。外周のほかの柱よりも少し外側に置かれており、伊勢神宮と同じく、もとは棟持柱であったと考えられ、古式をうかがわせる。

このように大社造として特徴的な出雲大社の社殿には一般の神社建築とは異なる特徴が多いが、神話にあるように、出雲大社は大国主命の宮殿である天《あめの》日《ひ》隅宮《すみのみや》を継承したもので、中国式の寺院建築が導入されるよりも古

図3―13　出土した巨大な柱根

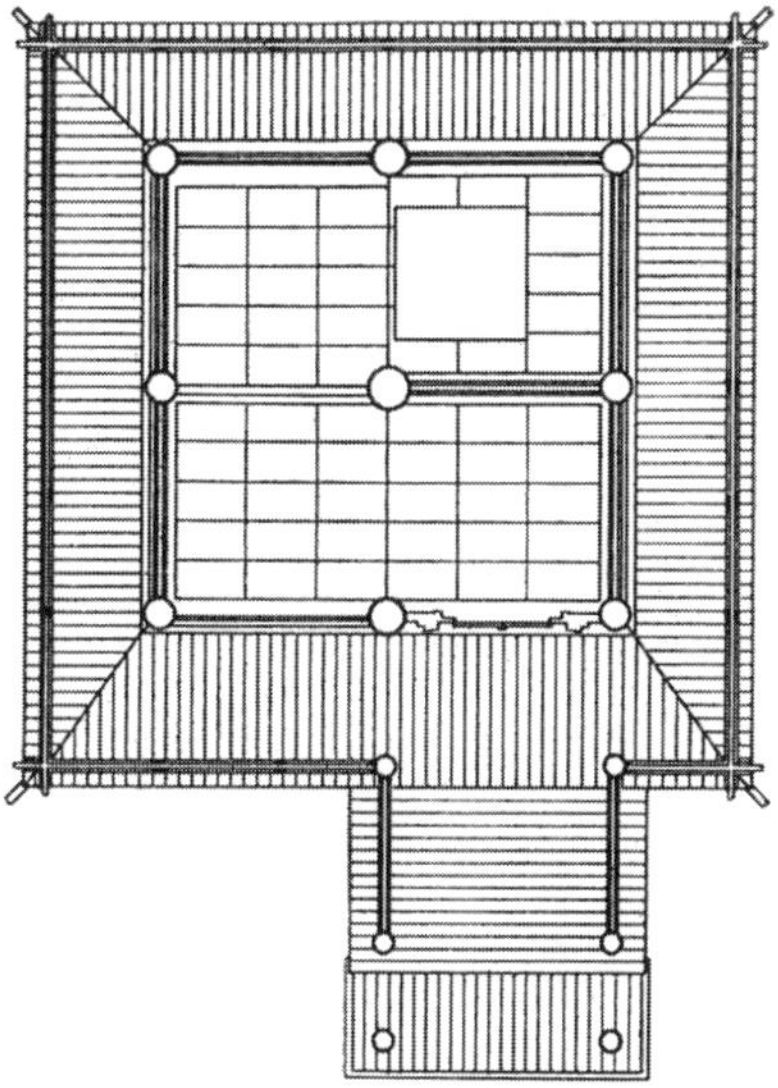

図3―14　現在の出雲大社本殿の平面図

い時代の住宅の系譜を受け継いでいるとみられる。

住吉大社

伊勢神宮・出雲大社とともに、古式を残す神社建築と考えられているのが、住吉大社である（【巻頭カラー10】）。『日本書紀』によると、朱鳥元年（六八六）に紀伊国の国懸《くにかかす》神、飛鳥四社、住吉大神を祀ったとある。住吉大社も式年遷宮がおこなわれており、現在の社殿は文化七年（一八一〇）に造立されたものであるが、住吉造と呼ばれる独特の形式の社殿である。

この住吉造は伊勢神宮や出雲大社とは異なり、心御柱を持たない。四つの本宮からなり、第一本宮から第三本宮を直線的に並べ、第四本宮は第三本宮と並列に配置される。屋根は直線的な切妻造、檜皮葺の妻入で、大棟上には角断面の鰹木とその両端に置千木を置く。比較的細長い平面で、内部は手前と背後の二室に分かれている。この前後二室の平面構成は大嘗祭《だいじょうさい》における大嘗宮《だいじょうきゅう》の悠紀《ゆき》・主基《すき》の正殿と似ており、古式を示す平面の一つと考えられている。

大嘗祭は天皇が即位したのちに最初におこなう新嘗祭《にいなめさい》で、その際に天皇が神事をおこなう仮の殿舎が大嘗宮で、新嘗祭は民間の収穫儀礼が宮廷化したもので、五穀豊穣を願う天皇の重要な儀式の一つである農耕社会にとって五穀は国家にとって貴重な財源であり、豊かな農作物により、国家の安寧を祈願した。この農耕信仰のための大嘗宮と似た平面形式の住吉造は古式であるとともに、春日造《かすがづくり》や流造《ながれづくり》など、形式化された建物が大多数の神社にあって、初期の神社建築は多様な建築形式であったことを今に伝えているのである。

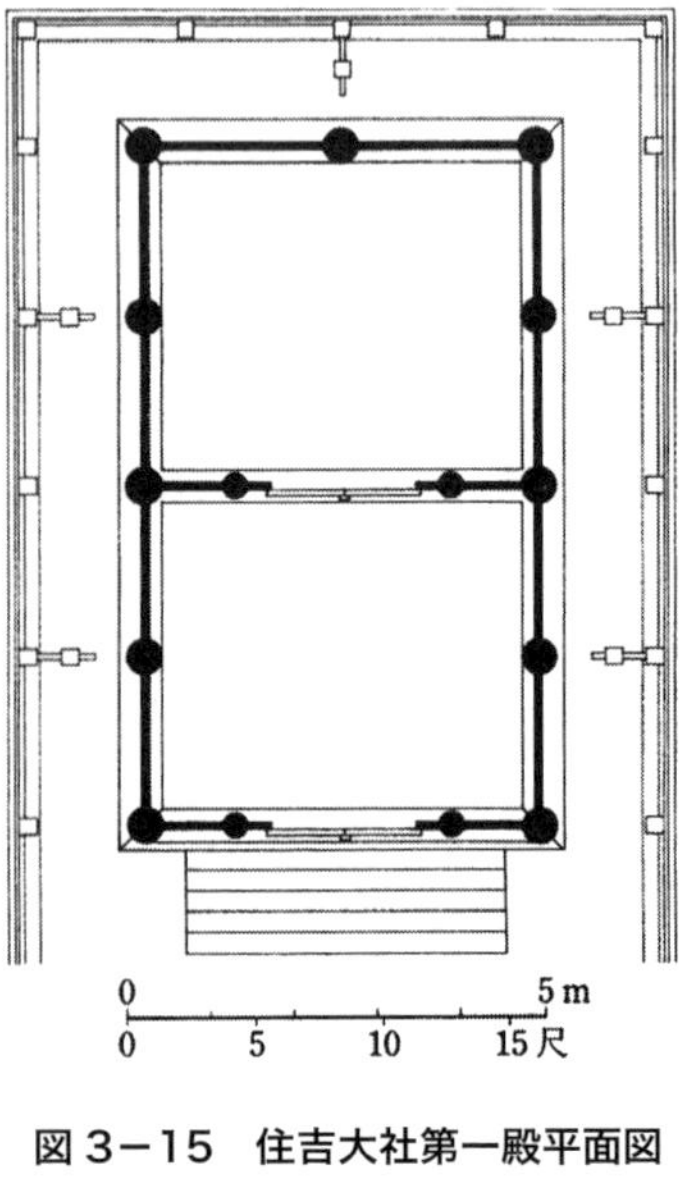

図3−15　住吉大社第一殿平面図

日本建築の萌芽の形成

このように寺院建築の導入により、掘立柱から礎石、茅葺から瓦葺、素木から朱塗りという大きな変化が生まれ、あわせて組物を用いた複雑な構造の建築技術が発展していく。こうした大陸からの外来文化は当時の人々に衝撃を与え、視覚的にも仏教、あるいは大陸文化の波が日本に押し寄せたのである。さらに混迷の七世紀の東アジアにおいて、中国周辺の各国が新建築の導入と建設に切磋琢磨し、国威を内外に示そうとしていた。

その流れのなかで、宮殿建築もこうした大陸的な影響をうけつつも、伝統的な大王の住まいの特徴を継承していった。宮殿建築における本格的な大陸文化の受容は次章で述べる都城の形成まで下り、文字通り試行錯誤の時代であった。

同時に外来の仏教建築は既存の宗教にも大きな衝撃を与えた。仏教が華やかな建築をともなって広まっていくにつれて、古来の宗教も自然信仰から仏教に対抗するための建築が求められ、神社の社殿を造るのであるが、仏教建築と差別化を図るために日本古来の要素を取り入れた建築形式で造られた。さらに神社建築は恒久的な建築を願った仏教建築とは異なり、新しく建物を建てることを尊んだため、式年造替という制度によって、定期的に更新するという独自の文化を形成していったのである。

こうした仏教の導入による新様式の建築の伝来、これに対抗するための神社建築、両者の融和的な宮殿建築は以降のいわゆる「日本的」な建築文化を生み出し、これを育んでいく礎として、多大な影響を後世に与えたのである。

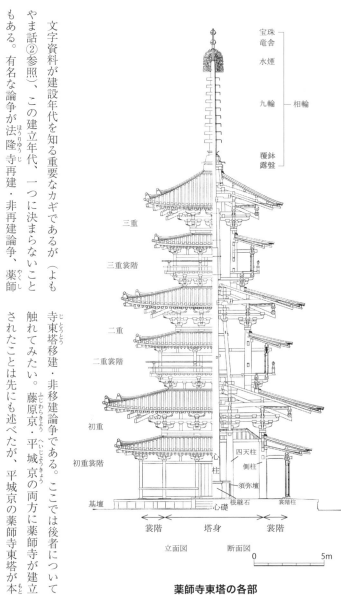

よもやま話③

薬師寺東塔移建・非移建の一〇〇年論争の開幕

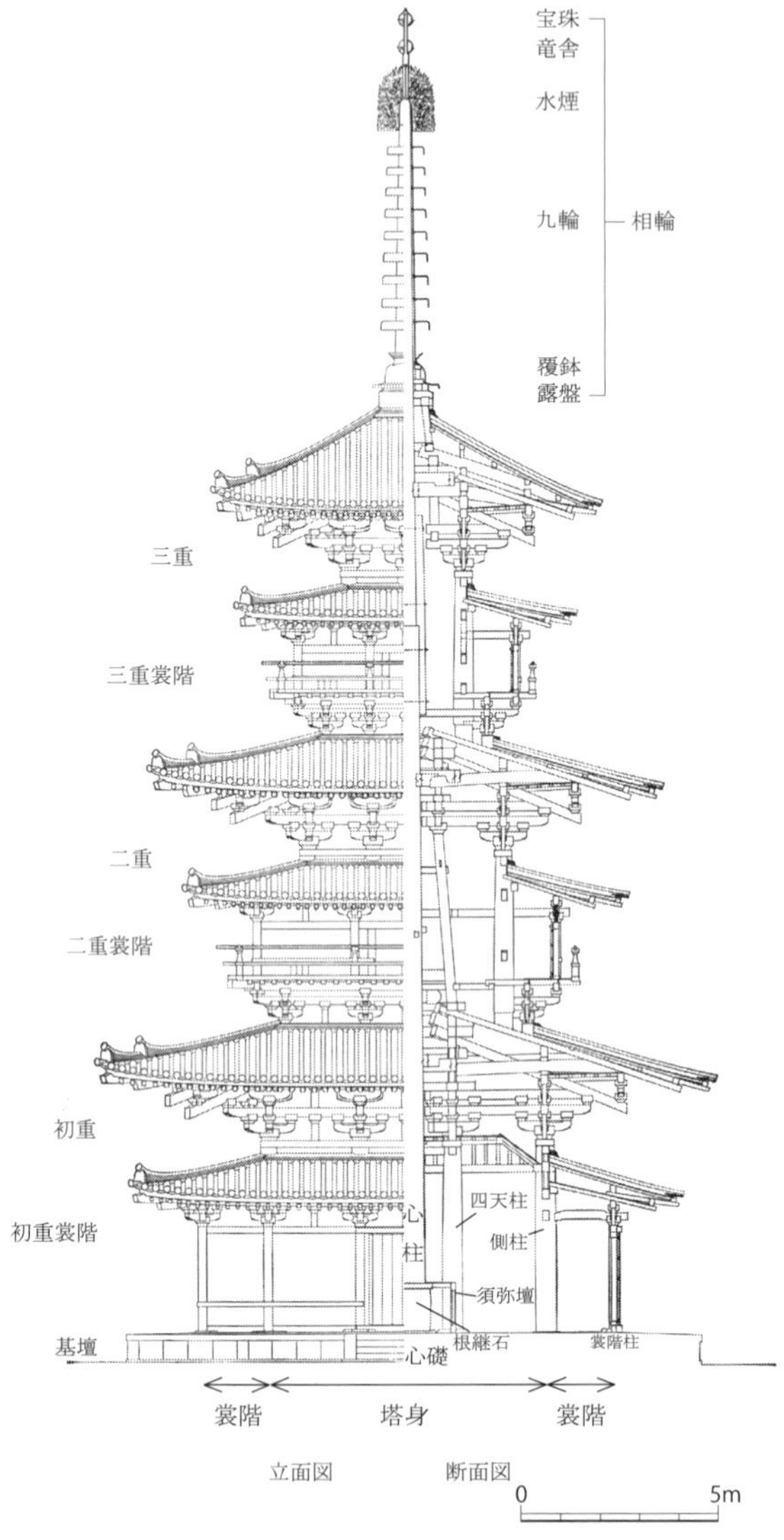

薬師寺東塔の各部

文字資料が建設年代を知る重要なカギであるが（よもやま話②参照）、この建立年代、一つに決まらないこともある。有名な論争が法隆寺《ほうりゅうじ》再建・非再建論争、薬師《やくし》寺《じ》東塔《とうとう》移建・非移建論争である。ここでは後者について触れてみたい。藤原京《ふじわらきょう》・平城京《へいじょうきょう》の両方に薬師寺が建立されたことは先にも述べたが、平城京の薬師寺東塔が本《もと》薬師寺《やくしじ》から移築されたのではないかという論考を建築史学者であった関野貞《せきのただし》が明治三十六年（一九〇三）に発表し、一〇〇年にわたる論争の幕が開けた。論争の詳細に移る前に薬師寺東塔の建立に関する情報を整理しておこう。藤原京の本薬師寺は天武《てんむ》天皇九年（六八〇）に皇后（のちの持統《じとう》天皇）の平癒を願って天武天皇の発願により建立され、養老二年（七一八）に平城京に移ったとされるが、事の発端はその移転に関する「薬師寺縁起」の「伽藍《がらん》を平城京に移す」という記述で、寺籍と建物のいずれを移したのかが争点となった。本薬師寺の遺構をみると東塔には舎利穴をもつ心礎《しんそ》やほとんどすべての礎石《そせき》が残り、西塔《さいとう》にはホゾ穴を造り出した心礎が残っている。本薬師寺両塔には裳階《もこし》の礎石が現存しないが、推察される柱配置は現状の薬師寺東塔とほぼ同じである。金堂《こんどう》と両塔の位置関係や金堂の柱配置も両薬師寺で非常に近く、移築説を想定するのには十分なほど、両者は似ている。

文献史料もこの問題をややこしくする情報にあふれている。『扶桑略記《ふそうりゃっき》』・『七大寺年表《しちだいじねんぴょう》』に天平二年（七三〇）に「始めて薬師寺東塔建つ」とあるが、これも移築・新築の判断材料にはならない。また東塔の檫管銘《さつかんめい》にも「大上天皇」「先皇」「後帝」とあるが、これが誰にあたるのかという点で問題を複雑にしている。

さて関野は建築史学者であったから建築様式に着目し、柱の胴張りや三手先組物《みてさきくみもの》の構造から本薬師寺の塔は五重塔で、その塔を解体して平城京へ運び、三重塔に改めて裳階を付け加えて建立したと考えた。これに対し、文献史学者であった喜田貞吉《きださだきち》はすぐさま猛反論する。両者は法隆寺の建築年代でも争っていたから、これが薬師寺の論争に飛び火したのである。喜田は『扶桑略記』の記述を高く評価し、醍醐寺《だいごじ》本『諸寺縁起集』所収の「薬師寺縁起」に「宝塔四基、二口本寺に在り」とあることから、この四つの塔は両薬師寺に二基ずつあったことを示していて、藤原京から平城京に移築しておいて、わざわざ藤原京で再建するとは考えにくいから、平城京で新たに建立したのだと唱えた。

これでいったんは結論づいたのであるが、昭和五年（一九三〇）に建築史学の立場から足立康《あだちこう》が新説を提示した。平安時代後期の貴族藤原宗忠《ふじわらのむねただ》の日記『中右記《ちゅうゆうき》』の長承元年（一一三二）に各重に裳階がある薬師寺の塔を法成寺に「移」して二基とした、という記述に着目したのである。平城薬師寺には東塔があるので、本薬師寺からしか移築できないとし、本薬師寺の塔も東塔と同じく裳階付であったことを明らかにした。そして現存する東塔は平城薬師寺で新造されたと結論づけた。

　平城京での新造は喜田の説に合致するところであったのであるが、足立の説は歴史家から反論された。丸山二《まるやまじ》郎《ろう》は「移」と「模」の草体が似ることを指摘して模した可能性を述べ、喜田も両薬師寺とも西塔は早くに廃れていたので、本薬師寺でも二塔を移建した可能性は低いと断じた。この問題は昭和十五年（一九四〇）に家永三郎《いえながさぶろう》が『平知信記《たいらのとものぶき》』（近衛家蔵）に法成寺の塔は薬師寺の塔を模したという記述があることから、決着をみた。

　時を同じくして大岡實《おおおかみのる》は本薬師寺に残る礎石を詳細に実測し、中央間と脇間の柱間《はしらま》寸法のバランスからみて本薬師寺の塔も裳階を持っていたと判断し、両薬師寺の平面は一致するとした。まったく同じ規模であることから、藤原京から平城京へ移建されたと結論づけ、よしんば、東塔を新造としても本薬師寺の様式は継承されたとみた。

　このように戦前までに文献資料にもとづいた移建・非移建の議論はほぼ出尽くし、文献史料からは非移建を有力とする証拠が提示されたいっぽうで、建築・発掘遺構からはいまだに移建の可能性が残るという状況で、結論は戦後の東塔の調査や両薬師寺の発掘調査の成果を待たねばならなかった。

4 律令と都城の形成

東アジア情勢と倭国

七～八世紀の日本の建築文化には当時の東アジアの情勢が深く関係しており、都城《とじょう》には特に大きくそれが表れている。前章でも述べたように寺院建築の導入が当時の日本列島の景観を大きく変えたが、宮殿に大陸の影響が強く表れてくるのは、七世紀後半以降のことであった。

特に天智《てんじ》天皇二年（六六三）の白村江《はくそんこう》の戦いは大陸と倭国の関係性を大きく変える画期であった。六～七世紀の朝鮮半島では高句麗《こうくり》・百済《くだら》・新羅《しらぎ》の三国が鼎立しており、隋《ずい》は朝鮮半島諸国のなかでも国境を接する高句麗に対して、四度の大規模な遠征をおこなったが、いずれも失敗に終わっていた。その隋自体も六一八年には滅亡し、六二八年には唐《とう》が国内を統一したことで、七世紀は東アジアの情勢が大きく動いた時期であった。

朝鮮半島内の情勢も緊張を極めており、新羅は高句麗・百済に圧迫されていた。そこで新羅は唐と手を組むことで朝鮮半島での勢力を増していき、ついには六六〇年に倭国と親交の深かった百済を滅亡に追い込んだ。その遺民は百済復興に向けて倭国を頼り、中大兄皇子《なかのおおえのおうじ》はこれを受諾して朝鮮半島に兵を送ったが、唐・新羅の大軍の前に敗れ去ってしまう。これが白村江における敗戦である。

この白村江の戦い以降、東アジアにおける倭国の立場は苦しくなっていく。朝鮮半島で唐に対抗した高句麗も三度の侵攻により六六八年に滅亡しており、唐と対立する国は東アジアで倭国を残すのみとなった。唐の侵攻を恐れた倭国は西日本各地に古代山城を建設して防御に努めるいっぽうで、こうした状況を打開するため、唐と対等の立場を目指した律令国家の必要性を感じ、日本という国号表記という大変革へと歩を進めていくことなる。こうした律令国家の形成とともに、それにふさわしい構えの都城の整備も求められたのである。

都城の大移動

奈良時代は百年に満たない短い時代であるが、激動の時代であり、何度も遷都が繰り返された。まずはこの都城の移転を通して、八世紀の都城を概観してみたい（図4―1）。

日本の都城は中国の都城に倣ったもので、南北・東西の道路が碁盤の目状に通ったグリッド都市である。ただし、本家の中国とは異なり、原則として都城の周囲に城壁である羅城《らじょう》を設けなかった。その理由は諸説あるが、島国であるという地勢上の理由と外敵に対する防御自体、瀬戸内海の古代山城など、国土全体でおこなう方針であったことが背景にあるとみられる。

日本における都城の初例は藤原京とされ、持統《じとう》天皇八年（六九四）に藤原京《ふじわらきょう》を都と定め、ここに日本初の本格的な都城が誕生した。宮殿の中枢も中国的な礎石《そせき》・瓦葺《かわらぶき》の建物で整備され、国家の威信を東アジアに示すものであった。しかしこの藤原京の時代も長くは続かず、和銅三年（七一〇）には平城京《へいじょうきょう》に遷都し、ここで万葉の都・文化が花開いたのである。

しかし奈良時代も安寧というわけではなく、聖武《しょうむ》天皇の時代は天平という年号とはうらはらに、政争や天災による飢饉によって、世は混迷に陥っていた。天平十二年（七四〇）には大宰府《だざいふ》に左遷されていた藤原広嗣《ふじわらのひろつぐ》が右大臣橘諸兄《たちばなのもろえ》の政権に対して天災の現況は吉備真備《きびのまきび》や玄昉《げんぼう》の重用にあると批判し、兵一万余りを率いて反乱を起こしたように内政にも不安を抱えていた。

こうした社会の混乱のなかで、聖武天皇は遷都を繰り返したのである。まず藤原広嗣の乱のさなか、天平十二年十月に聖武天皇は平城京を発って伊勢・美濃に向かうと不破の関から近江に入った。そして同年十二月に恭仁京《くにきょう》への遷都を決めると、平城宮の中心建物である大極殿《だいごくでん》も恭仁宮へ移築された。その後、恭仁京が未完成にもかかわらず、同十四年には紫香楽宮《しがらきのみや》に離宮を建設して、翌年にはこの地で盧舎那仏《るしゃなぶつ》の造立を発願した。さらに同十六年には難波京《なにわきょう》へ、同十七年には近江国の紫香楽宮へと都を移したが、同年中には再び平城京へ還都した。その後、長岡京《ながおかきょう》に移る延暦三年（七八四）までこの地に都が置かれた。ここも十年という短命の都で、同十三年には平安京《へいあんきょう》に居を移し、ここが長く都として機能するのである。

都城の形成と条坊

七世紀後半の緊迫する東アジア情勢のなかで、日本が周辺国と対峙していくためには唐風の都城の建設が急務であると考えた。法令整備としては、飛鳥浄御原令《あすかきよみはらりょう》や大宝律令《たいほうりつりょう》を制定した時期であり、律令国家成立を内外に示す舞台が求められたのである。

壬申《じんしん》の乱（六七二）に勝利して、即位した天武天皇は、中央集権的な国家の確立を目指して都城の建設に取り掛かった。その地として、飛鳥北方の耳成山《みみなしやま》・香久山《かぐやま》・畝傍山《うねびやま》の三山に囲まれた平坦地が選ばれ、朱鳥八年（六九四）には『日本書紀《にほんしょき》』に新益京と記された藤原京に遷都した。かつて小墾田宮《おはりだのみや》

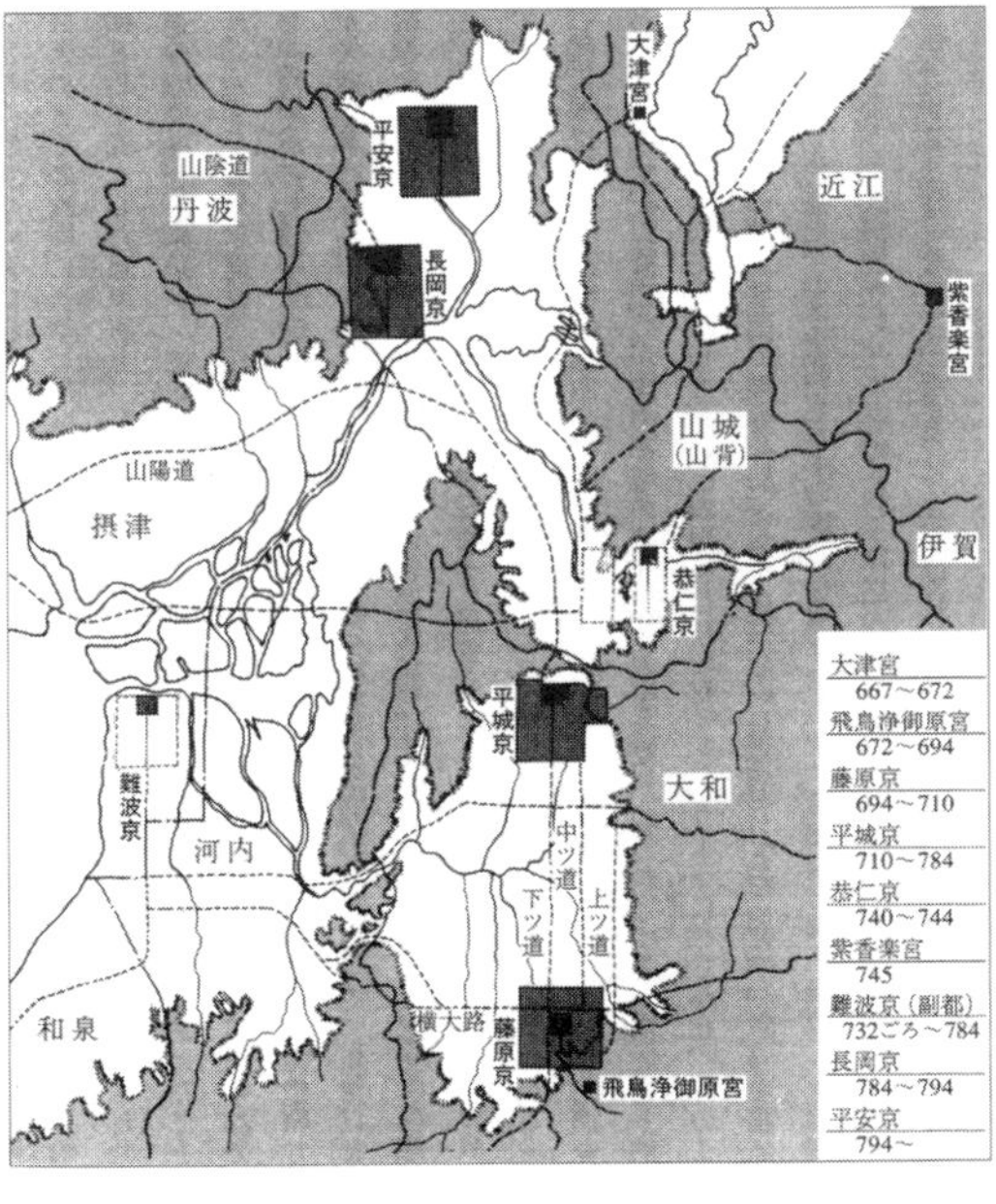

図4－1　都城の移転

の建設では計画倒れに終わった礎石・瓦葺を藤原宮で実現し、ようやく中国的な宮殿建築が整ったのである。『万葉集《まんようしゅう》』に詠まれた歌によると、藤原宮の材木は田上山《たなかみやま》（滋賀県）から切り出されて、宇治川・木津川を経由して運ばれたようで、都城の形成という大量の造営のため、広域から材料が集められたことが知られる。また使われた瓦も二〇〇万枚以上と推定され、短期間で大量の瓦を用意するために、四国や淡路島の瓦窯で造られた瓦も運ばれてきた。まさに都城の建設は国をあげての一大事業であったのである。

藤原京の構造について紹介しておこう。かつては藤原京も平城京と同じような、京の北側に藤原宮が位置する南北に長い長方形と考えられてきた。しかし、その藤原京の想定域外においても道路の痕跡などが発見され、現在は図4—2のように、藤原京域は正方形で、その中心に藤原宮が位置したと考えられている（【巻頭カラー12】）。藤原京はそれ以前の交通路とも密接にかかわっており、その位置は奈良盆地の南北を結ぶ主要幹線であった下ツ道・中ツ道と大和盆地と難波を結ぶ東西の幹線道路である横大路が交差する場所で、文字通り交通の要所であった。

復元された藤原京では東西に一条から十条までの一〇本の大路、南北に東一坊から東五坊、西一坊から五坊の一〇本の大路が碁盤の目状に通っている。これらの条坊道路は藤原京建設以前の交通路を活かしており、南北道路では西二坊大路が下ツ道、東二坊大路が中ツ道にあたり、東西道路では三条大路が横大路にあたり、大路の間にはそれぞれ小路が通される。条坊道路に四辺を囲まれた区画が基本単位となり、これを坪といい、一辺約四〇〇尺（約一二〇メートル《メートル》）四方の正方形に近い形状をしている。

この藤原京であるが、当時参考にすべきであったであろう唐の長安と比べると、大きく異なる形状をしていた（図4—3）。むしろ形状としては中国最古の技術書『周礼《しゅらい》』考工記に記された理想の王城図の姿と酷似しており、当寺としても最新の都城のカタチではなかった（図4—4）。『周礼』は中国の経書の一つで、戦国時代以降に周王朝の理想的な制度について記したものとみられ、このうち考工記は漢代に補われたものとされる。その都城の建設については、中心に宮城を置き、その南に宗《そう》廟《びょう》・社稷《しゃしょく》、北に市を配するという都市計画を理想像として示している。

では、なぜ唐の長安《ちょうあん》ではなく、『周礼』考工記という、当時においても古い書物をもとに都城を設計したのであろうか。この背景には当時の日本と東アジアの交流の問題が潜んでいる。先に述べたように、白村江の戦いなど、東アジアの不安定な情勢のなかで、唐との交流は冷え込んでおり、河内鯨《かわちのくじら》を大使とした天智天皇八年（六六九）の派遣を最後に、遣唐使も送られておらず、十分な大陸の情報を入手できずにいた。それゆえ古書に頼り、机上で設計するよりほかになかったのであろう。こうした背景のもと、大陸を模

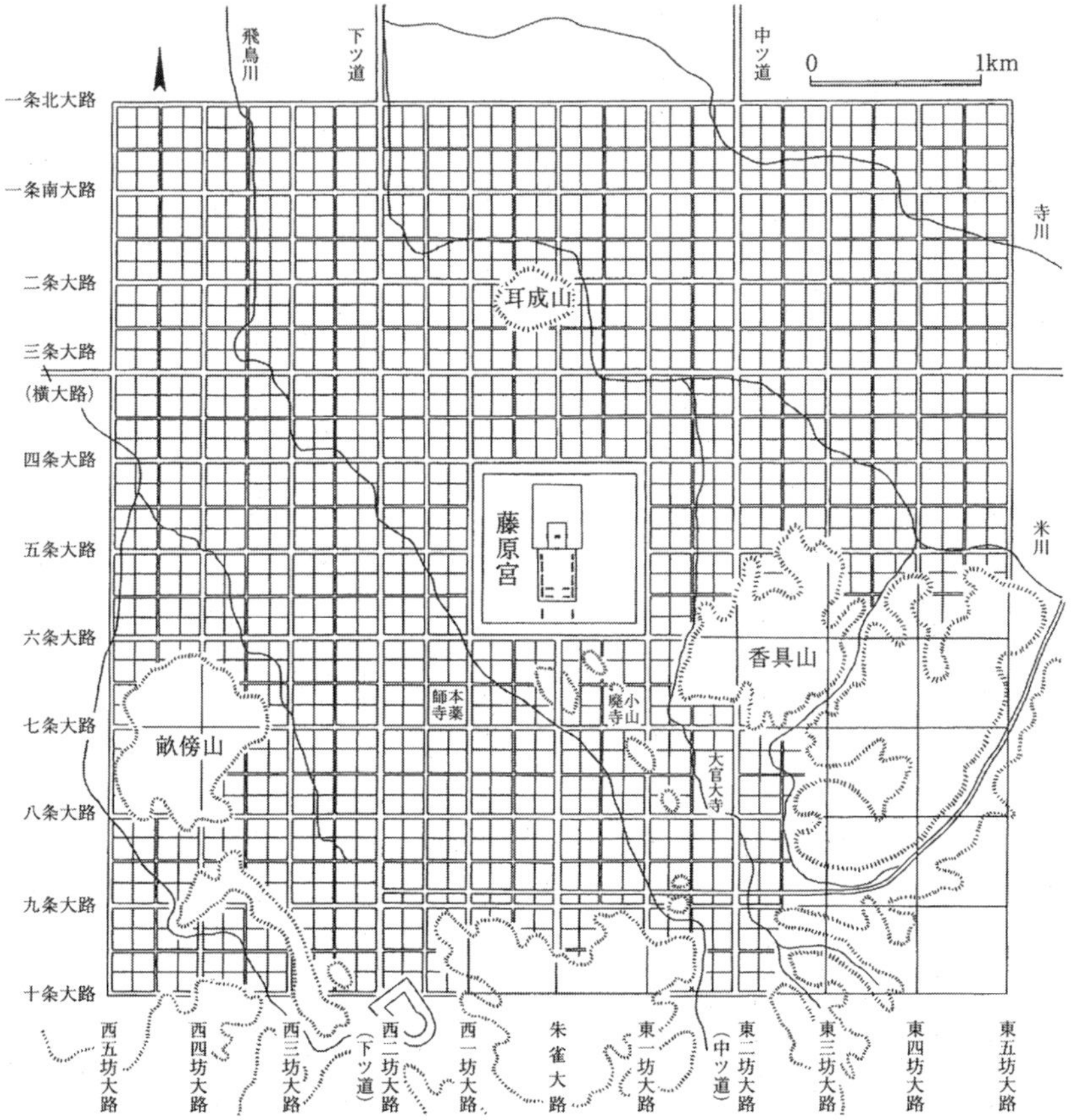

図４−２　藤原京の構造

倣したと思い込んで造った藤原京であるが、大宝二年（七〇二）に粟田《あわたの》真人《まひと》を長とする遣唐使が送られ、慶雲元年（七〇四）に唐の最新情報を持ち帰ってくると真実を知ることになる。唐の長安の景観を目のあたりにした粟田真人らは藤原京の形状が長安とは大きく異なることをひしひしと感じ、これを朝廷に報告したのであろう。

加えて、藤原京のなかで宮殿が比較的低地にあり、水が集まってきてしまうといった地勢上の問題もあり、和銅元年（七〇八）には元明《げんめい》天皇は平城京への遷都を決意して、詔を出す。遷都先に選ばれた地は奈良盆地の北部で、周囲に三山が鎮護し、占いにも適合する場所であった。

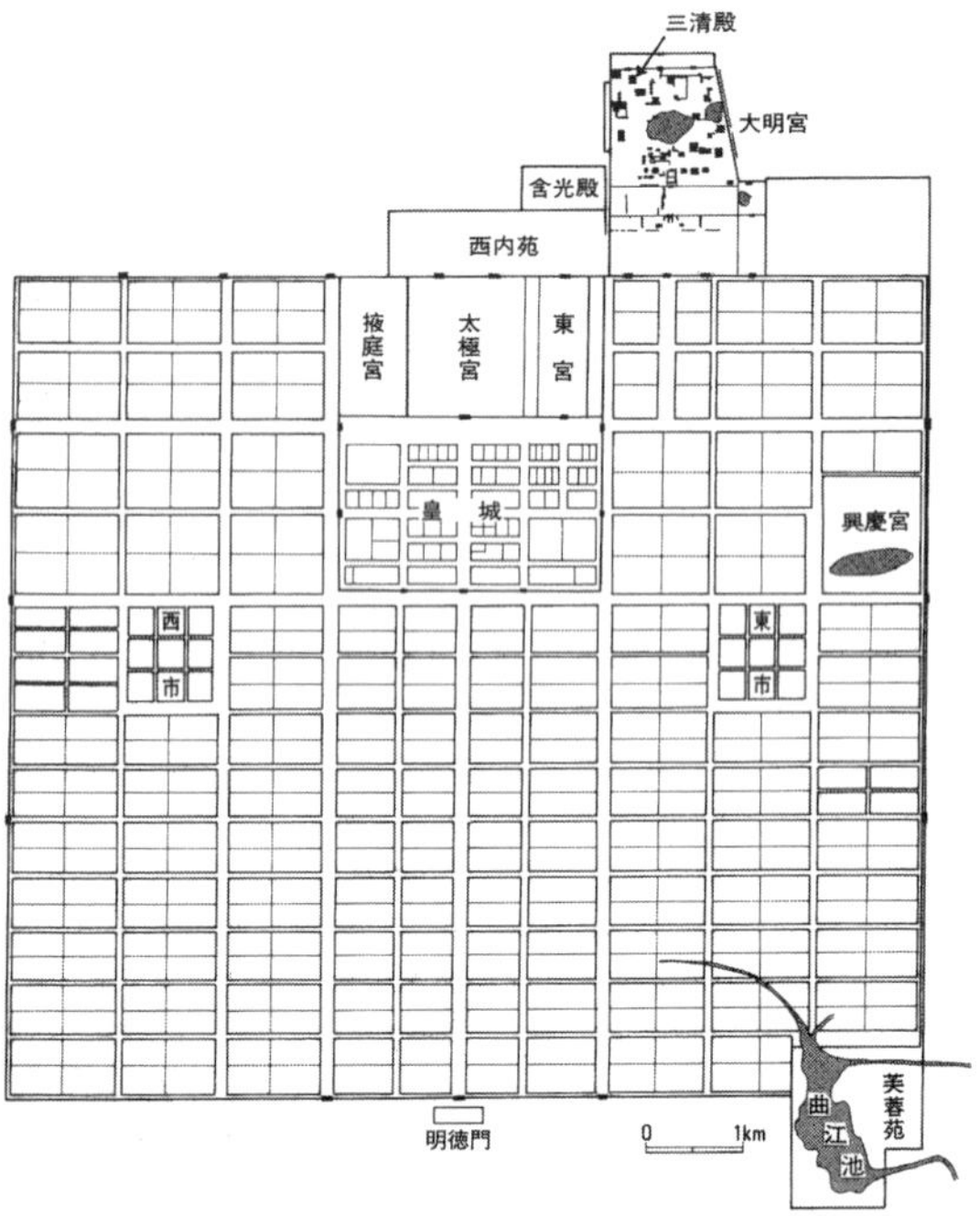

図４−３　唐の長安の構造

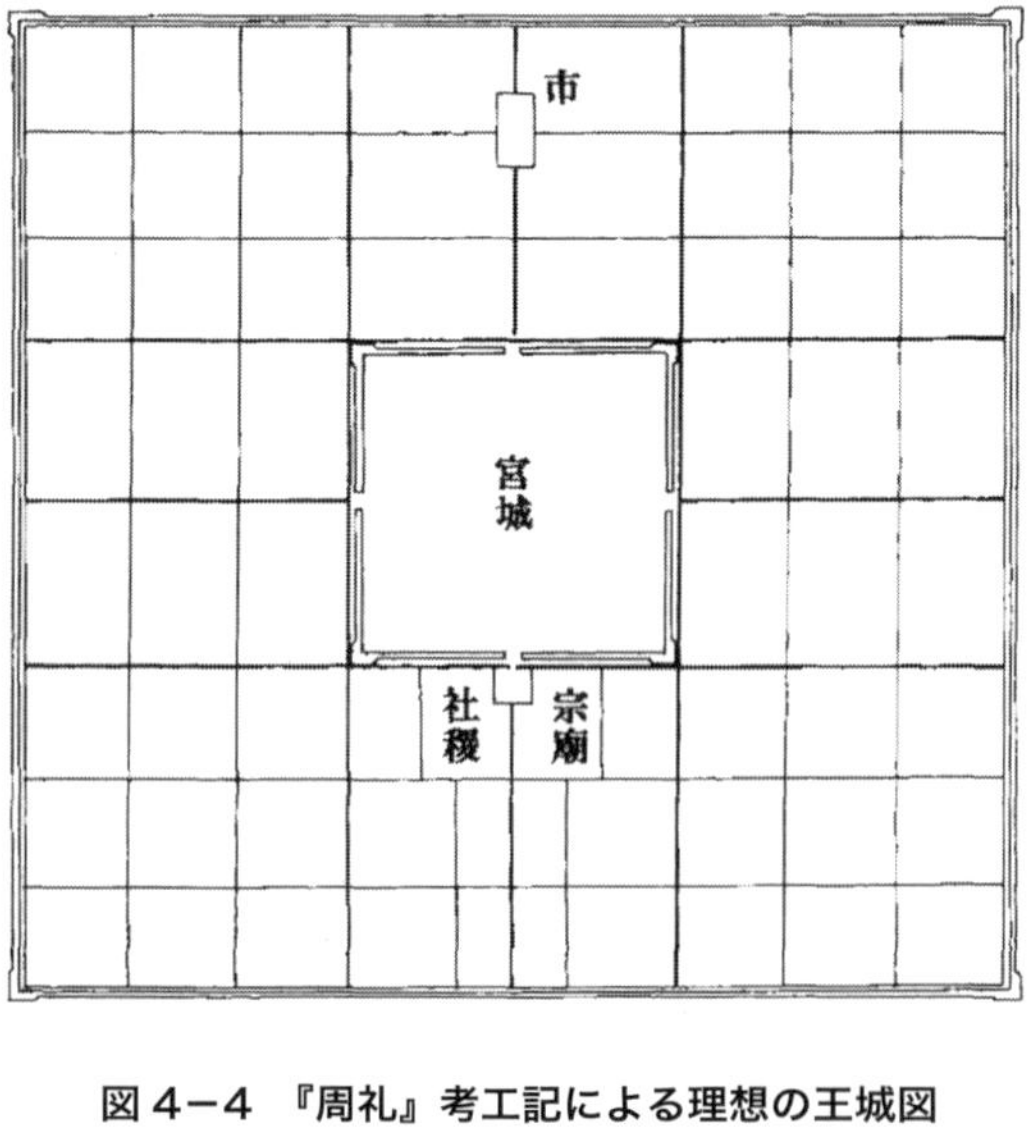

図４−４　『周礼』考工記による理想の王城図

平城京は唐の長安を参考に造られたとされ、東西約四・三キロ、南北約四・八キロの長方形の区画で、東に張りだしを持つ形状をしている。平城京の中央には南北方向にメインストリートである朱雀大路が通り、その北端に平城宮が位置する（図4―5）。宮殿の正面には朱雀門が堂々たる姿で建っていた（【巻頭カラー13・15】）。さらに平城京の東方には、張り出し部が設けられ、興福寺・元興寺などの寺院が置かれた。このほかにも京内には薬師寺・大安寺などの諸大寺が建立され、奈良時代後半には平城京外の東方に東大寺が造られた。そして平城京の南側には東西の市が置かれ、流通の中心として重要な役割を果たしていた。

平城京は一〇本の条（東西道路）と八本の坊（南北道路）の直行する条坊道路によって都市の骨格が構成されている。東西道路は一条北大路・一条南大路・二条大路〜九条大路、南北道路は朱雀大路を中心に、東一坊大路から東四坊大路、西一坊大路から西四坊大路である。そして左京の張り出し部分には、東七坊大路までの道路が設けられた。大路の間には小路や条間路、坊間路が通り、

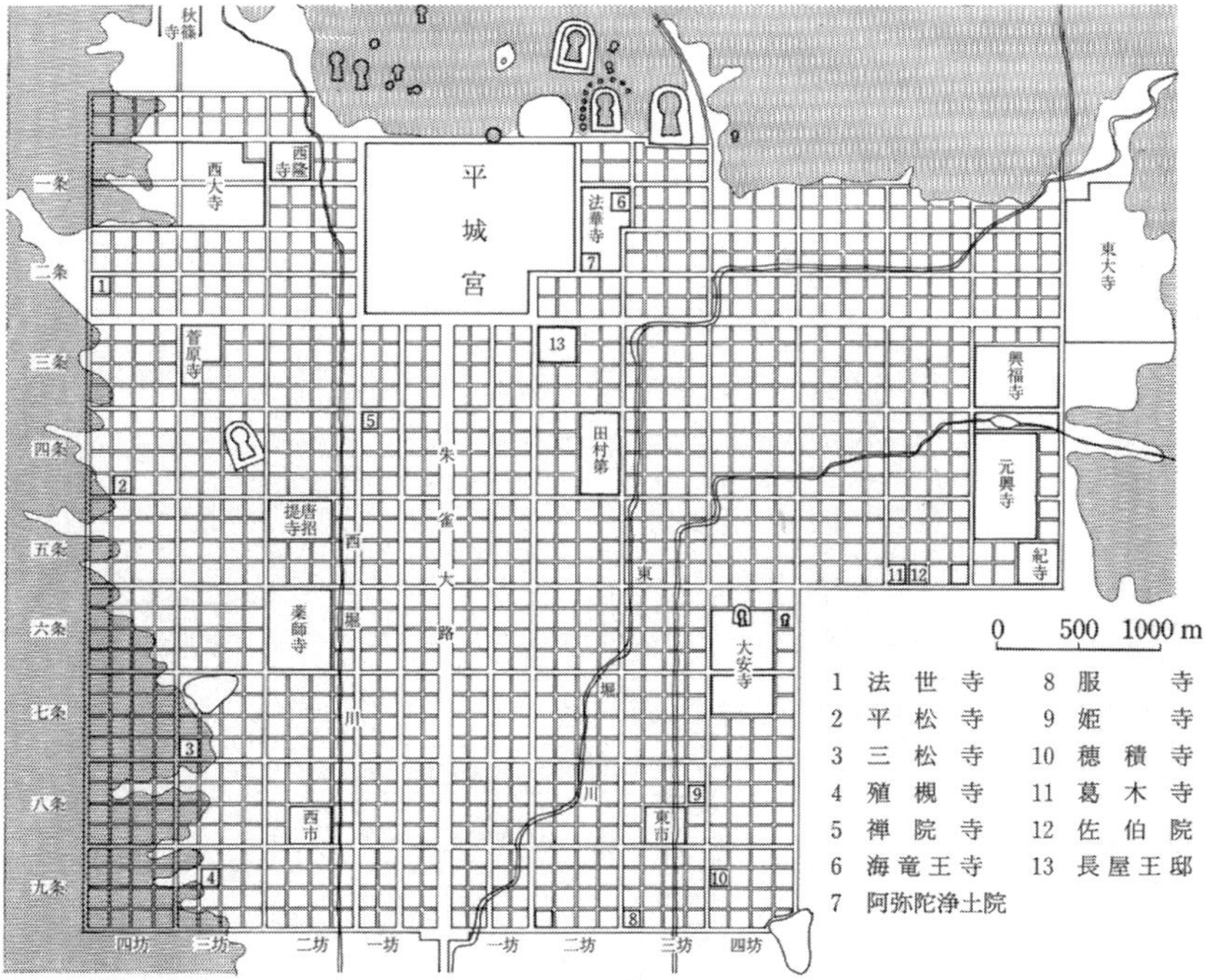

図4―5 平城京の構造

これらの道に囲まれた一区画ごとの坪によって、平城京は構成されていた。これが平城京の構造である。

平城京の造営にはさまざまな苦労をともなったようで、京域にある古墳も壊さねばならなかった。特に平城宮の北側には佐紀盾列《さきたたなみ》古墳群（四世紀後半〜五世紀中ごろ）の大型の前方後円墳が広がっていたのであるが、平城京の建設ではこれらの古墳の破壊もやむを得なかったのである。実際に平城宮内でも第二次大極殿や内裏《だいり》周辺では古墳を破壊していることが発掘調査によってわかっている。ただし、古墳破壊を憂慮はしていたようで、『続日《しょくに》本紀《ほんぎ》』によると、遷都直前の和銅二年（七〇九）には、古墳破壊の際にはきちんと祭祀をおこなって死者の魂を慰めるようにという勅を出している。

また平城京の造営も遷都時に完了していたわけではなく、遷都後も造営が継続しておこなわれた。平城宮の中枢施設である第一次大極殿院ですらも整っていなかったようで、その回廊の下の整地土から和銅三年（七一〇）の木簡が出土しており、この時にはまだ建設中であったことが知られる。こうした急ピッチの都城の整備とともに平城京内には多くの寺院が建てられ、いわゆる天平の建築文化が花開いたのであるが、これについては、後に回し、先に都城について述べよう。

さて、奈良時代後半には仏教が勢力を強め、これが政治を左右し、少なからず国家を揺るがすこともあった。特に大仏建立は貧困に苦しむ民衆に追い打ちをかけ、さらに称徳《しょうとく》天皇の時代には道鏡《どうきょう》が天皇位の簒奪を企てるなど、奈良時代の混迷の裏には強大化した仏教の存在があり、政治に対する仏教の影響は看過できないものであった。

こうした背景のもとで、桓武《かんむ》天皇は天応元年（七八一）に即位したが、社会の安定のためにも仏教勢力を政治から排除することが一つの課題であった。しかしながら、すでに仏教は都市平城京のなかに根づいており、これを一新することは不可能であった。その打開策として桓武天皇は延暦三年（七八四）に長岡京への遷都を決断し、建設の指揮を特に信頼していた藤原種継《たねつぐ》に命じるのであるが、遷都への反発も強く、藤原種継は翌年には暗殺されてしまう。その首謀者の一人として皇太弟であった早良親王《さわらしんのう》が捕らえられ、無実を訴えたが、淡路国に流配される途中、憤死してしまった。その死後、桓武天皇の周囲では不幸が続いたことが一因となって、早良親王の怨念渦巻くとされた長岡京から平安京に遷都することになった。

この遷都は仏教勢力の排除を目的の一つとしたため、京内に多くの寺院が配された平城京とは異なり、平安京では仏教寺院は東寺《とうじ》・西寺《さいじ》に限って建設された。そのため、多くの寺院は七堂伽藍《しちどうがらん》を備えた平地伽藍を構えず、延暦寺《えんりやくじ》などのように、山岳寺院が隆盛することとなる。こうした状況のなかで、京内に造られた東寺・西寺は特別な存在であった。東寺・西寺の造営は律令的な巨大寺院の最後の造営で、その集大成ともいうべき建築であったのである。現在の東寺金堂《こんどう》は慶長八年（一六〇三）に再建されたものであるが、平面規模は平安時代から変わっておらず、寛永二十一年（一六四四）再建の五重塔は木塔として日本一の高さ五四・八㍍を誇っており、平安時代の伽藍の面影を感じることができる。平安京に入る人々は、東寺・西寺のそびえたつ塔を見ながら、羅《ら》城門《じようもん》をくぐったのであろう。東寺・西寺といった寺院も、間接的であれ、都城の威厳装置の一部として機能していたのである。

さて平安京の入り口である羅城門については、『寛平御遺誡《かんぴようのごゆいかい》』や『拾遺都名所図会』などに面白い逸話がある。建設中の羅城門を桓武天皇が訪れ、工匠に対して門の高さを一尺ほど低くするように命じた。これは重層で巨大な羅城門が風で倒れないようにという配慮であった。ところが工匠は工匠で、一尺低くすると、都城の顔たる羅城門の威厳が保てなくなるため、五寸しか低くしなかった。完成した時に再び天皇が羅城門を訪れたところ、まだ五寸高く感じ、前回の指示では切り下げを一尺五寸とするべきであったと嘆いた。これを聞いた工匠は、驚いてしまった。もちろん、この話には誇張もあろうが、平安京という都城の正面を飾る羅城門の荘厳性への工匠の考えと桓武天皇の平安京造営に対する思いや建築に対する知識の深さの両方が表れているエピソードであろう。

平城京と平安京の設計方法の違い

さてこの条坊のグリッドであるが、平城京と平安京で設計方法がやや異なる。平城京では道路の中心線を基準に設計しており、大路と大路の間を一八〇〇尺として、それを四分割して小路を通し、一坪の区画を形成している。そこから大路・小路など、道路の幅を削っていくため、一坪は一辺四五〇尺四方から道幅だけ小さくなる。結果として、大路に面した坪は敷地が正方形にならず、さらに面積も小さくなるため、各坪で不公平が生じている。

それゆえ平安京ではこの問題点を解決するために、一坪の面積を等しく一辺四〇〇尺で設計し、その周囲に道を通すという設計をおこなった。この設計方法は平安時代の法令集である『延喜式《えんぎしき》』の京程のなかに記されている。これにより道と道の間の距離は均一にならず、差が生じてしまったが、それぞれの坪の大きさは同一となり、坪ごとで不公平のない都市計画となったのである。この違いはわずかに思えるかもしれないが、道路を通してから敷地に分けるというトップダウンの設計方法から、各敷地から都市全体を設計するというボトムアップの設計方法に代わっており、単に都を遷しただけではなく、都市の設計理念の大転換がなされたのである。

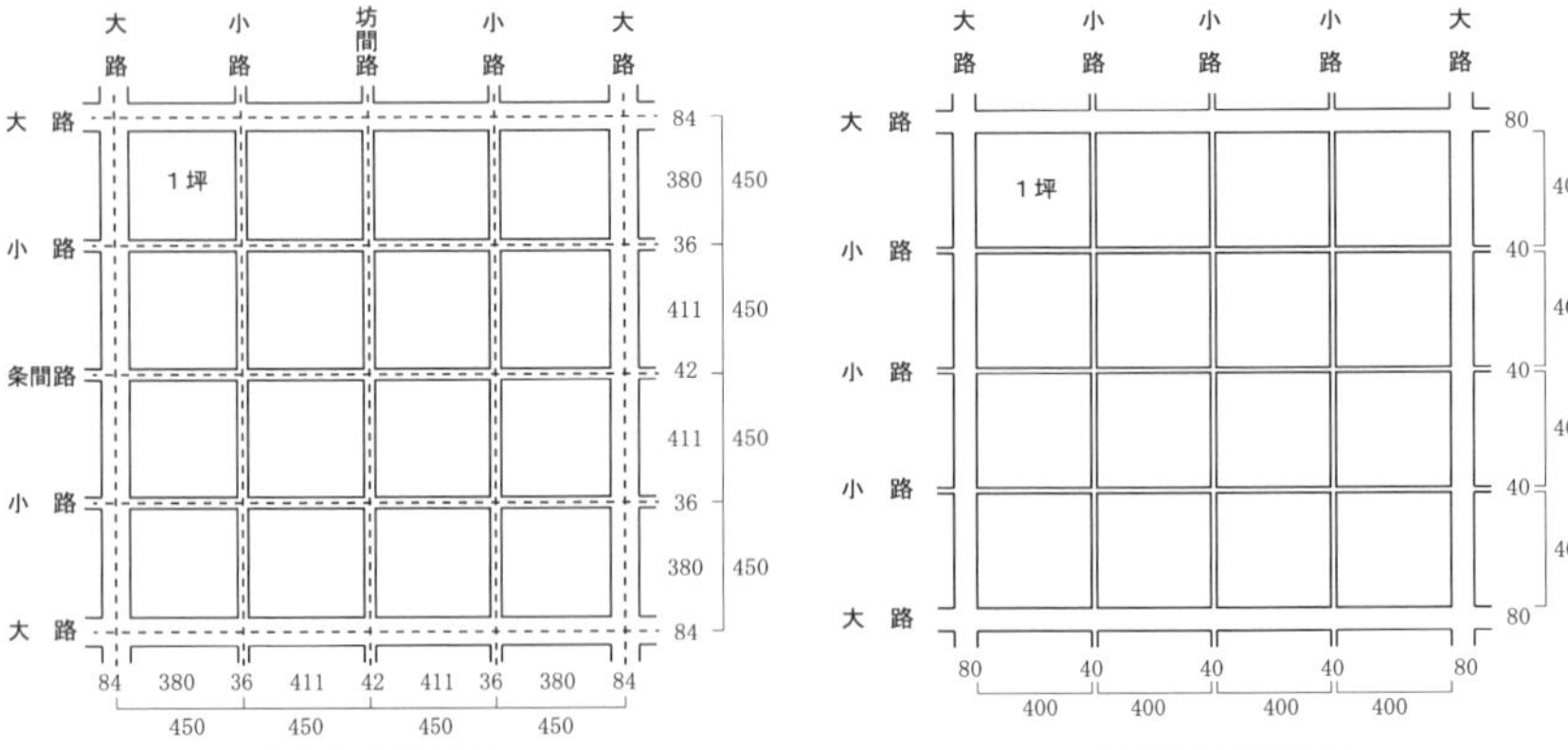

平城京の条坊計画案
(『平城京事典』をもとに作成)

平安京の条坊計画案

図4−6　平城京と平安京の条坊計画の違い（単位は尺）

理想の都の建築

混迷の東アジアのなかで、唐をはじめとする大陸諸国と渡り合っていくために、都城を壮麗な景観とすることは自然な流れであった。こうした理想の都城の姿は『続日本紀』などからもうかがい知ることができる。

もちろん、平城京の追い求めた理想の姿は唐の長安で、その景観には力を入れており、渤海《ぼっかい》や新羅などの周辺国の使者、あるいは東北の蝦夷《えみし》や九州の隼人《はやと》などが都城を訪れた際に、彼らを圧倒するような都城の景観を志向した。つまり中国に朝貢《ちょうこう》をしつつ、華夷《かい》思想に倣って、それ以外の国に対しては国際的に優位な立場をとろうとしたのである。そのために整備された都城の景観による威圧は重要な要素であり、平城京内の建物にも中国風の瓦葺・礎石の建物が揃った景観を求めたが、実際は大きく異なっていた。

『続日本紀』によると、神亀元年(七二四)には、天皇の徳を表すためには万国の使者が参朝する平城京は壮麗でなくてはならず、都城の景観を保つために、五位以上の貴族や庶民の家に対して、可能であれば瓦を葺き、柱に丹を塗ることが奨励されたという。パッと聞いただけでは、この奨励が遂行されて平城京は瓦葺や朱塗りの建物ばかりがあったように思えるが、むしろその反対で、そうではなかったからこそ、法令を出してまで奨励されたのであり、実際には多くの京内の建物は瓦葺・朱塗りではなかったのである。

このように、奈良時代には基本的に貴族邸宅であっても檜皮葺《ひわだぶき》や板葺の多く、これらを瓦葺・朱塗りという宮殿や寺院と同じような建物とすることで、都の景観を整えようとしていた。いっぽうで、板葺や草葺の建物は、古い形式で、建設が難しく、そのうえ壊れやすいから、瓦葺・朱塗りの建物へ変更したほうがよいと推奨された。都市の荘厳性を高めることで天皇の「徳」を示し、律令制による法治主義とともに徳治主義を推し進めようとしたとみられ、荘厳性を有した建物による都城の景観が一つの支配装置であったのである。

都の住宅事情

さて、この条坊のグリッドに分けられた区画を貴族邸宅の宅地や寺院が占めていたのであるが、貴族邸宅の規模は身分や家族の数によって定められていた。都城の成立以前には、おそらく皇族以外の人々の居住施設は宮殿周辺にはなく、多くの氏族も自身の本拠地から通っていたのであろう。これが都城という都市が造営されると集住の必要性が出てきたため、官人に宅地を配る宅地班給がおこなわれた。つまり宅地班給は都城という都市生活とともに必要になった制度なのである。なおこの宅地班給の制度は都城制度の手本である中国では確認されておらず、日本独自のものとされている。

日本初の都城である藤原京の宅地班給については、『日本書紀』にその規定が記されている。これによると、持統天皇五年（六九一）十二月には、右大臣の四町を筆頭に身分に応じて宅地が小さくなり、最も下の下戸は一／四町と定められた。右大臣と下戸の宅地の大きさを比べると、一六倍の差があったのである。

平城京の宅地班給を直接的に示す文書は残っていないが、奈良時代の官人の生活は厳しかったようで、宅地を質に入れており、これに関連する文書から平城京の宅地の状況がわかる。これによると、最大の規模の一町を筆頭に、一／二町、一／四町、一／八町、一／一六町、一／三二町と規模が小さくなっていた。藤原京の時代よりも格差が広がり、三二倍もの差があった。さらに発掘調査によると、宮殿に近い地域では規模が大きく、離れるにつれて小さくなっていることがわかっており、宮殿に近い一等地ほど、身分が高い人物の広い宅地を占めていたのである。

このように都城の形成の開始とともに、多くの貴族・僧尼・民衆らの集住が始まり、都市生活の必要性が生じた。また七世紀後半は律令制度という中国の枠組みを本格的に導入した時代で、身分制度がいっそう、明確化した時期であった。これらが相まって、都城に宅地班給という都市集住と身分制度が密接に関係したシステムが生まれた。まさに宅地班給は律令制という社会体制と都城という強力な権力にもとづく都市計画が生み出した結果であったのである。

こうした宅地班給により、臣下の邸宅の階層化が顕著になっていったが、律令制とともに、天皇と他の貴族との区別も明確化なされ、天皇と臣下の関係は建築でも大きく規制された。律令にもその一部が確認でき、営繕《えいぜん》令《りょう》によって、私邸に楼閣《ろうかく》を建てて、人家をのぞき見ることが禁じられた。いっぽうで、これはあくまで、私邸の楼閣建設の禁止であり、宮殿では第一次大極殿院や内裏の南面には大きな楼閣が造られており、宮殿の威厳を示すための装置として、威風堂々たる構えを見せていた。

このように楼閣の建設が宮殿にのみ許されたため、私邸の楼閣は臣下には不遜な建築と認識されていたようである。現に、宝亀八年（七七七）の『続日本紀』によると、時の権力者であった太師（太政大臣）の恵美押勝《えみのおしかつ》（藤原仲麻呂《なかまろ》）は楊梅宮《やまもものみや》《ようばいきゅう》の南に邸宅を構え、東西に高い楼を建てて内裏を望み、南面の門を櫓としていたが、人々はこれを見て、臣下にあるまじきおこないであると陰口をたたく者もいたようである。古代都城の住宅事情はまさに社会階層を映し出す鏡で、身分によって、面積や建築形式が大きく規制されていたのである。

宮殿の諸施設

古代の宮殿は日本の歴史のなかでも特殊で、都城の景観と同じく、宮殿も律令を体現するための舞台装置であった。古代の宮都は、都城が成立する以前の宮殿の系譜を引き継ぐ内裏と中国的な空間を求めた大極殿院・朝堂院という二つの異なる性質の空間が同居しており、これらと式部省・兵部省などの実務を掌る官衙《かんが》によって構成された（図4—7）。

内裏は、宮において天皇が本来居するべき場所や空間で、内裏の主要建物である紫宸殿《ししんでん》・清涼殿《せいりょうでん》・仁寿《じじゅ》殿《でん》などをはじめ、建物は掘立柱・檜皮葺・床《ゆか》張りで、居住空間としての要素を色濃く継承していた。

大極殿院は古代宮殿のなかでも特に重要な区画で、その中心施設が大極殿である（【巻頭カラー14】）。大極殿の成立には諸説あるが、『日本書紀』皇極《こうぎょく》天皇四年（六四五）条にみえる飛鳥板蓋宮の大極殿が初出である。大極殿では年中行事のなかでも、即位式や元日《がんじつ》朝《ちょう》賀《が》など、重要な国家儀礼が執りおこなわれ、元日朝賀では、大極殿に天皇が出御し、その前に荘厳のために七本の幢幡《どうばん》を立て、官人が大極殿院（大極殿を囲む一画）の前庭に列立した。これらの儀式の様子や調度品は「年中行事絵巻《ねんじゅうぎょうじえまき》」や「文安御即位調度図《ぶんあんごそくいちょうどず》」などの絵画資料から知ることができ、幢幡は烏、日・月、青龍・朱雀・玄武・白虎の四神を象った壮麗なもので、高さも三丈（約九メートル）もあったという（図4—8）。前庭に立つ官人、それよりも高い位置にある日・月や四神などを従えるように天皇のおわす大極殿は位

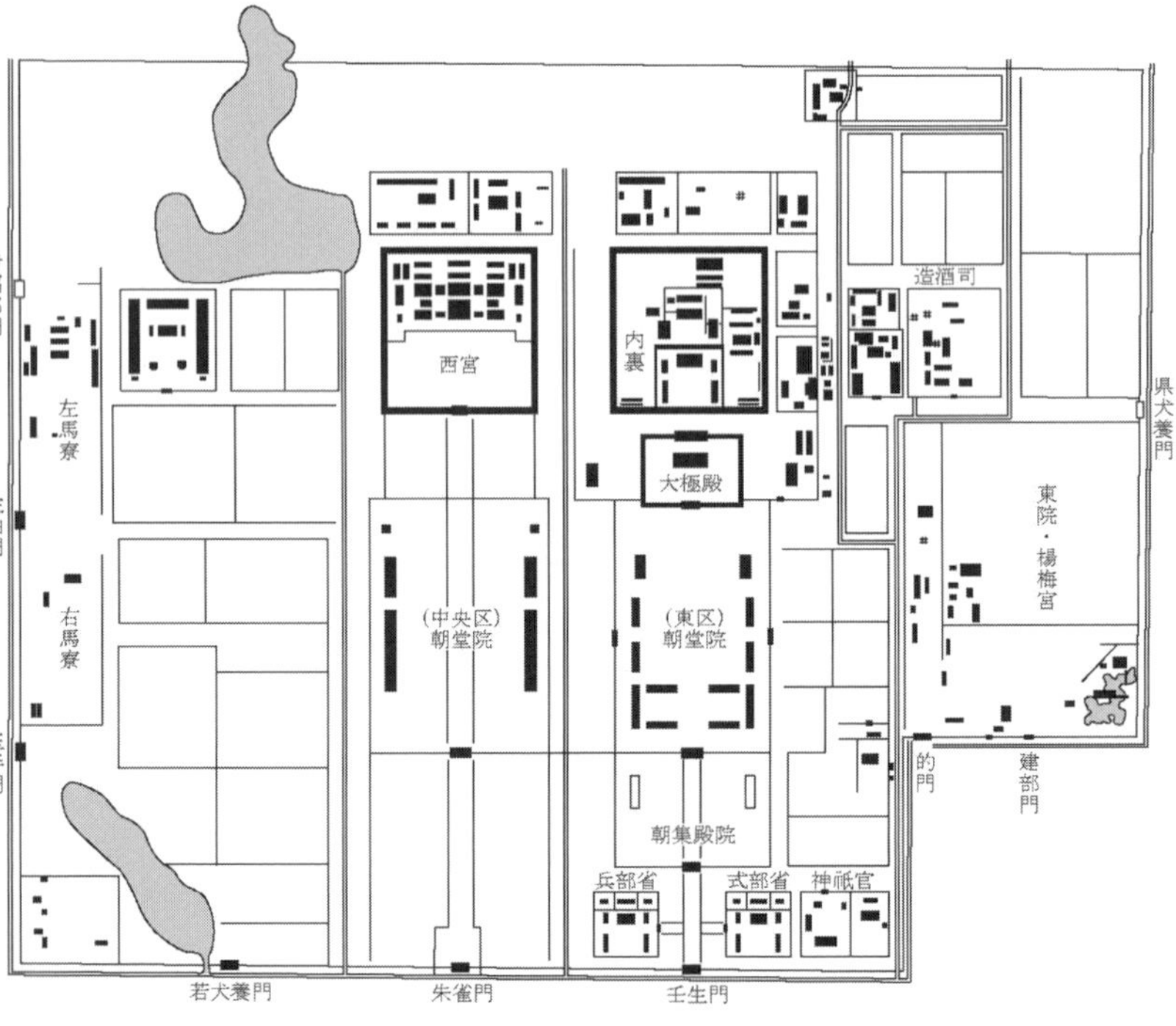

図4−7　奈良時代後半の平城宮

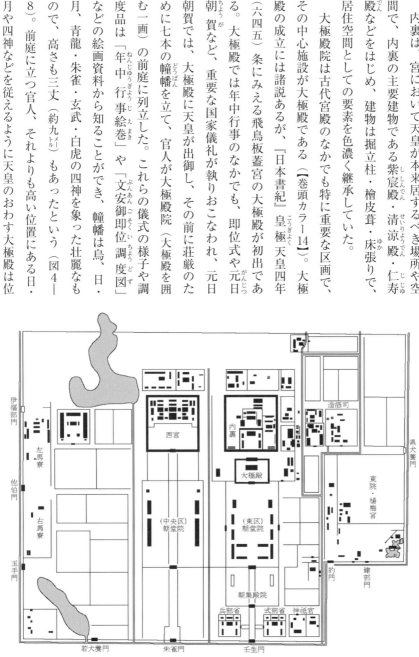

置しており、大極殿は天皇の権力の象徴で、壮麗な舞台であった。特に本格的な中国式の宮殿を構えた藤原宮での正月の荘厳は素晴らしく、悲願が叶ったものであったようで、大宝元年（七〇一）の正月儀礼の様子を「文物の儀、是に備われり」と『続日本紀』に記している。この都城と調度の整備は法律や儀礼などの諸制度や官僚組織が整ったことを誇示し、日本の律令国家としての体制の完成を祝賀し、内外に知らしめるものであったのである。

朝堂院《ちょうどういん》は南北棟の桁行の長い建物を左右対称に並べた空間で、朝堂は臣下のための建物である。朝堂院北方の大極殿院と密接な関係があり、儀礼・政務・饗宴の場として機能し、天皇が即位後に初めておこなう新嘗祭《にいなめさい》のための大嘗宮《だいじょうきゅう》はここに設けられた。また元日朝賀の後におこなわれる饗宴もしばしば朝堂院でおこなわれた。これらの大極殿院や朝堂院は外国使節と面会するなど、対外的に公の場であり、内裏とは対照的に、礎石建の朱塗りの柱や瓦葺といった中国風のデザインで建てられた。

これらの内裏・大極殿院・朝堂院の位置関係や形状も藤原宮・平城宮・平安宮のすべてで異なっており、特に朝堂院の数が古代宮殿の特徴の一つを示している。藤原宮では朝堂院が一つであるのに対し、平城宮・平安宮では朝堂院が二つ設けられた。特に平安宮では八省《はっしょう》院《いん》・豊楽院《ぶらくいん》と称しており、前者を政務空間、後者を饗宴施設として使用していた。また朝堂の数も、藤原宮では一二棟、平城宮東区では一二棟、中央区では四棟、平安宮八省院では一二棟、豊楽院では四棟とさまざまである。

このように古代の宮殿は中国的な空間と伝統的な空間の融合によって成立しており、そこでは外国使節や蕃夷を圧倒するような儀礼をおこなうことで、律令国家としての体面を内外

図4−8　幢幡の1/3の模型

に誇示した。その舞台として荘厳を凝らした宮殿建築は必須であり、まさに権威の象徴であったのである。

平城京と大寺院

平城京への遷都と時を同じくして、京内の寺院の造営も活発になる。いわゆる天平文化の寺院建築の隆盛である。和銅三年（七一〇）に都が藤原京から平城京に移ると、藤原京の寺院の一部も平城京に引っ越した。『扶桑《ふそう》略記《りゃっき》』や『諸寺縁起集』によると、飛鳥・藤原京にあった四つの大寺院のうち、大官大寺《だいかんだいじ》・薬師寺《やくしじ》・飛鳥寺《あすかでら》は平城京に移り、それぞれ大安寺《だいあんじ》・薬師寺・元興寺《がんごうじ》となり、これに興福寺《こうふくじ》が加わることで平城京の四大寺が整った。ただし、薬師寺・飛鳥寺は、移転しなかった斉明《さいめい》天皇ゆかりの川原寺《かわらでら》とともに藤原の地にも伽藍を残した。そして奈良時代中期以降、東大寺《とうだいじ》・西大寺《さいだいじ》・新薬師寺・唐招提寺《とうしょうだいじ》などの名刹が創建された。

平城京に造られた大寺院は、旧都の伽藍から規模や形を大きく変えて、新都らしい姿にモデルチェンジした。特に塔の位置に大きな変化がみられ、飛鳥寺以来、金堂を囲む一画（金堂院）に塔が置かれていたが（図3―2）、これがその外に出たのである。

その代表が興福寺である。興福寺は和銅三年（七一〇）に藤原氏の祖であり平城京遷都に尽力した藤原不比等《ふひと》によって開創された寺で、平城京の東張り出し部の小高い地にある。その伽藍配置をみると、中金堂とその前面に回廊が取り付き、回廊の東西にそれぞれ東金堂・西金堂が建ち並び、東金堂の南には五重塔がそびえたっていた（図3―2）。この新しい伽藍配置に加えて、伽藍北西に建つ北円堂の立地も当時の社会情勢を映しており、ここからは平城京を一望できる。この北円堂は藤原不比等のために、その一周忌にあたる養老五年（七二一）に元明太上天皇と元正天皇が建立したもので、まるで不比等を祀る北円堂が平城京、さらには平城宮を見下ろしているかのような立地である。こうした北円堂の立地にも藤原氏の権勢と不比等と平城京の深い関係が表れているのである。

こうした新しい潮流のいっぽうで面白いのが薬師寺で、藤原京と平城京の伽藍配置はほぼ同じである。さらに現存する平城京の薬師寺東塔と藤原京の東塔・西塔の発掘遺構を比べると、最外周の裳階《もこし》の有無を除き、柱の位置や柱間寸法もほぼ同じ構成である（【巻頭カラー17・18】）。それゆえ、寺籍を藤原京から平城京に移しただけではなく、薬師寺東塔の建物までも「移」したという論争が明治以来、長らくおこなわれてきた。つまり、現存する薬師寺東塔は藤原京で建てられ、それを移築したではないかというのである。この論争の詳細はよもやま話③④に譲るが、平成の薬師寺東塔の解体修理時の年輪年代調査によって、ようやく、『扶桑略記』に記載のある天平二年（七三〇）の建設であることがほぼ確実となった。

また平城京の景観と寺院の構えの点では、南大門について語っておく必要があろう。七世紀には条坊に面した南大門ではなく、金堂前の中門を二重門として立派に見せることが多かったが、八世紀の平城京では南大門を二重とし、中門は単層の門とすることが多かった。例えば「春日社寺曼荼羅《かすがしゃじまんだら》」の興福寺の伽藍の描写を見るとその様子がわかる（【巻頭カラー19】）。興福寺は平氏の焼き討ちをはじめ、焼亡と再建を繰り返してきたが、再建の際には以前の形を踏襲してきたと考えられているため、「春日社寺曼荼羅」も十四世紀に描かれたものであるが、奈良時代の形をうかがう参考となるのである。ここでは南大門を二重門、中門を単層の門で描いており、南大門が中門よりも格式ある形式で建てられたことがわかる。これは都城の景観上、条坊に面した南大門をより立派に見せるということに意識が置かれたためと考えられる。

東大寺と西大寺の造営

奈良時代中期に聖武天皇が遷都を繰り返したことは先に述べたが、いっぽうで仏教に帰依して社会の安寧を願っており、大仏発願と東大寺大仏殿を抜きには聖武天皇も奈良時代の建築も語れない。聖武天皇が天平十二年二月に河内国の知識寺に詣でたところ、『華厳経《けごんきょう》』の教えを所依として、民間の力で廬舎那仏が造立されていたのをみて感動し、天下の安寧・太平を願い、自身も廬舎那大仏を建立しようと思い立った。天平十三年（七四一）に全国に国分寺・国分尼寺の建立の詔を出すと、同十五年には紫香楽宮の地で大仏造立の詔を出す。

しかしすぐに都を平城京へ戻すことになったため、この大仏も奈良の地へ移ることになる。その場所に選ばれたのが平城京外東方にあった金鐘寺《こんしゅじ》の地で、大仏のための大寺院として東大寺が建てられた。しかし、大仏は、これまでの仏像とはまったく異なる規模で、そのための伽藍も建物も巨大なものとする必要があった。

天平十七年八月に大仏造立は再開され、二年後には鋳造再開、さらにその二年後の天平勝宝元年（七四九）には大仏の鋳造が完了した。鋳造は八回に分けておこなわれたというが、実質、約二年という短期間の突貫工事であった。

聖武天皇の大仏造立の主旨が民衆の自発的な意思を引き出すことであったため、民を無理に使役することなく、一枝の草や一把の土でも協力したい者には参加を許した。この方針は、ただでさえ大事業かつ難事業であったものをさらに困難にさせた。この事業方針には高い民衆の支持が必要であったため、朝廷から弾圧されていた行基《ぎょうき》を大僧正に据えて、事業にあたった。その寄進者は四二万人、労働者は二一八万人にも上ったという。材料も各地から持ち込まれ、その銅は長門国の長登銅山《ながのぼりどうざん》のものを用いたことが知られ、天平二十一年（七四九）には陸奥国で黄金が見つかり、陸奥守百済王敬福《くだらのこにきしけいふく》により大仏の鍍金用に献上された。大仏殿用の木材は藤原宮の時と同じ田上山や近隣の山などから切り出されたものを使用した。まさに国の総力をあげての国家プロジェクトであったのである。

数々の苦労を乗り越えて、ようやく天平勝宝四年に大仏の開眼供養を迎えることができた（図4―9）。それは大盛況だったようで、聖武太上天皇、光明《こうみょう》皇后をはじめ、娘の孝謙《こうけん》天皇や文武百官、一万人の僧侶が列席した。とはいえ、この時、大仏殿も未完成で、その完成は天平宝字二年（七五八）まで待たねばならなかった。

ようやく一応の完成をみた東大寺大仏殿であったが、実は大仏殿は不完全な建築で問題も山積みであった。一つが大仏の光背《こうはい》である。天井が低く、大仏の光背が入らなかったのである。もう一つが巨大建築であるがゆえの構造的な欠陥である。両者の問題を解決したのが実忠《じっちゅう》で、彼は造営技術に長けていたようである。「東大寺権別当実忠二十九ヶ条」には造営、修理などに関する実忠の事績が細やかに記されている。特に構造的欠陥に関しては副柱を立てたとあるから、つっかえ棒をしなくては創建の大仏殿は成立し得ないほど、構造的に無理をして建てられたようである。

さらに不幸なことに、大仏は完成後数十年で傾きや亀裂が生じ、これを防ぐために大仏の背後に山を築き、傾斜を押しとどめている。ついには斉衡二年（八五五）には地震により、大仏の首がもげてしまった。この時にはすぐに頭部をもとの位置に接合し直したという。

さて、こうした諸々の問題を抱えつつ、大仏は開眼供養の日を迎え、大仏殿も一応の完成をみたのであるが、人民の安らぎを求めた聖武天皇の理想とは異なり、東大寺の造営は民の疲弊を招いたようで、天平勝宝八年（七五六）五月二日に聖武太上天皇が崩御すると、東大寺造営による人民の辛苦を理由

図4−9　創建東大寺の大仏殿院模型（天沼俊一氏復元）

に同年七月には橘奈良麻呂《たちばなのならまろ》が反乱を起こしてしまう。天下の安寧という聖武天皇の想いとは裏腹に、東大寺の造営は律令国家の財政と民の困窮をもたらしたのである。実際に山上憶良《やまのうえのおくら》の貧窮問答歌には「伏廬《ふせいほ》の曲廬《まげいほ》の内に直土《ひたつち》に藁《わら》解き敷きて」とあり、人々の暮らしの場は伏廬の曲廬、すなわち竪穴《たてあな》建物とみられる建物で、その土間の上に藁を敷いた粗末な家屋での苦しい生活であったようである。いっぽうで、平城京はシルクロードの終着点として、華々しい文化が花開いており、正倉院《しょうそういん》正倉（【巻頭カラー21】）には聖武天皇ゆかりの品々が伝世しており、その一端がうかがえる。

その後、光明皇后の甥にあたる藤原仲麻呂（恵美押勝）が孝謙天皇・光明皇后の信任を背景に権勢をふるい、天平宝字二年（七五八）に孝謙天皇が譲位し、淳仁《じゅんにん》天皇の治世となると、仲麻呂はますます独自の政治を繰り広げた。ただし天平宝字四年に大きな後ろ盾であった光明皇后が亡くなると、権勢も陰りを見せ始め、孝謙太上天皇が道鏡を寵愛し始めると、孝謙・道鏡と淳仁・仲麻呂の対立は深まり、ついに同八年には藤原仲麻呂の乱が起こる。このように奈良時代中期は、大仏造立以降、不安定な社会情勢であった。

こうした混乱を経て、淳仁天皇は廃位に追い込まれ、孝謙太上天皇が再び称徳天皇として重祚《ちょうそ》すると、同年には西大寺の建立を発願する。仲麻呂亡き当時、道鏡が中央政権で大きな力を持っており、西大寺の伽藍はその思想の影響を受けたとも考えられている。もちろん、父聖武天皇の造営した東大寺を意識しての西大寺造営で、その伽藍は平城京の右京の北方に置かれた。

宝亀十一年（七八〇）に寺の財産を書き上げた『西大寺資財流記帳《さいだいじしざいるきちょう》』によって伽藍の概要がわかるが、それまでの寺院とは異なる煌びやかなものであった（図4—10）。東大寺は大仏や大仏殿、一説には高さ三三丈（約一〇〇《メートル》）ともいう高層の七重塔など、巨大建築による広大な伽藍で、それまでにはないものであったが、西大寺の弥勒《みろく》金堂と薬師金堂という二つの金堂やその屋根上に飾られた龍舌、大棟中央の火炎を象った宝珠もそれまでの寺院建築にはない荘厳に満ちたものであった。東の東大寺に対し、西の西大寺の名にふさわしい姿であった。

さらに西大寺の塔については、『日本霊異記《にほんりょういき》』によると、当初、八角七重塔が計画された。日本の塔婆は何重であれ、一般的には正方形の平面であるが、八角形平面の塔を建てようとしたようで、まさに弥勒金堂・薬師金堂とともに、新しいタイプの建築の建立を願ったのである。この八角七重塔は時の右大臣藤原永手《ながて》により、四角五重塔に縮小されてしまったのであるが、この仏罪により藤原永手は地獄に落ちたというから、八角七重塔への期待は大きかったのであろう。さて、これだけ聞くと、単なる与太話のように思えるが、昭和三十年（一九五五）の発掘調査により、八角形基壇《きだん》の痕跡が見つかり、計画変更が事実であったことが判明した。まさに東大寺に比肩する西大寺の壮大な建築が平城京の西方に輝き建っていたのである。

地方官衙の整備

中央では都城が整備され、大寺院が営まれたが、地方においても律令を浸透させ、朝廷による支配を盤石にするために、さまざまな地方の役所、すなわち地方官衙が整備された。各国には国府が整備され、中央から国司が赴任した。

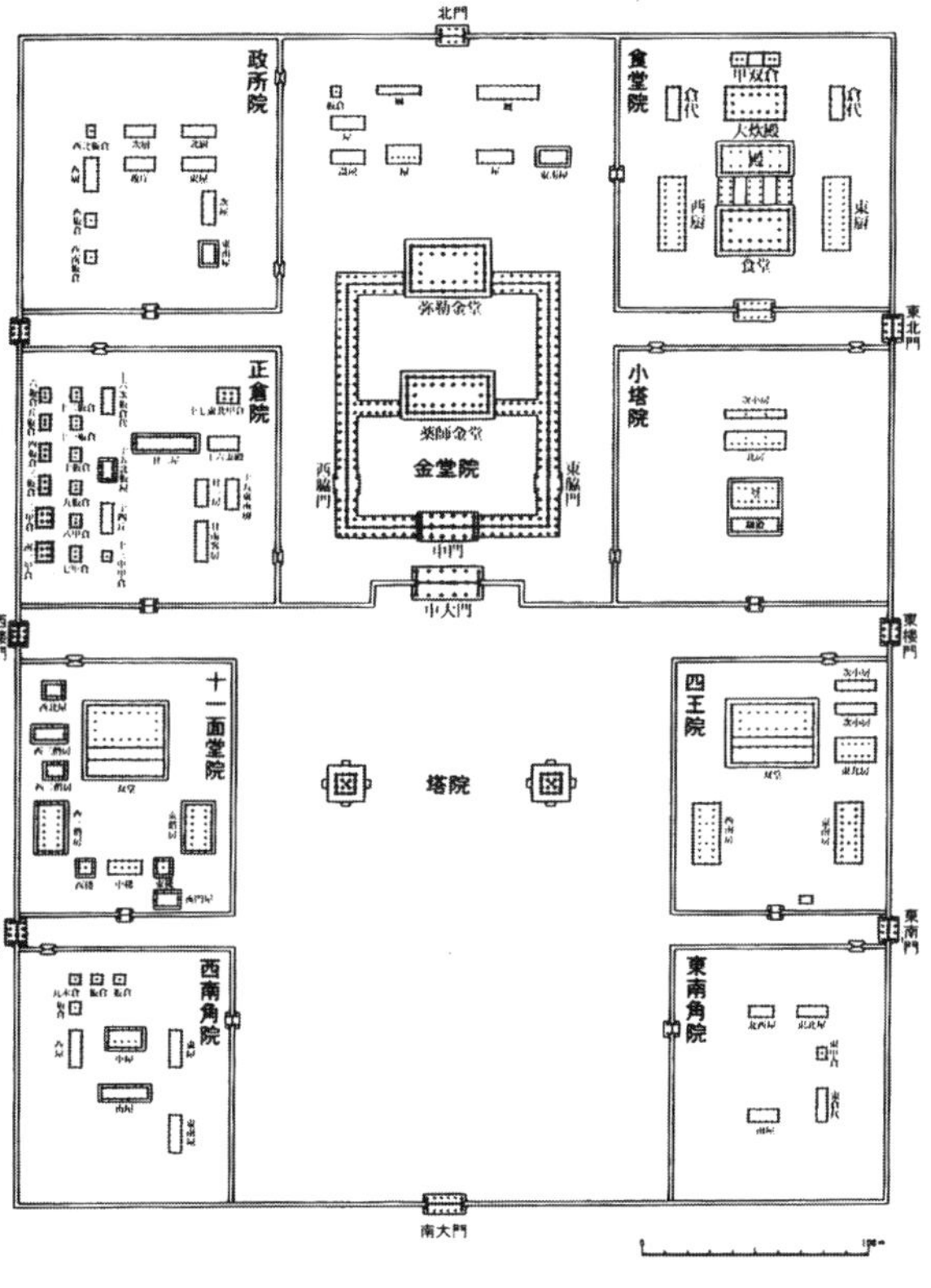

図 4−10　西大寺の伽藍配置の復元図

そして国の下部に設置された各郡には郡衙《ぐんが》が置かれ、在地豪族が郡司を務めた。国府はまさに地方の中核都市で、大路や条里《じょうり》にもとづいた道路、市や国司の住居である国司館、役所の実務スペースである曹司《ぞうし》、官営の工房、役人の給食のための厨《くりや》など、多くの施設が集まり、時には近傍には氏寺などの地方寺院が置かれ、多くの人でにぎわった(図4—11)。

ここでも律令国家の威光を地方に示すための舞台装置として、建物がその役目を果たした。いわゆる白鳳寺院は各地に営まれていたが、地方の拠点である豪族居館などは古墳時代以来のものを多く引き継いでおり、これと比べると整然とした建物配置の地方官衙は威圧感のある立派な施設として地方の人々の目に映ったのであろう。さらにそこでおこなわれる儀礼も律令国家の体

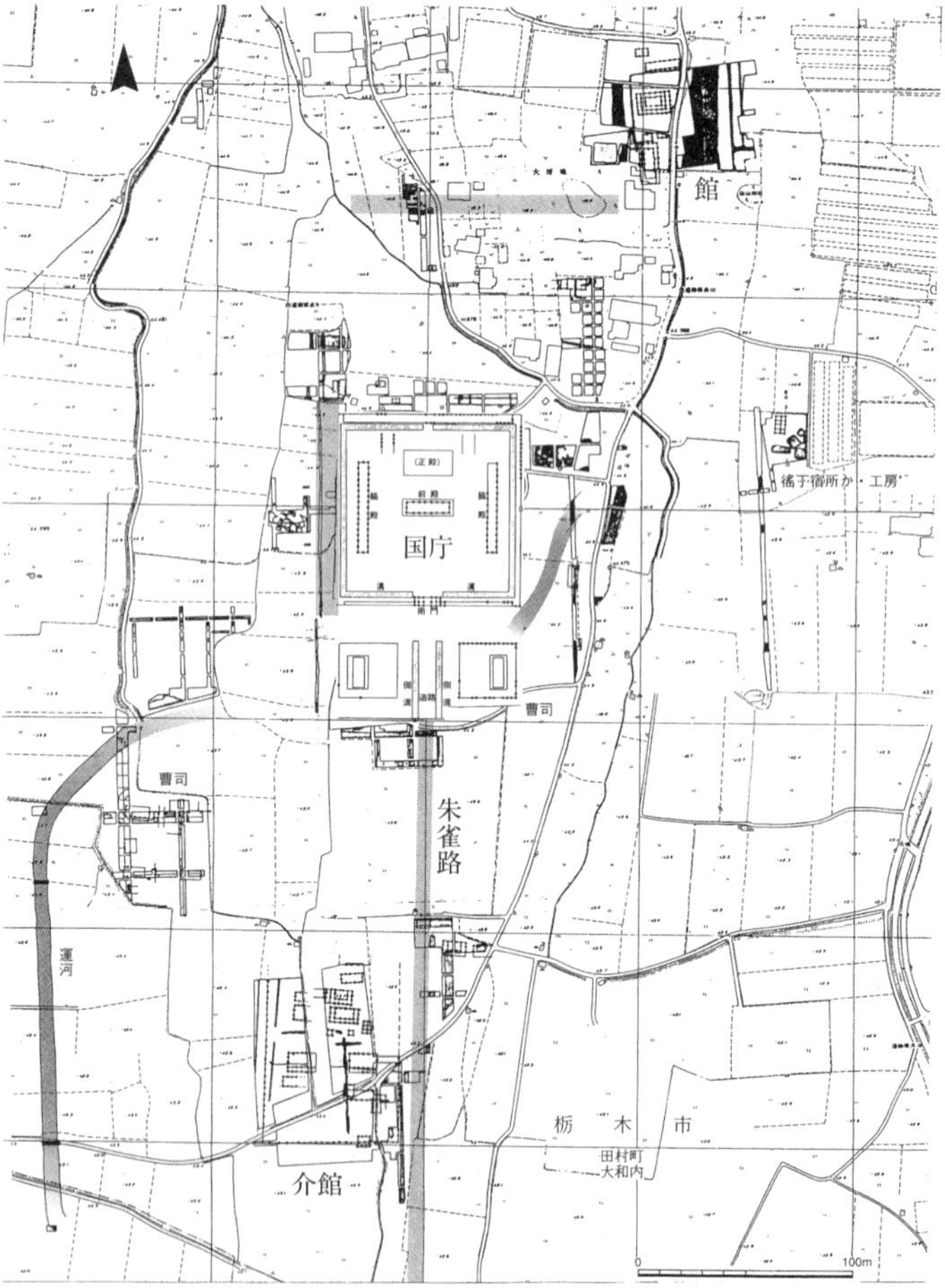

図4—11　下野国府の周辺

裁を強く示したものであった。

例えば、中央でおこなわれた元日朝賀と同じく、元日には国司が郡司らを率いて、国庁正殿に向かって拝賀する儀式をおこなっている。もちろん、正殿は無人であるのであるが、天皇が居るものとして、中央と同じく儀式をおこなったのである。その後には、天皇の代理として赴任している国司が郡司から挨拶を受けて饗宴をおこなった。つまり地方官衙は中央でおこなわれている律令の儀礼を地方においておこなうため舞台であったのである（図4—12）。

さらに律令制によって租庸調《そようちょう》の税制が定められ、このうちの租である正税《しょうぜい》（米）は中央にすべて運ぶわけにもいかず、重要な地方の財源でもあったから、地方官衙に貯蔵された。地方官衙のなかでも、特に郡衙には多くの正倉が造られ、正倉の立ち並ぶ正倉院という一画が設けられた（図4—13）。さらに法倉というひときわ巨大な倉を造り、瓦葺や朱塗りというような荘厳を凝らすこともあった。正税は重要な財源であり、その正税を納める正倉は財産の象徴であるから、正倉の立地にはとても気を使っており、米が腐らないように小高く、乾燥した場所を求めた。また木造の正倉にとっては火災が大敵であったため、正倉の近くには防火用の池が必要であった。さらに倉庫同士を林立させて延焼してしまうことがないような工夫や周囲の建物からの類焼を防ぐために、正倉以外の建物から離して建てることが定められた。これらの立地への配慮に加えて平安時代以降、正倉を土倉とすることで、さらな

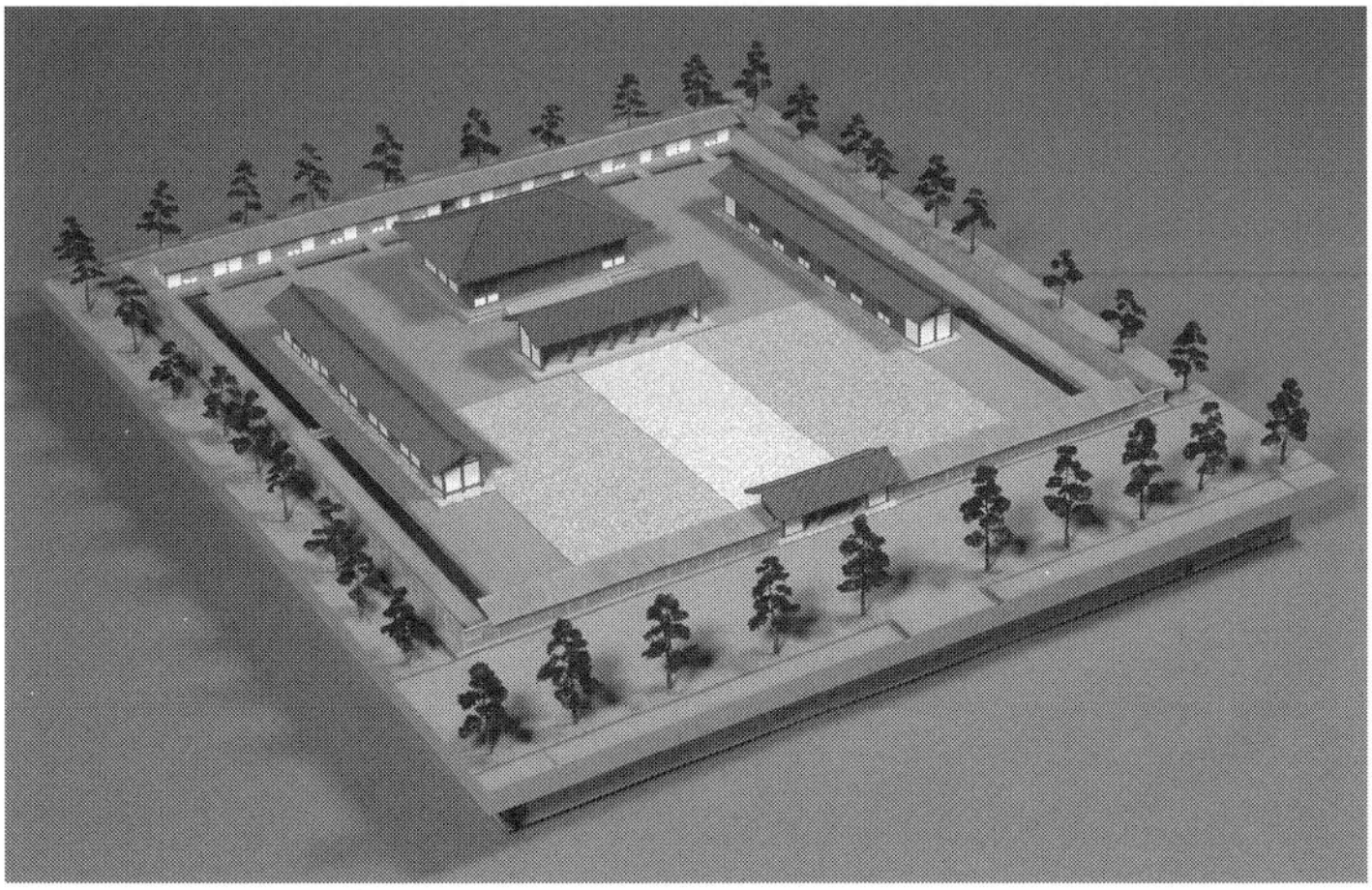

図4—12　下野国庁の復元模型

る防火対策を講じている。まさに正倉は律令国家の根幹を支える施設であったのである。こうした入念な火事に対する対策を施した大和朝廷の思惑とは裏腹に、郡司が正税を横領した例もあったようで、神火《しんか》という人の手によらない火と偽って正倉を焼いてしまい、米の流用を隠蔽しようとすることもあった。正倉の火事の裏に、こうした律令の陰の部分が見え隠れしているのである。

郡司は在地豪族であったため、律令制以前の勢力の本拠地との関係が深く、郡衙には中枢部である郡庁、正税を納めるための正倉、実務空間としての曹司、役人のための厨、工房などの機能を持った建物が建てられ、そのほかに郡衙には寺院や古墳などが隣接することもあった（図4―13）。地方官衙の末端はヤマト王権のころから変わらず、在地の勢力の影響を色濃く受け継いでいたのである。

律令制にかかわる施設としては、都と各地を結ぶ官道沿いに設けられた駅家《うまや》も外観意匠を特に重視し、配慮していた。『日本後紀《にほんこうき》』によると、瀬戸内海沿いの備後・安芸・周防・長門などの国の駅家は、蕃客（外国使節）の目に触れることから「粉壁瓦葺」、すなわち白壁、瓦葺とするように指示が出ており、中央は駅家の外観に対する荘厳性を求めたのである。なかでも長門国の駅家は

図4－13　弥勒寺官衙遺跡周辺の様相

海辺にあって人に見られる場所であるため、特に労力を加えることが求められた。

山陽道の一部の駅家は、外国使節の目に触れるから、特に労力をかけて整備せよ、ということである。律令の末端施設の荘厳として外観意匠を整えることが、律令体制を体現する理想の姿であり、そして国威を内外に示す装置にふさわしい構えが求められたのである。

このように奈良時代から平安時代初頭の地方官衙において、瓦葺・朱塗り・白壁といった要素が重要視され、林立する正倉による財力の誇示や外国使節に対する駅家の荘厳などが律令制の威光を地方に示す重要な装置として機能していた。そして中央と類似した国庁の空間やそこでの儀礼を通して、律令制度を浸透させようとしたのである。

国分寺・国分尼寺の建立

地方の建築を考えるうえで、国分寺《こくぶんじ》・国分尼寺《こくぶんにじ》の造営を忘れてはならない。国分寺・国分尼寺の建立は聖武天皇の仏教政策の目玉の一つで、天平十三年（七四一）に詔が出された。これは唐で則天武后《そくてんぶこう》が全国諸州に大雲寺を設置したことなどを参考にしたとみられる。大仏造立と同じく仏教に帰依することで、混迷する社会の太平を願ったのである。もちろん国家の威信をかけて造る官寺で、その僧寺には国の華たる七重塔を建てることとしたのであるが、瓦葺の建物すら少なかった当時の地方に七重塔のような高層建築はなかったであろうから、ひときわ目を引く建物であったろう。

こうした国分寺の立地には水害の心配がなく、安定した地、人々の人家の雑踏から離れた地、集まるのに不便でなく、国府から近い地など、多くの条件が求められた。そのため選地は困難を極めたようで、建立の詔から六年経った天平十九年に至っても、寺地すら定まっていないところもあったようである。

さて国分寺は各国に造られたのであるが、その伽藍配置は画一的なものではなく、多種多様であった。伽藍配置と同じく造営の進捗状況もまちまちで、建設の催促はおこなわれたが、遅滞は続いた。国分寺の造営により、世の安寧を願った聖武天皇の崩御に至っても多くは未完成だったようで、その一周忌にあたる天平宝字元年（七五七）までに金堂の造営を終えるようにという指示も出されるほど、国分寺の造営は遅れに遅れていた。造営には在地の協力が不可欠であったから、郡司に対して末代まで職を保証することで協力させようとするほど、手を焼いていた。

造営遅滞の原因は地方の怠慢だけではなく、その背景には技術的な問題もあったのであろう。一言で、国分寺を全国に造るぞ、といっても、在地の建築技術は中央ほど高いものではなかったろうから、中央から技術者や建築のわかる僧侶などを派遣して指導する必要があったとみられる。ただし、基壇の版築《はんちく》や石材の収集・運搬、大量の労働力の統制など、その素地は古墳造営によって培われており、これらが国分寺造営に役立ったのであろう。

中央からの技術的な伝播だけではなく、国分寺の造営には在地の協力が不可欠であるが、その具体例として、武蔵国分寺が挙げられる。この武蔵国分寺の造営では新羅郡を除く各郡から瓦の寄進がなされている。とはいえ新羅郡が協力しなかったのではなく、その建郡が天平宝字二年（七五八）で、このころにはすでに造営が進んでおり、瓦の寄進が不要であったためである。

武蔵国分寺では、もう一つ、七重塔の再建に関する逸話がある。武蔵国分寺の七重塔は承和二年（八三五）に落雷によって焼失してしまったのであるが、七重塔は巨大な建築で地方では技術的にも財政的にも簡単に再建できるものではなかった。そのため焼失後、再建されないまま十年の月日が経ってしまったが、承和十二年（八四五）に至り、男衾《おぶすま》郡の前の郡大領であった壬生吉志福正《みぶのきしふくしょう》が私費で再建を申し出て、ようやく再建されることになったのである。一介の地方豪族である壬生吉志福正が七重塔という、大プロジェクトを成し遂げるだけの財力・労働力・技術を持ち合わせていたことも驚きであるが、地方豪族による国分寺の塔の造営寄進からも、古代の地方における建築技術の蓄積と七重塔という巨大建築に対する在地の誇りが見て取れる。

このように地震・疫病・反乱など、社会の混迷のなかで仏教への帰依による天下泰平を願った聖武天皇の国分寺・国分尼寺の造営であるが、壮麗な伽藍を整えただけではなく、律令国家の威光と権威を地方に知らしめるものであった。国府の中枢である国庁であっても瓦葺の建物が少なかった地方において、巨大な仏殿や高層の七重塔は地方の人々を圧倒するのに十分な効果があったのである。とはいえ、これらの建築も在地の協力と建築技術に裏づけられたものであったから、平安時代以降の地方建築の繁華の素地が育まれる機会でもあったのであろう。

奈良時代の寺院金堂の規模と荘厳

平城京には多くの寺院が建立されてきたが、金堂の規模や屋根の形状には寺院の寺格により差別化が図られていた。奈良時代の金堂は唐招提寺金堂と海龍王寺《かいりゆうおうじ》西金堂が残るのみで、多くの建築の様相は文献資料と発掘調査の成果から考えられているものである。奈良時代の第一級の寺院であった南都六大寺（東大寺・興福寺・元興寺・大安寺・薬師寺＝【巻頭カラー16】・西大寺）の金堂を見比べると、建築のカタチによる差別化が見て取れる。

奈良時代の建築の格式を考える前提として、当時の最高級の建築と位置づけられていたとみられる平城宮第一次大極殿は桁行九間で二重の建物であったとみられる。これを基準に寺院金堂の規模をみると、大官大寺金堂こそ大極殿とほぼ同じ大きさであるが、多くの寺院金堂は大極殿以下の桁行七間である（図4―14）。興福寺中金堂のように裳階を付けて桁行九間としていても、主屋は桁行七間としている。いっぽうで奈良時代後半にはその傾向は薄れ、桁行九間以上の金堂も建てられるようになる。なかでも東大寺大仏殿の規模は破格の大きさで、桁行九間の四周に裳階が廻る巨大な平面であるが、これも聖武天皇の発願であったからこそ、天皇の象徴である大

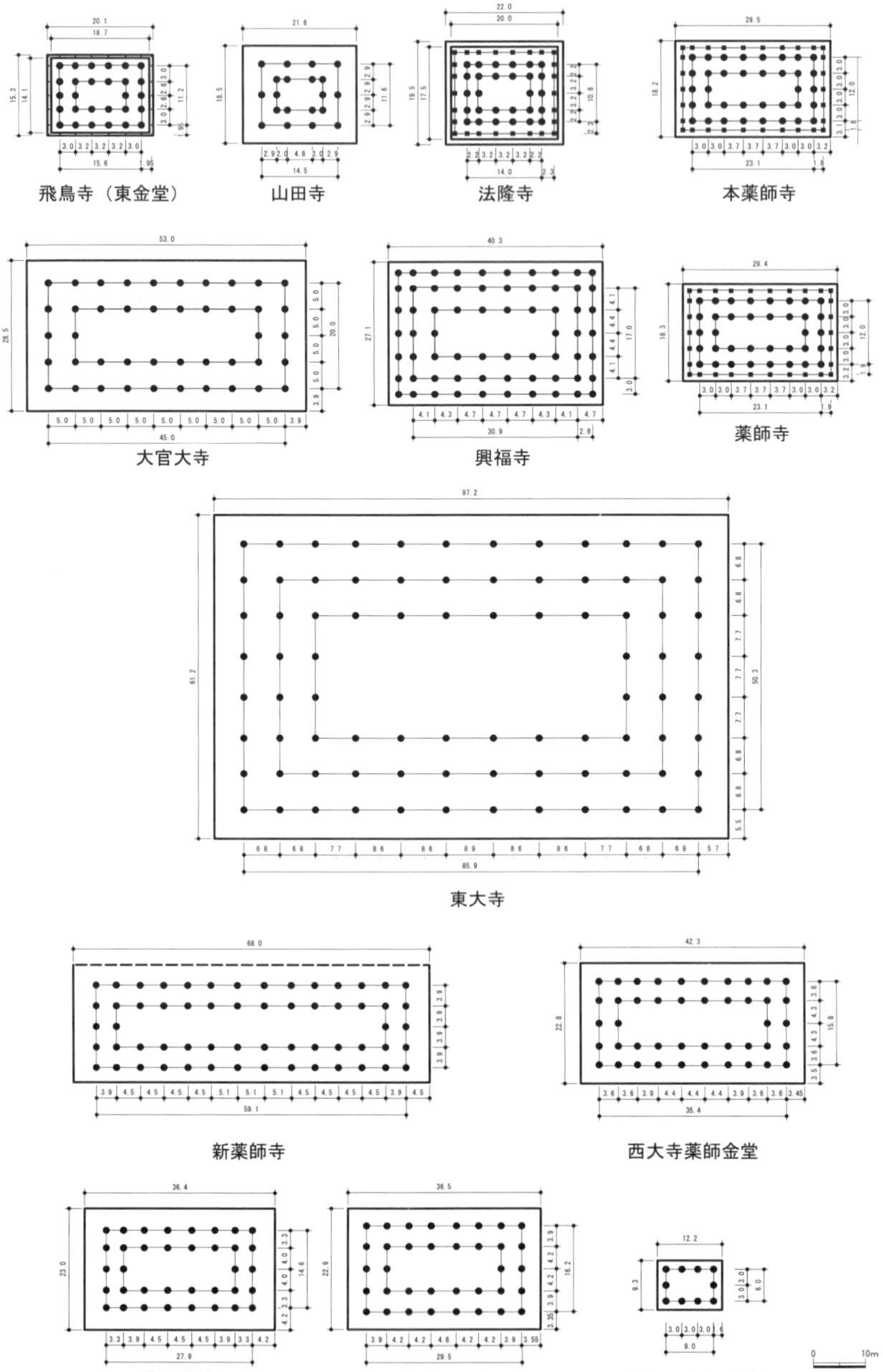

図4−14　主要金堂の平面模式図（単位は m）

極殿の規模を超える建物を建てることができたのであろう。同じく、光明皇后が聖武天皇の平癒を願って建てたとされる新薬師寺の桁行一三間は七仏薬師寺像を祀るための巨大な金堂であったし、孝謙太上天皇の発願による西大寺薬師金堂も桁行九間で、東大寺と比肩するにふさわしい構えであった。いずれも天皇、皇后の発願であり、他の寺院とは建立の背景の異なる特殊なものである。

次に大寺金堂の屋根、すなわち二重であるか、単層であるかについて、概観してみよう。とはいえ、大寺院金堂は一つも残っていないから、文献史料や発掘遺構からその一端を知ることができるに過ぎない。東大寺は発掘遺構と『七大寺《しちだいじ》巡礼《じゅんれい》私記《しき》』、興福寺は発掘遺構と「春日社寺曼荼羅」から、ともに裳階付の二重金堂であったことが知られる。西大寺は『西大寺資財流記帳』によると、薬師金堂は単層であったが、弥勒金堂は二重であった。元興寺は『元興寺堂舎損色検録帳』によると、やはり二重金堂で、薬師寺は『薬師寺縁起』によると、「二重二閣」で、二重のうえに各重裳階付で四重のような屋根であったことが知られる。いっぽうで、大安寺《だいあんじ》は『大安寺伽藍《がらん》縁起《えんぎ》 并《ならびに》 流記《るき》資財帳《しざいちょう》』などの史料にも屋根に関する記述がなく、重層であるか、単層であるかは不明である。

大安寺はわからないが、それ以外の大寺の金堂は、いずれも二重金堂としており、壮麗な寺院にふさわしい堂々たる構えであったのである。そして東大寺大仏殿はともかくとして、興福寺・薬師寺などの京内の大寺院の金堂は第一級金堂として、桁行七間に裳階の付いた巨大な仏殿としていた。桁行七間という規模は天皇の象徴たる大極殿の桁行九間という規模を超過しない大きさである。これに対して京内のその他の寺院は大寺院金堂から裳階を取り払った程度の大きさで、大寺金堂によりも格を落とした形式で建てられた。

こうしてみると、興福寺や薬師寺などの諸大寺に対して、唐から渡ってきた鑑真《がんじん》が開基した唐招提寺金堂（【巻頭カラー20】）の規模はやや小さく、桁行七間で裳階が付かない。寺の財政を示す封戸《ふこ》をみても、唐招提寺のそれは第一級寺院に比べて少なく、第二級であったことがわかり、単層の金堂も当時の寺格に適したものであった。

京内での金堂の規模の階層化を踏まえて国分寺金堂をみると、武蔵国分寺や相模国分寺などを除き、基本的に桁行七間の金堂で、唐招提寺と規模が近似しており、単層であったとみられる。京内の大寺院金堂が桁行七間に裳階を付したものであったのに対し、国分寺では一回り小さい裳階なしの金堂を造ったのである。

このように奈良時代の寺院金堂は、仏教の浸透のために荘厳性や壮麗さを主張するだけであった飛鳥時代金堂とは異なり、金堂自身が律令社会における寺院の階層を視覚化したものであった。東大寺大仏殿を筆頭に、京内の大寺は裳階付の二重金堂の巨大な仏殿を構え、律令国家の権威を示していたが、その大きさも無制限ではなく、天皇の象徴たる大極殿の規模を意識しながら制約を受けていた。そして寺格の劣る第二級寺院や国分寺は裳階なしの単層の金堂とすることで、大寺との差別化を図っていた。寺院金堂は律令国家の階層社会をまさに具現化したものであり、天皇を頂点とする社会を寺院金堂という建築のカタチにより視覚化していたのである。

建設ラッシュ時代の組織的造営

巨大な都城や大寺院の造営を短期間でおこなうには、大量の技術者や労働力の徴発が必要であったが、単に技術者や労働者を集めるだけでは、大量造営では有効には機能しない。そこで活躍したのが律令制のもとに組み込まれた造営組織（造営官司）である。その代表は木工寮《もくりょう》で、律令体制のもとで造営技術者を集め、技術養成していた。

奈良時代の造営には、司工《しこう》、雇工《ここう》、様工《ようこう》など、さまざまな立場の技術者が従事し、単純労働力として雇夫《こふ》、仕《し》丁《ちょう》が従事していた。技術者のうち、司工は官に専属の技術者、雇工は官に直接雇用された技術者であった。いっぽうで様工は官に属さない技術者で、仕事の一まとまりの単位で請け負う請負技術者であった。さらに司工には大工《だいく》・少工《しょうく》・長上工《ちょうじょうこう》・番上工《ばんじょうこう》・未選工《みせんこう》と技術的な段階があった。

木工寮の技術陣の構成や令外官司《りようげのかんし》である造寺司と各官司の組織の特徴を見ると、司工は大工、少工、長上工、番上工に区分され、それぞれ役割が異なっていた。大工と少工には各一人が置かれ、通常の官司の頭《かみ》と助《すけ》との関係に似ており、彼らが技術上の中枢的な統括者であった。大工と少工は主に造営をマネージメントする本部組織に参画して、設計や技術上の指導といった頭脳労働を主としたマネージメント能力を備え、時と場合により、重要な現場では直接現場を指導していた。大工・少工の下に置かれた長上工は各現場における技術上の責任者、監督者で、番上工を指揮する、いわば現場監督である。これに対し、番上工は一定の期間を交代に勤務する技術者であった。このように奈良時代の技術者の構成は大工・小工・長上工などの一部の技術者を頂点としたピラミッド型の構造（図4―15）をしていた。

一口に技術者といっても、それぞれの能力・仕事内容は異なっていた。大工・少工・長上工などの任務は、造営の全体を把握し、番上工を指揮するという管理職としての役割を担っていた。いっぽうで下部技術者であった番上工の仕事は現場での材料の加工や組み上げなどの実務作業で、その能力は均一ではなく、その技量もさまざまで、上手な工人と下手な工人で給料に差があり、能力別の給与体系であった。上手い工人と下手な工人で約二五《パーセント》も給料が違ったのである。さらに木・金属・瓦など、扱う材料によっても給料が違っていた。こうした給与基準は大量造営に必要な予算の見積もりにも必須であったろう。

さて木工寮はこれらの技術者を多く抱えていたのであるが、木工寮は行政

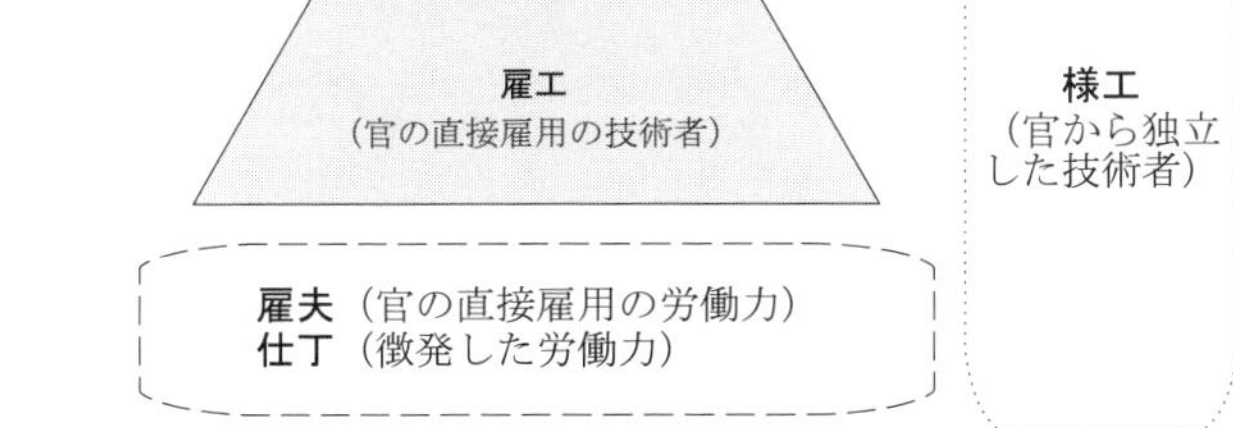

図4―15　技術者の組織体制

機関としての性格が強く、奈良時代には実際に造営をしていたわけではないようで、造宮省《ぞうぐうしょう》や造東大寺司《ぞうとうだいじし》などの臨時に置かれた令外官司が実務をおこなった。八世紀中ごろには造営事業が多く、木工寮のほとんどの技術者が出向してしまっており、技術者を現場ごとに差配するのが主な仕事であった。

むしろ木工寮は造営計画を作って必要な費用を計上し、予算を立てることを役目としていた。効率的な造営のためには積算の基準が必要であるが、平安時代の『延喜式』の木工寮の項にはその基準が確認できる。現場で実際に指揮にあたっていたのは長上工で、彼らは現場を巡回し、技術指導もおこなっていたようである。例えば東大寺造営では木工寮の長上工猪名部百世《いななべのももよ》や造東大寺司の大工益田縄手《ますだのなわて》らが尽力したことが「大仏殿碑文」（『東大《とうだい》寺要録《じようろく》』）から知られる。

さて律令制下の造営は予算と期限を定められたものであり、雇工は日雇いであったため、造営期限の遅れは費用の増加に直結した。造営の遅滞は費用の増大だけではなく、人員配置などの計画変更が必要となり、さらなる造営の遅滞を招くという悪循環に陥ってしまう。こうした事態に有効であったのが様工である。様工は官に属さない技術者集団で、一定の金額で造営作業を請け負う技術者集団であった。そのうえ様工は単にいわれたことをこなすだけの技術者ではなく、一定水準以上の能力を有しており、材の伐採・作材・運搬、さらには板倉の施工という造営に関わる一連の作業をおこなうことのできるほどで、これをうまく利用したのである。

様工を利用した背景には、大量の造営により官の技術者の数が十全でなかったことに加えて、官としては、もし造営が遅滞しても追加予算が必要ないというメリットがあったためである。もちろん官の技術者ではない様工が官の仕事を得るためには努力も必要で、様工同士で造営遅滞に対して連帯保証をしたり、官の技術者の保証のサインをもらって仕事を得ようとしたりするなどの知恵を絞っていた。このように律令制下の大量造営を支えたのは律令造営官司に所属する技術者であったのは間違いないが、様工らがその隙間を埋めていたのである。

さて建築に関する技術を持っていたのは技術者だけではなく、僧侶が高い技術を備えていることもあった。実忠が東大寺大仏殿の補修で活躍したことは先述のとおりであるが、実忠の師匠である良弁《ろうべん》も建築に深い造詣があり、石山寺の造営時に細部に指示した様子からその見識の高さがうかがえる。良弁が石山寺の現場に赴いた際に、屋根の軒先の部材である茅負《かやおい》の形状が気に入らなかったようで、修正の指示を出した。大まかなデザインだけではなく、茅負という軒先の細部意匠にまで指示したのである。

このように都城の形成と大寺院の造営には、組織的な造営体制が不可欠であり、莫大な労働力を効率的に使役するため、計画的な造営が必要であった。これを実現するために、奈良時代の大量造営の時代には設計・企画といったマネージメントを木工寮がおこない、現場での実務には令外官司があたっていた。これらの律令官司による造営は、平安京に移って大量の造営の必要性が薄まると、次第にその役目を失っていった。造営組織による技術者の集約や労働力の統制、規格化などにより、大量造営を実現していたのであり、まさに律令国家によって造られた都城や一連の建築物は古代の中央集権的な社会の表出であったのである。

よもやま話④　薬師寺東塔移建・非移建の一〇〇年論争の決着

　薬師寺東塔《やくしじとうとう》の論争の続きをみていこう。戦後、昭和二十七年（一九五二）からおこなわれた屋根葺替等の修理によって、新たな移建説が出された。修理を担当した日《ひ》名子元雄《なごもとお》によるもので、両薬師寺の出土瓦で同一のものがあること、組物《くみもの》の寸法が二種類あることから移建の可能性を指摘した。また肘木《ひじき》の細部意匠のバラつきも移建にともなう補足材であるためと理由づけた。福山敏男《ふくやまとしお》（建築史）・久野健《くのたけし》（美術史）らもこの移建説に同調した。

　この二種類の部材の混在については、昭和四十三年に伊藤延男《いとうのぶお》・宮本長二郎《みやもとながじろう》らが同じく奈良時代の建築である東大寺法華堂と比較しつつ、薬師寺東塔の部材を精密に調査したところ、明確には二種類の部材に分けられず、部材寸法のむらが大きいとし、薬師寺東塔は移建ではないが、古様を残す塔という結論を導いた。いっぽうで、同調査に参加した宮上茂隆《みやがみしげたか》は裳階《もこし》と主屋（塔身）で部材の印象が異なり、平城薬師寺西塔と本薬師寺東塔の心礎《しんそ》の寸法が近似し、東塔の細部の寸法や裳階の納まりが悪いことから、心柱《しんばしら》をはじめとする塔身は平城薬師寺西塔へ、裳階は東塔へ移築されたと考えた。新たな移建説であるが、浅野清《あさのきよし》・太田博太郎《おおたひろたろう》らの建築史家は決定的な証拠がないことから否定的であった。

　移建・非移建論争については建築史学者と文献史学者を中心に議論されていたが、発掘調査が進んでくると、考古学者からも一石が投じられた。出土瓦には大型と小型の二種類の瓦があることに端を発した論説である。小型といっても大型瓦の約九割の大きさであるのであるが、これに着目し、小型瓦を裳階、大型瓦を塔身と考えた。特に小型瓦に着目した山崎信二《やまさきしんじ》は瓦の同笵関係や打ち欠きなどから、本薬師寺の瓦が平城薬師寺へ運搬されたとする。いっぽうで、田辺征夫《たなべいくお》は裳階に用いられたのは小型瓦という考えを全面的に否定し、本薬師寺には裳階が無かったという考えを示した。これによって議論は混迷を極め、新たな視点は得られたものの、出土瓦からも論争の決着をつけるには至らなかった。

さてこうした一〇〇年の論争に近年、終止符が打たれた。薬師寺東塔は平成二十一年から解体修理がおこなわれているが、これにともなって年輪年代学調査がおこなわれたのである。年輪年代学とは、同じ地域や時代に成長した木々の年輪変動が類似するという性質を生かして、多くの資料からなる標準年輪曲線と比較することで、木の年輪が形成された年を一年の精度で明らかにできる方法である。年輪は外側へ増えていくので、調査対象の樹皮が残っていれば樹皮直下の年輪年代は木の枯死（伐採）年代であり、木の外周に近い辺材が残っていれば、伐採年に近い上限年代がわかる。調査対象が人工物の場合、その制作年は残存する最外層の年輪年代以降であると解釈できる。これを古建築に応用し、用いられた部材の年輪を調べることで、部材の伐採年代を知り、建立年代を推定する手がかりとするのである。

この年輪年代学の調査によると、東塔の中心に立つ心

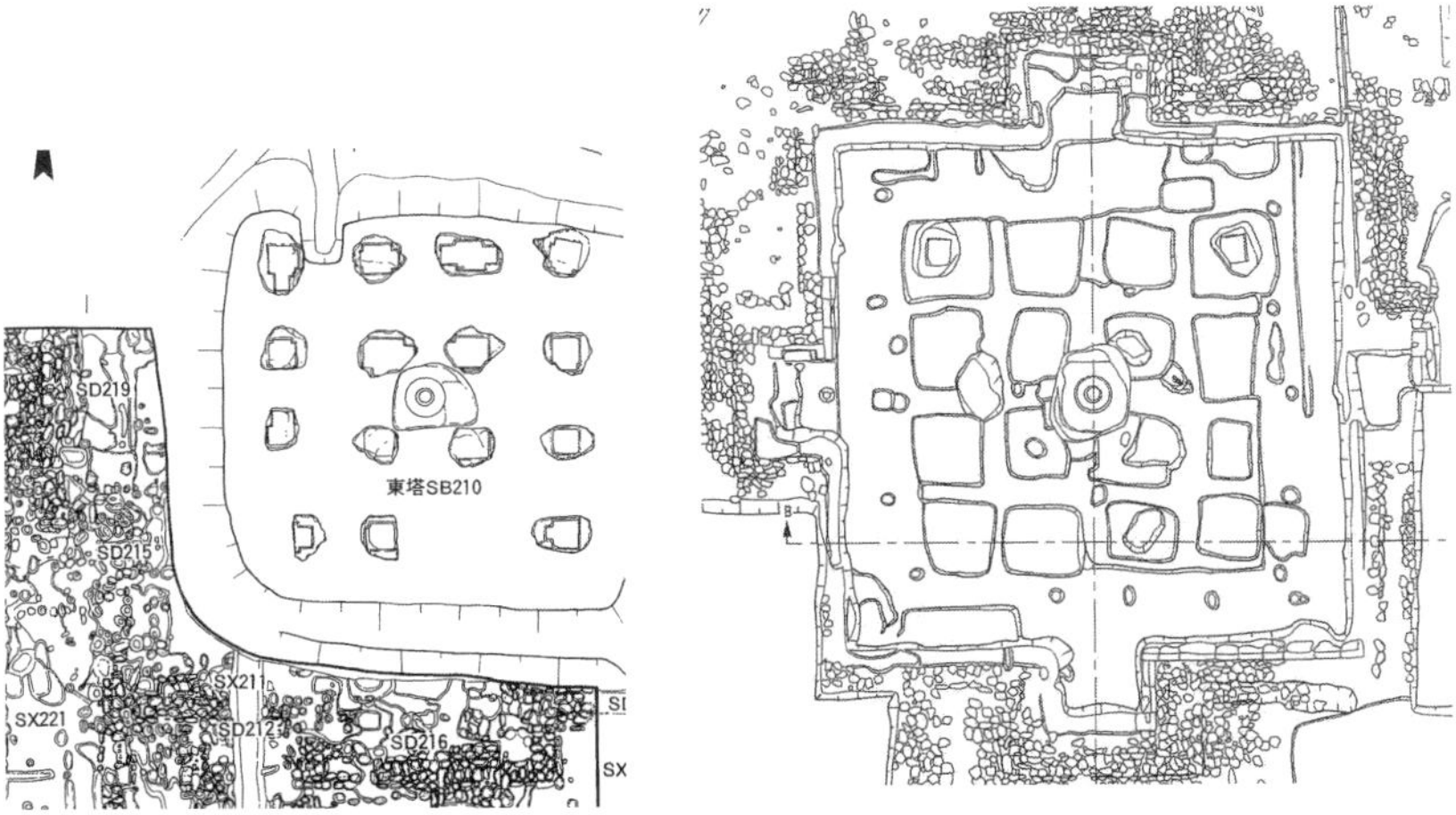

本薬師寺東塔（左）と薬師寺西塔（右）の心礎

柱が七一九年以降に伐採されたことがわかり、支輪裏板という天井の板は樹皮の残っていたことから七二九年・七三〇年ごろの伐採とわかった。支輪裏板は造作で、建設の終盤に作る部分であるが、心柱は最初に立てる柱で、これが七一九年以降に伐採されているから、藤原京からの移建ではなく、平城京での新造を示す結果と判断できた。これらの年輪年代学による結果は『扶桑略記《ふそうりゃっき》』の天平二年（七三〇）の年代と近く、その信憑性《しんぴょうせい》が科学的に裏づけられ、ここに明治以来の一〇〇年以上にわたる論争の幕がようやく下りたのである。

5 建築の国風化

古代宮殿の終焉

さて平安時代に入ると、律令制度も実態にそぐわなくなって変容せざるを得なくなり、桓武《かんむ》天皇は改革を断行し、以降、徐々に律令制度が崩壊していく。文化の面でも、唐《とう》の模倣を是とする方向から転換し、王朝文化を代表とする国風《こくふう》文化が台頭し、日本独自の文化が形成されていくのであるが、建築も大きな流れとしては、この流れに含まれる。そこで、まずは建築にかかわる変化について、みてみよう。

大きな転換期の一つは前章で述べた平安京への遷都であり、京内に基本的に寺院を置かないという方針は以後の寺院の立地にも大きな影響を与え、山岳寺院を生み出す一つのきっかけとなった。これに続く画期は延暦二十四年（八〇五）の徳政《とくせい》論争である。これは参議であった藤原緒嗣《ふじわらのおつぐ》と菅野真道《すがののまみち》に桓武天皇が政治の問題点について質問したことに端を発した論争で、当時、三十二歳の藤原緒嗣は天下の人々が苦しんでいる原因は蝦夷平定のための軍事と平安京の造営であるから、この二つは止めるべきだ、と進言した。もちろん、平安京遷都は桓武天皇の号令であったのであるから大胆な発言である。これに対して老齢の菅野真道は天皇の御心を慮って反論した。菅野真道は桓武天皇の取り立てで身分の低い学者から出世し、長年天皇に仕えてきたのであるから、これも当然のことであろう。桓武天皇は両者の意見を聞いたうえで、蝦夷平定と平安京建設の中止を宣言した。現代でいえば公共事業の大幅縮小へと舵を切ったのであり、藤原京以来の都城《とじょう》建設に一応の終止符が打たれたのである。

もう一つが寛平六年（八九四）の菅原道真《すがわらのみちざね》による遣唐使《けんとうし》の廃止である。もちろん遣唐使の廃止自体が建築に直接、影響を与えたわけではないが、唐から文化や制度、仏教を導入し、東アジアのなかで律令国家として日本の地位を確立するために遣唐使が重要な役割を果たしていたことは疑いなく、大きな画期である。もちろん唐からの文物の輸入は、その後も盛んにおこなわれていたのであるが、遣唐使の廃止は国家として唐からの文化の受容の必要性が低くなったことを意味している。同時に、唐文化との融合による日本の独自の文化の形成、いわゆる国風文化の開花という新たな時代を迎えた。

こうした流れとともに、平安時代後期以降、古代宮殿の様相にも変化が生まれてくる。すなわち、唐の都城や宮殿の形式を模倣することで、東アジアのなかで日本の国威を示そうとしていた奈良時代とは異なり、中国風の建築を目指す必要性が低くなっていくのである。

とはいえ、平安京にもキチンと条坊《じょうぼう》は張り廻らされ、平安宮にも朱塗り・礎石《そせき》・瓦葺《かわらぶき》の大極殿《だいごくでん》や素木《しらき》・掘立《ほったて》柱《ばしら》・檜皮葺《ひわだぶき》の内裏《だいり》が造られ、大極殿を備えた儀式と政務のための八省院《はっしょういん》と饗宴のための豊楽院《ぶらくいん》という二つの朝堂院が設けられた（図5―1）。宮内には諸官司が置かれ、宮城を構えるにふさわしい施設群が林立していたのである。

しかし、これも遷都時の話で、時代が下ると都城や平安宮の凋落《ちょうらく》は著しく、羅城門《らじょうもん》は妖怪や盗賊の住処になるほど荒廃していたようであり、藤原道長によって礎石を持ち去られてしまうほどで、都城の正門たる面目もない状態であった。平安宮も平安時代末期に成立したとされる『今昔物語集《こんじゃくものがたりしゅう》』には豊楽院や武徳殿《ぶとくでん》付近で鬼やキツネが出るという話が出てくるほどのありさまであった。十世紀に藤原道隆《みちたか》・道兼《みちかね》・道長《みちなが》の三兄弟が豊楽院・仁《じ》寿殿《じゅでん》・大極殿で肝試しをしたというのも、あながち、ホラではなかろう。

そのなかでも中枢施設の一つである平安宮内裏は一五回もの火災に遭っており、そのたびに再建を繰り返すのであるが、ついに安貞元年（一二二七）の再建中の殿舎焼失を最後に宮城内の内裏は造られなかった。火災の頻発から、天皇は大内裏外の藤原氏の邸宅などに移り住み、ここを里内裏《さとだいり》と称した。つまり内裏ですら、平安宮のなかに設ける必要がなくなっていったのである。平安時代中期以降は、天皇は里内裏で日常を過ごし、儀式の際にのみ内裏に帰るという状況が増え、摂関政治《せっかんせいじ》や院政《いんせい》により、天皇の存在が有名無実化していくと、これとともに平安宮も形骸化していった。まさにこの宮殿や内裏の地位の低下が社会状況の移り変わりを如実に映し出しているといえよう。もはや政治的安定を図って、天皇制を確立するために、威光を示すための宮殿建築は、必ずしも必要なくなっていたのである。

特に顕著なのが、十一世紀後半から十二世紀初頭の白河《しらかわ》法皇の院政期の内裏である。白河法皇は子の堀河《ほりかわ》天皇、孫の鳥羽《とば》天皇、曾孫の崇徳《すとく》天皇と三代にわたって幼帝を擁立し、四十三年もの間、院政を敷いて自身が権力を握った。この院政により摂関政治は衰退していくのであるが、建築的にも上皇の立場を強める舞台

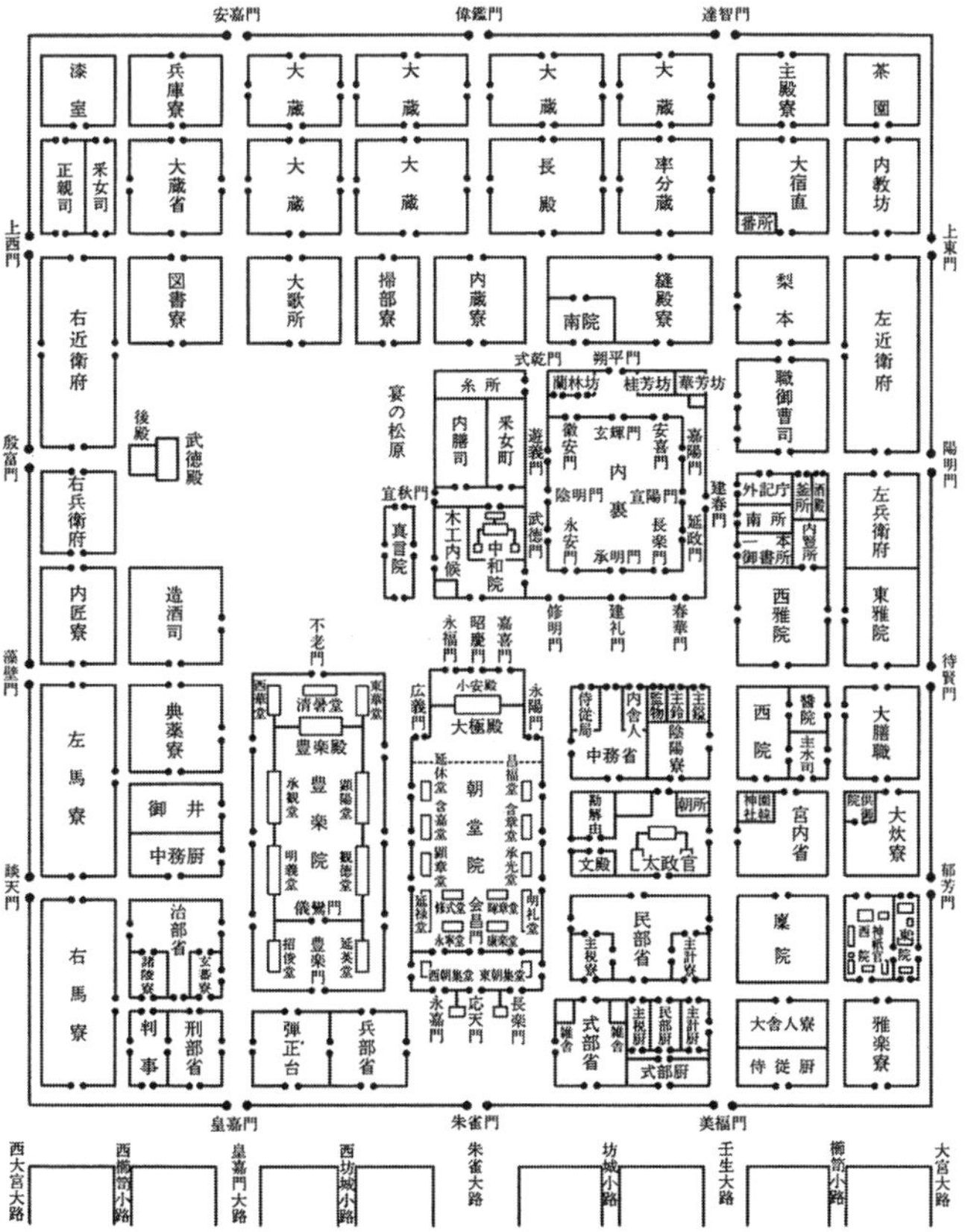

図５－１　平安宮の構造

が用意された。このころはまだ平安宮に内裏があったにもかかわらず、内裏の様式の則った御所として土御門烏丸《つちみかどからすま》内裏を造営し、上皇もその近隣の御所で政治権力をふるった。まさに既存とは別の権力を示す舞台を平安宮の外に設けることで、権力の重心が移ったことを示したのである。摂関家の里内裏や院政の土御門烏丸内裏にしても、その権威付けとして、内裏に倣った、というところに、歴史の系譜や伝統の枠組みのなかで、摂関政治や院政がおこなわれたことを建築が示している。天皇の代替わりの際におこなわれる大嘗祭《だいじようさい》の場として平安時代後期にも平安宮八省院を用い続けたのも、これらの伝統と系譜を重視した流れによるものであろう。

こうした社会の変化のなかで、唐に倣った大極殿や朝堂院《ちようどういん》の必要性はますます低くなり、宮殿の中枢である大極殿でさえ、貞観八年（八六六）、同十八年、康平元年（一〇五八）の焼失では再建されたが、治承元年（一一七七）の焼亡後は建てられなかった。律令的な古代宮殿が権威装置としての役目を終え、終焉を迎えたのである。

平安時代の内裏の構成

平城宮と同じく、平安宮も大極殿・朝堂院と内裏という宮城の構成を引き継いだのであるが、しだいに儀式も変容して内裏でおこなわれることが多くなっていくと、内裏の重要性が増していく。大極殿のある八省院や豊楽院などが礎石・瓦葺・朱塗りであったのに対して、内裏は伝統的な形式を引き継いだ檜皮葺・掘立柱・素木・高床で、対照的な構成であった。

内裏は紫宸殿《ししんでん》を正殿として、その南には儀式の場となる空閑地（南庭）が広がっており、左右対称の空間構成である（図5―2）。紫宸殿では立太子や節会などの重要な儀式がおこなわれ、大極殿の焼失後には即位の礼などもおこなわれる重要な場であった。桁行九間の四方に廂を廻らせており、母屋と北庇との境には賢聖障子《けんじようのしようじ》を立てて仕切っていた。

紫宸殿の背後には仁寿殿が置かれ、もともとはここが天皇の常住の御殿であったが、その東の清涼殿《せいりょうでん》に代わっていく。敷地の北半には諸殿舎が建ち並び、これらが渡殿《わたどの》でつながれ、坪庭が各所に設けられた。南北に長い清涼殿は天皇の私的空間としての性格が強く、北半分には塗籠《ぬりごめ》の寝室である夜《よるの》御所《おとど》を中心に、女御・更衣の控室である弘徽殿《こきでん》上《うえの》御局《みつぼね》・藤壺《ふじつぼの》上《うえの》御局《みつぼね》や祈祷などをおこなう二間《ふたま》など、細かく部屋が分かれた日常生活の空間が広がっていた。反対に南半分は公的性格をもち、昼の御座《おまし》を広い空間とし、公卿《くぎょう》らの控室である殿上《てんじょう》の間《ま》が設けられた。このように内裏は公私の両方を性格を有していたのである。

平安京内には宮城の南東隅の南にあった神泉苑《しんせんえん》のほか、嵯峨《さが》天皇の離宮である冷然院《れいぜいいん》や後院である朱雀院《すざくいん》など、皇室関係の別院も営まれた。特に神泉苑には苑池や中島があり、池の畔の釣台まで折れ曲がった廊でつながっており、寝殿造《しんでんづくり》の萌芽を見て取ることができる。このように奈良時代から平安時代に入り、内裏の重要性は増していったが、度重なる内裏火災により京内の藤原邸などの里内裏に移り住むこともあり、摂関家が外戚により政治を実質的に掌握した十一世紀中ご

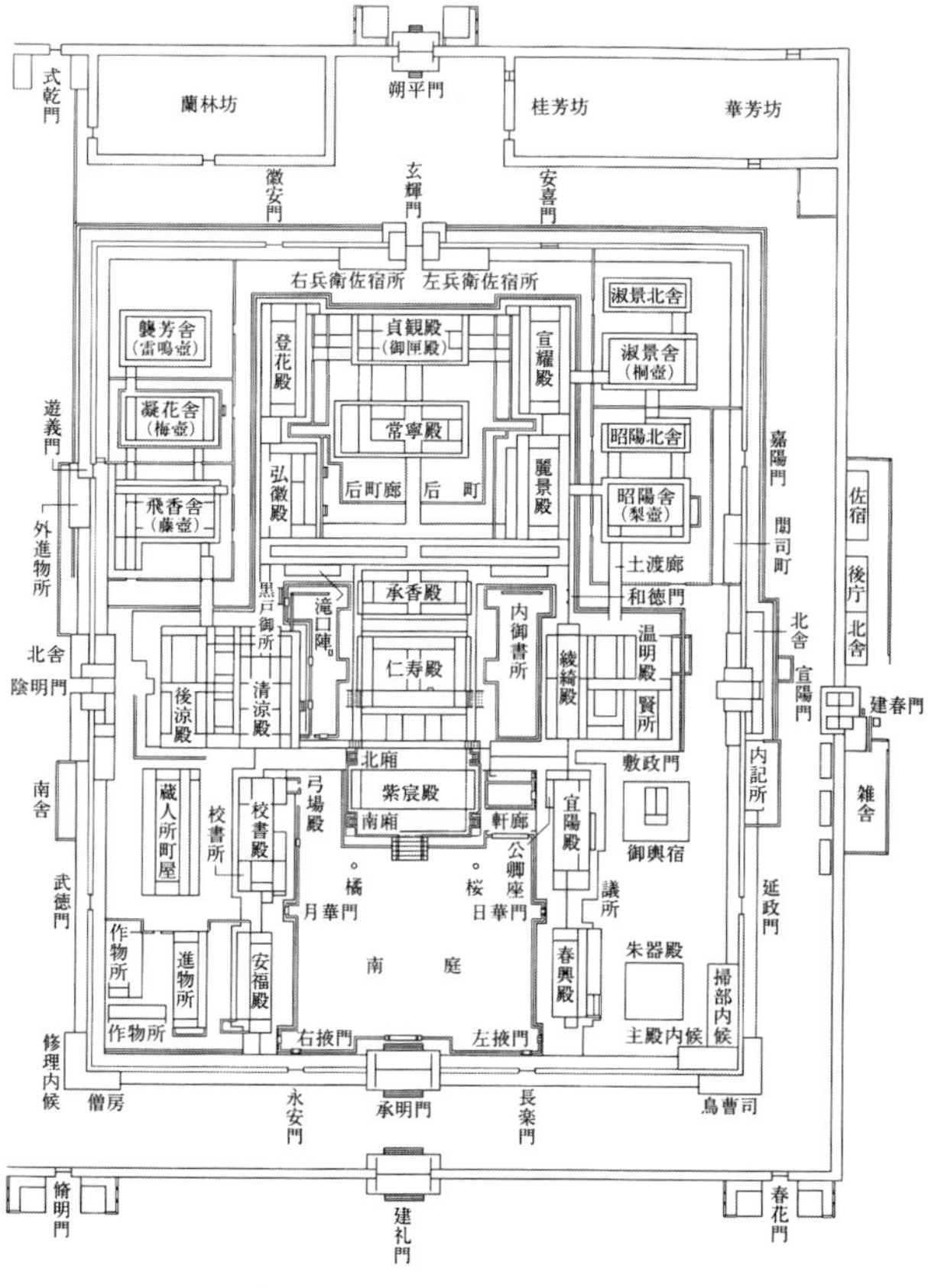

図５−２　平安宮内裏の構造

ろから堀河院・一条院・東三条殿などの里内裏に天皇が常住することが多くなっていった。これらの里内裏では貴族邸宅であっても、里内裏にふさわしい構えが求められた。摂関家の力が強くなったとはいえ、内裏と貴族邸宅では建物の格式差があり、天皇の住まいにふさわしい構えが求められたのである。ついには里内裏の一つであった土御門《つちみかど》東洞院殿《ひがしのとういんどの》に移ると、宮城内の内裏は以後、再建されることはなく、ここに古代宮城の内裏という天皇の象徴たる施設が役目を終えたのである。この宮城内の内裏の終焉は天皇中心の政治から摂関政治や院政、さらには武士政権へと政治の中心が天皇以外に移っていくことを象徴的に示している。まさに内裏の移転は政治の舞台、すなわち権力の重心が天皇以外に移ったことの表出であり、ここでも建築が時代を映していたのである。

寝殿造と建築の国風化

平安時代の住宅建築といえば、寝殿造を思い浮かべる方が多いであろう。書院造に代わる中世まで、変容を続けつつ、寝殿造は住宅建築の中心を占めていた。寝殿造の宅地規模は『中右記《ちゅうゆうき》』に「法《のり》の如き一町家」とあるように、方一町が大規模な貴族邸宅の基準の大きさであった。寝殿造の基本的な構成は寝殿を中心に、その南庭を対《たい》・渡殿・中門廊がコの字型に囲み、中心部を構成している。ただし奈良時代の大極殿院・朝堂院などのような完璧な左右対称の空間構成ではなく、ほとんどが片方の対を縮小・省略した非対称の構成であった。これには東西のいずれかの門を正門としたため、左右に重要度の偏りが生じたという背景もある。また床上《ゆか》は板敷で、畳も用いられたが部屋全体に畳を敷くことはなく、貴人の座として敷く程度で、畳を敷きつめた部屋の出現は室町時代を待たねばならない。寝殿の母屋《もや》には塗籠と呼ばれる壁で囲まれた寝室を設けることもあったが、基本的には壁などはなく、几帳《きちょう》・屏風・御簾《みす》などの調度品によって仕切る室礼《しつらい》という方法がとられた。これにより儀式や客人に応じてレイアウトを替えることで、室内の様相を変えることができたのである。そして寝殿の南に広がる南庭も単なる空閑地ではなく、重要な儀式の場で、庭で闘鶏をおこなった際には寝殿の庇や庭に設けた仮設の幄舎《あくしや》から鑑賞する様子が「年中行事絵巻《ねんじゆうぎようじえまき》」に描かれている。

敷地の南半には、寝殿造の大きな特徴ともいうべき遣水《やりみず》によって引き込まれた苑池を中心に中島・橋・築山《つきやま》などが設けられ、諸樹木が植えられていた。東西の対から池に向かって渡殿が延びて、釣殿《つりどの》や泉殿が設けられることもあった。ここでは池に舟を浮かべた詩歌管弦《しいかかんげん》などが興じられ、まさに王朝文化を謳歌していたのである。

このように建物構成は寝殿の左右に東西対があり、東西の中門、南庭や苑池が広がるのが標準であったとはいえ、ひとくちに寝殿造といっても、貴族邸宅には大小があるから、小さなものでは東西の対の一つを省略したり、さらには対をなくしたりすることで小規模な敷地に寝殿造の体裁を整えていた。ただし寝殿造の玄関たる中門廊《ちゆうもんろう》は省略できないので、最小限の寝殿造は寝殿と中門廊からなるものであった。

いっぽうで寝殿造は身分の差を感じさせる装置でもあった。寝殿造の邸宅周囲を囲む塀は築地であったが、これは律令では五位以上の官人にしか許されないものであった。また築地塀に開く門も身分によって制限されており、『海人藻芥《あまのもずく》』によると四脚門《しきやくもん》は大臣や親王にしか許されなかったようである。

同じく屋根葺材についても規制があったようで、檜皮葺は五位以上でなければ用いることができないとされていた。とはいえ、この規制は守られなかったようで、寛仁二年（一〇一八）には正六位下であった源相高《みなもとのさねたか》が檜皮葺の家を建てたため、検非違使《けびいし》によって家を壊されている。律令制度が変容したとはいえ、建築の規制による身分や社会階層の視覚化は依然として重要であったのである。

邸宅内部の空間も身分により進入できる範囲によって格差があり、中門廊は一つの目印であった。中門廊よりも内側は主人の空間であり、主人や家族の居所、儀式の場で、南庭も寝殿と並ぶ重要な儀式の場であった。これに対し、中門廊より外側には、車宿《くるまやどり》や侍廊《さぶらいろう》などの従者の施設や雑舎が建つ付属的な空間であった。そのため両者の境にある中門廊は儀式の場となる南庭や寝殿・対に入る玄関としての性格を有しており、内外を強く区別する装置であった。

さらに中門廊のなかに入っても、床《ゆか》上に上がれるかどうかが平安時代の大きな身分格差の象徴であった。特に内裏や里内裏では、勅許《ちょっきょ》により昇殿《しょうでん》を許されたものを殿上人《てんじょうびと》、許されない者を地下《じげ》と呼び、同じ官位であっても、殿上人とそれ以外で扱いが異なっていた。つまり床《ゆか》の上と下という違いで、身分階層を視覚化して区別していたのである。もちろん、殿上であっても身分により進入できる範囲が異なっており、寝殿の内部に入れるのはごく限られた親しい賓客のみで、廂や縁で応対することが一般的であった。

このように唐に倣った宮城では視覚的に強く差別化が図られていたが、寝殿造では、これよりも差別化がゆるやかになったといえる。この明確ではない差別化は進入範囲の領域や床《ゆか》の高さによる格差を暗黙の文化として共有することで成立し得るものであり、暗黙の文化を共有しない諸外国との対外的な関係のなかでは成立しがたい。いうなれば日本国内の内向きの独自の文化という土壌の上に寝殿造の空間の差別化は成立しているのである。そして敷地の大半を占める庭園と建築が融合した独特の空間のもとで、『源氏物語《げんじものがたり》』『枕草子《まくらのそうし》』などの文学作品や大和絵《やまとえ》などの美術品をはじめとする優雅な貴族文化は育まれたのである。

東三条殿と藤原定家邸

さて寝殿造は画一的ではなく、規模の大小があったことは先にも述べたが、その違いについてみてみたい。大規模な寝殿造の代表は藤原家の氏長者の邸宅である東三条殿《とうさんじょうでん》で、摂関期には里内裏としても用いられた（【巻頭カラー28】）。対照的に小規模な寝殿造の例として、鎌倉時代初期の歌人として有名な藤原定家邸を見ておこう。

東三条殿は堀河殿などと並ぶ平安時代の貴族住宅の最高峰の一つで、『大鏡《おおかがみ》』・『類聚雑要抄《るいじゅざつようしょう》』・「年中行事絵巻」

などにも詳しく記述・描写されており、その様相を知ることができる（【巻頭カラー29】）。その規模は東西一町、南北二町で、中心に寝殿を据えており、その南には儀式の場である南庭が広がる。江戸時代の有職故実《ゆうそくこじつ》『類聚雑要抄』には寝殿の建具や室礼の様子が多く描写されており、これを見ると寝殿の母屋の周囲に廂・孫廂が付き、寝殿の周囲には蔀戸《しとみど》を吊っている。その南側は比較的広い空間で、仮設の簾・屏風・障子で仕切り、板敷の上に貴人の座として畳を必要な場所に置いている。

また寝殿の東には寝殿に次ぐ重要建物である東対をはじめ、東侍廊・東車宿などが広がる。玄関にあたる中門廊は東西にあり、中門廊や東対は寝殿と渡殿でつながれ、敷地の南半には遣水によって引水した苑池・中島が広がる。東側に多くの施設が集中するいっぽうで、西側には対屋もなく、泉殿が設けられ、そこから南に延びた透廊は池の畔の釣殿につながっている。このように東三条殿は左右非対称の建物構成で、苑池・中島・築山・諸樹木などの庭園と調和していた。竜頭鷁首《りゅうとうげきす》の舟を浮かべ、詩歌に興じる王朝文化の繁栄の象徴であった東三条殿であるが、仁安元年（一一六六）の焼失により、歴史の表舞台を降りたのである。

さて栄華の香り漂う東三条殿であるが、小規模な寝殿造はどうであったのであろうか。その様相のわかるよい例が藤原定家邸であるが、これは寛喜二年（一二三〇）に建てられたものである（図5―3）。この時の定家は参議を経て、正二位権民部卿の地位にある高官であった。武士の台頭により、鎌倉時代の貴族の社会的地位や経済状況は摂関期に比べて厳しいものではあったが、なんとも小さい。中門廊の取り付いた寝殿のほかには持仏堂《じぶつどう》・侍所・車宿が敷地内にある程度である。

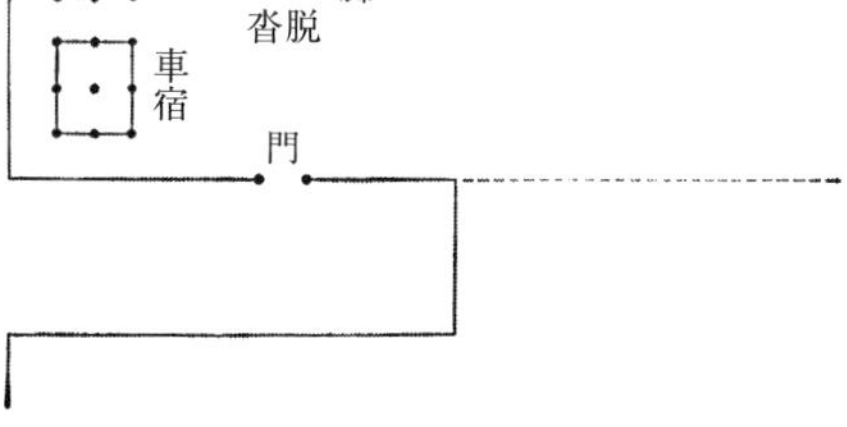

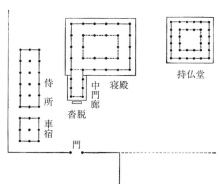

図5−3　藤原定家邸の復元平面

同じく平安時代末期から鎌倉時代の地方武士の住宅についても少し触れておこう。地方武士の住宅に関する情報は少ないが、鎌倉時代末期に成立した「法然上人絵《ほうねんしょうにんえ》伝《でん》」（図5—4）に法然の父、美作押領《おうりょう》使《し》漆間《うるま》時国《ときくに》の館が描かれている。時国は平安時代末期から鎌倉時代初期の武士で、もちろんこの絵は後世の絵師の手によるもので時代差はあるが、往時の地方武士の住宅と大きく違ってはいなかったとみられる。網代塀《あじろべい》で敷地を囲い、中央に主殿、その前に中門廊の付いた形状で、主殿の左の厩《うまや》や右の厨らしき建物がみられ、基本的な構成は定家邸と非常によく似ている。ただ、貴族邸宅に必要な牛車のための車宿にかわって、時国の館には厩が置かれている点などに、貴族と武士の生活環境の違いが表れている。

このように、ひとくちに寝殿造といっても、身分・地域・時代などにより、多様な形式・規模があり、変容していったが、床上での生活、掘立柱・檜皮葺・素木などの伝統的な貴人住居の系譜は受け継がれた。そして寝殿造で重要視された中門廊は書院造などの寝殿造以降の住宅にもみられ、接客を必要とする支配者層の住宅に大きな影響を与えた。

律令造営組織の解体と造国制

奈良時代の大量の建築群は律令制下の造営官司の組織的な力を背景に生み出されたものであったが、八世紀後半以降、律令制の衰退とともに多くの造営官司は解体され、中央集権的な大量造営の時代は終わりを告げた。天応元年（七八一）に桓武

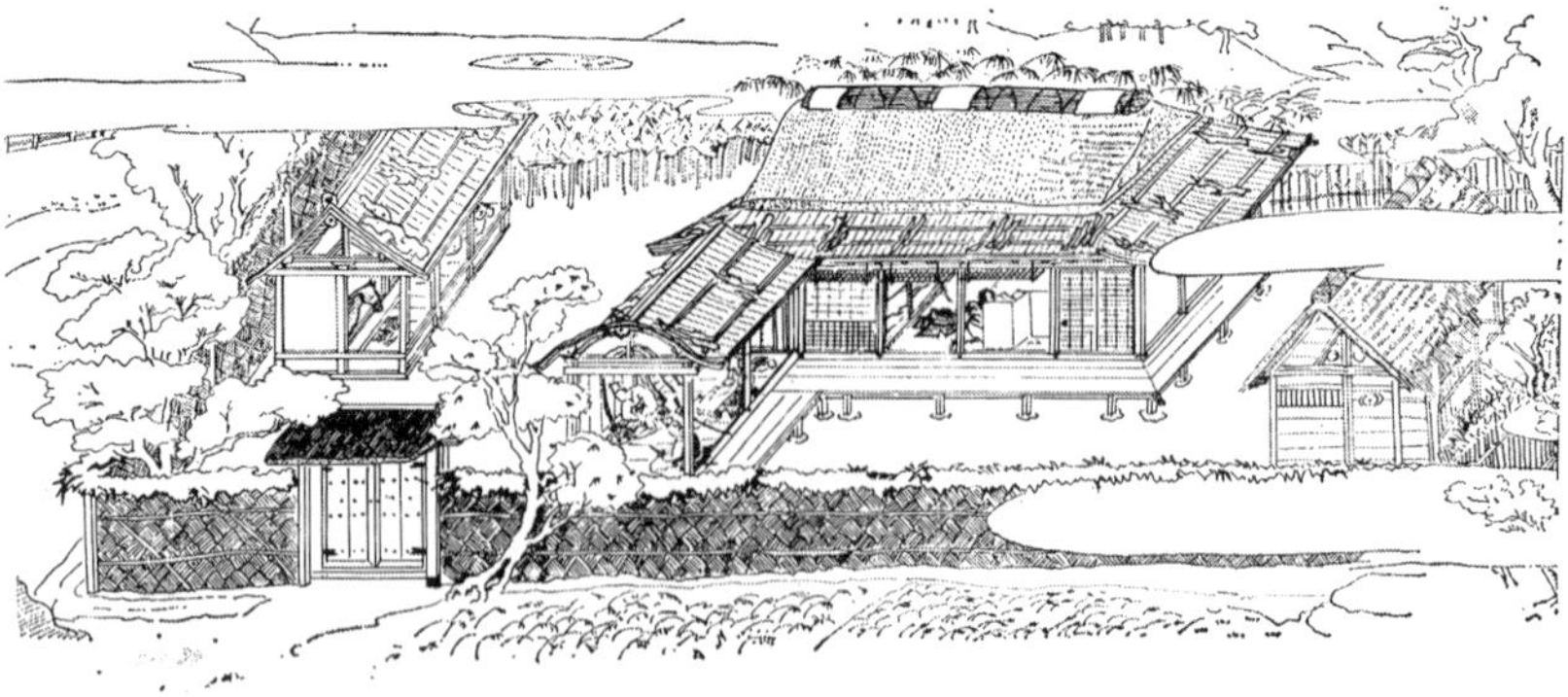

図5—4　「法然上人絵伝」に描かれた漆間時国の館

天皇が即位すると、さっそく官司の大幅な組織改編に着手し、この流れのなかで造営官司も統廃合された。その翌年には造法華寺司や造宮省が廃止され、奈良時代の造営の表舞台で活躍した造東大寺司も延暦八年（七八九）には姿を消す。これらの官司の技術者がどこにいったかというと、造宮省を廃止した際には木工寮《もくりょう》に併合しており、木工寮に技術者を集約しようとしたようである。造寺司の廃止にともなって、各寺院ではそれぞれ造寺所を構え、東大寺では造東大寺司の一部を引き継ぎ、修理所とも呼ばれた。専当や知事の任命には朝廷の承認が必要ではあったが、寺僧の推挙によって僧綱《そうごう》が承認するもので、官の機関ではなく、あくまで寺の組織であった。ここにも、律令制下で活発におこなわれた官主導の寺院建築の建立政策が終わりを迎えた様子がうかがえる。

さて奈良時代の造営というと、新しく造ることにばかり集中しており、維持管理という概念は不十分であった。とはいえ、建物はじょじょに老朽化していき、しだいに維持管理が必要になってきた。奈良時代にも、いくつかの修理専門の官司が置かれたようであるが、官司の統廃合・新たな設置など紆余曲折あって、弘仁九年（八一八）に修理職《しゅりしき》が置かれた。ただし天長三年（八二六）には廃止されてしまい、その後も官司の変動が繰り返され、ようやく寛平二年（八九〇）ごろに木工寮が新築、修理職が修理という分業体制が敷かれた。これにより木工寮の集権的な新造という、当初の主旨に沿った造営組織を目指したのである。

十世紀の初めから十一世紀後半の摂関期に入ると新たな造営の制度が用いられるようになっていき、律令官司による造営は形骸化していく。これに替わって造営の舞台に出てくるのが国司である。

荘園の増加により藤原氏をはじめとする一部の貴族は富を蓄え、国司は現地に赴任しない遙任《ようにん》が増加するいっぽうで、中央は税収確保のために租税収取と軍事の権限を国司に委譲していたため、国司は地方で大きな権力を手にした。実際に国司が任国に赴き、実権を握る受領《ずりょう》である間に収奪することで、ひと財産を築くことができたのである。その受領の任免権を握る摂関家はより力を付けていき、これに付き従うことが受領の重任や遷任、出世のための近道となった。『枕草子』に国司に任じられなかった家の嘆く様子や次の年に交代する国司の数を指折りする様子、正月に一番よい国の国司に任命された人を祝う様子が描写され、ここからも受領に対する憧れやその権益の大きさをうかがうことができる。

こうした社会情勢のなかで、一国が一つの建築物を造営修繕する場合と巨大な建築物を分担して造営修繕する場合があり、前者を造国、後者を所課国といった。その最も早い例は天慶元年（九三八）の地震による宮城の修理で、本来、修理を担うべき修理職のみでは手に負えず、五畿内以下九ヵ国の国司が築造を命じられた。

さらに天徳四年（九六〇）の内裏焼亡後の再建では、修理職が紫宸殿・仁寿殿・承明門、木工寮が常寧殿・清涼殿などの中心施設を担ったものの、諸門・殿舎・回廊などの造営は美濃国・周防国以下、計二十七ヵ国に分担され、翌年までに完成するように命じられた。応和元年（九六一）に内裏は完成し、同二年には造営の功により、叙位がおこなわれた。『北山抄《ほくざんしょう》』によれば、造営のために国をよく治めて工人や労働力の徴発、費用の収集に努めたことを評価したものであったという。受領の任免に強い影響力を持った摂関家に取り入るためにも、造国・所課国に応募して功をあげることは一つの有効な手段であった。それゆえに造国・所課国という方法は、労働力や造営費用を抑えたい朝廷側や摂関家と継続して地位を守りたい国司の両方に利益のある制度で、こうした背景から横行したのである。

そして度を越した受領層による奉仕は、朝廷の公的な造営だけではなく、私的な邸宅・別荘にまで広がっていく。寛仁二年（一〇一八）の藤原道長の邸宅である土御門殿《つちみかどどの》の造営では最盛期の摂関家の邸宅ということもあって所課の希望者が殺到し、寝殿の柱間一間ごとに割り当てなくてはならないほどであった。もちろん造作の贅沢さは元の万倍であったというから、相当な華麗さであったとみられる。加えて、時の権力者の指示ではなく、配下の者からの自発的な奉仕による造営という形は、まさに強大な権勢と求心力を顕著に示すものであり、土御門殿の造営は権力者の象徴として燦然《さんぜん》と輝かんばかりのデモンストレーションであったのであろう。

山岳寺院と密教建築

さて平安京では寺院の建立が禁じられたが、仏教そのものを禁止したわけではなかった。奈良時代までの仏教は基本的に仏教の教理を研究するもので、宗教的には鎮護国家《ちんごこっか》を願うものであった。平安時代初期に朝廷は唐に遣唐使や学僧を送り込むと、その甲斐あって、最澄《さいちょう》・空海《くうかい》は唐より密教を持ち帰り、それぞれ天台宗・真言宗を開き、日本の密教は霊山信仰や修験道《しゅげんどう》と結びついて日本独自の密教として発展した。密教は既存の仏教とは異なり加持祈祷によって現世利益を求めるもので、在家の人々にもご利益があることから天皇・貴族を問わず流行し、密教は多くのパトロンを獲得して興隆した。

しかし平安京内には基本的に寺院が建立できなかったため、密教寺院は山岳地に寺地を求めた。とはいえ密教自体も修験道と相まっていたため、山岳地は密教の修行の面でも都合がよかったのである。それゆえ最澄は京の東にある比叡山《ひえいざん》に延暦寺《えんりやくじ》を開き、空海は京から遠く離れた高野山《こうやさん》に金剛峯寺《こんごうぶじ》を開き、女人高野として知られる室生寺《むろうじ》は室生山の山麓に伽藍《がらん》が開かれた（【巻頭カラー22・23】）。

都市部に造られた寺院では寺院の伽藍自体が人々の目を引くことを意識して造られていたが、これらの山岳寺院は山中のわずかな平場に堂宇《どうう》を建てており、僧の修業の場としての目的が強く、その伽藍の様子を市中に見せることはさほど重要ではなかった。

新しく日本に入ってきた密教は奈良時代の仏塔とは異なる建築を造り出すことで、他の仏教建築とは違うことをカタチで表現し、密教の独自性を示した。多宝塔《たほうとう》の出現である。通常の塔婆は三重・五重・七重と、奇数の屋根を重ねるが、多宝塔は二層で、平面も通常の塔婆とは異なり、下層を方形、上層を円形としており、日本独自の二層塔である。この形式の多宝塔は密教系寺院によく見られ、最古の多宝塔は石山寺に残るものである（滋賀県、建久五年＝一一九四、図5―5）。いっぽうで、最澄は法華経千部を納めるための塔を全国各所に六ヵ所に建立しようとした。その塔は上層・下層ともに方形平面の二層塔であった。いずれにせよ、多宝塔は密教寺院の一つのシンボルであった。多宝塔のほかにも、僧の頭上に水を注ぎ、諸仏や曼荼羅《まんだら》と結縁を結ぶ灌頂《かんじょう》をおこなうための灌頂堂、僧が籠って本尊の周囲を巡って念仏を唱え、一心に念仏を唱えるなど、修行をするための三昧堂、五大明王を安置した五大堂、密教修法《すほう》の一つである護摩専用の護摩堂などは奈良時代の寺院にはなかったもので、密教という新しい仏教のために、それに適した新しい建物が造られたのである。

さて平安京では東寺《とうじ》・西寺に寺院が限られたのであるが、真言宗は早くから朝廷と密接にかかわっていき、宮中の真言院や東寺灌頂院などの密教建築が造られた。特に東寺は空海の影響を強く受け、衰退していった西寺とは対照的に発展を遂げる。

東寺講堂《こうどう》は天長二年（八二五）から造営に着手され、数年後に完成し、空海の死後、承和六年（八三九）には大日如来《だいにちにょらい》を中心とする五智如来《ごちにょらい》・五大菩薩《ごだいぼさつ》・五大明王《ごだいみょうおう》・梵天《ぼんてん》・帝釈天《たいしゃくてん》・四天王《してんのう》の仏像が安置され、俗に立体曼荼羅と呼ばれる空間を構築した。東寺の講堂内は曼荼羅の世界を立体的に具現化したもので、諸仏の容姿や彩色による圧倒的な空間構成が平安の人々に与えた驚きは計り知れない。

ただし密教の広がりは順風満帆とはいえず、延暦寺・金剛峯寺ともに、開創直後には伽藍の造営は十分に進ま

図5−5　石山寺多宝塔

ず、およそ百年の年月をかけて、少しずつ堂宇を整備していった。特に戒律を受けるための結界が整った場で、正式に僧尼として認められるための戒壇《かいだん》は密教寺院の悲願であった。

戒壇の歴史を紐解くと奈良時代の前半まで日本に正式な戒壇はなく、唐から渡来した鑑真《がんじん》が天平勝宝六年（七五四）に東大寺《とうだいじ》に築いたのが日本における戒壇の始まりで、同年四月にここで聖武太上天皇をはじめとする四三〇人が受戒《じゆかい》した。その後、東大寺に戒壇院が建立され、大宰府の観世音寺《かんぜおんじ》・下野薬師寺《しもつけやくしじ》の二ヵ所に戒壇が築かれたのであるが、奈良時代の戒壇院はこの三ヵ所に限られていたのである。

受戒を他所に頼ると戒壇のある寺院の影響下に入らざるを得ないから、最澄は東大寺とは別に、南都から独立した大乗戒の戒壇を比叡山にも設置しようと決意したのであるが、南都側の反発の結果、戒壇設置の上奏は阻まれ、最澄に伝燈大法師位《でんとうだいほっしい》が授けられたのみに終わった。

戒壇の設立は許されないまま、最澄は弘仁十三年（八二二）に示寂し、その七日目に、ようやく得度《とくど》受戒のことが宣下され、念願の戒壇の設置が果たされた。翌年、勅額を賜って、延暦寺と称せられ、毎年得度受戒が公に定められたのである。

このように密教が導入されたことで、多宝塔をはじめ、灌頂堂・五大堂・三昧堂・護摩堂などの新しいカタチの建物が造られた。そして戒壇院という施設が仏教界において重要な位置を占めており、その設立の裏に南都仏教と新しい仏教である天台・真言宗の両者の思惑が渦巻いていたのである。

仏教法会への俗人の接近

恒久的な繁栄や長寿など、現世利益を求めるのは権力者の常であるから、貴族層が密教に傾倒していくのに時間はかからなかった。密教が貴族層を中心に受け入れられ、彼らがパトロンとなると、さらなる現世利益を求め、修法をより近い場所で見たいという欲求が生まれてきた。奈良時代の金堂《こんどう》は基本的に仏のための空間であり、俗人の立ち入る場ではないから、俗人の礼拝する場所は金堂や灌頂堂《かんじょうどう》の前に併設されるようになっていく。東寺灌頂堂や神護寺《じんごじ》金堂・醍醐寺《だいごじ》金堂などにみられる礼堂《らいどう》（外陣《げじん》）である。この礼拝の場である礼堂と正堂《しょうどう》（内陣《ないじん》）が一体化して密教本堂が成立しており、中世の密教本堂では、修法がおこなわれる正堂と礼堂は格子戸などでゆるやかに仕切られつつ、接続していた。

東寺灌頂院の様子は「東宝記」に詳しく、正堂（灌頂堂）は正面七間、側面四間で、その前面に作り合いの空間を挟んで、礼堂が付く。正堂の身舎《もや》の東壁に胎蔵界《たいぞうかい》曼荼羅、西壁には金剛界《こんごうかい》曼荼羅を掛け、両曼荼羅の前には天蓋付きの大壇を置いていた（図5—6）。

さて正堂と礼堂の二つの建物を一体化させるといっても、そう簡単なものではない。木造建築は桁行（横）方向に拡大することは廻廊のように、構造的に可能であるが、梁行《はりゆき》（奥行）方向に拡大することは、梁の長さによる制約があるため容易ではない。例えば室生寺金堂（奈良県、平安時代前期）では、身舎・廂《ひさし》の部分の正面に孫廂を付けて、ここを礼堂としている（図5—7、【巻頭カラー22】）。

もう一つは内陣部分と礼堂部分を近接させて両者の上に大屋根を架ける方法で、この方法により日本建築は梁行方向に大きく拡大できるようになった。當麻寺《たいまでら》曼荼羅堂（奈良県、永暦二年＝一一六一）はその好例で、巨大な當麻曼荼羅を納める厨子を祀る内陣とそこに併設された礼堂によって構成されている（図5—8）。これにより目に見える屋根（化粧屋根裏）と外から見える屋根が分離した。この方法を野屋根《のやね》といい、最古のものは法隆寺大講堂（奈良県、正暦元年＝九九〇年）に確認できる。ちなみに野屋根を造ったことで、このスペースに桔木《はねぎ》という部材の挿入が可能となり、鎌倉時代以降、桔木が用いられるようになる。桔木の考え方は「てこの原理」で、桔木の建物内側の方に屋根の荷重をかけて、中間に横木をのせて、軒先をはねあげることで深い軒の安定的な支持が可能になった。

さて礼堂に話を戻すと、いずれの方法でも、本来、仏のための空間、あるいは修法のための空間であった仏堂に人々の礼拝の場が付加されており、既存の南都寺院とは異なる建築が生み出されたのである。なお密教本堂は中世以降も展開を続けていくが、パトロンの影響力が大きくなるにつれて礼堂（外陣）の面積が大きくなり、その荘厳も内陣に匹敵、あるいは逆転するようになってくる。パトロンが法会に参列する際のよりよい空間を求めていったのであり、ま

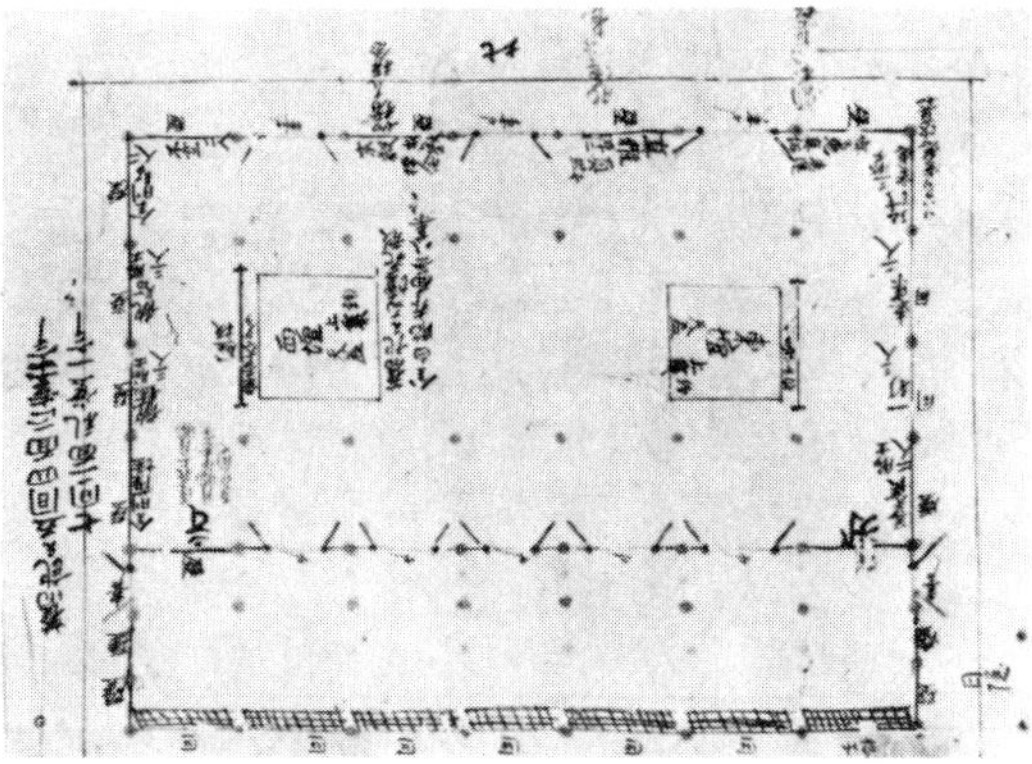

図5−6　東寺灌頂院（古図）

図5−7　室生寺金堂の孫廂

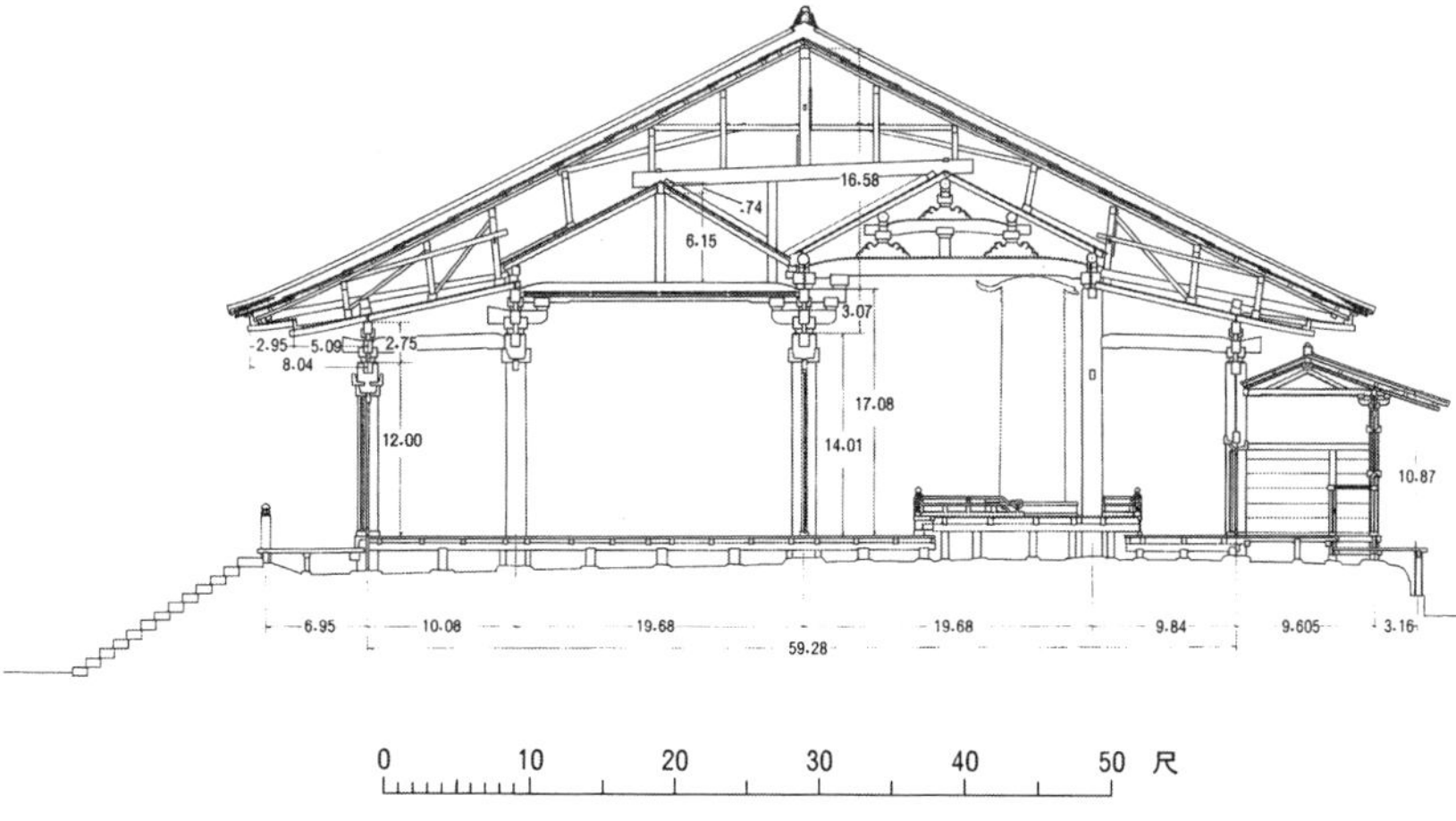

図5−8　当麻寺曼荼羅堂梁間断面図

さに仏のための仏堂から、それを庇護するパトロンのための建築へと密教本堂のカタチが変化していくのである。

末法思想と浄土建築の興隆

さて平安時代には密教が広まり、仏教の信仰はますます篤くなっていったのであるが、仏の世界では、にわかにキナ臭い話が広まっていた。末法思想《まっぽうしそう》の流行である。

末法思想とは釈迦の入滅後、しだいに正しい教法が衰退するという仏教の考え方で、入滅後の千年は正しい教法がおこなわれて修行して悟る人がいる時代で、これを正法といい、その後の千年は教えがおこなわれても、外見が似るだけで、悟る人がいない像法の時代が訪れるという。そしてついには末法を迎え、仏法が衰えて修行するものも悟るものもいない時代で、一万年続くとされる。正法・像法・末法の各時代の長さは諸説あるが、末法はおおいに恐れられた。日本では永承七年（一〇五二）が末法に入る末法元年であるとされ、その数十年前からその話が広まっていた。このころは摂関政治の最盛期で、栄枯盛衰、盛者必衰が世の常であるから、時の権力者も不安に感じていた。

現代人にはなかなか実感がわかないかもしれないが、科学に頼った現代社会とは異なり、天変地異を神仏の祟りとおそれた前近代においては、宗教は人々の行動規範ともなる大きな影響力を持ったものであったから、末法を迎えるということは世にも恐ろしいことであったのである。現代でいえば、ノストラダムスが予言した二十世紀末の世界崩壊への恐怖に似ているかもしれないが、恐ろしさはその比ではない。

こうしたなかで浄土信仰《じょうどしんこう》が隆盛してくる。現世で末法の世が訪れてしまうのであれば、あの世、すなわち浄土での幸せを願おうというのである。来世での平安（悟り）を約束してくれる阿弥陀如来《あみだにょらい》を信仰し、念仏を唱えることで極楽浄土に往生できると信じ、これを祀るための阿弥陀堂が数多く建てられた。阿弥陀仏を教主とする世界は西方浄土というように西にあったから、多くの阿弥陀堂は西を背にして造られた。

阿弥陀堂は、もともとは天台宗の常行三昧堂《じょうぎょうざんまいどう》のように、修行を目的としたものであったが、皇族・貴族層は極楽浄土の世界を現世に表現するため荘厳性に富んだ空間を造り上げた。前者のものをもとに展開した阿弥陀堂は仏像を祀る方一間の四面に廂を廻した一間四面の堂であった。その代表として、奥州藤原氏の祖清衡《きよひら》の娘徳姫の建立した白水《しらみず》阿弥陀堂（福島県、永暦元年＝一一六〇、図5―9）や法界寺《ほうかいじ》阿弥陀堂（京都府、鎌倉時代前期、【巻頭カラー25】、図5―10）などがある。これに対し、後者の代表は藤原道長が治安二年（一〇二二）に造った法成《ほうじょう》寺無量寿院《じむりょうじゅいん》阿弥陀堂や末法に入った直後の天喜元年（一〇五三）に藤原頼通《よりみち》が建立した平等院鳳凰堂《びょうどういんほうおうどう》（【巻頭カラー26】）で、摂関家以外にも上皇や有力貴族、地方の豪族武士など多くのものが阿弥陀堂を建立した。

平等院鳳凰堂を見ると、平安貴族が想い描いた極楽浄土の世界が垣間見える。中央の中堂の両脇に広がる翼廊《よくろう》は、文字通り翼のようであるが、この翼廊、上層には登れず、中堂を引き立てる装飾に過ぎない。鳳凰堂の前面には苑池が配され、あたかも水面の上に浮かんでいるかのようで、池の対岸から鳳凰堂を望むと、阿弥陀如来の顔が拝むことができ、その先に西方浄土を思い描いたのであろう。こうした情景は、敦煌莫高窟《とんこうばっこうくつ》などに描かれた浄土変相図《じょうどへんそうず》などに通じるものがあり、当時の人々の浄土像がここに見て取れる。

その内部を見ると、中央には本尊の阿弥陀如来坐像が据えられ、長押《なげし》の上の小壁には雲中を飛ぶ五十二体の菩薩像が楽器を演奏したり、舞を踊ったりしている。このほかにも柱や長押などには彩色が施され、板扉や板壁には九品来迎図《くほんらいごうず》などの

図5−9　一間四面の阿弥陀堂（白水阿弥陀堂）

扉絵が描かれ、浄土を思わせる空間を造りあげている。九品来迎とは「観無量寿経《かんむりょうじゅきょう》」に説かれている上品上生《じょうぼんじょうしょう》から下品下生《げぼんげしょう》までの九通りの往生のあり方で、生前のおこないや修行の程度により、往生の方法が変わるとされる考え方である。最高級の上品上生では、僧が経を読んでいる間に、仏・菩薩・飛天などが大勢で迎えにやってくるのに対し、最低の下品下生では誰も迎えに来ないという。この格差もさることながら、両親に孝行して、世間に仁義し、慈悲深いものでも中品下生（下から四番目）というから、なかなか厳しいものがある。

さて、この阿弥陀による九品来迎であるが、これをカタチとして表現したものがある。極楽浄土の九品になぞられた九体の阿弥陀仏の像を一つの堂内に並べるのである。これら九体の仏像を安置するためには桁行方向の長い、横長の建物が必要で、これを

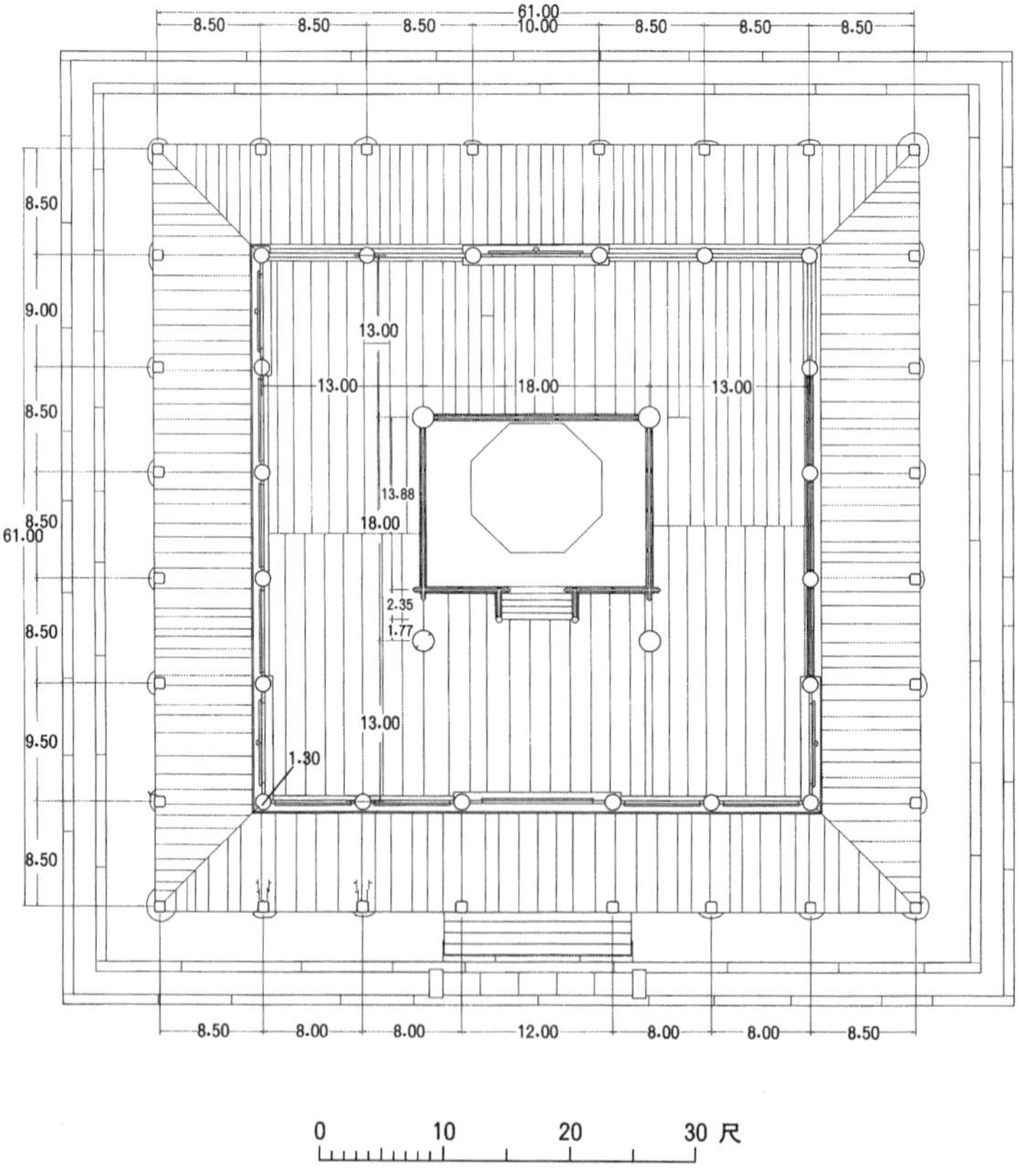

図5−10　法界寺阿弥陀堂平面図

九体阿弥陀堂という。こうした形式の建物は六勝寺《ろくしょうじ》などに始まり、摂関期の時代に多く建立されたが、建物・仏像がともに現存するのは浄瑠璃寺《じょうるりじ》本堂（京都府）のみである（図5―11、【巻頭カラー24】）。

浄瑠璃寺本堂は保元二年（一一五七）ごろの建立とされる桁行十一間の仏堂で、身舎九間の一間ごとに阿弥陀如来坐像が祀られている。もちろん、この阿弥陀堂も西を背にして、阿弥陀仏越しに西方浄土を拝むように建てられている。さらに池の対岸には薬師如来坐像を祀った三重塔を置き、薬師如来の住まう浄瑠璃浄土（東方浄土）を表現している。平等院鳳凰堂のような彩色・装飾に富んだ空間ではないが、浄瑠璃寺では伽藍自体が浄土思想を表しているのである。加えて、九体阿弥陀堂は九体の阿弥陀仏を祀るために造られた建物で、仏堂が仏像を安置するための入れ物であることがよ

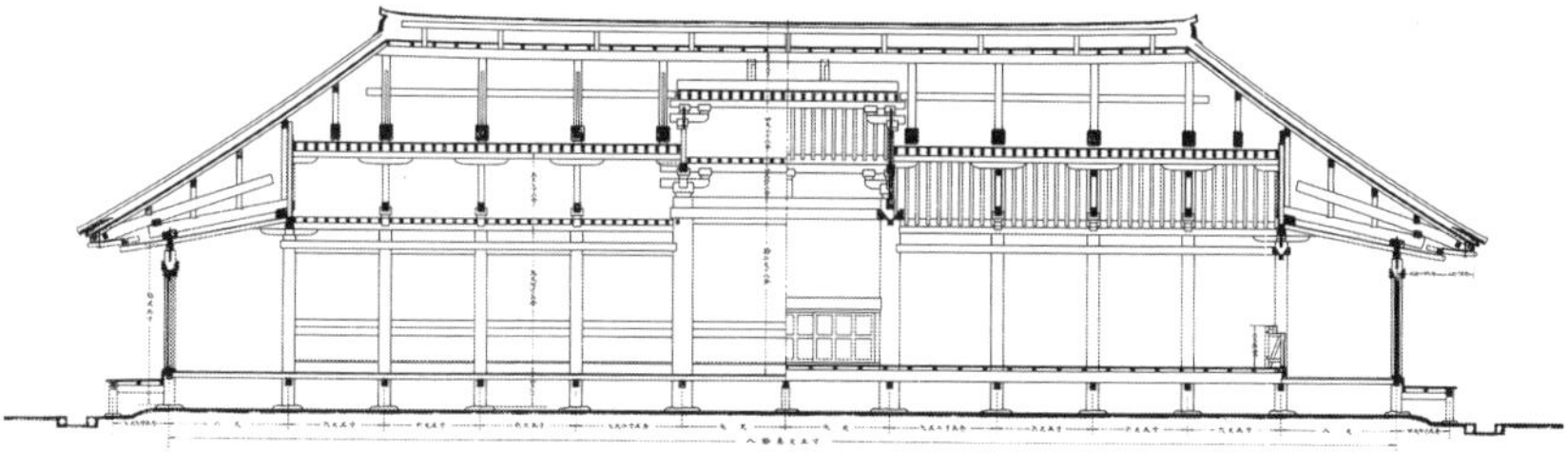

桁行断面図

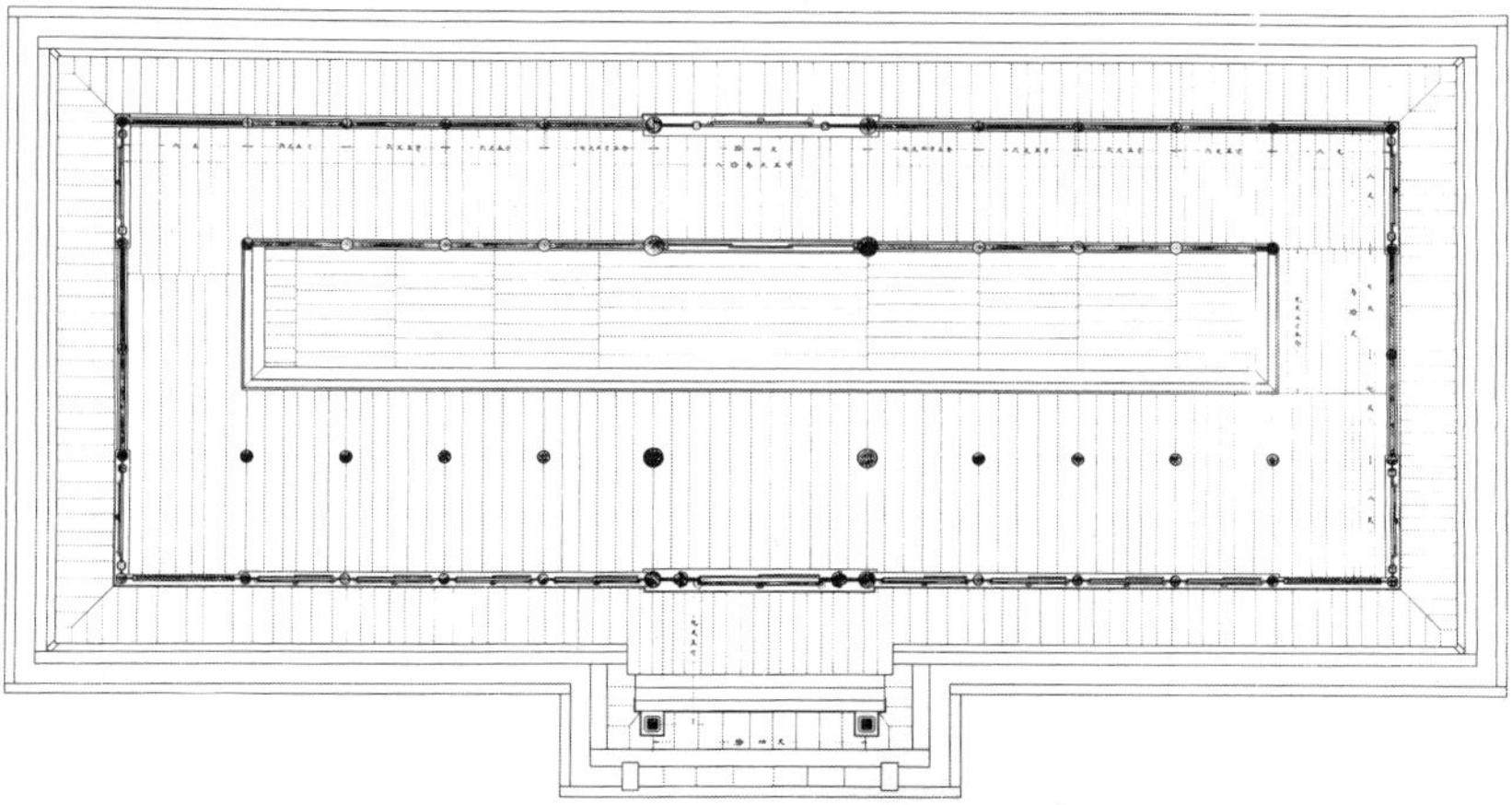

平面図

図5―11　浄瑠璃寺本堂（九体阿弥陀堂）平面図・桁行断面図

くわかる。

さて平安時代後期になると院政が開始され、貴族の別荘地であった白河の地に一つの仏教文化が花開いた。ここに造られた六勝寺も平安時代を代表する寺院で、浄土庭園をともなうのであるが、阿弥陀堂ではなく、金堂を中心堂宇としていた。六勝寺の筆頭である法勝寺《ほっしょうじ》は白河上皇の御願と左大臣藤原師実《もろざね》の寄進によるもので、承暦元年（一〇七七）に創建された。そこにそびえたっていた八角九重塔は高さ八〇㍍《メートル》にもおよんだといい、東海道から京へ入る人々の目をひくものであった。いうなれば法勝寺は院政の象徴であり、八角九重塔という巨大なシンボルは上皇の権力を示すモニュメントであったのである。

このように平安時代後期には、末法思想の流布と浄土信仰の隆盛によって、極楽浄土の世界を現世に造ろうとする試みがなされ、浄土庭園をともなった、煌びやかな阿弥陀堂が生み出された。同時に九品往生を表現するために九体の阿弥陀仏を祀った九体阿弥陀堂も造られた。そして摂関期から院政の時代へ移ると、法勝寺の八角九重塔という巨大かつ他に類を見ない建築が内外に上皇の権力を誇示する装置として、存在感を強く示していた。このように末法思想の広がりと摂関期から院政期、武士の興隆という社会の変化のなかで、浄土に想いを馳せた人々が建築というカタチで浄土を表現した結果、傑作ともいうべき建築が生み出された。これらの動きは大陸からの影響を強く受けた奈良時代とは異なり、国内の文化のなかで育まれていったのである。

平泉文化の形成と京の模倣

道長の法成寺無量寿院阿弥陀堂よりも規模が小さいとはいえ、平等院鳳凰堂は平安時代の傑作の一つであり、同じく白河上皇の法勝寺も八角七重塔をはじめ、諸建築群は京を代表する建物であった。これらの諸寺はともに藤原氏の氏長者や院政期の上皇などの発願で建てられたもので、まさに権力の象徴であった。これらは当時においても著名かつ名建築とされていたが、建築が権威を示す時代にあって、その建立者を考えたら模倣するのも憚られるものであったのであろう。しかし恐れ多くもこの権力者の象徴たる建築を模倣した一族がいた。奥州藤原氏である。

奥州藤原氏は平安時代後期に陸奥国の平泉を中心に東北地方に強い勢力を持った豪族で、北方貿易による中国（北宋）との交流、砂金や馬などの資源、強大な軍事力を背景に、平安京とは異なる社会・文化を築いていた。その筆頭は中尊寺《ちゅうそんじ》金色堂《こんじきどう》（岩手県）であろう（【巻頭カラー30】）。中尊寺金色堂は天治元年（一一二四）に初代清衡によって建立され、屋根・内部の柱・壁などをすべて金で覆い、螺鈿《らでん》細工を施した豪華絢爛な建築で、奥州藤原氏の権勢と財力の結実で、象徴的な建物である。

清衡は京をしのぐ都を平泉に造ろうとし、鎮護国家のために毛越寺《もうつうじ》の造営に着手したのであるが、その造営は清衡・基衡《もとひら》・秀衡《ひでひら》の三代にわたる大事業であった。毛越寺の前身は嘉祥寺という寺で、これは天台宗の円仁により嘉祥三年（八五〇）に開創された。これに清衡の建立した円隆寺が加わり、毛越寺の大伽藍が生み出されたのである。この毛越寺には京の最新の建築様式が取り入れられており、法勝寺を参考にして浄土庭園を備えていた（図5―12）。

毛越寺の隣には基衡の妻が建立したといわれる観自在王院《かんじざいおういん》があり、その浄土庭園のなかには、やはり大小二つの阿弥陀堂があった。鎌倉時代の歴史書である『吾妻鏡《あずまかがみ》』によると、堂内の四壁に中国の都、洛陽の名所を描き、仏壇は銀、高欄は金であったといい、平安京の建物を超越せんばかりの豪華絢爛なものであった。

三代秀衡は奥州藤原氏の最盛期を築き、さらに力を入れて、平泉を平安京に匹敵する都市とすることを目指し、毛越寺をいっそう拡大し、無量光院《むりょうこういん》を建立した。『吾妻鏡』によれば、無量光院は毛越寺の新院を意味する「新《にい》御堂《みどう》」と称され、その堂内の荘厳や伽藍配置は平等院をモチーフとしたとされ、発掘遺構から確認される伽藍や建物もよく似ており、東向きの本堂の左右に翼廊が延び、その周囲は苑池が廻っている（【巻頭カラー27】）。さらに新しい要素を取り入れており、中堂の前には磚《せん》を敷き詰めて苑池には中島を置いていた。その規模は平等院鳳凰堂を超えており、奥州藤原氏の京への対抗意識がここにもうかがえる。

美しいものはマネしたい、というだけではなく、奥州という都から遠く離れた地に、京と同程度、あるいはそれ以上の美麗な建築を建てることで、奥州藤原氏の権威を示したかったのであろう。麗美な建築を写すことで京から平泉への権力の重心の移動を試みたのである。同じく、こうした浄土寺院の模倣は京都の建築文化が驚くべき速さで地方まで伝わったことを示している。仏教建築の導入の時にも述べたが、基本的に建築は簡単に運べるものではないから、その技術伝播には高いハードルがあるにもかかわらず、である。こうした平安時代のものや人の移動、それにともなう情報伝達の活発さはまさに驚くべきものである。

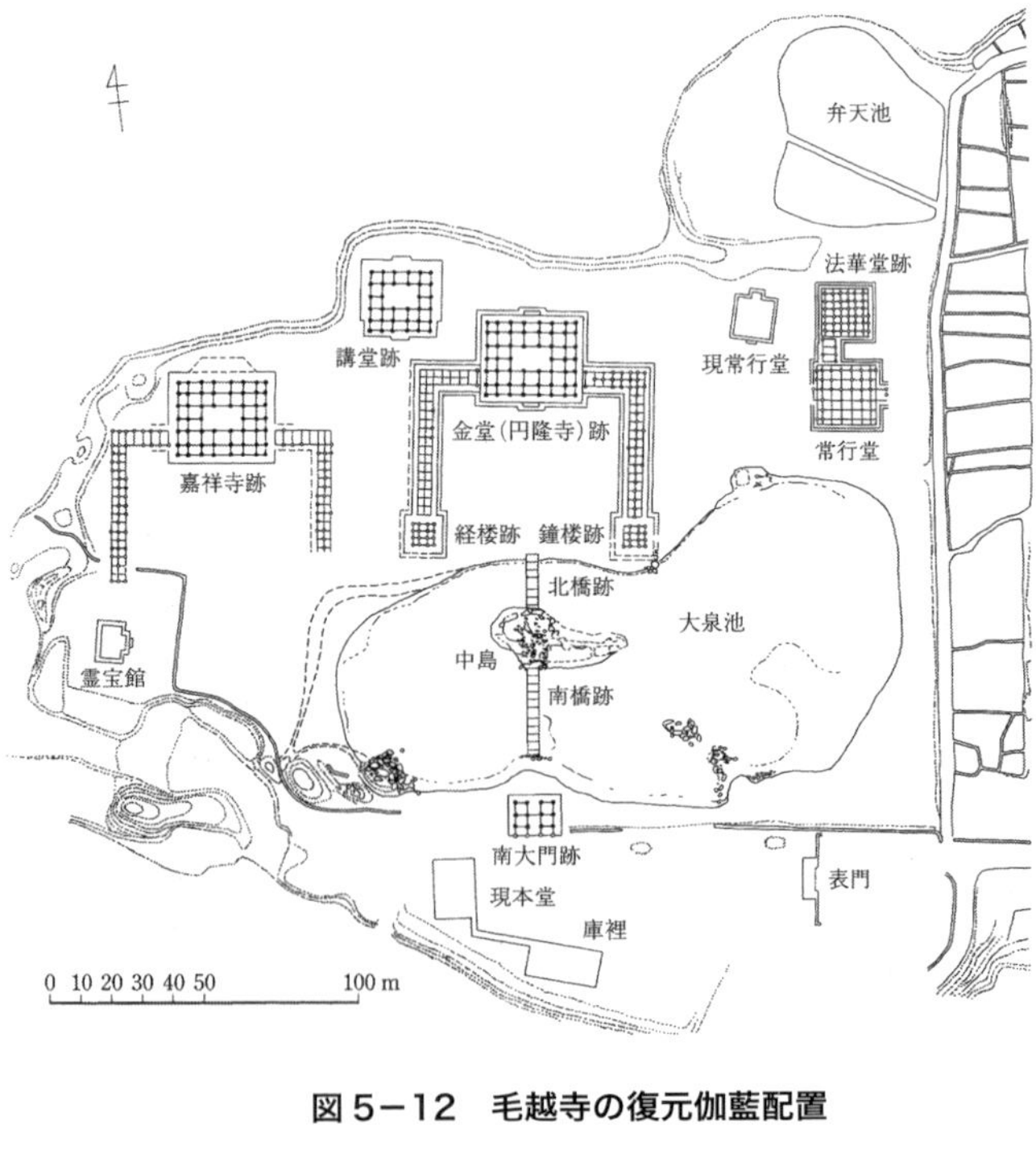

図５−12　毛越寺の復元伽藍配置

本地垂迹と神仏習合

仏教が大陸から伝わり、諸大寺や国分寺造営などを通じて、仏教による護国思想が広まるなかで、日本の八百万の神々は、仏の化身として日本の地に現れた権現であるとする本地垂迹《ほんちすいじゃく》思想が生まれた。これにより日本土着の神道と仏教信仰が一つの信仰体系として再構成された。これを神仏習合《しんぶつしゅうごう》といい、神宮寺《じんぐうじ》の建立や寺院の鎮守としての神社という関係性が生まれていった。興福寺《こうふくじ》と春日大社《かすがたいしゃ》をはじめ、東大寺と手向山神社《たむけやまじんじゃ》・延暦寺と日《ひ》吉大社《よしたいしゃ》など、多くの寺院と神社が密接に絡み合い、明治維新後に神仏分離令《しんぶつぶんりれい》が出されるまでこうした状況が続いた。

この具体例として、かつて春日大社に五重塔があったのを知っているだろうか。塔婆は仏舎利《ぶつしゃり》を祀る施設であるから、もちろん、仏教の建築である。これが春日大社に建てられたのである。鎌倉時代のものであるが、「春日宮曼荼羅」には、その様子が描かれている（図５―13）。

ここには春日大社の一ノ鳥居から本殿までの参道を中心に、瓦葺の五重塔や檜皮葺の諸施設群などの建物が描かれ、左下に二つの五重塔が描かれている。このうち春日西塔は永久四年（一一一六）に関白藤原忠実《ただざね》の発願によって建立されたもので、「殿下御塔」ともいう。もういっぽうの春日東塔は保延六年（一一四〇）

図５－13 「春日宮曼荼羅」に描かれた二つの塔
（13世紀、南市町自治会蔵、部分）

に鳥羽上皇の発願によって建立されたもので、「院御塔」ともいう。

さてこの双塔であるが、よく見ると形が異なる。鳥羽上皇発願の東塔の方には初層に裳階という差し掛けが付いており、屋根が六重になっている。これは臣下の塔よりも立派な塔を造ろうという鳥羽上皇の意思の表れである。時代は院政を布いた時期であり、摂関期とは異なって上皇が大きな力を持っていた時代であるから、摂関家と上皇の関係を示すよい例であろう。ここでも建築が権威を示す装置として機能したのである。

よもやま話⑤　巨大建築の背比べ

二〇一八年現在、日本一高いビルといえば、あべのハルカスで、新たな大阪の名所になっている。それまでの日本一のビルであった横浜ランドマークタワーの二九六メートルを超す三〇〇メートルの高さである。では、タワーの高さはどうであろうか。六三四メートルのスカイツリーが東京タワーの三三三メートルを抜いて日本一に躍り出ており、世界でも二位の高さである。では世界一のタワーはというと、完成しているものではドバイ（アラブ首長国連邦）にあるブルジュ・ハリファで、なんと八二八・九メートルにもおよんでいる。現代でも威信をかけた巨大建造物は競争の対象で、このブルジュ・ハリファに対抗した高層ビルが中国長沙で計画されたこともある。高さ一キロの摩天楼の完成もそう遠くない未来かもしれない。

このように最先端技術を結集して巨大建築が建てられているのであるが、日本にも世界に誇るべき巨大木造建築が残っている。そう奈良の東大寺大仏殿《とうだいじだいぶつでん》である。その規模は桁行《けたゆき》（横幅）五〇メートル、梁間《はりま》（奥行）五〇・五メートル、高さ四六・四メートルにおよび、木造軸組建築では世界最大とされている。現在の大仏殿は三代目で、奈良時代の天平宝字二年（七五八）に建てられた初代の大仏殿は治承四年（一一八〇）の平重衡《たいらのしげひら》による南都焼打ちで失われてしまった。そして鎌倉時代に重源《ちょうげん》らの助力によって再建された大仏殿も永禄十年（一五六七）に松永久秀《まつながひさひで》らの戦乱によって焼失し、今の大仏殿・大仏は貞享元年（一六八四）に公慶上人《こうけいしょうにん》の勧進《かんじん》が始まり、宝永五年（一七〇八）に完成したものである。初代の大仏殿は現在よりも一回り大きく、なんと桁行二九〇尺（約八六メートル）、梁間一七〇尺（約五一メートル）もあった。ちなみに平面では東大寺大仏殿よりも大きいものがある。時代は下るが、明治二十八年（一八九五）に完成した東本願寺御影堂《ひがしほんがんじみえいどう》は桁行（横幅）七六メートル、梁間（奥行）五八メートル、高さ三八メートルで、これも世界に誇るべき木造建築である。

では五重塔の高さはどうか、というと、現存するものでは東寺五重塔（寛永二十一年＝一六四四）の約五五メートルを筆頭に、興福寺《こうふくじ》五重塔（応永三十三年＝一四二六）の約五一メートル、法観寺《ほうかんじ》五重塔（京都府、永享十二年＝一四四〇）の約三九メートルと続く。ちなみに、失われた東大寺の東西の七重塔は二三丈（約六九メートル）とも、三三丈（約九九メートル）ともいわれるし、相国寺《しょうこくじ》七重塔に至っては、三六丈（一〇九メートル）ともいい、ともに現存最高の東寺《とうじ》五重塔の倍近い高さであるから、古代人にはまさに天に届かんばかりに見えたのではなかろうか。

　こうした巨大建築の背比べには平安時代の人々も興味があったようで、平安時代中ごろの教科書『口遊《くちずさみ》』には、巨大建築として、「雲太、和二、京三」という言葉が出てくる。太、二、三は太郎・二郎・三郎のように順番を、雲は出雲大社《いずもたいしゃ》、和は大和国の大仏殿、京は平安京の大極《だいごく》殿《でん》を指している。ここでは高さの順に建物を挙げているため、出雲大社を一番としているが、建物の体積では大仏殿が一番であった。今も昔も建物の大きさ比べでは、東大寺大仏殿は外せないのである。

　歴史的にも豊臣秀吉《とよとみひでよし》が東大寺大仏殿を凌ぐ規模の方広《ほうこう》寺《じ》大仏殿を京都に建てることで、自身の権威を示そうとしたように（第八章参照）、いつの世も威信をかけて建てられた巨大建造物は競争の対象であった。そして巨大建築の背比べは往時の人々の口に上るホットな話題であったのである。

6 南都復興と新時代の幕開け

平重衡の南都焼き討ち

それは正月も近い治承四年（一一八〇）十二月二十八日のことだった。平清盛《たいらのきよもり》の命を受けた平重衡《しげひら》率いる四万の軍勢が僧兵をなぎ倒して南都に攻め入ると、東大寺《とうだいじ》・興福寺《こうふくじ》の伽藍《がらん》をことごとく焼き払い、聖武《しょうむ》天皇の強い願いによって建立された大仏殿もここに焼け落ちた。これが世にいう平重衡の南都焼き討ちである。

さて、この南都焼き討ちであるが、背景には時の権力者であった平家と南都寺院の対立があった。大和国は平治の乱（平治元年＝一一五九）以降、平清盛の知行国《ちぎょうこく》となったが、清盛は南都寺院の保持していた特権を無視したため、天皇発願の東大寺、藤原氏の氏寺である興福寺は皇室や摂関家《せっかんけ》の権威を盾に、僧兵を組織して武装化し、平家に対抗した。しかし治承三年に後白河《ごしらかわ》法皇や関白藤原基房《もとふさ》が平清盛の軍事力によって制圧されると、南都寺院の立場も危うくなっていく。そこで福原への遷都に反対していた延暦寺《えんりやくじ》・園城寺《おんじょうじ》や諸国の源氏などの平氏と対立する勢力と南都寺院は結びついたのであるが、こうした動きは平氏にとって面白いわけもなく、南都焼き討ちに至ったのである。

もちろん、寺院は伽藍の周囲を塀で囲んだ防御性の高い施設であるため、戦術的な目的での破壊という側面もあったのであろうが、堂舎の破壊は軍事的な制圧以上に精神的な制圧という大きな意味を持っていた。塔が国の華であるとされ、東大寺大仏殿が三国一と称されたように堂塔は誇りであり、金堂《こんどう》や阿弥陀堂《あみだどう》の煌びやかさに仏の世界を見たように、建物は単なる物質ではなく、それ自体が高い象徴性と宗教性を帯びていたから、その拠り所である建築の破壊には、精神的な屈服という二次的な効果があったのである。ただし、これほどの大規模な焼き討ち自体、平重衡の想像をはるかに超えたものであったようで、強風にあおられたのが原因とされ、伽藍を灰燼《かいじん》に帰すことで精神的打撃を与えることまでは意図したものではなかったのであろう。ただし意図の有無にかかわらず、神や仏に対して弓を引くこと自体、神仏に背くことであるから、重衡は仏敵として南都勢力の憎しみの的となり、源氏によって捕らえると南都の僧侶に引き渡され、木津川《きづがわ》で斬首されて二十九年の生涯を閉じた。このように南都焼き討ちという象徴的な建物の終焉の背景に、政治の軋轢《あつれき》、社会の機微、人間ドラマがあったのである。

東大寺大仏殿の復興と俊乗坊重源

東大寺大仏殿の破壊、すなわち建築の死が古代建築の終焉とすれば、日本建築の中世の幕開け、すなわち誕生は失われた東大寺大仏殿の再建といってよかろう。その復興は後白河法皇によって始められ、その崩御後は源《みなもとの》頼朝《よりとも》に引き継がれていった。東大寺大仏殿の巨大さは随一で、世に誇る象徴的な建物であったから、平氏によって焼かれた大仏殿を源氏が復興することは単なる再興を意味するのではなく、平氏に取り替わって源氏が為政者となったことを世に知らしめるものであった。東国の地から中央に進出した源頼朝にとって、人心を掌握する一つの手段として、寺社の復興は有用であったのである。いっぽうで武力によって権力を得たとはいえ、源氏の政権は既存の貴族文化になじみが薄かったから、東大寺再建でも重んじるべき伝統やしがらみがなく、新しい建築様式や文化を醸成し、受容する土壌が形成され、大仏様という新しいカタチによる大仏殿再興を進める基盤となった。中世に中国からもたらされた大仏様《だいぶつよう》（天竺様）・禅宗様《ぜんしゅうよう》（唐様）という新建築様式と、それ以前からの建築形式である和様《わよう》という三つの様式が出来上がったのも、こうした社会背景があってのことである。何せ摂関家がバックについた興福寺では、前例主義により和様で建て直されているのだから、東大寺との文化的・社会的背景の違いは明らかであろう。

奈良時代の東大寺大仏殿にはその巨大さゆえの構造的な欠陥があったように、同規模での大仏殿の再建も多くの苦労をともなった。さらに焼き討ち直前におこった治承元年の京都・奈良の大地震の被害も大きかったようで、その再建に多くの材木が用いられたため、大仏殿再建の巨木を入手しようにも容易に見つからないという有様であった。加えて、東大寺の庇護者たる朝廷も政治的・経済的に再建するだけの力がなく、八方ふさがりという状況であった。

そこに登場したのが俊乗坊重源《しゅんじょうぼうちょうげん》である。重源の業績や大仏再建時の様子は『南無阿弥陀仏作善集《なむあみだぶつさぜんしゅう》』や『東大《とうだい》寺《じ》造立供養記《ぞうりゅうくようき》』に詳しく、重源は醍醐寺で密教を学び、三度、宋へ渡来・修行し、造寺造仏に長けていたと伝えられている。重源は養和元年（一一八一）に東大寺の被害を調べに来た後白河法皇の使者、藤原行隆《ゆきたか》に再建を進言すると、後白河法皇より東大寺大勧進職《だいかんじんしき》に任じられた。勧進は本来、寺院の造営のための寄附集めのことで、重源も外護者として源頼朝の協力を得たように、資金・物の調達などの業績をなしたが、その枠にとどまらず、造営修理の実質的な最高責任者として指揮を執った。

重源は宋の工人陳和卿《ちんなけい》と協力して大仏の再鋳造に取り掛かり、寿永二年（一一八三）二月十一日には右手、四月二十九日には頭部、翌年正月五日には左手の鋳造がおこなわれ、順調に大仏は修復されていった。いっぽうで、大仏殿の再建には財政面でも材料収集の面でも大きな課題があったが、文治二年（一一八六）に東大寺造営料国として周防国を預かると、これが転機となった。この東大寺再興のための周防国が初めて採用された寺院知行国制で、重源はさっそく周防に赴いて、杣《そま》に入って材木を探し求めた。杣から木を切り出すため、道を通して川に堰を設け、巨木を切り出して奈良に送ったのである。『吾妻鏡《あずまかがみ》』によれば文治三年（一一八七）九月ごろに採材した棟木《むなぎ》は長さ一三丈（三九メートル）もの大きさであったという。

この重源の周防国における活動も順風満帆というわけではなく、武家社会の存在が進行を妨げていた。重源は朝廷の意向を受けて、東大寺造営国料として周防国を拝領したので、もちろん周防国の経済・労働力・資材調達を期待した。ところが文治元年（一一八五）には源頼朝により全国に守護《しゅご》・地頭《じとう》が設置されており、周防国でも地頭が実質的に幅を利かせていたから、重源が周防国のすべてを自由にできるわけではなかった。さらに当初は東大寺の再興は朝廷の事業で、源頼朝のあずかり知らぬことであったから、源氏が地頭らの抵抗・妨害を抑えるのは望むべくもなかった。重源が九条兼実《くじょうかねざね》に造寺の任の辞意を示すほどの苦難であったが、この風向きを変えたのは源頼朝の協力であった。円滑な事業遂行のために建久二年（一一九一）に統括する専任職として杣出《そまだし》の奉行を設けて佐々木高綱《ささきたかつな》を任じ、西海諸国の地頭に対して材木運搬への協力を下知した。建久三年に周防国からの運送が大内弘成に妨害された時には重源は幕府に訴えて解決を図っており、ようやく事業は順調に軌道に乗った。重源の労も実を結び、ついに建久六年に大仏殿は完成の日を迎え、後鳥羽《ごとば》上皇・源頼朝らの参席のなかで落慶法要《らっけいほうよう》が執りおこなわれた。焼き討ちから実に十四年の歳月を要した一大事業であったのである。

大仏様の建築

さて重源により大仏様という新しい建築技術を用いて再建された大仏殿であるが、これも永禄十年（一五六七）の松永久秀《まつながひさひで》の焼き討ちにより失われ現存しない。その特徴はわずかに残る大仏様の東大寺南大門《なんだいもん》（正治元年＝一一九九、【巻頭カラー31】、図6—1）・同開山堂（正治元〜二年）・浄土寺浄土堂《じょうどじ》（兵庫県、建久六年＝一一九五、図6—2、【巻頭カラー32】）に強く表れており、他の建築とは異なる趣をみせている。これらにみえる大仏様の特徴を見てみよう。

そもそも大仏様は巨大建築である大仏殿の再建のために用いられた技術であったから、そのカタチは力強さに満ち溢れ、簡明な方法で構造の魅力を放っている。いっぽうで巨大建築は長大で太い材を必要としたし、その材料は貴重であったから、南大門では部材の断面の径を統一することで木取りの手間や材料の節約を図っていた。大仏様による設計が構造の面だけではなく、材料や生産性などの面でも巨大建築プロジェクトを支えていたのである。

構造面では柱同士をつなぐ貫《ぬき》を挿入することで、飛躍的に木造建築の構造性能は高まった。この貫は複数の柱の貫穴を通すため高い精度が求められる技術で、中世以後の日本建築には欠かせない建築技術となっていった。また下面に錫杖《しやくじよう》彫《ぼり》を刻んだ虹梁《こうりよう》の断面は楕円形の横に膨らんだもので、断面の大きい強固な材であった。この虹梁の上に束を立てることで柱を省略できるようになり、建物の平面にも変化を与えた。柱の省略によって、より大きな無柱空間を作り出せたから、巨大建築だけではなく通常の建物にも適用されることも多く、大仏様の影響は少なからず他の建物にもおよんだ。

組物《くみもの》も和様のように柱の上に大斗《だいと》・肘木《ひじき》・巻斗《まきと》を組み上げるのではなく、柱に挿し込んだ挿《さし》肘木《ひじき》を何段も重ねて軒を支えており、手先の組物も左右に広がらない。ただし建物の左右の振れ止めが必要であるから、通《とおし》肘木《ひじき》を渡して組物と組物の間をつないでいる。柱と柱の間隔が広いため、組物と組物の間には遊離《ゆうり》尾垂木《おだるき》を用いて、「てこの原理」を用い

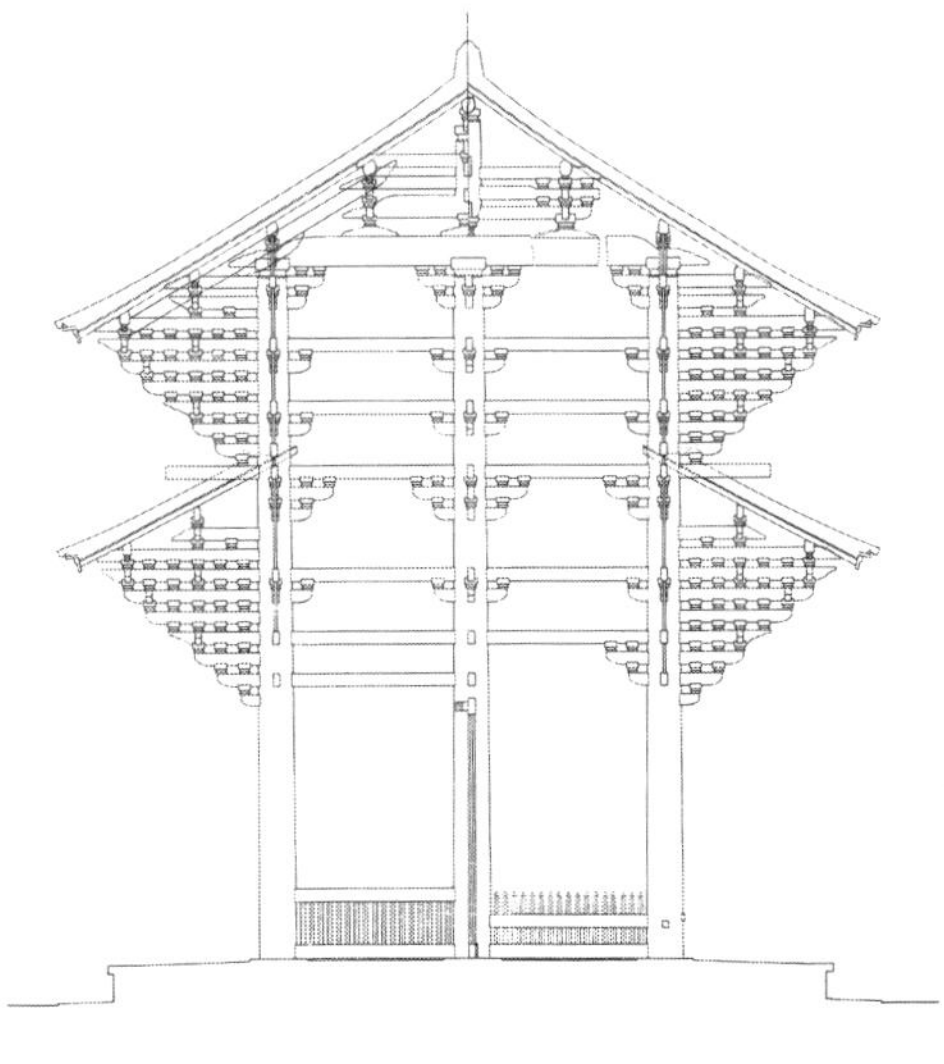

図6－1　東大寺南大門梁間断面図

て軒先をはねあげている（図6―2）。

軒の反りはほとんどなく、地垂木《じだるき》のみの一軒で、隅の垂木を放射状に配した扇垂木《おうぎだるき》とし、さらに垂木の先端には鼻隠板《はなかくしいた》を打って、木口を隠している。こうした構成は和様にはなく、大仏様独特の手法である。また天井を張らずに、柱・虹梁・挿肘木などによる架構を見せる化粧屋根裏としており、構造美をそのまま意匠としている。

こうした構造美を強く示すいっぽうで、細部にも特徴的な意匠がみられ、貫き通した部材の先端に木鼻《きばな》を付け、木鼻・蟇股《かえるまた》などに円弧からなる繰形《くりかた》をつけて装飾している。そして桟唐戸《さんからと》を貫に打った藁座《わらざ》で吊っており、和様の建物で用いられる長押《なげし》・幣軸《へいじく》・板戸《いたど》などとは異なるカタチを見せた。

もちろん、その技術自体は有用であったが、大仏様は和様とは大きく異なるカタチで異彩を放っており、日本の人々がそのまま受容するには、いささか異様であったようである。さらに大仏様そのものが巨大建築のための技術で、通常の規模の建物には必須の技術ではなかったから、ほどなくして衰退の途をたどることになる。それゆえ、重源の死後、これぞ大仏様という建築は失われていったが、虹梁と束による小屋組《こやぐみ》、木鼻・桟唐戸などの細部意匠、貫といった要素は和様に取り込まれていった。いっぽうで東福寺仏殿（延応元年＝一二三九）・東寺金堂（慶長十一年＝一六〇六）・方広寺大仏殿（慶長十九年）・東大寺大仏殿（宝永五年＝一七〇八）などの巨

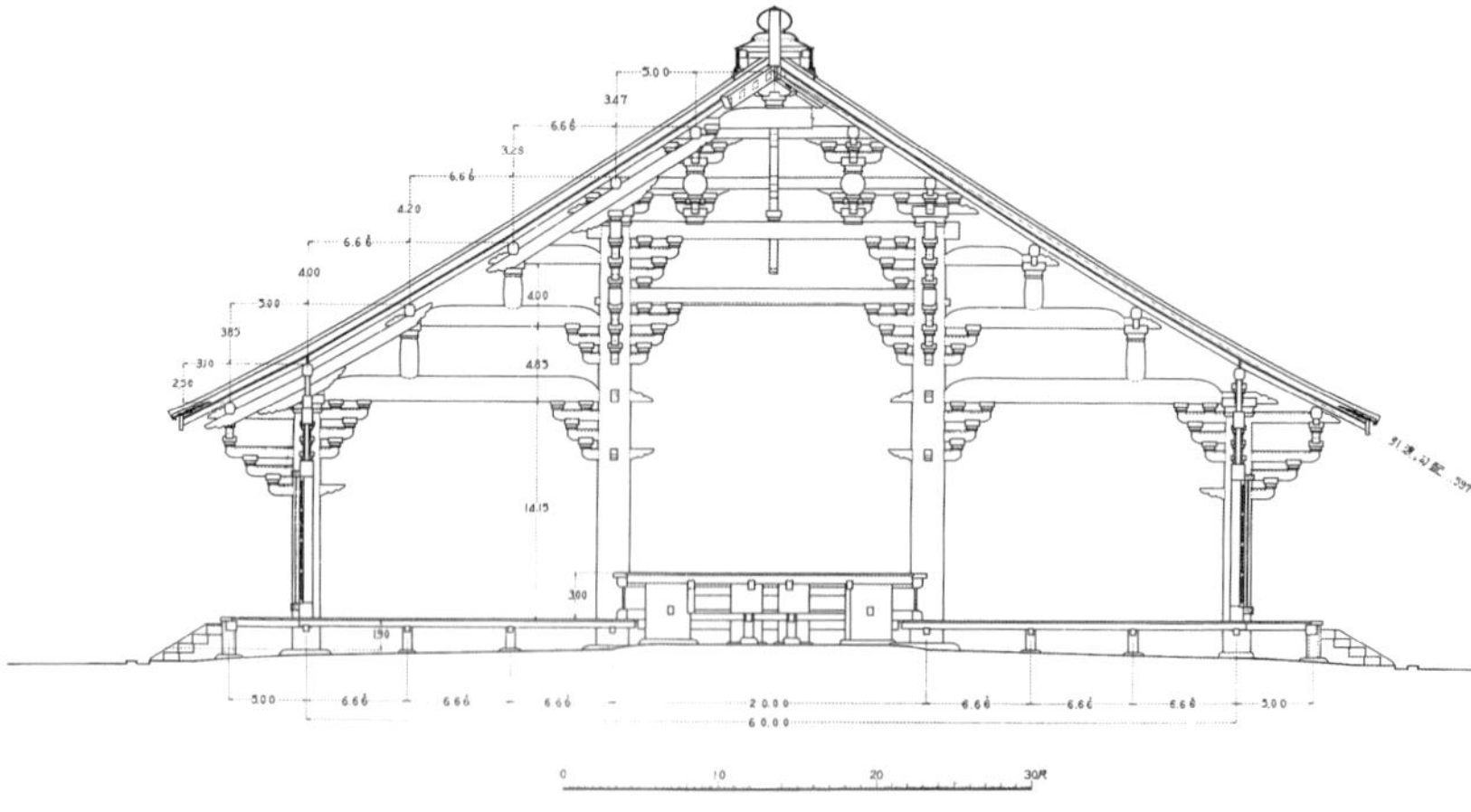

図6―2　浄土寺浄土堂断面図

大建築の建設時には大仏様は重宝・参照される技術であり続け、歴史に名を残す大建築の陰に大仏様の技術が生き続けたのである。

武家の都市鎌倉と地方都市

源頼朝の鎌倉幕府開府は政治の中心が畿内以外へ移ったという点で大きな意味を持っていた。天皇が政治の中心的な位置を占めた奈良時代はもちろん、摂関期、院政期いずれも天皇という政治的権威があっての施政であったから、政治の中心は天皇の居所である畿内であった。これが鎌倉幕府という新しい勢力の登場により、既存の概念が打ち崩され、権力の重心が鎌倉に移ったのである。

鎌倉は三方を山に囲まれ、南は相模湾に面した比較狭い地で、切通しを設けねばならないほど地形的な制約の大きい地であった。鎌倉は古代都城とは異なり、鶴岡八幡宮《つるがおかはちまんぐう》から延びた若宮大路《わかみやおおじ》が朱雀大路《すざくおおじ》を模したといわれる程度で、奈良・京都の条坊制《じょうぼうせい》のような都市計画はなされなかった（図6―3）。ただし鎌倉には御家人《ごけにん》が鎌倉番役に詰めるため集住しており、各国の守護も屋敷を構え、鎌倉は都市の機能を有していた。

集住が進めば商業は発展するのは常であるから、しだいに商店も増え、建長元年（一二四九）には幕府が商店を制限するほど栄えていた。いっぽうで鎌倉時代の手工業は荘園領主に掌握

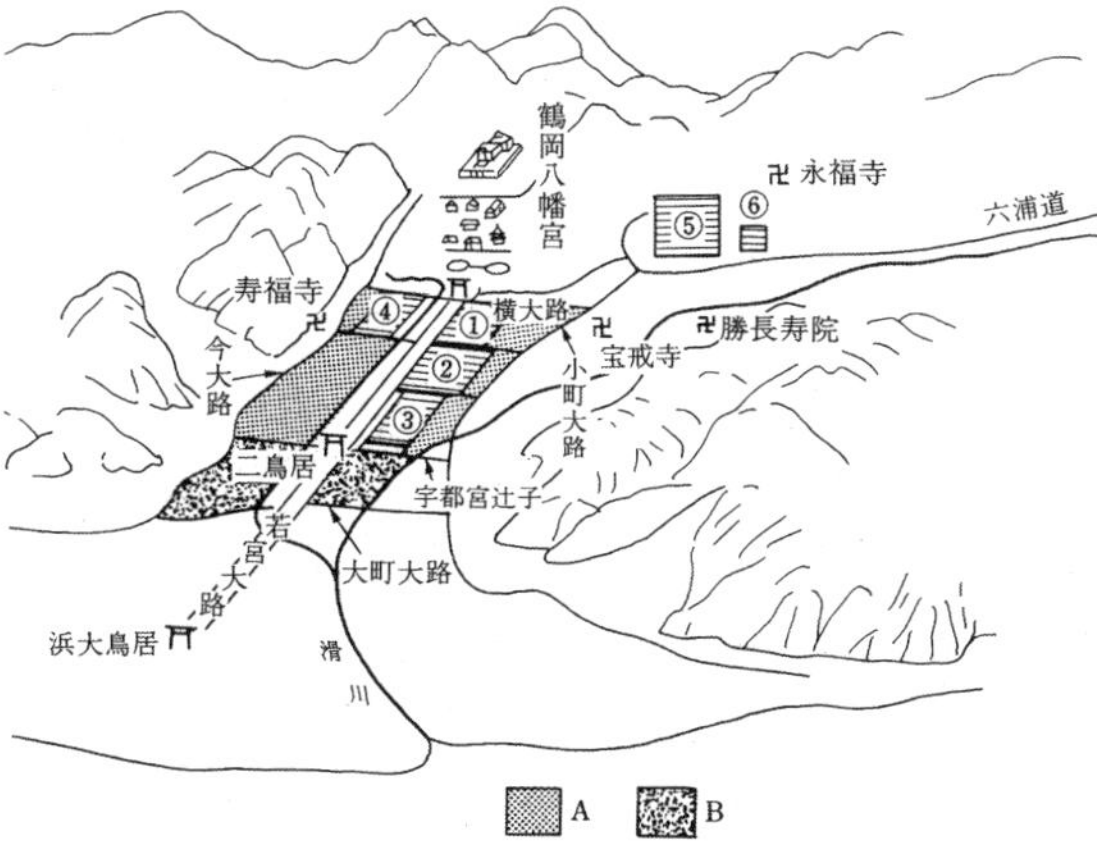

①北条泰時・時頼亭　②若宮大路御所想定地　③宇都宮辻子御所想定地
④北条時房・顕時亭　⑤大倉御所　⑥大倉北条義時亭南御所
注）御所が大倉から宇都宮辻子へ移転して以後は，四周を横大路と今大路と大町大路と小町大路とで囲まれたゾーンが都市鎌倉の中核部で御所，有力御家人の屋敷があるゾーンであり，それを図示してみた（A・B 部分）．しかし，その内部でも二鳥居以南（B 部分）は傾城屋や庶民住宅も点在したので区別した．

図6―3　中世都市鎌倉の地形

されていたため、工業は大きくは発展しなかった。そのため政治都市であった鎌倉は鎌倉幕府の滅亡以後、衰退していくこととなる。

京都に次ぐ二番目の都市であった鎌倉であるが、この時期には地方都市も栄えてくる。門前町や宿場町の興隆である。寺社の所領である荘園は依然として広大で、その経済力を背景に寺社は専属の手工業の工人を抱えており、僧・神職とともに多くの人々が寺社の周りに集った。これらの人々の消費を支えるために商人も集まり、中世後期には民衆の参詣も増えたことで、人口の流入にともなって市場が形成されていった。こうして南都の奈良をはじめ、延暦寺門前の坂本、長谷寺《はせでら》門前、厳島神社《いつくしまじんじゃ》門前など、有力寺社の多くは門前町を備えることとなった。

流通の活発化や民衆の参詣の増加にともなって宿場町や港町も形成されていき、特に各所領からの年貢米の輸送に海運が用いられるようになると、淀・宇治・長浜・大津・直江津《なおえつ》などの港町はその重要性が増し、港湾都市には備蓄のための土倉が多く建てられた。また博多や堺などは明との対外貿易のため拠点として発展していき、異国文化を取り入れる窓口も成熟していった。このように荘園の力の増大とともに、中世の地方都市が隆盛していったのである。

禅宗の興隆と五山

禅自体は奈良時代にすでに日本に持ち込まれていたが、平安時代末期に宋《そう》で禅宗が興隆すると、鎌倉時代に栄西《えいさい》や道元《どうげん》により日本でも禅宗が広まっていく。栄西は臨済《りんざい》禅を請来し、道元は中国で印可を受けて曹洞《そうとう》禅を持ち帰り、それぞれ臨済宗・曹洞宗が始まった。この禅宗の二宗派が浄土宗・浄土真宗・日蓮宗・時宗とともに、いわゆる鎌倉新仏教の六宗を形成したのである。六宗のなかでも念仏を唱えて阿弥陀如来に救いを求める諸宗に対し、座禅を組んで悟りを求める禅宗は自助努力で生活基盤を確保してきた武士の性分に合っており、彼らが庇護者となって各地に禅宗寺院が建てられるようになった。それゆえ、鎌倉・室町幕府ともに武家政権は禅宗寺院を保護・管理し、統制下に置くため、南宋にならって五山制度を敷いた。

鎌倉時代の五山制度の詳細は不明であるが、鎌倉の建長寺《けんちょうじ》・円覚寺《えんがくじ》・寿福寺《じゅふくじ》などを五山と呼び、五山の下には十刹《じっさつ》が置かれ、寺格によるピラミッドが形成されていた。この五山制度と同じく、禅宗寺院では建築様式も中国の影響を受けており、そこには僧が介在していた。例えば建長寺は蘭渓道隆《らんけいどうりゅう》によって開山され、中国の五山寺院を模して造られたとされる。また後醍醐《ごだいご》天皇や足利尊氏《あしかがたかうじ》の信の厚かった夢窓疎石《むそうそせき》も天竜寺《てんりゅうじ》を開山しているが、その造営費用の調達のため元と貿易する天竜寺船の許しを幕府から得ており、集金能力やマネージメントにも長けていたことが知られる。さらに夢窓疎石は造園でも重要な足跡を残しており、永保寺《えいほうじ》（岐阜県、【巻頭カラー33】）のように禅宗建築と自然と巧みに取り入れた庭園が調和した空間を生み出した。

後醍醐天皇の建武の新政でも五山十刹の制は示されており、南禅寺《なんぜんじ》・大徳寺《だいとくじ》の両寺が五山の筆頭となり、京都本位の格付けとした。これは鎌倉の寺院に高い格付けを与えないことで、京都が政治的にも宗教的にも中心であることを示すものであった。いわば禅宗寺院を通して権力の重心の移動を示したのである。さらに後醍醐天皇が特に庇護した大徳寺を五山の筆頭とすることで、天皇本位の政治の復権を示した。ただし、その大徳寺も室町幕府による五山制度では後醍醐天皇の擁護寺であったことから疎んじられ、十刹の第九位という下位に位置づけられてしまい、永享三年（一四三一）には五山十刹の制から離脱してしまう。まさに中世社会の荒波のなかで、時の政権と五山制度に振り回されたのであった。

さて先に少し触れたが、室町幕府も五山制度を設けており、たびたび順位の変更があった。後醍醐天皇と同じく、初代足利尊氏も京都に大規模な禅宗寺院を整備し、五山を再編成した。尊氏は第一位に南禅寺・建長寺、第二位に天竜寺・円覚寺、第三位に寿福寺、第四位に建仁寺《けんにんじ》、第五位に東福寺《とうふくじ》としたのであるが、尊氏は自身が建立した天竜寺を五山に加えることを強く望んだといい、ここにも為政者の影響が表された。

三代義満《よしみつ》の五山制度の大改革は画期で、至徳三年（一三八六）にそれまで京都・鎌倉が混ざって五山であったものを京都五山・鎌倉五山の二つに分け、京都優位の新しい五山制度を設けた。この時には五山よりも上の最上位に南禅寺を置き、第一位に天竜寺・建長寺、第二位に相国寺《しょうこくじ》・円覚寺、第三位に建仁寺・寿福寺、第四位に東福寺・浄智寺《じょうちじ》、第五位に万寿寺《まんじゅじ》・浄妙寺《じょうみょうじ》として京都上位を明確に示した。ここにも政治的にも宗教的にも鎌倉から京都へ中心が移ったことが明確に表れている。こうした背景もあるのではあるが、足利義満自身の想いもこの格付けに含みこませており、自身が永徳二年（一三八二）に発願した相国寺を五山の高位に位置づけ、さらに応永八年（一四〇一）には天竜寺と入れ替えて第一位に据えており、尊氏と同じく為政者の意向を五山の格付けに強く表した。ちなみに相国寺の七重塔は応永六年（一三九九）に建てられ、わずか四年後には落雷で失われてしまったが、高さ三六〇尺（約一〇九メートル）もの高さで、前近代の記録に見える日本国内で最も高い塔であったから、義満の想いはこの塔の高さからもうかがえよう。

このように五山制度は寺格による統制であるとともに、庇護者の権勢が強く影響したものであった。義満の死後、応永十七年（一四一〇）には天竜寺を第一位、相国寺を第二位とする順位変更がおこなわれているから、存命中の為政者の影響力の大きさがここにも表れているのである。

室町幕府は五山制度以外にも禅宗の普及・発展に寄与しており、国ごとに安国寺《あんこくじ》を建設した。この背景には夢窓疎石の勧めがあり、足利尊氏・直義《ただよし》は全国六六ヵ寺二島に一寺一塔の禅宗寺院を建立したのである。この安国寺の設置は室町幕府による全国支配を間接的に示すものであったから、開府間もない足利将軍家にとって、政治的に重要な意味を持っていた。南都仏教寺院、天台宗・真言宗の諸寺が少なからず政治性を帯びていたのと同じように、禅宗の大寺院や安国寺は時の権力者との関係性のなかで育まれ、権威装置としての側面を帯びながら発展していったのである。

禅宗寺院の伽藍と禅宗様の建築

さて禅宗は教義だけではなく、中国から建築様式を輸入することで、それまでにはない伽藍配置や建築を日本に生み出した。禅宗様である。禅宗寺院の建物は第一に各建物の呼称がそれまでの寺院とは大きく異なる。奈良時代の平地寺院の伽藍は金堂・講堂・中門・南大門などで構成されていたが、禅宗七堂伽藍の建物は三門・仏殿・法堂《はっとう》・僧堂《そうどう》・庫院《くいん》・東司《とうす》・浴室で構成されていた。金堂にあたる主要堂宇を仏殿とし、法堂を講堂と称した。三門は中門、あるいは表門にあたり、三解脱門の略である。

禅宗寺院の伽藍の様子は「建長寺指図」（図6―4）に詳しく、三門・仏殿・法堂が中軸上に並んだ左右対称の伽藍配置で、三門から仏殿まで廻廊を廻らせ、その外に僧堂・庫院を建てる。僧堂は僧の生活の場であるとともに仏道修行に励む場であり、庫院は厨房で、のちには厨房・僧房を指す建物である。また東司はトイレで西に置かれると西浄と呼ばれることもあり、浴室とともに清浄を保つための施設として重視された。また正面の空間も南宋の形式を取り入れて、総門から仏殿ま

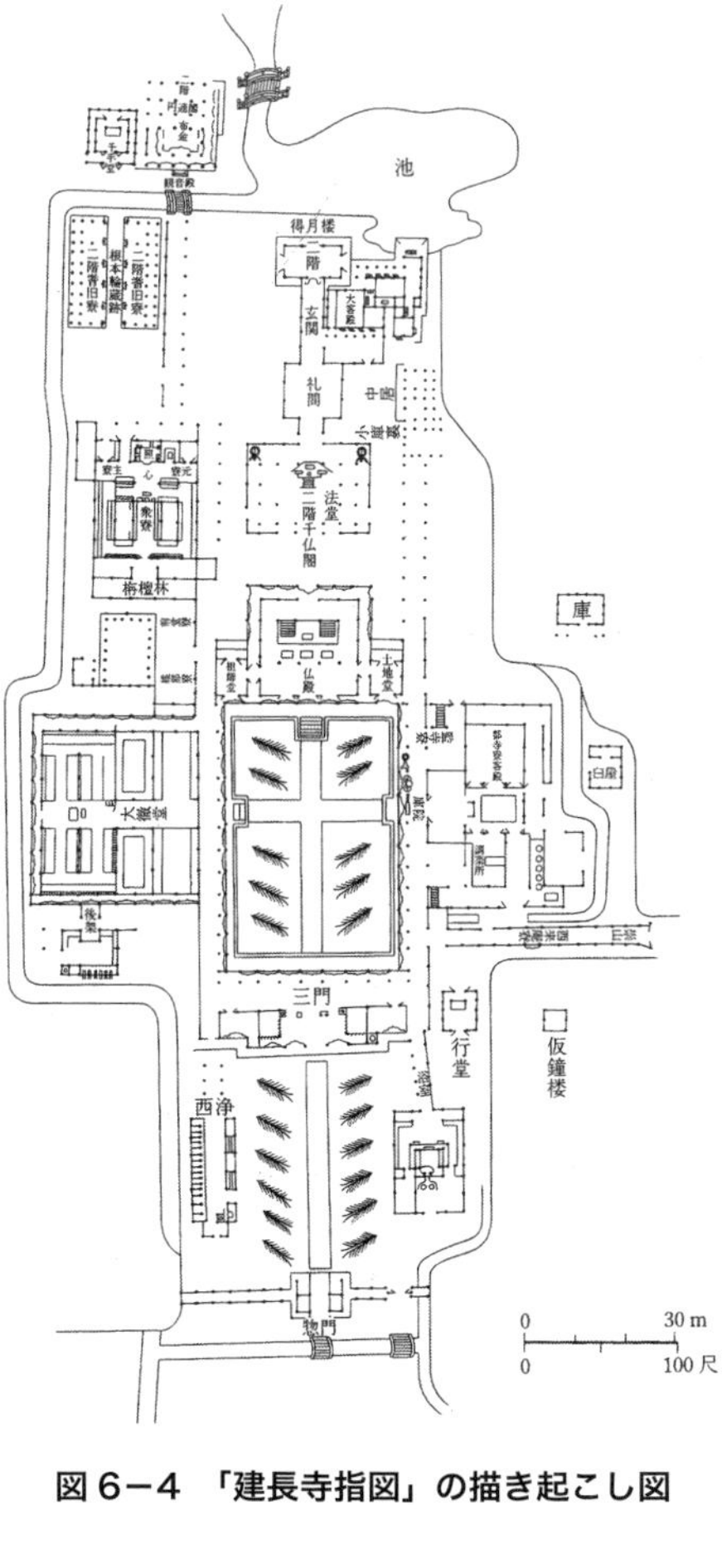

図6―4 「建長寺指図」の描き起こし図

での間には柏槇《びゃくしん》の樹を植え、仏殿前を区画して空閑地を設けた。これらが中心施設であるが、法堂の背後に住持や長老のための方丈《ほうじょう》が設けられた。この方丈に面して伽藍の奥に庭園が設けられたのであるが、以降、禅宗庭園は一つの形式として発展していった。

個々の建築のカタチもそれまでとは大きく異なっていた。禅宗の仏殿は裳階《もこし》の付いた二重の屋根のものも多く、多層の建物の少ない日本建築では、ひときわ目を引くものであった。何せ、平安宮大極殿《だいごくでん》ですら単層とみられ(「年中行事絵巻《ねんじゆうぎようじえまき》」)、重層の建物は当時、限られたものであったろうから、それも無理はない。また「建長寺指図」の伽藍背面側に「二階千仏閣」や「二階耆旧寮」とあるように、二階建の建物も建てられたが、奈良時代には営繕令《えいぜんりよう》で隣家を覗き見る楼閣《ろうかく》が制限されていたように、これも当時の日本では珍しかったであろう。

それだけではなく、細部の意匠も装飾性に富んだ斬新なものであった。禅宗様の建物の特徴を下から順に見ていくと、まず建物の足元、基礎の部分から特徴的で、柱の下に置かれる礎石にも碁石のような形をした礎盤《そばん》が用いられる。また密教本堂のように床《ゆか》を張るのではなく、四半敷《しはんじき》という敷き方の土間で、柱筋と並行ではなく、斜めに石や磚《せん》を敷き詰める。そして礎盤の上に立つ柱にも上部をすぼめた粽《ちまき》が付き、和様のように長押で柱同士をつなぐのではなく、腰貫《こしぬき》・飛貫《ひぬき》・頭貫《かしらぬき》で固める。頭貫や梁の端部の拳鼻《こぶしばな》には渦などの絵様《えよう》が彫られ、装飾性に富むいっぽうで、全体としてのプロポーションをみると、柱・貫などの各部材は和様に比べて細く華奢である。

扉や窓などの建具にも新しいスタイルが持ち込まれ、扉には桟唐戸が用いられた。桟唐戸は縦横に框《かまち》を組んで、間に薄い板を入れた扉で、部材が小さいため採材上の利点が大きく、扉自体も軽量化された。二枚の扉で両開きにするだけでなく、それぞれの扉が蛇腹状に折れ曲がる両折戸《もろおれど》とすることもあった。窓には花頭窓《かとうまど》という頂部が宝珠の先端のような形状をしたものが用いられ、欄間《らんま》も弓型の連子とした弓欄間を用い、装飾性に富んだデザインとした。壁も土壁ではなく、縦板壁とすることが多く、これらが相まって禅宗様の特徴を強く表した華やかな立面を作り上げた（図6—5）。

柱より上の構成はさまざまな細かい部材が多く、さらに華やかである。まず特徴的なのは柱の上の台輪《だいわ》である。古代建築では台輪は塔など限られた建物にのみ用いられたのであるが、禅宗様では後述の詰組《つめぐみ》として中備《なかぞなえ》にも組物を置くために台輪が用いられている。

台輪の上に組物を置くのであるが、禅宗様の組物のなかでも三手先《みてさき》は和様の三手先とは異なり、肘木が左右に広がっており、組物の存在感が大きい。さらに組物は柱の上だけではなく、柱と柱の間の中備の位置にも置かれ、これを詰組といい、禅宗様の代表的な特徴である。詰組とすることで柱の上が斗や肘木で荘厳され、軒を支えるとともに、軸部との間を鮮麗に彩っている。軒を構成する垂木も並行とせずに、扇状に広がった扇垂木とすることが多く、放射状に広がった扇垂木と隅の反り上がった軒反りは屋根が空にはばたいているような印象を見る人に与えている。

内部も密教本堂のように内陣外陣《ないじんげじん》の構成ではなく、正方形に近い平面の一室空間で、虹梁の上に円形断面

① 詰組　② 扇垂木　③ 桟唐戸
④ 頭貫木鼻と台輪　⑤ 弓欄間と柱頭の粽　⑥ 花頭窓
⑦ 礎盤　⑧ 中備の尾垂木　⑨ 海老虹梁

③⑦は洞春院観音堂、⑤は正福寺地蔵堂、それ以外は功山寺仏殿

図6−5　禅宗様仏殿の主な特徴

の大瓶束《たいへいづか》を立てて、母屋桁《もやげた》や棟木を支える架構や主屋と裳階の間をつなぐ海老虹梁《えびこうりょう》など、立体感のある空間を造り上げている（【巻頭カラー34】）。さらに架構が進化したことで、本来必要な仏殿前面の柱を抜くことができるようになり広い空間を作り出した（図6—6）。仏殿の中央部は鏡天井として龍などの天井板絵を描くいっぽうで、それ以外は天井を張らず、架構を強調しており、対照的な構成とした。狩野探幽《かのうたんゆう》作の妙心寺の雲龍図、大徳寺の鳴き龍、狩野光信《みつのぶ》作の相国寺の蟠龍図《ばんりゅうず》など、稀代の絵師の手で空を舞う龍が天井に描かれ、立体的な架構とともに天空に突き抜けんばかりの空間が生み出されたのである。

このように禅宗寺院の建築は平安時代以前の日本の建築とは大きく異なる禅宗様というカタチによって、禅宗という新しい仏教を視覚的に明示した。そして室町時代には禅宗寺院は新しい権力と結びついてゆくことで仏教界の一角を占めていくようになるのである。禅宗と同じく鎌倉新仏教である浄土宗・浄土真宗・日蓮宗の原初的な建築の様式は明らかではないが、浄土宗の知恩院《ちおんいん》では三門・方丈などの禅宗寺院と同じ建物名が用いられているし、同じく浄土宗の信光明寺《しんこうみょうじ》観音堂《かんのんどう》（愛知県、文明十年＝一四七八）や建立当時、日蓮宗であった円融寺《えんゆうじ》釈迦殿（東京都、室町時代中期）は禅宗様の詰組で建てられている。浄土宗・日蓮宗の寺院は地頭・御家人らの在地

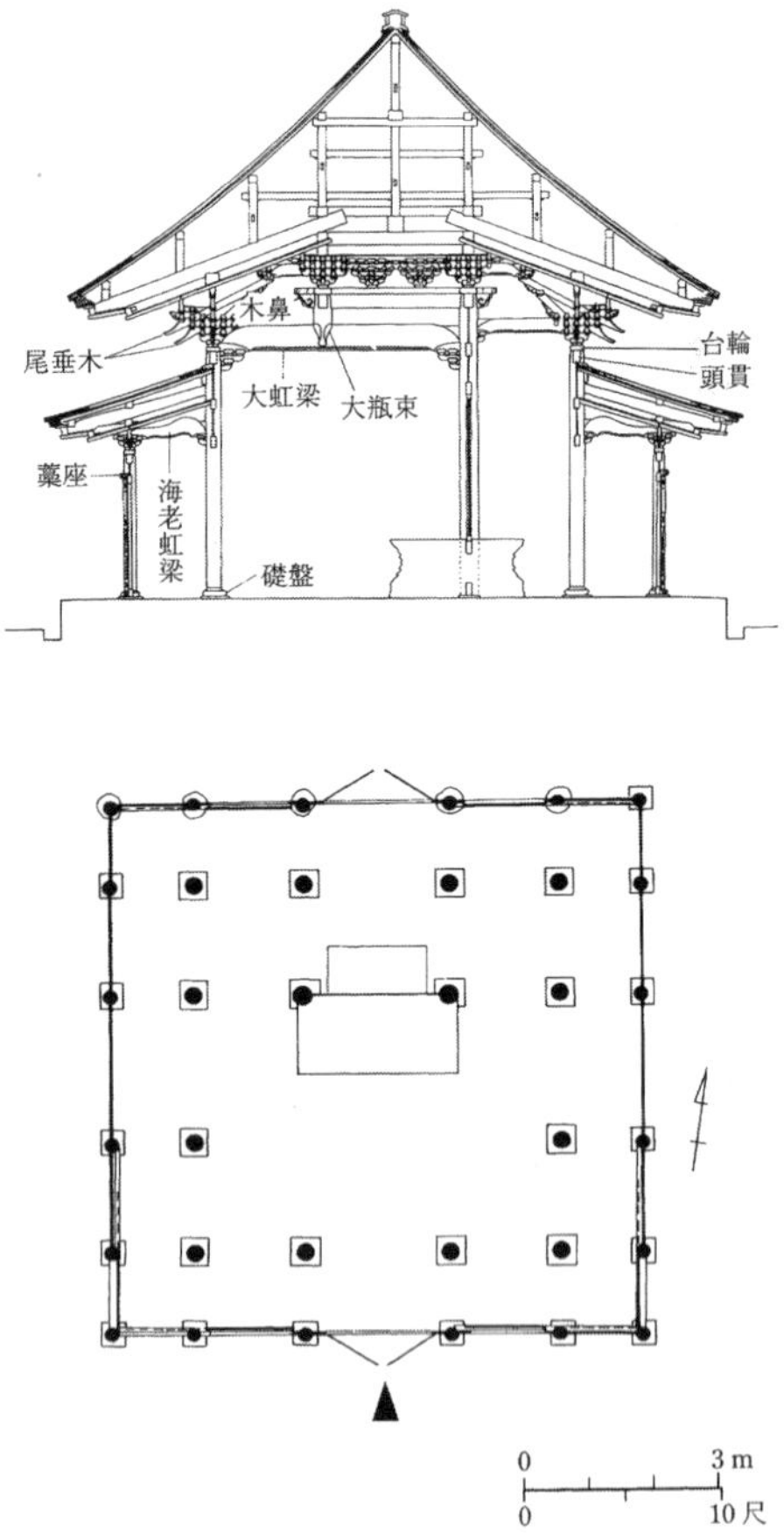

図6—6　円覚寺舎利殿平面図・断面図

武士の庇護によって建立され、その主要伽藍の建立時期は禅宗様の隆盛する時期にあたり、新しいカタチであった禅宗様への興味は強かったであろうから、少なからず影響を受けたとみられる。いっぽうで民衆を信徒とする浄土真宗の建築の開花は彼らが経済的に力を付けるまで時を待たねばならず、やや時期が遅れて発展した。ともあれ、禅宗様という新しいカタチは中世の寺院建築で流行し、禅宗に限らず、新しい宗派を中心にもてはやされたのである。

京都・南都の建築と和様の変容

さて大仏様や禅宗様など、新しいカタチの建築が国内に生み出されたいっぽうで、日本建築の主流は中世に入っても、依然として密教本堂をはじめとする平安時代以前からの建築であった。これを大仏様や禅宗様に対して和様というが、この和様も大仏様や禅宗様などのデザインを吸収し、全体的には平安時代以来の和様建築でありながらも、華やかなデザインや大らかな大陸風の架構を取り込んだ建築を生み出した。主に取り入れられたのは細部意匠で、海老虹梁や大瓶束、彫刻を施した拳鼻、蟇座・桟唐戸など、華やかなデザインが和様の建築を彩ったのである。こうした先進的な技術の融和は交易の活発な瀬戸内に多く見られ、鶴林寺《かくりんじ》本堂（兵庫県、応永四年＝一三九七、【巻頭カラー35】）や浄土寺本堂（兵庫県、嘉暦二年＝一三二七）などが代表的である。

ただし有力寺院は奈良・京都に集中していたから、中世においてもここが建築文化の中心地であった。そこで禅宗様の建築以外の京都の建築事情を見ておこう。平安時代末から鎌倉時代初期の時代の変わり目を生きた藤原定家が「壮年の時は堂塔の建立の音をよく耳にしたが、老後にはその焼亡を聞いても造立を聞かない」と嘆いたように、平安時代末期に比べて鎌倉時代初期の京都の造営は寂しいものであった。ようやく鎌倉時代後半以降には禅宗寺院である南禅寺・大徳寺などの大寺院が開山したが、既存の大寺院は天皇・上皇・貴族らによって支えられていたから、その経済的凋落《ちょうらく》により大造営は望むべくもなく、和様から禅宗様に建築の中心が移っていった。とはいっても、密教寺院には和様の建築が求められたから、一定数の建物は建てられた。応仁の乱以前の京内の建築の多くは失われてしまったが、大報恩寺《だいほうおんじ》本堂（千本釈迦堂《せんぼんしゃかどう》、安貞元年＝一二二七、【巻頭カラー36】）や蓮華王院《れんげおういん》本堂（三十三間堂《さんじゅうさんげんどう》、文永三年＝一二六六）など、十三世紀の和様の建築が今にそれを伝えている。また大規模なものであるが東寺《とうじ》金堂（慶長十一年＝一六〇六）も和様を基調としつつ詰組にしており、禅宗様が和様に影響をおよぼした様子がわかる。

さて京都の和様は禅宗様の影響を受けて変容していったのであるが、南都はどうであったのであろうか。中世の南都は政治の中心から離れて久しかったが、いまだ東大寺・興福寺は健在で大きな影響力を持ち、重要な位置を占めていた。先に述べたように東大寺が大仏様で再興されたから、その影響は少なからず南都の他寺院にも影響を与え、唐招提寺《とうしょうだいじ》鼓楼《ころう》や元興寺《がんごうじ》本堂のように、木鼻・桟唐戸・鼻隠板などの大仏様の細部意匠が取り入れられた。ただし大仏様の特徴である架構を持ち込んだものはほとんどなく、その影響は限定的であった。

南都のなかでも顕著に保守的であったのが興福寺で、金堂などは現在までに七回も焼亡を繰り返し、その再建のたびに規模を踏襲してきた。再建時の様式も東大寺のように新しい様式を導入するのではなく、伝統的な和様を堅持していたようで、その頑なさの一端は応永年間に再建された中金堂を描いた「興福寺建築諸図」に見ることができる。「興福寺建築諸図」は享保二年（一七一七）前後に春日大工が実測して作図したものとみられ、そこに描かれた中金堂は瓦葺・寄棟造、裳階付という奈良時代以来の全堂形式を引き継いでいる。

また興福寺の現伽藍を見渡すと、応永二十二年に建てられた東金堂（図6―7）もほぼ規模を変えておらず、上部の構造も寄棟造、三手先の組物で、正面一間を吹放しとしており、唐招提寺金堂（奈良県、奈良時代）との共通点が多く、古式を継承していると考えられている。

こうした傾向の背景には、興福寺のパトロンである摂関家の存在がある。興福寺の復興は公家沙汰（朝廷）・氏長者《うじのちょうじゃ》沙汰（藤原氏）・寺家《じけ》沙汰（興福寺）の三者で分担しておこなわれたのであるが、九条兼実の日記である『玉葉《ぎょくよう》』によると、中金堂・回廊・僧坊・経蔵《きょうぞう》・鐘楼《しょうろう》・中門は公家沙汰、講堂・南円堂・南大門は氏長者沙汰、食堂・上階僧坊は寺家沙汰と割り当てられたとされる。この復興では興福寺の庇護者たる藤原氏の歴史的背景と前例主義が建築のカタチにも表されたのである。

摂関家が権勢をふるった時期には国政も安定期に入り、国防や外交の問題も少なかったから、行事や儀式を滞りなく遂行することが重要で、万事、先例主義をとっていた。こうした摂関家の傾向が興福寺の再建の際にも建築に適用され、中金堂や東金堂などのように古式な和様、同じ規模で、前身建物を引き継いで再建されたのであろう。

つまり禅宗寺院や京都の仏教寺院が新しい潮流を取り入れたのに対し、南都仏教、特に興福寺は奈良時代以来の伝統の継承を古式な建築様式を用いることで、視覚的に京都や新仏教の寺院と差別化し、自身の正統性と伝統を示そうとしたのである。

こうしたパトロンの影響は摂関家に限った話ではなく、地方の密教本堂でも内陣と礼堂《らいどう》（外陣）の関係性に表れてくる。本来、礼堂よりも仏を祀る内陣の方が重要であったから、天井や組物などの細部意匠も差別化し、より格式の高いものを内陣に用いるのが通例であったが、中世になってパトロンの存在が大きくなっていくと、内陣と礼堂の関係性にも変化が生じてきた。

図６−７　興福寺東金堂・五重塔

弘安二年（一二七九）に建てられた長弓寺《ちようきゆうじ》本堂（奈良県、図6―8）では礼堂が組入《くみいれ》天井であるのに対し、内陣は折上《おりあげ》天井として、仏のための内陣を格式の高い形式とし、俗人と仏の空間を差別化している。仏堂は仏のための建築であるから、当然のことであろう。

　地域性もあるが、これが時代とともに変わっていく。弘安八年ごろに建てられた太山寺《たいさんじ》本堂（兵庫県）では内陣を組入天井とするのに対し、礼堂を一段折上げた折上天井としており、礼堂の天井を内陣よりも格上として、より荘厳している。応永四年（一三九七）建立の鶴林寺本堂（【巻頭カラー35】）も同様で、さらに礼堂に海老虹梁を架けることで、より華やかな空間にしている。

　この背景には寺院の経済力が低下し、造営費用をパトロンに頼る割合が大きくなったことがあり、パトロンの意思・趣向が建築の設計に強く反映されるようになったのである。それゆえパトロンの座である礼堂の荘厳を高める方向に移り変わっていくのは自然な流れであった。仏のために荘厳された仏堂において、俗人のための礼堂

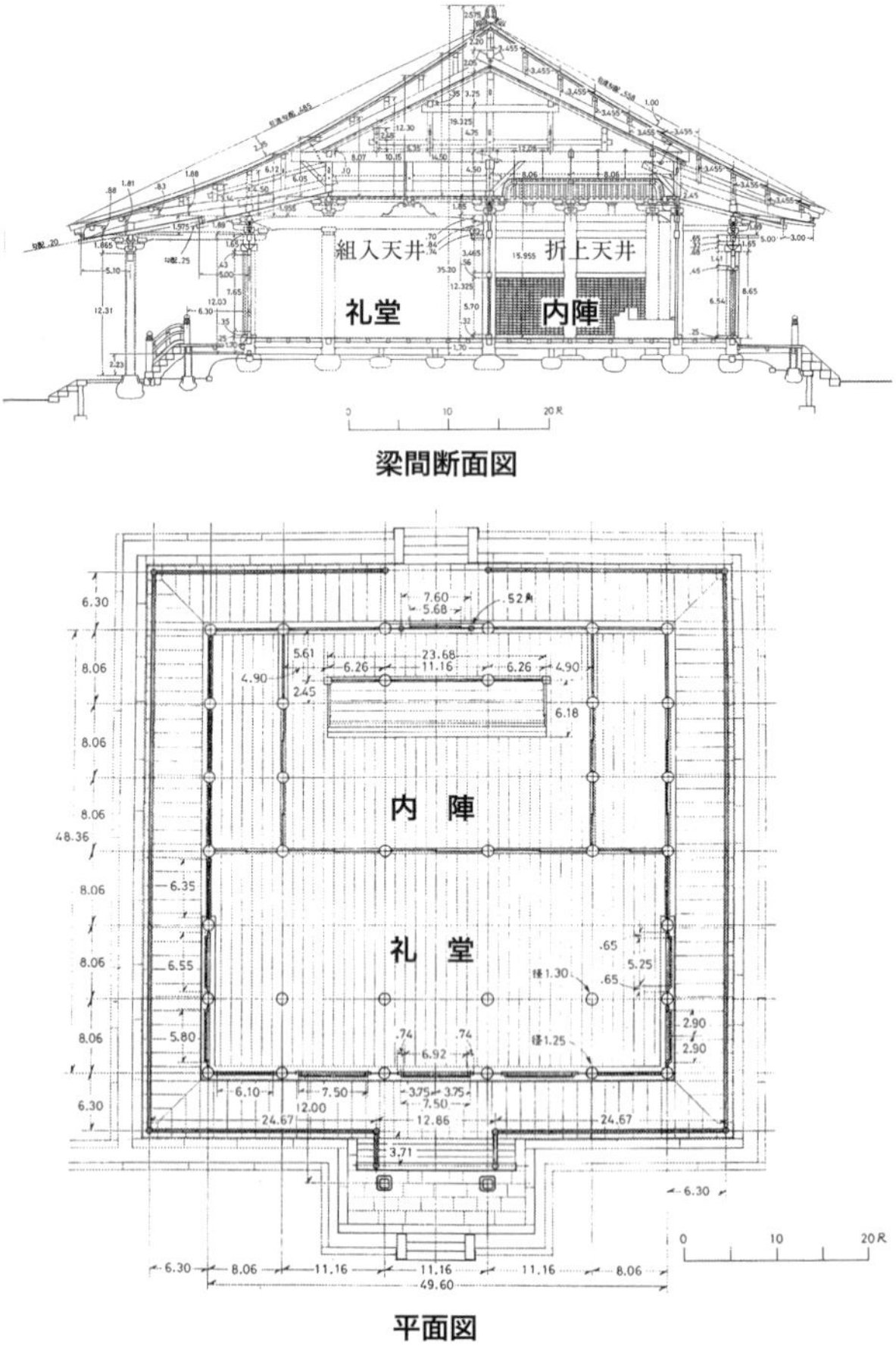

図6−8　長弓寺本堂平面図・梁間断面図

の荘厳に力を入れ始めるという矛盾は中世の混沌と伝統の崩壊という世相を端的に表しているといえよう。いっぽうで簡素化した仏堂にあって厨子を用いることで仏像の安置する場を荘厳する方法も成熟していった。

このように中世に新しい建築の流れが生まれ、既存の建築にも変革を与えたいっぽうで、あえてこれを受け入れずに伝統を示すサインとして古式を固持することで、独自性を主張するという表現がなされたのである。こうした伝統の堅持という手法も建築のカタチが象徴として大きな意味を持っていたことの表れであろう。

書院造の成立

寝殿造《しんでんづくり》と書院造《しょいんづくり》は日本の住宅の双頭をなす形式であり、歴史の教科書にも登場するであろう。しかし寝殿造から書院造に移行する過程を示す現存建築は残っておらず、絵画や文献史料からその一端を知ることができるにすぎない。書院造の完成は中世末期から近世初頭とみられており、江戸幕府の棟梁《とうりょう》であった平内家《へいのうちけ》の秘伝書『匠明《しょうめい》』（慶長十三年＝一六〇八、第八章参照）にある主殿之図から様相が知られ、書院造の現存建築も近世のものが多いが、ここでは室町時代を中心に初期の書院造について述べよう。

書院造の特徴は畳を敷き詰めた小部屋、舞良戸《まいらど》・明障子・雨戸による外回りの建具、角柱、格《ごう》天井もしくは竿縁《さおぶち》天井などで、現在の和風住宅の要素が多くみられる。さらに床《とこ》の間《ま》・違い棚・付書院という座敷構えが主要な部屋に設けられ、そこを飾る座敷飾りがステータスを示すシンボルとなっていき、これも和室の伝統となっている。この座敷構えによる格式の明示は武家社会の身分格差と秩序を強く体現したものであるが、それに価値があることがわからなければ格式として意味をなさないから、文化交流、すなわち上流階級の社交という共有した価値観の成熟のなかで座敷構えや座敷飾りは成立してきた。

武家社会とのかかわりの強い書院造であるが、鎌倉時代の住宅は変形しているものの、寝殿造の形式を強く継承したものであったようである。以前は武家特有の住宅形式として、武家造や主殿造などの形式も提唱されていたが、鎌倉幕府の事績を記した『吾妻鏡』にも寝殿・小御所《こごしょ》・釣殿《つりどの》などの寝殿造の系統の建物名が記されるのみで、武家特有の建物名称は確認できない。絵巻物に描かれた平安時代末期の武士の住宅については前章でも述べたように、主殿・台所・厩《うまや》・遠侍《とおさぶらい》で構成されており、やはり寝殿造の系譜を受け継いでおり、書院造の萌芽は室町時代を待たねばならない。

　室町幕府は京都に拠点を置いたこともあって公家との関係も深く、彼らから影響を強く受けながら文化が花開いていった。特に三代将軍足利義満は南北朝の統一とともに公武の融合により北山文化を生み出し、そのなかで唐物趣味は高じていった。ただし義満自身に公卿《くぎょう》化の方針もあったから、将軍邸は公家の住宅、すなわち寝殿造の影響を少なからず受け続けた。この傾向は長く引き継がれ、八代将軍義政《よしまさ》の時代にも将軍邸は会所などの室町時代の武家社会に適した施設をともなっていたが、寝殿造の要素も含んでいた。もちろん、足利氏には本格的な寝殿造のノウハウはなかったから、公家から図面を拝領して造営の参考にするよりなく、義満の室町殿は花山《かざん》院《いん》を模し、義政の東山殿では近衛房嗣《このえふさつぐ》第の図を借りた（『在盛卿記《あきもりきょうき》』・『後法興院記《ごほうこういんき》』など）。室町将軍邸は一五三〇年ごろの景観を描いた「洛中洛外図屏風《らくちゅうらくがいずびょうぶ》」（歴博甲本）に細かく描かれており、主殿・常御所《つねのごしょ》・遠侍などの建物と正面の広い前庭とそこに面した会所などが置かれた（【巻頭カラー37】）。

　八代将軍義政の東山文化に至り、能学・水墨画・茶の湯などの発展とともに座敷構えやその飾りの文化が醸成され、庭園の発達とともに両者が融合し、桃山・江戸時代初期の座敷構えを備えた書院造、すなわち御殿へとつながる礎が築かれた。

　中世住宅を考えるうえでは接客が一つのキーワードとなる。非日常であるハレと日常であるケの二つの空間を明確化させたのである。例えば禅宗寺院の方丈は住職の接客や仏事のための建物であるが、現存最古の龍吟庵方《りゅうぎんあんほう》丈《じょう》（京都府、嘉慶元年＝一三八七年）では二列三室の六つ間取りで南に広縁を設けた平面構成とする（図6―9）。方丈では前面をハレの空間、背面をケの空間として、正面側を石庭として格式張るいっぽうで、背面側の部屋には庭園を隣接させてプライベートな空間を作り上げ、両者の共存する空間を造り上げた。この構成は接客の場である会所の平面との類似性がある。

会所は足利将軍邸や公家の邸宅、寺社の住房に設けられ、ここに多数の会衆が集まって、連歌・闘茶・猿楽などを通して交流を深めた。一室を会所とすることもあったが、独立した建築とすることもあり、その主室は九間《ここのま》という三間四方の部屋で、附属の小部屋には座敷構えが備えられた。なかでも足利将軍邸の会所は床の間の前身の押板《おしいた》や棚・書院に唐絵《からえ》唐物《からもの》を飾ることで荘厳されていた。その座敷飾りを担ったのが同朋衆《どうぼうしゅう》で、観阿弥《かんあみ》・世阿弥《ぜあみ》などが有名である。

また室町時代には将軍邸の御所のほかに景勝

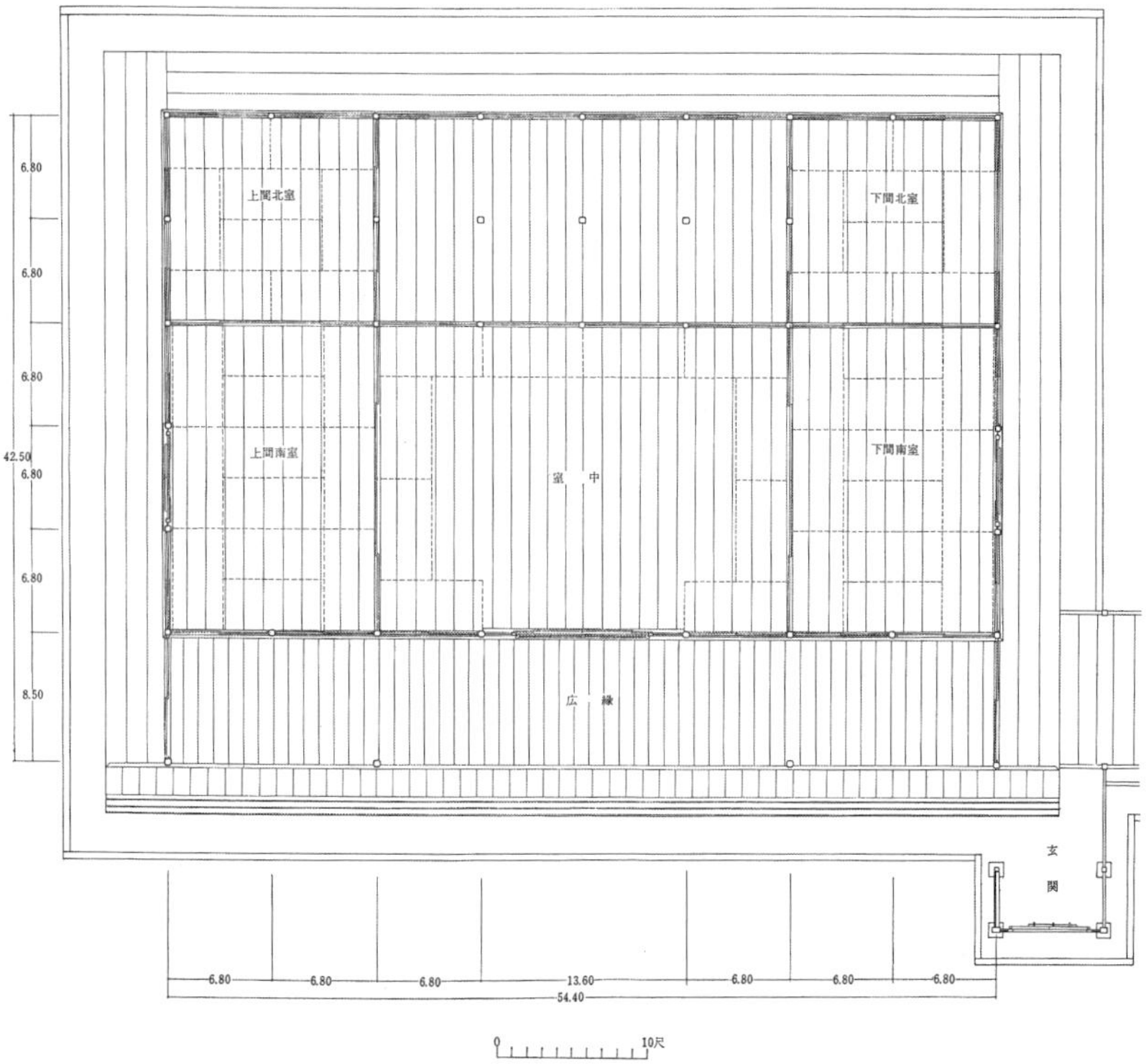

図6―9　龍吟庵方丈平面図

地に山荘が営まれ、ここでも建築文化が育まれた。義満の北山殿、義政の東山殿がそれである。北山殿は応永四年（一三九七）から造営され、義満の死後、鹿苑寺《ろくおんじ》となった。鹿苑寺舎利殿、いわゆる金閣《きんかく》は昭和二十五年（一九五〇）の焼失まで受け継がれ、現在のものは昭和三十年に再建されたものである。舎利殿は三層の構造で、初層を書院造の住宅風、二層を和様の仏殿風とし、最上層は禅宗様仏堂として仏像を安置した（図6―10）。ただし舎利殿といいながら、上層から庭園を眺望する社交の場でもあった。三種類の様式を織り込んだ点もさることながら、三層まで登る楼閣は驚天動地の新建築で、訪れた人々の度肝を抜いたのであろうが、書院造という面では畳敷きや座敷構えもなく、未成熟であった。

北山殿の少し前の観応二年（一三五一）ごろに成立した「慕帰絵詞《ぼきえことば》」は本願寺の僧覚如《かくにょ》の一生を描いたもので、このなかに覚如の家で開かれた歌会のシーンがあり、ここでは壁の前に軸三幅が掛けられるが、押板（床《とこ》）の形式はなく、また畳も座の位置に敷かれるのみで、部屋の敷きつめはみられない（【巻頭カラー38】）。いっぽうの東山殿では大きく状況が変わる。

東山殿は文明十四年（一四八二）に造営に着手したが、未完

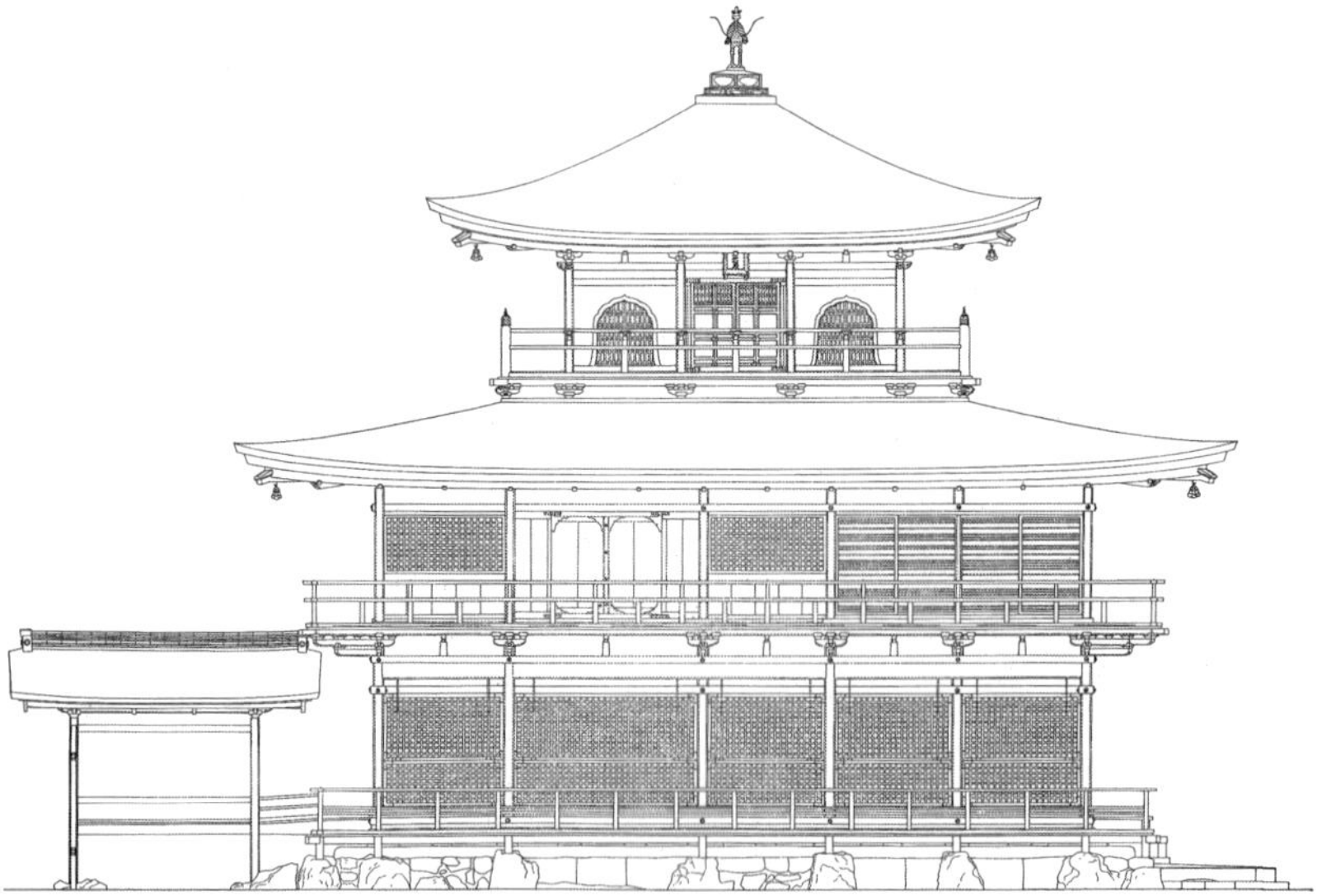

図6―10　鹿苑寺金閣正面図

に終わり、やはり義政の死後、慈照寺《じしょうじ》となり、観音閣であった銀閣《ぎんかく》、持仏堂《じぶつどう》であった東求堂《とうぐどう》が現存している。日本史の教科書的には銀閣の方が有名であろうが、整った座敷構えが確認できる東求堂の方が建築史的には重要なのである。

東求堂は文明十七年の建築で、板敷の仏間と四畳・六畳・四畳半の畳敷の部屋の四室の構成である。このうち同仁斎《どうじんさい》と呼ばれる北東の四畳半の小部屋は付書院・棚を備えており、整った座敷構えがみえる現存最古の建築として名高い（図6—11）。

また東山殿の会所は文献史料の記述によると私的な会合や社交の場として用いられ、主室である九間を中心に、その前に広縁があり、座敷飾り、畳を敷き詰めた小部屋、多くの間仕切りがあったようで、これらに寝殿造との違いが大きく表れている（図6—12）。特に石山の間は押板・床の間・書院・棚を備えていたようで、畳を敷き詰めた小部屋とともに書院造の要素が強く表れている。

この押板（床の間）・棚・付書院という座敷構えの成立とともに、そこに何を飾るかということが社交界のステータスへと変化していった。すなわち座敷飾りが権威、儀礼の格式を示す装置になったのである。特に足利義政の東山殿の座敷飾りについては、能阿弥《のうあみ》や相阿弥《そうあみ》が記録した『君台観左右帳記《くんだいかんそうちょうき》』（図6—13）や『御飾書《おかざりしょ》』に詳しく、器物の種類や置き方などが細かく記されている。唐絵・花瓶・香炉・硯や水入などの書院道具、たくさんの美術工芸品を陳列したようである。行幸時には特別の座敷飾りをしたことが『室町殿行幸御餝記《むろまちどのぎょうこうおかざりき》』などからも知られ、建築を荘厳する方法として座敷飾りが特に重視されていたのである。座敷飾りは形式

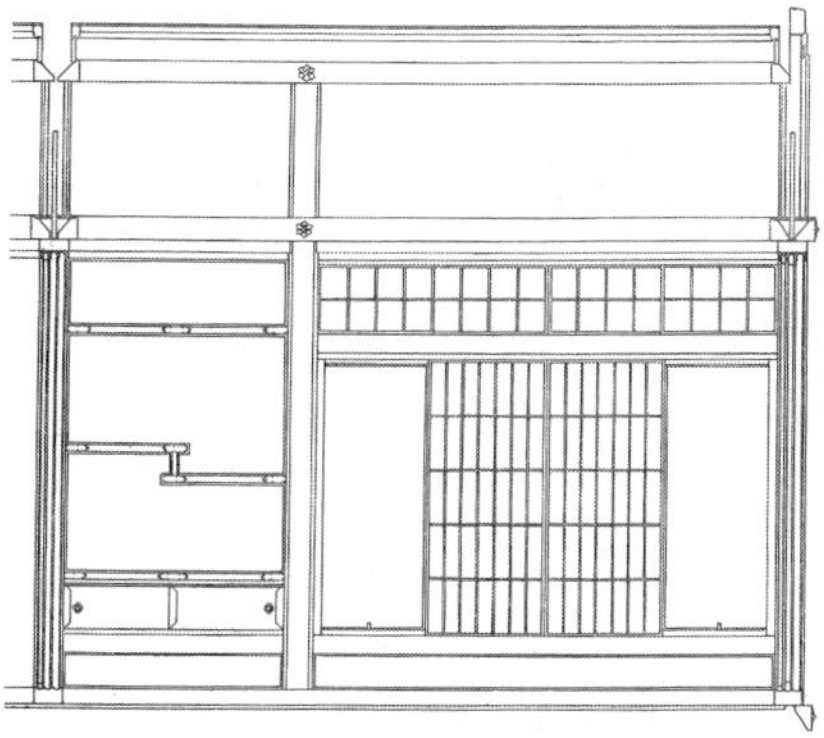

図6−11　慈照寺東求堂同仁斎の詳細

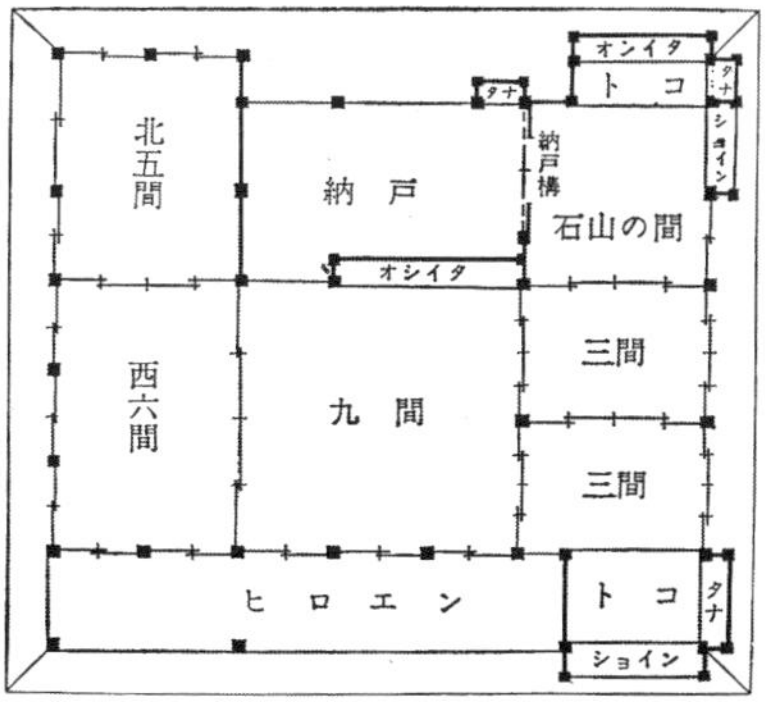

図6−12　足利義政東山殿会所復元平面図
（川上貢案）

化していき、燭台・香炉・花瓶の三具足《みつぐそく》を備え、掛け軸を掛けた形式が最も高い格式として、重要な儀礼における座敷飾りの規範となっていき、これが武家故実を整備する一助となっていった。

この座敷飾りの格式化と並行して、飾られる唐物にも権威が付与されることで、唐物には金銭的な価値が加わっていき、将軍家の富の形成に拍車がかかった。ただし足利義政の代には応仁の乱によって、唐物を同朋衆に目利きさせて切り売りしなくてはならないほど幕府の財政は困窮したのであるが、良品・逸品が多かったから、将軍ゆかりの品は東山御物としてもてはやされた。何とも皮肉なものである。このように座敷構えは武家社会の権威と身分社会の象徴として生まれただけではなく、そこに飾られた唐物も権威性を帯びたのであった。これらの座敷構えという設備の定型化は、武家が公家から独立した基盤を確立し、武家階級の関係性が固定化されて初めて意味を持ってくるもので、多分に寝殿造などの公家の影響を受けた室町時代にあっては、会所などの私的な場所に用いられる程度であったから、格式や権威性を帯びる萌芽に過ぎなかった。そのため戦国の世を経て、封建社会が再編成された近世の太平を迎

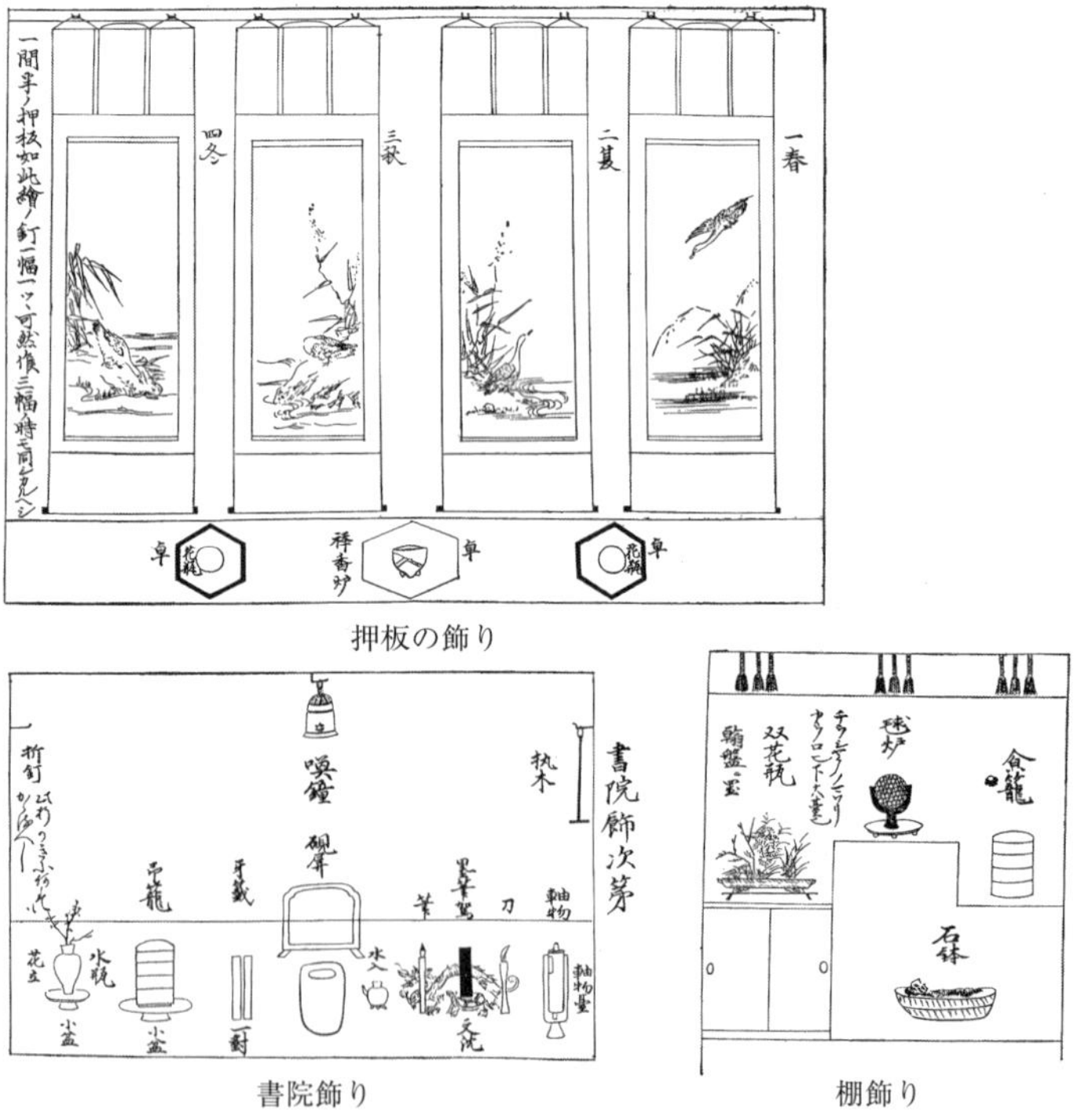

押板の飾り　書院飾り　棚飾り

図6－13　『君台観左右帳記』の座敷飾り

えることで、ようやく書院造としての完成をみたのである。

建築技術の発展

大仏様・禅宗様など、新しい建築のカタチが生み出されただけではなく、中世には大きな技術発展があった。貫と筋違《すじかい》の使用・枝割《しわり》による設計・木工具の発達である。いずれも加工や施工の精度の上昇との関連が深く、中世の建築を取り巻く状況を語るうえで欠くことはできない。

さて貫や筋違が用いられる以前の古代建築では横方向の構造材は柱・頭貫・長押程度であった。藤原定家が自身の持仏堂の倒壊について「長押なきによる」と原因を述べていることからも、長押が構造材として認識されていたことがわかる。こうした古代建築の脆弱性を補完していたのが太い柱や梁などの部材自体の強度で、これは豊富な森林資源を背景に成り立っていた。ただし鎌倉時代に入ると重源が材木を探し求めたように、巨大な材料の調達は困難になってきた。それゆえ全体として部材を小さくすることが求められたのであるが、筋違や貫の付加によって、柱や部材を小さくすることができるようになったことで中世建築は成熟していった。

筋違は斜めに入れる部材で、承久元年（一二一九）の法隆寺舎利殿（奈良県）の壁に用いられているが、日本では小屋組には用いられた程度で多用されなかった。いっぽうの貫は柱と柱の間を貫き通して繋ぐ部材で、大仏様・禅宗様の技術とされるが、鎌倉時代中期以降、和様にも用いられるようになり、南北朝時代には貫による構造強化が広く用いられるようになり、古代建築の構造強化のために後補された。

二つ目の枝割は設計方法の一種で、屋根を支える垂木の間隔を基準に全体を設計する方法である。古代建築は柱と柱の間の寸法（柱間《はしらま》寸法）を一〇尺などの切りのいい寸法として、建物を設計していた。柱の芯々寸法で設計し、まず建物の柱の位置を決め、垂木は柱と柱の間に適当に割り付けていたのである。古代建築のように木太ければ、垂木も太いから、垂木間隔がまばらであっても気にならないのであるが、中世以降の建築のように各部材が細くなってきて、垂木が細くなってくると、垂木間が一定でないと目立ってくるため、間隔を均一にするようになる。もちろん、建物を構造的に成立させるためには垂木の間隔を厳密に均一にする必要はまったくなく、実際に中国や韓国では近世の建築であっても垂木の間隔がバラバラの建物も多いが、日本人は垂木と垂木の間隔が一定でないと気が済まなかったようである。

垂木間隔の均一化によって見栄えが良くなるのであるが、一〇尺の柱間に垂木を一一本入れると垂木と垂木の間隔は〇・九一尺と切りの悪い数字となってしまい、設計・施工ともに面倒になる。そこで、わざわざ垂木の間隔を一定にするのであれば、柱間寸法を設計基準にするのではなく、垂木と垂木の間隔（一枝《いっし》という）を基準に設計してしまえばよいのではないか、と考えたのである（図6—14）。この一枝寸法を基準として、建物全体に適用させていった建築の計画方法こそが枝割である。もちろん垂木を均等に配する方法自体は古くからあったが、一枝寸法を基準とした枝割は十三世紀以降、広まっていったとされる。これにより、柱間寸法は必ずしも尺で切りのよい数値にはならなくなったが、柱間寸法を中央間と脇間で三：二としたいときに、尺の設計では中央間を一〇尺、脇間は六・七尺に近い七尺というような設計をしていたものが、中央間を一八枝、脇間を一二枝と設計できるようになった。この枝割の最たるものが六枝掛《ろくしがけ》で、三斗の上に六本の垂木を掛ける方法である（図6—14）。六枝掛では枝割が建物全体の基準となり、軒《のき》の出《で》が柱からどの

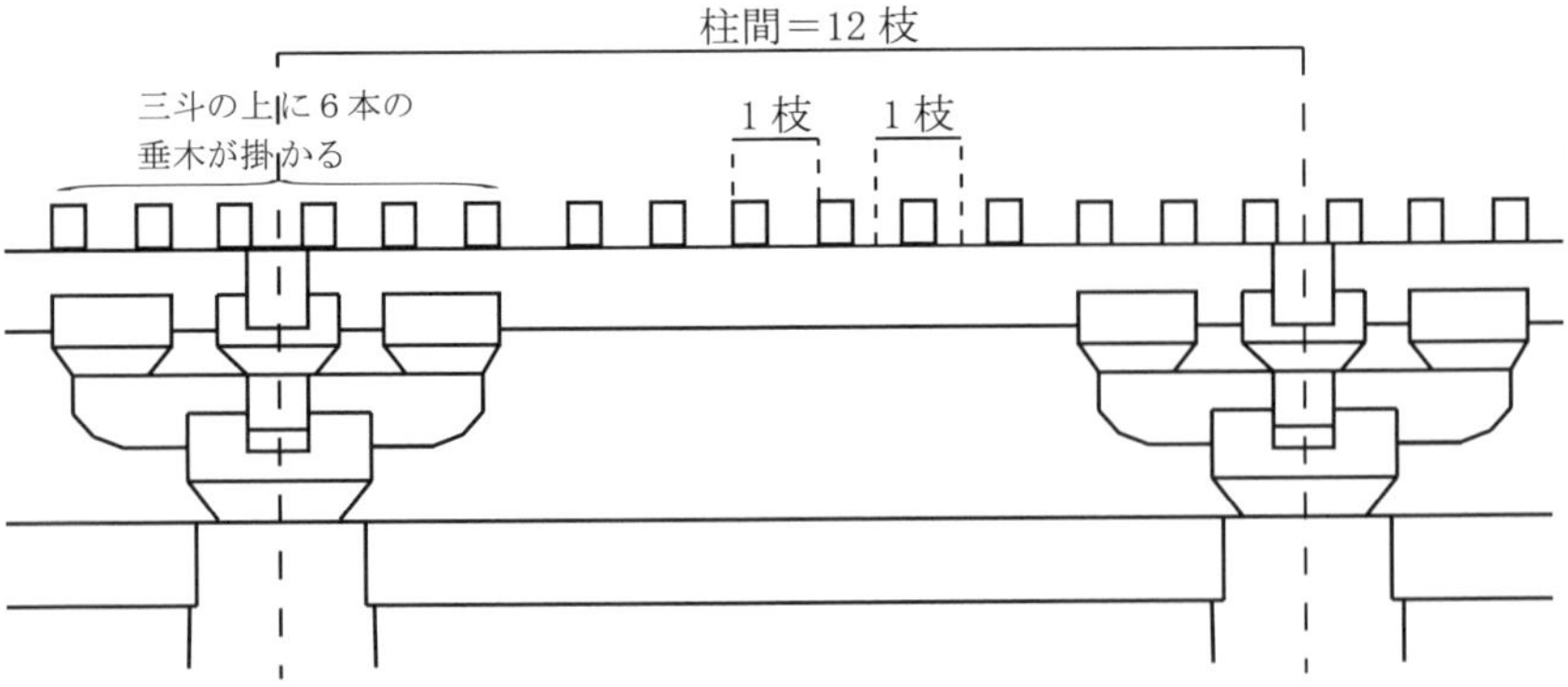

図６−14　六枝掛の模式図

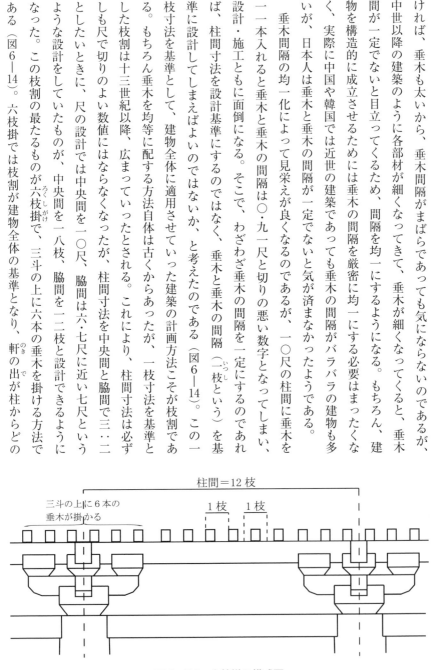

くらい出るといった寸法も何枝分の軒の出と垂木の本数で表せるし、柱の太さや部材の大きさなどの比例も一枝寸法を基準として表せるようになった。このように枝割は柱位置からの設計であった古代建築とはまったく逆の発想で、屋根を支える垂木を基準にしており、これが日本建築の屋根の精巧美をさらに醸成していったのである。

この枝割はかなり細かい設計であり、同じく貫も柱を通すため両者ともに高い施工精度が必要である。これらの精密な施工を支えた背景には精度を担保するための木工具の発達があった。縦挽鋸《たてびきのこ》と台鉋《だいがんな》の登場である。縦挽鋸の登場により、それまでの打割《うちわり》製材から挽割《ひきわり》製材へと変化し、これにより十五世紀ごろからは薄い板や精度の高い部材を造ることが可能となった。台鉋の出現も室町時代後半とみられ、この台鉋も仕上げの効率化と加工精度の上昇に著しく役立ち、縦挽鋸とともに薄い板を作る一役を買っていた。小屋組の貫、禅宗様の建築の板壁、均一な太さの垂木などの中世建築の技術発展や意匠の展開の背景にはこうした木工具の発達があり、これにより精度の高い建築の造営が可能となったのである。

座の形成と大工職の世襲

古代の造営は奈良時代の木工寮《もくりょう》や造東大寺司などによるものはもちろん、平安時代の造国制・所課国制についても大枠では律令の体制のもとで造営はおこなわれていた。しかし鎌倉時代以降、朝廷は弱体化し、国司も貴族・寺社の荘園の増加によって地方支配力を喪失して経済的に疲弊し、活発な建築活動を担う力を失った。その貴族も武家の台頭により荘園を奪われ、造営に力を注ぐ余力はなくなっており、造営活動の主役は寺社自身へと移っていく。

さて木工寮・修理職《しゅりしき》などの技術官人も平安時代末期になると、国衙の収入の減少により俸禄も滞りがちになっており、所属官司の了解のもと、寺社などの造営に参加することも増加し、こうした流れは工人組織の再編を生み出す土壌となった。東大寺の再興が鎌倉時代初頭の建築界を牽引《けんいん》したことは疑いなく、重源やそのあとを受け継いだ栄西といった僧侶が造営を主導的にマネージメントしたことは先にも述べたが、社会制度としては寺院知行国制が大きな変革である。寺社は知行国制によって造営の計画経営の全権を握って直接的に造営事業への関与していき、荘園という財政基盤を背景に建築技術者を抱えることで、寺社の建築生産組織は拡大していった。いっぽうで、技術者にしても仕事に困らない寺社（本所）に身を寄せることで安定的に仕事を得られたから、自然と希望者が集まってきた。両者の思惑は一致したのである。この状況下では新参者は既得権益者の安定した地位を脅かすから、これに対抗するため同業の工人が集まって新規参入を排除することで地域での仕事を独占し、特権的地位を確立しようとした。これが座の形成である。この座は建築に限らず、塩・油・材木など多くの業種で形成され、競争による混沌と権益の確立という中世の社会情勢を端的に示している。

では建築の座はどのようなものであったのであろうか。本来、座は有力な職人の自主的な集合で、経験年数や技術によって座内での順位を決める平等なものであった。例えば弘安九年（一二八六）の春日大社・若宮の造営は興福寺座によるもので、従事した国任・国時・頼宗・重宗・時安の五名の座衆に臈次《ろうじ》、すなわち順位付を与えており、国任を御寺惣大工、国時を御寺権大工としていた。欠員が生じた際には繰り上がって昇格させることとしており、翌年に国任が死去した際には権大工時国が惣大工となって順次、臈次が一つ繰り上がった。この臈次は座衆の階層を示すもので、年功や技術などによって定められていた。いっぽうの造営現場では、大工・引頭《いんどう》・長《ちょう》・連《れん》による組織が形成されていた。この現場の大工・引頭・長・連というランクは工事ごとに臈次によって任命されるものであったから、工人の構成で変わることもあり、座としては、現場ごとの格付けではなく、あくまで臈次にもとづいて座の階層化と統制がなされていた。

座が拡大していくと、職場の活動範囲の拡大志向によって市場の独占争奪も起こった。さらに南北朝の争乱以降、座の拠り所の大寺社の荘園が衰退し、これに代わって地方では在地領主が経済的基盤として大きくなっていくと、座の職人は彼らに被官し、その庇護のもとで地域内や寺社の仕事の権益を持った大工職《だいくしき》が生まれた。建設作業には木工だけではなく金工・石工・葺工、さまざまな手工業職人が関わっていたから、大工職が彼らを取りまとめて大造営の円滑な進行を担うとともに、職人に安定的な仕事を供給したのである。こう書くと大工職の誕生はメリットばかりのようでもあるが、デメリットもあった。一つは大工職の利権化である。造営を統括する大工職は造営の大きな利権であったから、世襲されたり譲渡されたりした。第二は大工職のもとで一定の地域内の造営が独占されて競争がなくなったことや大工職の世襲制によって腕を磨いても栄達が望めなかったことによる技術の停滞である。もう一つは大工職自身の技術力の低下である。造営全体をコントロールする大工職には、いわゆる職人としての腕ではなく、マネージメント能力が求められたから、技術力の低下や創造性の欠落は避けられなかった。こうした大工職の弊害は『大乗院寺社雑事記《だいじょういんじしゃぞうじき》』に記されており、明応元年（一四九二）ごろの大乗院門跡の作事では、大工の腕が悪いことを理由に大工を外し、権大工と舎弟二人を召したというから、大工とは名ばかりであったようである。

　いっぽうで、大工職に能力がなくても造営全体をマネージメントするために、ある程度の設計はできなくてはならないので、技術の伝承方法として木割とその技法を記した木割書《きわりしょ》が生まれた（第八章、二一四頁参照）。木割は建築の各部材の比例のことで、柱径や柱間寸法など建築全体におよぶ設計の基礎である。木割書はこうした寸法体系を記した一種の教科書で、枝割とともに、技術の継承と普及・画一化を進める一翼を担ったのである。

よもやま話⑥　修理は後回し

建築のニュースというと安藤忠雄《あんどうただお》や妹島和世《せじまかずよ》などの著名な建築家による新築が話題性に富み、スポットライトを浴びやすい。もちろん建築にとって新築は誕生の瞬間であり、その建築が最も輝く瞬間の一つである。いっぽうで、こうした建築も適切な維持管理がなされなければ、往時の姿を保つことはできない。

修理や維持管理というと一見、地味なテーマのようにも思えるが、実は現代社会でもタイムリーな話題である。高度経済成長期に造られたコンクリート造の建物や道路などのインフラの補修が社会問題になっているのはよく知られていることであろう。もちろん、高度経済成長期にはとにかく社会の発展に貢献すべく、早急にインフラを新しく整備することが求められ、メンテナンスの優先順位は低かったことも致し方ない。それが建設後五〇年を経て各所に痛みがみられ、メンテナンスの必要性が叫ばれるようになってきたのである。

さて新築優先で修理は後回しという状況は何も現代だけの問題ではなく、奈良時代にも起こっていた。平城京や地方官衙《かんが》・国分寺《こくぶんじ》などの建設の際にはやはり新築が優先され、維持管理に関する法令整備などはなされていなかった。耐久性の低い掘立柱《ほったてばしら》建物から恒久性のある礎石《そせき》建物に代わって建築の寿命が延びたことで、初めて維持管理という概念や問題が浮上したのである。掘立柱建物では根幹の柱ですら根腐れしてしまうから、建物を修理して長く使うという発想も生まれなかったのであろう。

奈良時代には礎石建物が各地に建てられ、特に財の象徴である正倉は早くから礎石化し、長寿命化を志向していたし、各国の国分寺は礎石・瓦葺《かわらぶき》で建てられた。ただし国分寺では造営自体も遅滞していたから、修理どころではなかった。国分寺がようやく完成すると、時間を経るにつれて破損が目立ってきて修理が必要になってきた。朝廷は威信をかけて国分寺の整備をしたのであるから、破損したままでは沽券《こけん》にかかわり地方に示しがつかず、さっそく、修理せよと国司に命じた。とはいっても財源は特段、確保せずに、ただ建物は直せ、という指示であった。もちろん先立つものがなければ、修理の材料も人も集められないから、適切な修理がなされるわけはなく、破損は日増しに進むばかりであった。

修理を命じたけど、予算措置はなし。だから地方の役人も修理しないし、できないという連鎖も、現代の予算にもとづいた論理と同じで数年で交替する国司の人間味のある行動である。いっぽうで新築の片手間で修理させようとする中央の方向性も、いかにも現場の実態を知らない上から目線で、律令体制下の実態が表れている。ただし東大寺では天平宝字四年（七六〇）には修理費用を確保しており、永続的な伽藍の維持管理の予算措置が取られたようである。

地方と同じく中央でも維持管理の問題は起こっていた。まずは木工寮《もくりょう》や京職《きょうしき》などが新造に加えて修理を担っていたが、業務超過によって機能不全となっていった。維持管理の職務をどこの組織が担うかという問題に直面し、修理職《しゅりしき》や修理坊城使《しゅりぼうじょうし》などの修理専門の役所を設けるなど、さまざまな組織改編を繰り返し、ようやく九世紀後半になり、新造の木工寮、修理の修理職という安定した二大体制が確立した。

現代も権威を示し、手柄になりやすい新築プロジェクトがもてはやされるが、歴史に学んで、地味に見える修理やメンテナンスにも目を向け、未来へ着実に歩みを進めていかねばならない。先人が直面した維持管理の問題と古建築の保存は同じで、維持管理に十分な予算・人員・時間を確保しなくてはならないが、諸外国に比して、文化・文化財の予算の少ない現代の日本は先人の教えを活かせているとはいい難いのではなかろうか。我々は長い歴史のなかで次世代に伝えるために一時的に文化遺産を預かっているに過ぎないのであるから、維持管理の重要性について肝に銘じておく必要があろう。

7 戦乱による破壊と桃山の栄華

伝統文化の展開と超越

天文十二年（一五四三）に種子島《たねがしま》に火縄銃《ひなわじゅう》がもたらされたのを皮切りに、キリスト教の布教や交易のため、ヨーロッパ諸国からの日本への来訪は増加し、多くの文化が持ち込まれた。例えばイエズス会の宣教師フランシスコ・ザビエルが肥前国を経て、周防国を訪れ、大内義隆《おおうちよしたか》に時計・火縄銃・葡萄酒などを贈呈したことが知られる。もたらされた文化は南蛮衣装・銅版画・地球儀などの物質文化にとどまらず、科学・思想・習慣などの精神文化にもおよび、日本人の既存の世界観や価値観を打ち壊していく。

建築の面ではキリスト教の教会堂としての南蛮寺が興った。ただし宣教師らは建築技術者をともなわず、仏教の僧侶とは異なって自身が建築技術や深い知識を持っていなかったためか、西洋建築の技術がもたらされた様子はうかがえない。江戸時代以降、幕府の禁教政策が厳しくなると、南蛮寺は破壊されたため絵画資料や文字資料などから類推できるのみであるが、日本の大工によって仏教寺院の建築様式を踏襲して建てられ、十字架やキリスト教関係のモチーフが彫刻や天井絵に用いられた程度であったようである。多大な影響を与えた南蛮文化であったが、こうした状況であったので建築に与えた直接的な影響は少なかった。ただし、もたらされた精神文化は既存の概念を打ち破るという点で大きな役割を果たし、織田信長《おだのぶなが》や豊臣秀吉《とよとみひでよし》のような、既存の権力や権威に対して無配慮の建築の破壊や新しいカタチによる建築の創造のきっかけとなった。なお天正十五年（一五八七）六月十九日付の「吉利支丹伴天連追放令」ではキリスト教の門徒に寺社を破壊させていることを問題視しており、その真偽のほどは不明であるが、寺社の建築の破壊が相当数、おこなわれたとみられる。仏教の場合、初期には神道と対立したこともあったが、寛容性が高く、第五章で述べたように神仏習合《しんぶつしゅうごう》に至ったのであるが、一神教であるキリスト教にはこうした概念は受忍しがたく、他の宗教である寺社の破壊行為におよんだのであろう。

建築の破壊でいえばキリスト教徒との衝突だけではなく、信長の比叡山延暦寺《ひえいざんえんりやくじ》や越前国の豊原寺《とよはらじ》の焼き討ちが挙げられ、これらは僧兵による武力保持や戦国大名の援護という動乱のなかでの軍事的・政治的要因による破壊である。いっぽうで新しい建築の創造でいえば、城郭における天守《てんしゅ》の誕生がある。戦国時代の平定にめどが付き始めると、軍事面に特化した中世城館から脱却し、安土城《あづちじょう》・大坂城《おおさかじょう》・伏見城《ふしみじょう》などの政治支配のための城が造られた。また住宅でも座敷構えの形式化によって書院造《しょいんづくり》が展開し、大広間・黒書院・白書院が雁行型《がんこうがた》に連なる御殿が生まれる。そこでは壁や襖に金地の上に青や緑などの濃い彩色を施した濃絵《だみえ》の障壁画を飾り、豪華絢爛な装飾・彩色、形式化された座敷構えにより、権威性を強く示す空間装置へと変化していった。

こうした身分や格式を重んじた建築的な発展のいっぽうで、茶の湯の文化が隆盛する。室町時代に流行した茶の銘柄を当てる闘茶《とうちゃ》や書院における豪華な茶の湯を経て、村田珠光《むらたじゅこう》以降、流行したわび茶は、堺の町衆であった武野紹鴎《たけのじょうおう》や弟子の千利休《せんのりきゅう》によって大成する。この茶道の流れとともに草庵茶室が生み出された。

このように激動の世のなかで既存の概念が揺るぎ、伝統の継承と展開がおこなわれるいっぽうで、新しい文化が多く生み出された。建築でも同様の動きがあり、特に織田信長や豊臣秀吉といった新興の権力者が建築を通して新しい権威の系譜を示すとともに、伝統の破壊・踏襲・発展によって自身の正統性と権威性を示していたのである。

戦乱と寺院の焼き討ち

さて戦国期は建築にとっても不遇の時代で、新たな建築の生産というよりも破壊の時代であった。東大寺《とうだいじ》・興《こう》福寺《ふくじ》・延暦寺をはじめ、大寺院は依然として強大な勢力を保ち、僧兵による武装は常態化していた。なかでも興福寺は高い軍事力を保持し、大和国一国を支配するほどの勢力で、織田信長と同盟を結んで勢力を維持していた。また一向宗も摂津の石山本願寺《いしやまほんがんじ》や三河の本證寺《ほんしょうじ》など各地で一向一揆《いっこういっき》を起こしており、絶大な影響力・軍事力を誇った。このように有力寺社は荘園による寺社領の保持、僧兵による武装化によって、戦国大名に比肩する一大勢力であった。そのため寺社といえども争いの渦中に巻き込まれざるを得ず、戦乱と建築とのかかわりでいえば、東大寺・延暦寺で多くの建物が失われた。

東大寺大仏殿は治承四年（一一八一）に平重衡《たいらのしげひら》の焼き討ちにより焼失し、重源《ちょうげん》らによって再建されたことは前章でも述べたが、永禄十年（一五六七）には松永久秀《まつながひさひで》、三好義継《みよしよしつぐ》・三好三人衆、筒井順慶《つついじゅんけい》らによる戦闘により、再び戦火を被った。

この大仏殿の焼失自体は不幸にも東大寺が戦闘の場となったがゆえの破壊で、東大寺の破壊に政治的な意図は大きくなかったのだが、その再建の過程には多大な苦労と政治的な意義が少なからずあった。翌年には大仏の補修と修理がおこなわれたのであるが、戦国の世で十分な資金を集めることができず、仮補修にとどまった。大仏を覆う仮の仏堂も再建されたようであるが、これも慶長十五年（一六一〇）の暴風で倒壊し、再建は宝永六年（一七〇九）まで待たねばならなかった。この東大寺大仏殿の喪失が豊臣秀吉・徳川家光《とくがわいえみつ》に既存の権力とは別の新しい権威を示すための方広寺《ほうこうじ》・寛永寺の大仏殿を造らせるという伏線の一つとなったのであろう。

寺院の破壊自体が大きな意味を持ったものといえば、延暦寺の焼き討ちを抜いては語れない。延暦寺の焼き討ち自体は足利義政《あしかがよしまさ》・細川政元《ほそかわまさもと》・織田信長のものがあるが、織田信長の焼き討ちは当時の世相をよく表している。

この背景には織田、朝倉《あさくら》・浅井《あざい》、延暦寺の複雑な関係があった。

元亀元年（一五七〇）四月に信長は朝倉氏討伐に向かったが、金ケ崎《かねがさき》の戦いで浅井長政《ながまさ》の裏切りにあって敗走する。その後、姉川《あねがわ》の戦いで朝倉・浅井に打撃を与えるが、九月に大坂の石山本願寺の蓮如《れんにょ》の蜂起に気を取られた隙に京に向けた朝倉・浅井の進軍を許してしまう。信長が大坂より引き返すと、浅井長政・朝倉義景《よしかげ》は比叡山延暦寺に立てこもった。信長は延暦寺に対して講和を持ち掛けたが、これを拒絶したことで、信長の逆鱗《げきりん》に触れた。

これが契機となって、元亀二年九月十二日に織田信長による焼き討ちは始まった。この焼き討ちは延暦寺の開創以来、最大の苦難で、信長は山上・坂本を徹底的に焼き払ったため、現在も残る焼き討ち以前の建物は焼き討ち後に移築された建物を除くと、瑠璃堂《るりどう》（室町時代後期）のみであり、延暦寺は文字通り、壊滅的な打撃を受けた。

かつて院政で世の頂点を極めた白河《しらかわ》法皇が思い通りにならない三つのものとして、双六《すごろく》のサイコロの目、鴨川の氾濫と並んで、比叡山の山法師《やまぼうし》を挙げたように、権力者であっても神仏に対する破壊行為や弾圧は憚られるものであった。この信長の焼き討ちは寺社に対する畏怖《いふ》を一変させ、既存の勢力に対する弾圧を建築の破壊という目に見える形で実行したもので、権威性を蹂躙《じゅうりん》するものであった。建築が権威や信仰心のシンボルとして、人々に認識されていたからこそ、その破壊が効果的であったのである。

城の変遷と天守

中世以前にも、宮殿・貴族邸宅など技術や贅を凝らした建物もあったが、多くは宗教建築、特に寺院建築を中心に発展してきた。しかし戦国時代、あるいは安土・桃山時代になると、寺院は荘園などを奪われて次第に疲弊し、天守、書院などが象徴的な建築として表舞台に登場し、建築文化の中心を占めるようになった。

城は本来、軍事目的の施設であるから、防御性に優れた場所や構造をとるのが当然で、中世には自然地形を利用した山城《やまじろ》が造られたが、戦国時代以降、防御性だけではなく、大名の居城は政治・経済の中心地の象徴としての機能が重視され、近世には平山城《ひらやまじろ》・平城《ひらじろ》が主流となっていった。上杉謙信《うえすぎけんしん》の居城であった春日山城《かすがやまじょう》や天空の城で有名な竹田城《たけだじょう》は山城の代表例で、江戸時代に天守や櫓《やぐら》まで造られた山城で現存する唯一の例が備中松山城《びっちゅうまつやまじょう》（岡山県、天和三年＝一六八三）である（図7―1）。備中松山城は標高四三〇《メートル》の臥牛山《がぎゅうざん》の山頂に築かれており、麓には武家屋敷・商家・寺町が整然と並ぶ城下町が広がる。ちなみに山上の城は不便であったらしく、麓に御殿を建てて、ここで政務がおこなわれていた。

　このように平時に山城は不便であったがゆえに、近世に入るにしたがって、平野の丘陵地の平山城や丘陵がない場合に堀や土塁で囲んで造られた平城が主流になっていった。平山城・平城では、河川や海などの自然地形を用いて、防御に利用するとともに、平坦な地形を利用して、城下町の発展に力を入れていくことで、地域支配・地域経済の中心地として城がそびえたつことになった。

　この象徴性は城の建築の意匠にも大きな影響を与えた。単なる軍事施設であるのであれば外観にこだわる必要はなく、むしろ目立たないほうがよいのであるが、大名の権威性を示すために城の建築に力がそそがれたのである。その傾向は早くは戦国時代にも表れており、最たるものは天守である。

　天守の起源は明らかではないが、天主とも書き、文献史料上、少なくとも永正十七年（一五二〇）には天守の字が確認でき、摂津国伊丹城《いたみじょう》に天守があったとされる（『細川両家記《ほそかわりょうけき》』）。ただし、この記述は誤伝ともされ、また

図7―1　備中松山城

構造も不明である。
古式な天守の構造は寛永年間（一六二四〜四四）の築城とされる丸岡城《まるおかじょう》が良く示している（図7―2）。丸岡城天守はいわゆる望楼《ぼうろう》型で、一重目の入母屋造《いりもやづくり》の屋根上に望楼を載せ、その周囲に高欄付きの縁を廻らせている。突上の窓や素木《しらき》の垂木《たるき》、下見板張りの外壁などには軍事的側面が強く出ている。装飾はほとんどなく、外観に対する配慮といえば、一重目の入母屋造の平側《ひらがわ》に切妻破風《きりづまはふ》を付して、四面の構成を整えている程度で、質実で荒々しい構えを見せている。なお同じ年に安土城の建設が始まっており、後述のように、こちらの天守は巨大かつ豪華なもので、以降の天守が発展する基礎であった。

さて城の軍事的機能が低下してくると、城の建築、特に天守は荘厳性の富んだものへと変化し、支配者の威光を領民に知らしめ、周囲の大名に権威を誇示する役割を担っていくことになる。外観にそれは表れており、千鳥破風《ちどりはふ》や唐破風《からはふ》など、多彩な屋根によって変化に富んだ構成とし、外壁も白壁の漆喰《しつくい》塗として華やかさを増していく。また犬山城《いぬやまじょう》（愛知県、慶長六年＝一六〇一）や松江城《まつえじょう》（愛媛県、慶長十六年）などでは禅宗様《ぜんしゅうよう》寺院にみられる花頭窓《かとうまど》が使用されており、これも外観にアクセント

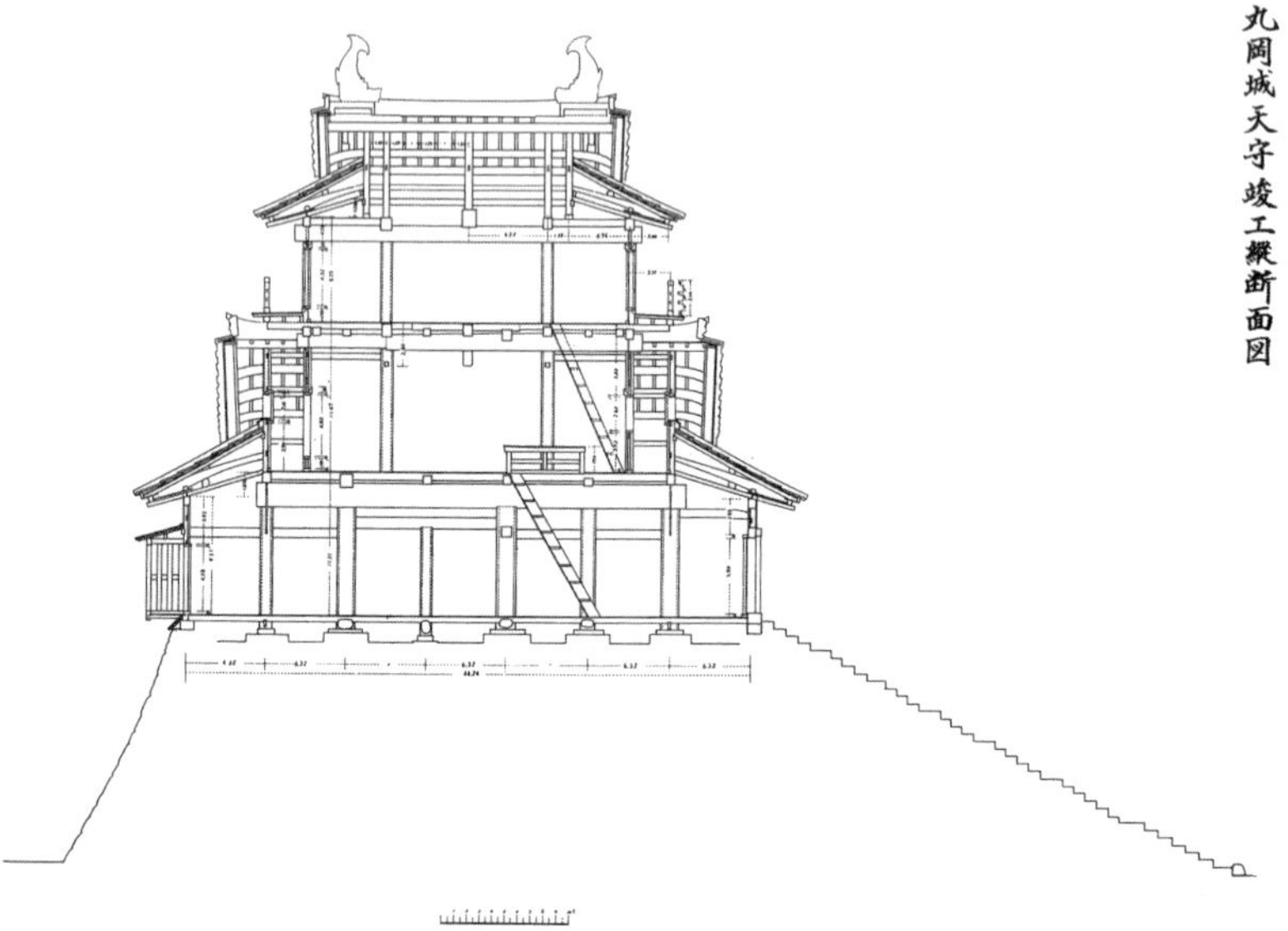

図7―2　丸岡城天守の桁行断面図

を与えている。

そして居室としての機能が向上すると、長押《なげし》を巡らせて、しだいに御殿風の構えになり、慶長十二年ごろに増築された熊本城《くまもとじよう》小天守は床の間付の座敷や書院を構えるほどであった。慶長期は城の最盛期ともいう時期で軍事的にも発展し、鉄砲や弓を射るための狭間《さま》（鉄砲狭間・矢狭間）が外から見えないような工夫がなされた。

また天守以外の櫓や門・塀をはじめとする諸建築も荘厳性を帯びていくようになる。白鷺城《しらさぎじよう》の異名をもつ姫路《ひめじ》城《じよう》（兵庫県、慶長六～八年）などは白漆喰総塗籠《しろしっくいそうぬりごめ》で、防火性に加えて美観を整えており、平成の大修理後には「白すぎ城」と揶揄《やゆ》されたほどである（【巻頭カラー51】）。ちなみに、城が目立ちすぎるのも困ったもので、第二次世界大戦では姫路城を空襲から守ろうと黒く染めた網による迷彩を施したほどであった。

さて江戸時代になると、外様《とざま》大名をはじめとする諸藩の軍事力を抑えて支配するために、元和元年（一六一五）に徳川家光は俗にいう一国一城令《いっこくいちじようれい》を出した。太平の世になり、軍事的な城は不要になっているはず、という認識で、これにより、諸国では出城《でじろ》が破却された。さらに同年に出された武家《ぶけ》諸法度《しよはっと》では修理の際にも幕府に申告すべきこと、新造は停止することが求められており、幕府によって城の作事は厳しく統制されていた。そのいっぽうで、城は単なる軍事設備ではなく武家による支配の象徴でもあったため、荒れ果てた城や天守は領主の威信失墜のきっかけになることを幕府も危惧していた。太平の世にあっても、城・天守はいまだに大名のメンツであり、武家による支配の象徴であったのである。

信長と安土城

数多の城のなかでも、天正七年（一五七九）に織田信長が丹羽《にわ》長秀《ながひで》に命じて築城させた安土城はひときわ特異なもので、五重以上の天守（天主）の最初といわれている。『信長公記《しんちようこうき》』やキリスト宣教師たちの描写によると、地上六階、地下一階の五層七重で、内部の柱には金箔が貼られ、外部は各層で違った塗装がなされていたという。まさに豪華絢爛の言葉にふさわしい建築で、天下布武の言葉を体現するかのように、視覚的に信長の威光を知らしめるものであった。近江盆地や琵琶湖の開けた地で、安土山の上に築かれた高層の天守は遠くより望見できたのであろう。

さらに軍事施設であった城の天守に信長が居したという点でも、安土城は特殊である。その生活のために、客間としての書院、台所を備え、座敷は狩野永徳《かのうえいとく》の障壁画で飾られた畳敷きの部屋で、行幸のための部屋もしつらえらえた。特に五階・六階は強烈なインパクトを持った空間で、八角形の平面の周囲に高欄と縁を設け、柱は朱塗り、内側は金箔貼りとしたうえ、釈門十大弟子《しゃくもんじゅうだいでし》や釈尊成道説法《しゃくそんじょうどうせっぽう》の図が描かれ、最上層の六階は三間四方の小さな座敷に豪華さを凝縮しており、内外ともに金箔を貼り、柱は内外ともに黒漆塗りとしていたようである。さらに登り龍や降り龍を描き、座敷には古代中国神話の三皇五帝や孔子の秀でた弟子である孔門十哲、七賢などが描かれていたという。こうした趣向を凝らした数々の部屋の存在は、城が味気ない軍事施設から支配者の威光を示し、接客・謁見するための施設への生まれ変わったことを示しているのである。

山下には楽市楽座の制を敷いた城下町が開かれ、東国と京と結ぶ要衝の地にあった安土の地は大いににぎわったが、本能寺《ほんのうじ》の変《へん》による信長の没後、天正十年には天守が炎上し、織田氏の没落とともに廃城への道を歩んだ。往時の安土城や城下町のありさまを知るすべもないが、安土城内に信長が創建した総見寺には周辺寺社から移築された三重塔・楼門がわずかに残っており、かつてのにぎわいの残り香を感じることができる。城下に開けた町の繁栄とそこから仰ぎ見る壮大な天守を備えた安土城は、まさに天下人の象徴として、権威性を帯びた新時代のシンボルであったのである。

大坂城・聚楽第・伏見城

安土城の天守（天主）は人々を驚かせ、信長自身の力を誇示したもので、まさに信長の天下人たる姿を象徴する建物であった。これに対して、秀吉の建築といえば、大坂城・伏見城・聚楽第《じゅらくてい》の三つであろう。

織田信長の死後、秀吉はそうそうに明智光秀《あけちみつひで》を山崎《やまざき》の戦いで討伐し、清洲会議《きよすかいぎ》や柴田勝家の制圧などを経て、天正十一年（一五八三）には大坂の石山本願寺の跡地に大坂城を築いた。安土城が信長のシンボルであったように、大坂城はまさに秀吉の象徴ともいえる城であった。この大坂城も豪華絢爛であったようで、島津の脅威にさらされていた大友宗麟《おおともそうりん》が同十四年に大坂城を訪れた際に、実に奇特、神変不思議、三国無双の今までに見たこともない建物であると、驚きを伝えている。

この大坂城の立地であるが、上町大地の北端で、その北には淀川の本流が流れる要害の地であり、その水運で京都ともつながる要衝の地であった。交通の便がよい地であったから、古代の宮殿もほぼ同じ地に建てられており、大坂城天守の南方六〇〇《メートル》のところには、かつての難波宮《なにわのみや》の中枢部、大極殿院《だいごくでんいん》があった。大坂城天守付近は難波宮内裏《だいり》の北方であったとみられる。図らずも古代王権の系譜を受け継ぐ地に秀吉の天下号令の城が築かれたのである。

よく知られる大坂城は徳川の修築したもので、豊臣

図7−3 「大坂夏の陣図屏風」

氏の大坂城の様子を伝える資料は「大坂夏の陣図屏風」（図7—3）・「大坂冬の陣図屏風」・「大坂城図屏風」などの描写や発掘調査の断片的な成果などに限られる。これらによると、豊臣氏の大坂城天守は望楼型五重六階地下二階の構造で、黒塗りの下見板張りと灰色の漆喰部分で全体を黒くすることで、金具や金箔瓦などの金を目立たせたようである。また五階には有名な黄金の茶室があったといい、望楼の最上階は三〇人ほどでいっぱいとなるような狭い部屋であったという。その壮麗な姿が大坂市中からよく見えるよう、天守の位置や街路にも工夫しており、文字通り大坂城とその城下は秀吉の権威と財力を示す壮大な舞台であった。

豊臣氏の繁栄の象徴であった大坂城は軍事的にも優れていた。城の北側は淀川を天然の濠とし、台地の崖とともに防御性が高く、難攻の城であった。いっぽうで南側に広がる上町台地には大軍が陣を敷けるため、濠を巡らせて対策していたが、防御面で一抹の不安を抱えた場所であった。それゆえ大坂冬の陣の直前には、後世「日本《ひのもと》一《いち》の兵《つわもの》」と称された真田信繁《さなだのぶしげ》（幸村《ゆきむら》）により、出城、真田丸《さなだまる》が築かれ、この真田丸付近の攻防には徳川軍も手を焼いたという。徳川方にとって大坂城の防御力は厄介であったから、和睦の条件として大坂城の惣構《そうがまえ》・二の丸・三の丸の破却を求め、大坂城は大幅に軍事力を制限されてしまう。そのため翌年の大坂夏の陣では、裸城であった大坂城はなすすべもなく陥落する。その際に放たれた火の手により、天守もろとも焼け落ち、豊臣の栄光とともに大坂城は崩れ落ちていった。

次に聚楽第を見てみよう。この聚楽第もその主と運命を共にしている。秀吉は関白になると、天正十四年二月には政庁兼邸宅として聚楽第の建設に着手し、翌年九月に完成した。その翌年には九州征伐後に、後陽成《ごようぜい》天皇の行幸があった。信長が安土城への行幸を計画したように、聚楽第への天皇の行幸を賜ることで、権力者としての地位を天下に知らしめたのである。まさに聚楽第は秀吉の権勢を示す京都の拠点であった。天正十九年に関白職を甥の秀次《ひでつぐ》に譲ると、聚楽第は秀次の邸宅となり、翌年には再び後陽成天皇の行幸を迎えている。しかし周知のように文禄四年（一五九五）七月に秀次が秀吉により高野山に追放されて切腹に追い込まれてしまうと、その難は聚楽第にもおよび、翌八月には徹底的に破却されてしまう。この破却により、現状、その場所や痕跡を現地に見出すことは難しいのであるが、濠や出土した金箔瓦、「聚楽第図屏風」（図7―4）などの描写から、往時の姿を垣間見ることができる。また毛利輝元《もうりてるもと》が天正十六年の上洛時に記録した『輝元公上洛日記《てるもとこうじょうらくにっき》』やルイス・フロイスの『日本史』などにも聚楽第に関する記述があり、往時も聚楽第は時の権力者の邸宅として、注目を集めていたことが知られる。

この聚楽第は東西六〇〇メートル、南北七〇〇メートルという巨大なもので、権勢を示すに十分な大きさであったが、その場所も驚くべき地であった。聚楽第の建設に秀吉が選んだ場所は大内裏の地、内野《うちの》であったのである。もちろん、大極殿は治承元年（一一七七）、宮中の内裏は安貞元年（一二二七）を最後に再建されておらず、土御門東洞院殿《つちみかどひがしのとういんどの》を里内裏《さとだいり》とし、上皇のための仙洞御所《せんとうごしょ》も近接して設けられており、物理的には大内裏の地の利用の障害はなかった。その土御門東洞院里内裏も平安宮内裏を模して応永八年（一四〇一）に足利義満《よしみつ》が再建したものに、織田信長・豊臣秀吉がともに整備を加えて、周囲に公家町を併設する現在の京都御苑の原型を造り上げたものである。

秀吉は大内裏という天皇の象徴的な場所を聚楽第に継承することで、自身の正統性・権威性を主張したとみられる。加えて異例ともいえる

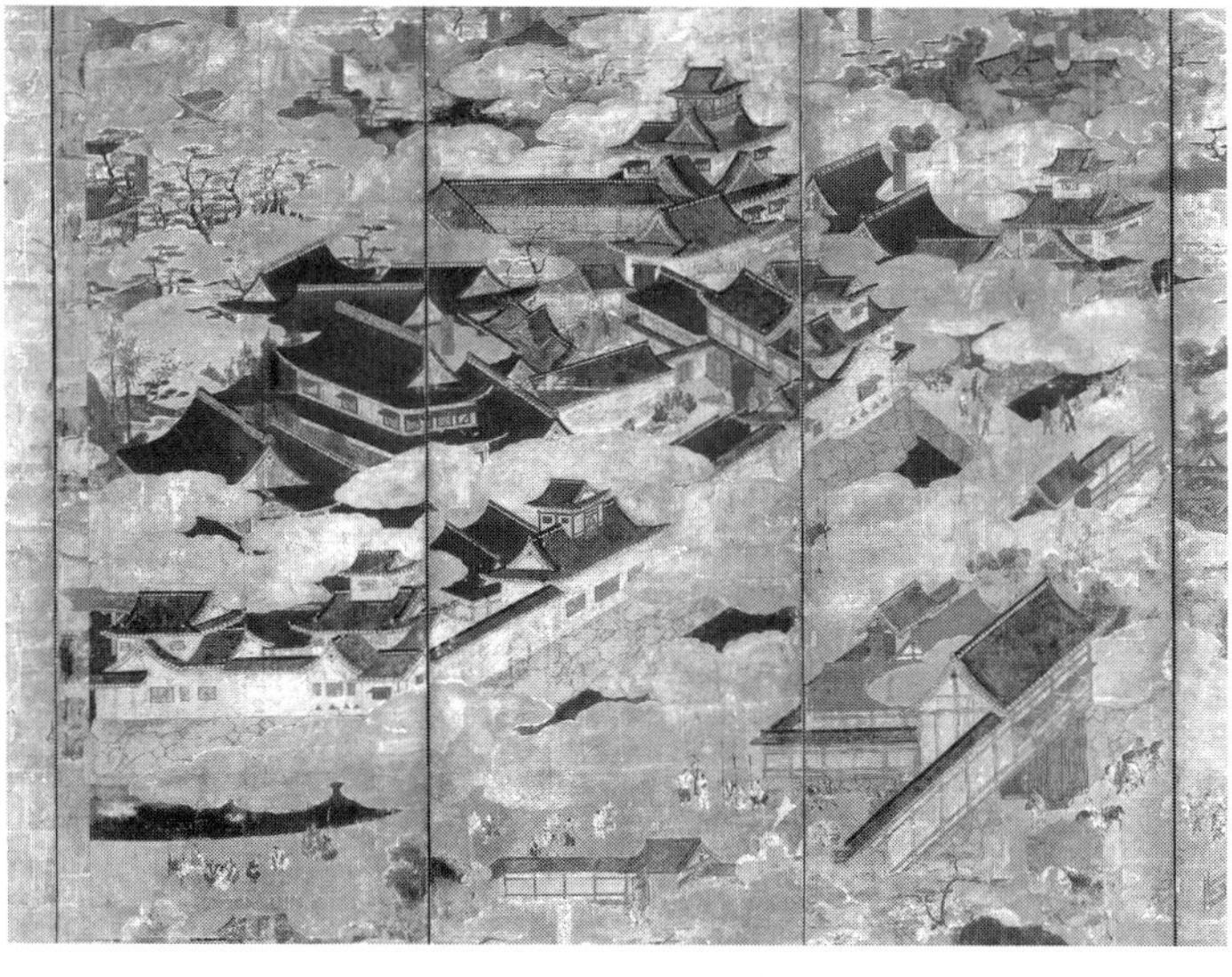

図7―4　「聚楽第図屏風」に描かれた聚楽第

短期間の間の二度もの後陽成天皇の行幸は、聚楽第が天皇をも動かし得る権力者の館として、強くその存在感を示す役割を果たした。いうなれば聚楽第を中心に天下が回っていたのである。

では伏見城はどのような位置づけであったのであろうか。伏見城は聚楽第を秀頼《ひでより》に譲った後、秀吉の隠居所として築かれた屋敷が始まりである。文禄元年八月に秀吉が場所を定めると、翌月には建設開始と急ピッチで作業はおこなわれ、隠居所の建設と併せて町も形成された。秀吉自身、その造営は気がかりだったようで、文禄《ぶんろく》の役《えき》で出陣中の名護屋城《なごやじよう》（肥前国）からも指示を出しており、利休好みで造るように伝えている。翌年九月には伊達《だて》政宗《まさむね》との対面がおこなわれており、隠居屋敷は大体、完成していたようである。

さてこの伏見城であるが、明《みん》との文禄の役の講和交渉が始まると、明に対して国威を示すため、大規模な改修を加えることになった。この年には秀頼も生まれて大坂城を秀頼に譲ることも想定し、特に力の入った造営であったようである。

周辺の整備も進められ、文禄三年には伏見城の南を流れる宇治川・巨椋池《おぐらいけ》の治水と流路の変更を目的として、堤を建設した。いわゆる太閤堤《たいこうづつみ》もこの時、築かれた。巨椋池の堤上には新たに大和街道が通され、伏見と大坂を淀川で結ぶ交通路の整備のため伏見の港が建設されると、伏見は陸運水運の拠点となった。伏見城は丘陵の南麓の指月《しげつ》に建てられ、その城下には武家屋敷・寺社・町家が整然と並び、城の西には町の中心部を囲むように濠がめぐらされた。この整備で秀吉は交通の要所を押さえたことで、石材は小豆島、木材は土佐・出羽など、全国各地から天下人の城のための材料が集められた。特に文禄四年の聚楽第の破却後は多くの建物が伏見城に移されたことで、政治の中心地が聚楽第から伏見城に移ったことを世に知らしめた。

その後、文禄五年の慶長伏見地震により、伏見城も天守などに多大な被害を受け、指月から木幡山に場所を移して、伏見城は再建された。秀吉は晩年を伏見城で過ごすことが多く、慶長三年（一五九八）にこの城で没した。

わずか四年ではあったが、秀吉の居所として、伏見は天下の中心地であり、いうなれば伏見城とその城下町は秀吉の終末期の栄華を象徴する建築・都市であったのである。

さて秀吉の死後、慶長四年に豊臣秀頼が大坂城に移ると、徳川家康《いえやす》が伏見城の留守居《るすい》役として、この城の主となる。ただ半年ほどで家康も大坂城に移ると、大名屋敷も移転していき、伏見城の城下は廃れていった。家康と石田三成《いしだみつなり》の対立が深まっていく政局のなかで、慶長五年の関ヶ原の前哨戦で、落城してしまい、秀吉の夢の跡はここに潰えた。

ただし伏見城は徳川にとっても重要な拠点で、同六年には再建されると、その二年後には家康はここで将軍宣下を受け、将軍在任中のほとんどを伏見城で過ごした。成立当初は徳川幕府も盤石ではなかったから、伏見に居を構えることで京都・大坂の両方ににらみを利かせたのであろう。なお秀忠《ひでただ》・家光も伏見城で将軍宣下を受けており、まさに伏見城は徳川政権の畿内における拠点であったのである。ただし家康が駿府城《すんぷじょう》に移ると、伏見は急速に廃れていく。一国一城令といった動きもあり、元和五年（一六一九）には廃城が決定され、同九年の家光の将軍拝任式後に廃棄された。とはいえ伏見城は当代随一の煌びやかな名建築であったから、備前福山城《びぜんふくやまじょう》の伏見《ふしみ》櫓《やぐら》（広島県）や西本願寺唐門《からもん》（京都府）など、伏見城から移築されたとする伝伏見城の建物は多く、往時、伏見城が言葉通り天下の中枢、栄華の象徴であったことがここからもうかがえる。

この伏見城の興亡を見ると、時の権力者の力を示す装置としての建築自身の持っている影響力もさることながら、主を失った建物の衰退の速さには驚かされる。そのいっぽうで伝伏見城の建物が各地に点在するように、伏見城の建物ということが一種のブランドで、ステータスであった様子がうかがえ、栄華の名残りを後世に伝えているようで、哀愁を感じざるを得ない。

秀吉の京都改造

秀吉は軍略・政治力の高さで知られるが、墨俣《すのまた》一夜城などで知られるように作事名人でもあり、天下人になると荒廃していた京の改造に着手した。京都は平安京の条坊《じょうぼう》によって造られた都城であったから、防御性・軍事性は必ずしも十分とはいえなかった。さらに条坊道路に囲まれた坪による区画はこの時代の町のスケールに比べて大きく、土地が有効利用されていなかったうえ、遷都以来、鴨川・堀河をはじめとする河川の洪水に悩まされており、右京（京の西側）は早いうちに廃れていた。このように桃山時代の京都は古代以来の問題を引きずっていたため、秀吉は治水をおこなうとともに京都を軍事都市・商業都市に変貌すべく、大きく三つの改造を断行した。

一つ目は天正の地割である。遷都当初は宅地班給により、貴族邸宅などに使用されていたが、商業が発展していくと接道という観点が重要になってくるため、町は通りを挟んで両側に展開するようになる。すると接道しない坪の中心部は空き地などになり、有効に活用されないようになる（図7―5）。これを解決するには、この空き地部分も接道するようにすればよい。そのために正方形の坪の中央にさらに南北道を通したのである。御幸町通《ごこまちどおり》・間之町通《あいのまちどおり》などはこの天正の地割で新設された通りで、後者などは高倉通と東洞院通《ひがしのとういんどおり》の間の町を通る道であることが名前に表れている。この改造は天正十八年（一五九〇）におこなわれ、これにより京の街区は南北約一二〇《メートル》、東西約六〇《メートル》の長方形の形状となり、この区画は現在まで継承されている。まさに現代でいうところの再開発による効率的な土地利用を推し進めたのである。

二つ目は寺町の形成で、天正の地割と同じ年におこなわれ、現在も寺町通の名が残る。寺院を鴨川の西側に集

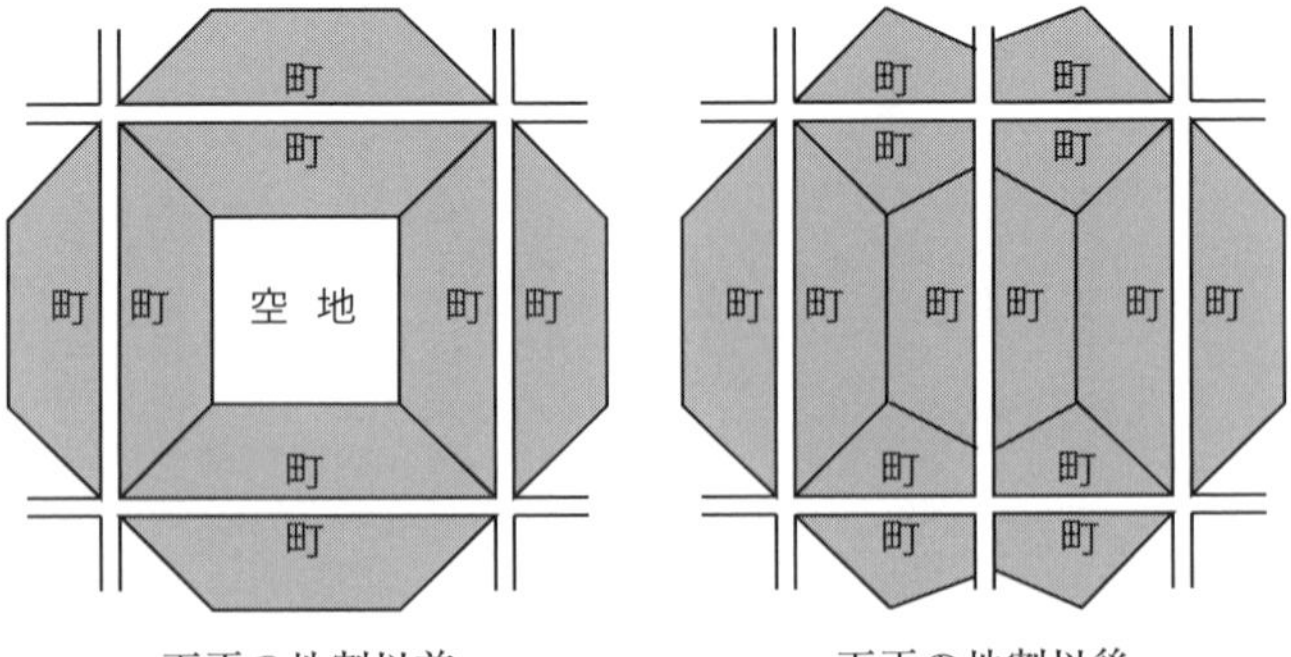

図7―5　天正の地割による通りと町の変化

めて寺町を造ることで、京都の防衛と税の効率的な徴収を目指した（図7―6）。特に鴨川の西側には後述の御《お》土《ど》居《い》も築かれ、京の東からの侵入に対し、物理的にも精神的にも寺町が障壁となることを目的とした。この寺院の移転は急遽おこなわれたものであったようで、鴨川に近く、氾濫による水害にも悩まされたようである。ともあれ、寺院の移転とともに門前町が形成され、寺院に関連する仏具・人形屋・筆屋などの店が軒を連ねるようになった。

三つ目は御土居の形成である。地割の改造に引き続いて、翌天正十九年に洛中を取り囲むように土塁《どるい》を築かせた。総長二三キロ、高さ三メートル以上、幅九メートル以上、併設する堀の幅は四〜一八メートルと長大なもので、土塁上には竹などの樹木を植えて美観を整えていた（ルイス・フロイス『日本史』）。この竹林は副次的に土塁を保護する役割も果たしていたとみられ、江戸時代には京都町奉行が竹林を保全しており、角倉《すみのくら》家《け》の支配のもとで周辺の農民により御土居の竹林は管理されていた。

御土居の範囲は、南は東寺、東は河原町通、北は上賀茂周辺、西は紙屋川におよぶ南北に長いものであった（図7―7）。御土居は通常の交通の支障になるため、鞍馬口・大原口・荒神口・粟田口・伏見口・東寺口・丹波口などの出入口が各所に設けられ、そこから街道が延びていた。また御土居の東部は鴨川に、北西部は紙屋川に沿っており、水害に悩まされた京都の治

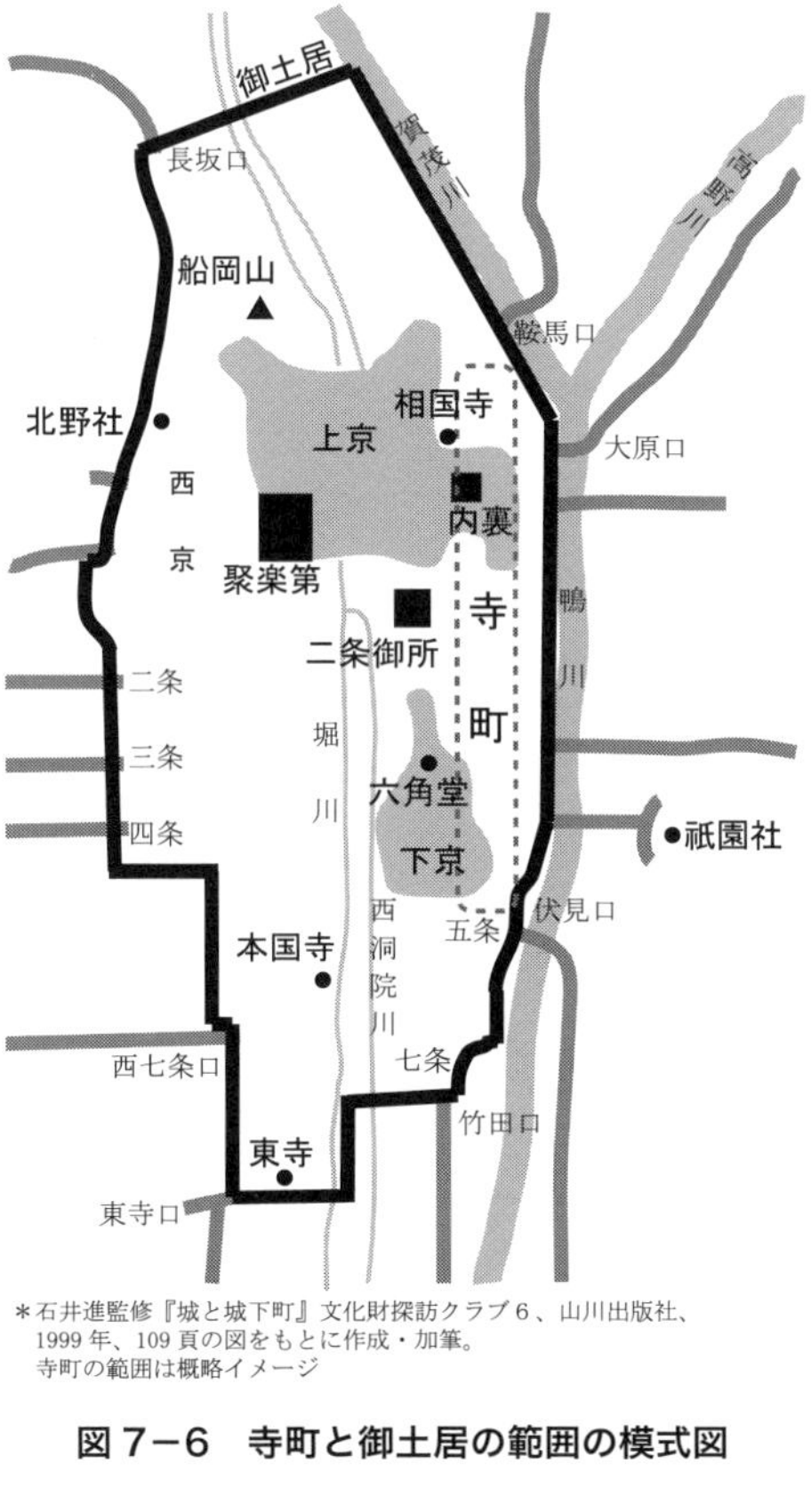

＊石井進監修『城と城下町』文化財探訪クラブ6、山川出版社、1999年、109頁の図をもとに作成・加筆。
寺町の範囲は概略イメージ

図7―6　寺町と御土居の範囲の模式図

水の面にも配慮がなされていた。これにより京都は防御と防災を兼ねた都市へと生まれ変わったのである。

御殿と座敷構え

信長・秀吉の時代を経て戦国の混迷を抜け出すと、軍事ではなく、謁見や接客といった対外的な施設が求められ、桃山時代から江戸時代初期にかけて、天守の造営とともに書院造が大成して御殿が造られるようになる。もともとは接客空間は安土城のように本丸のなかにあったが、しだいに地形に制約されず、広い空間を確保できる二の丸・三の丸に場所を移していく。

主殿や広間とよばれる中心建物は各室を上段・中段・下段と床に段差を設けることで、その差別化を図っていた。さらに上段の正面に床《とこ》・棚、両側に付書院・帳台構《ちょうだいがま》えを備えることで、上段の座の権威を視覚化した（図7—7）。また天井も折上格《おりあげごう》天井や二重折上格天井など、差をつける一役を買っており、金碧の鮮やかな障壁画や透彫りの欄間彫刻の織り成す豪華絢爛な空間は桃山の栄華を映し出したのであろう。前述の聚楽第・伏見城の御殿の華麗さが秀吉の権勢を表現するものであったことは先に述べたとおりで、伏見城に至っては千畳敷櫓まで備えていたというから、そこに集められる諸侯の数からも秀吉の支配力の大きさがうかがわれる。入口である式台玄関も建物の顔として、賓客の歓迎、あるいは主人の権威にふさわしい立派なものとする必要があった。書院造でも古いものは中門廊を残すが、西本願寺や二条城（【巻頭カラー39〜41】）のように、しだいに寝殿造以来の中門廊は姿を消していった。

これらの城郭内の書院造は二条城《にじょうじょう》二の丸御殿（第八章参照）などが残るのみであるが、寺院の客殿としては園城寺《おんじょうじ》勧学院客殿（滋賀県、慶長五年＝一六〇〇）・同光浄院客殿（滋賀県、慶長六年）などが残っており、特に後者は江戸時代の木割書《きわりしょ》（建築技術書）である『匠明《しょうめい》』の図と類似しており、桃山時代の標準的な書院造の邸宅を示しているとみられる（図7—8）。

書院造が形式化されるいっぽうで、遊び心に富んだ邸宅建築の文化も花開いた。西本願寺の飛雲閣《ひうんかく》（京都府）は室町時代以降、流行した楼閣建築で、三重の屋根には寄棟造、入母屋造、唐破風など、さまざまな形式を組み合わせて、変化のある自由な屋根を造り出している（図7—9）。破風をもつ城郭天守や複合屋根の権現造《ごんげんづくり》など、

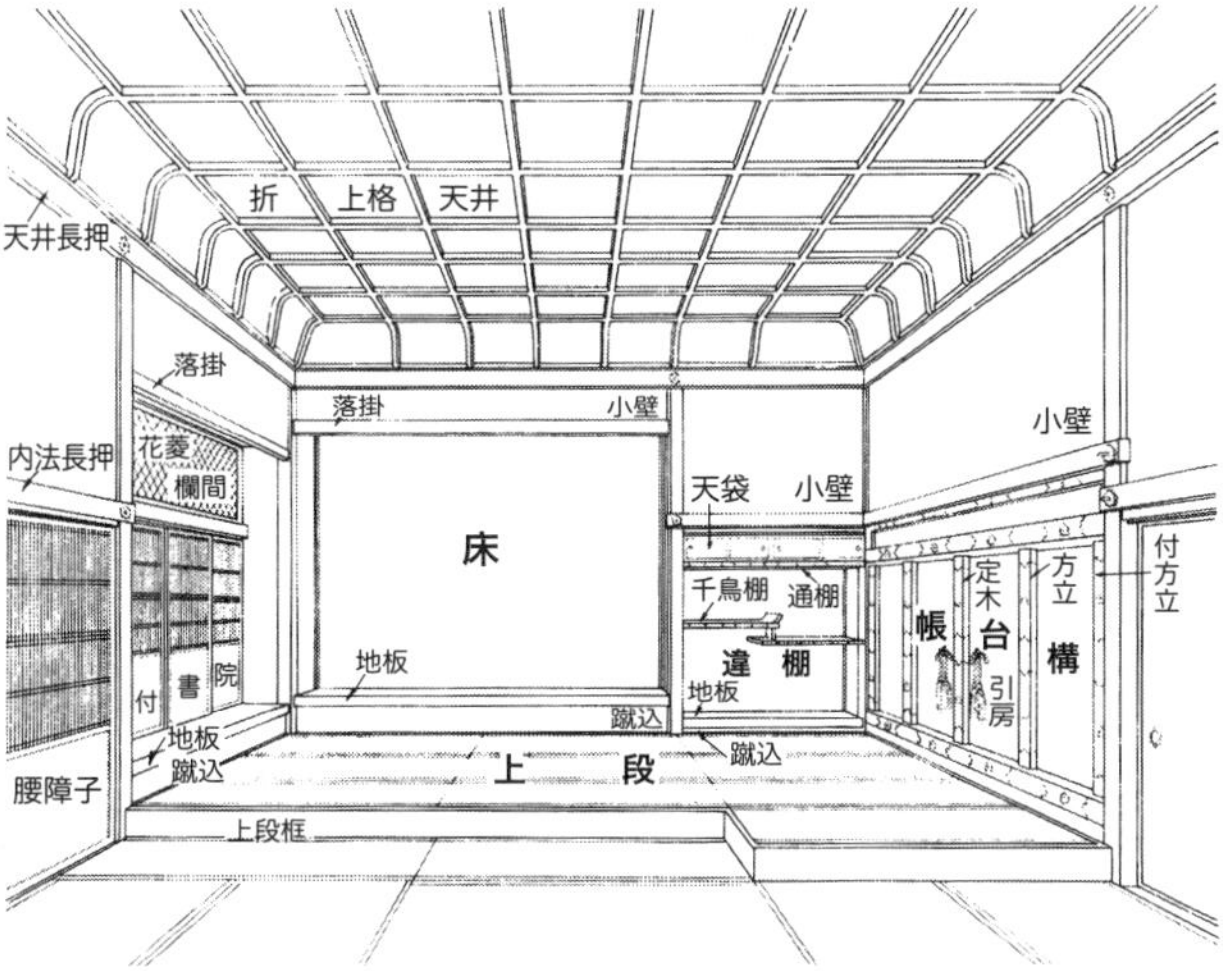

図7−7　書院各部の名称

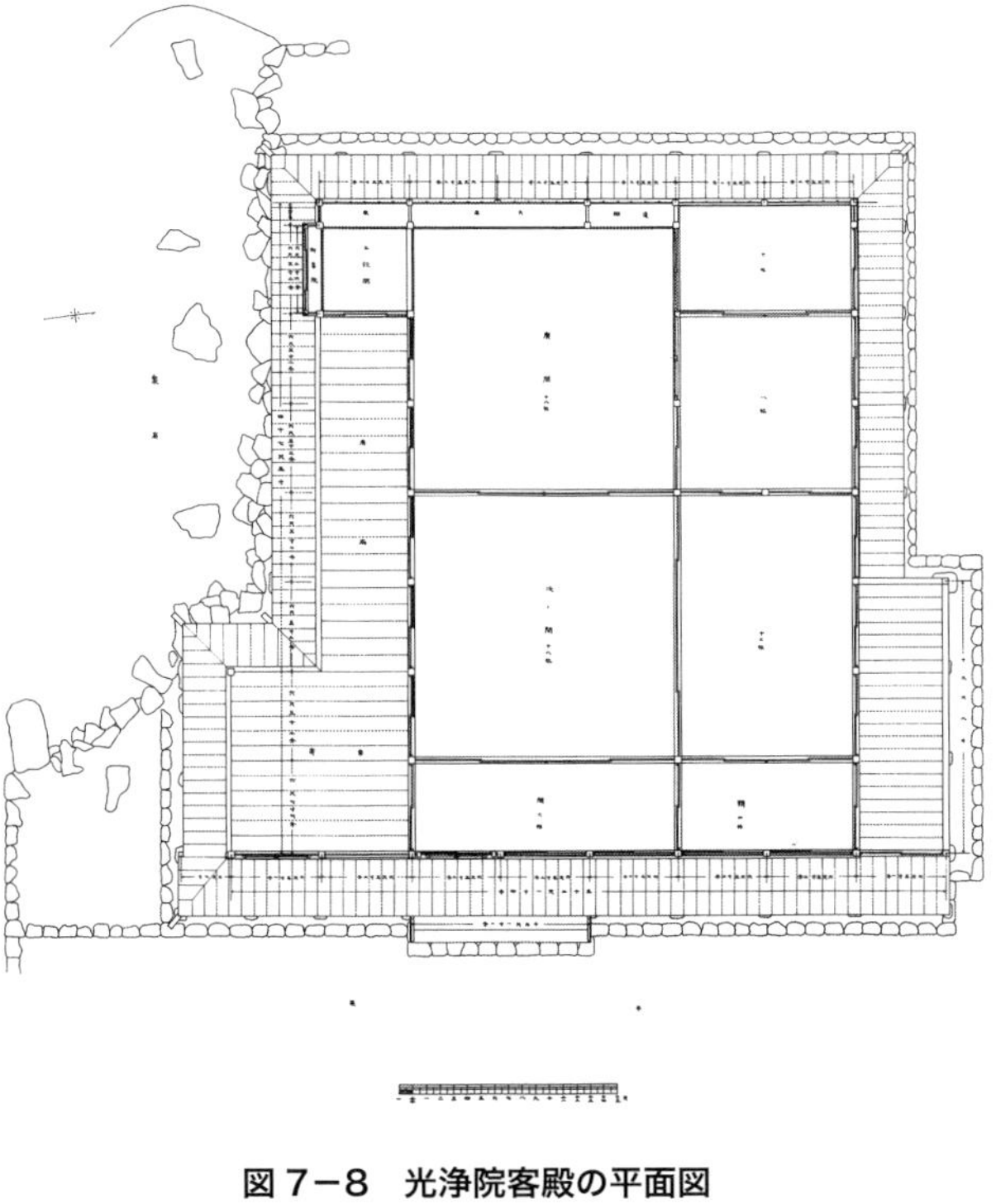

図7−8　光浄院客殿の平面図

桃山時代には屋根の組み合わせにより、多彩なデザインが生み出されたが、飛雲閣はその集大成といえよう。

茶室の流行とともに生み出された邸宅も忘れてはならない。権威性が強く、格式張った書院造に対し、簡素で洗練された邸宅では自由で洒落た趣を取り込み、庭園との調和を図ることで、心地よい休息のための山荘を造り出した。その代表格が桂《かつら》離宮《りきゅう》で、十七世紀初頭に八条宮智仁《としひと》親王と智忠《のりただ》親王の二代にわたって造営された。木割が細く、床が高く、簡素な造りの数寄屋《すきや》の邸宅でありながら、無駄を排除し、合理的な設計はドイツの近代建築家ブルーノ・タウトにギリシャのパルテノン神殿に匹敵する名建築と称賛された。こうしたくだけた意匠の数寄屋風の邸宅は格式張った正式な建築には用いにくかったのであろうが、山荘などで花開いたのである。

茶室と写し

茶の湯と聞くと、わび・さびを思い浮かべるかもしれないが、これはわび茶という茶の歴史の一部に過ぎない。茶の歴史は古く、日本でも古代より飲茶が確認でき、禅宗の伝来とともに茶は茶礼という共同飲食の儀礼として扱われて広まっていく。そして産地の飲み比べをおこなう茶寄合、あるいは闘茶などと呼ばれる形へと発展していき、これには賭博をともなって人気を博した。これが室町時代には喫茶を通じて風雅の世界が尊ばれ、書院の茶、あるいは殿中の茶という茶儀として形を整えていった。また足利義教《よしのり》や義政のころには茶に招いて接待することも多くおこなわ

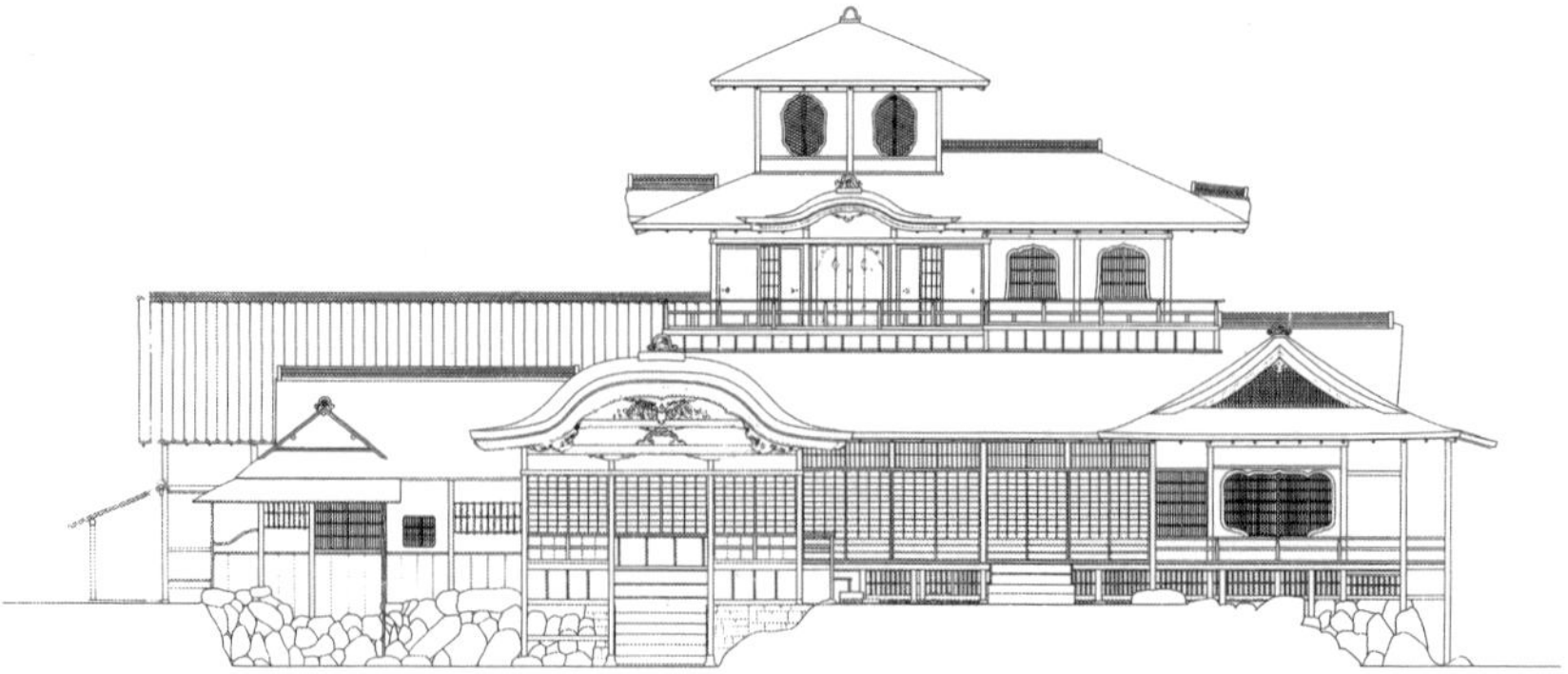

図7−9　西本願寺飛雲閣立面図

れており、茶湯棚に茶器を飾り、唐物などの名品を座敷飾りとしていた。これらの茶の流れを受けて、村田珠光がわび茶の精神を作り、これを武野紹鴎が洗練し、十六世紀後半に千利休が大成したのである。その後、古田織《ふるたおり》部《べ》や小堀遠州《こぼりえんしゆう》などの大名茶人に受け継がれていく。

珠光以前の茶はいずれも専用の空間ではなく、あくまで座敷やその一部を屏風などで囲った一画などを用いるもので、喫茶の場とは別に点茶して茶を運ぶものであった。珠光以降、茶の湯は桃山時代から江戸時代初期にかけて貴族・武家を問わず興隆していくが、この茶の変遷のなかで、わび茶は草庵といわれるひなびた建築を好み、茶の湯の専用空間として草庵風の茶室が生み出された。草庵茶室はその名の通り、草葺や木の皮が付いたままのような粗野、あるいは素朴な手法を好み、茶室の周辺環境である露地《ろじ》もわびしさを表現する重要な要素であった。この草庵茶室では基本的に亭主は客の前で茶を点てるため、湯を沸かす囲炉裏も茶室内に設けられた。

わび茶の祖である珠光の茶室のころには書院風の要素が多く含まれていたが、紹鴎は草庵茶室の空間構成の原理を提示した。紹鴎のころの茶室は四畳半が主流であったが、四畳半というこの広さは『方丈記《ほうじようき》』（鎌倉時代）の著者である鴨長明《かものちようめい》が世を忍んで、京の郊外に隠匿して結んだ庵と同じで、隠匿者の庵として一丈四方の方丈の広さを踏襲したとみられる。『山上宗二記《やまのうえそうじき》』の「紹鴎四畳半」の図に詳しいが、ここでは縁から入室するという伝統が守られており、まだ書院造の影響が認められる。四畳半よりも小さいものを小間《こま》、大きいものを広間と呼んでおり、四畳半は茶室の基本単位である。また茶室では点前畳《てまえだたみ》は一畳を基本とするが、本畳の四分の三の大きさの台目畳を用いることも多い。

利休は紹鴎の草庵茶室にさらなる変革をもたらした。利休は都市のなかに俗世から隔離された空間を作り出すことに苦心し、山里をイメージするような下地窓《したじまど》、土壁、煤竹《すすたけ》などのひなびたデザインを意識的に用いて草庵茶室を完成させた。また露地も喧噪の外界から茶室へ導く空間として、山里の景観を理想とした。利休の時代にも露地の初期形態はあったが、その弟子、古田織部が露地を大成していく。『茶譜』によると古田織部は単に田園や山里を志向したのではなく、晴れやかで、静寂のある空間を求めた。飛び石、二重・三重の露地、腰掛、雪隠《せっちん》などの装置をきめ細やかに設けたのも、緊張感のある静寂と洗練された美を実現するための手法であったのである（【巻頭カラー42・44】、図7—10）。織部が持ち込んだかは定かではないが、高さを低く抑えた石燈籠《いしどうろう》は織部燈籠と呼ばれ、露地の畳石や飛び石などの足元を照らし、空間に彩を与えている。

このように草庵茶室は露地や建物の向きなどの周辺環境から建物の部材一つ一つのディテールにまで気を配っていた。そのうちデザイン上も光彩の環境上も窓は一つのキーワードで、八種類の窓を組み合わせた茶室、八窓庵《はっそうあん》などはその特徴を強く凝縮しているのである。一定の形式化された要素の多い宗教建築に比べ、細部に選択肢の多い茶室では利休好み、織部好み、遠州好みといった茶人の個人的趣向が建築に表れ、これを高く重んじる傾向が強くなる。さらに「写し」という方法で、その理念を継承しようとする動きが生まれた。

それではこれらの茶人好みの茶室を見ていこう。利休は茶の湯を求道的に追求してわび茶を高めて大成したが、茶室の普請においても画期的な変革をおこなっている。一つは四畳半よりも小さい規模の茶室を考案したことで、

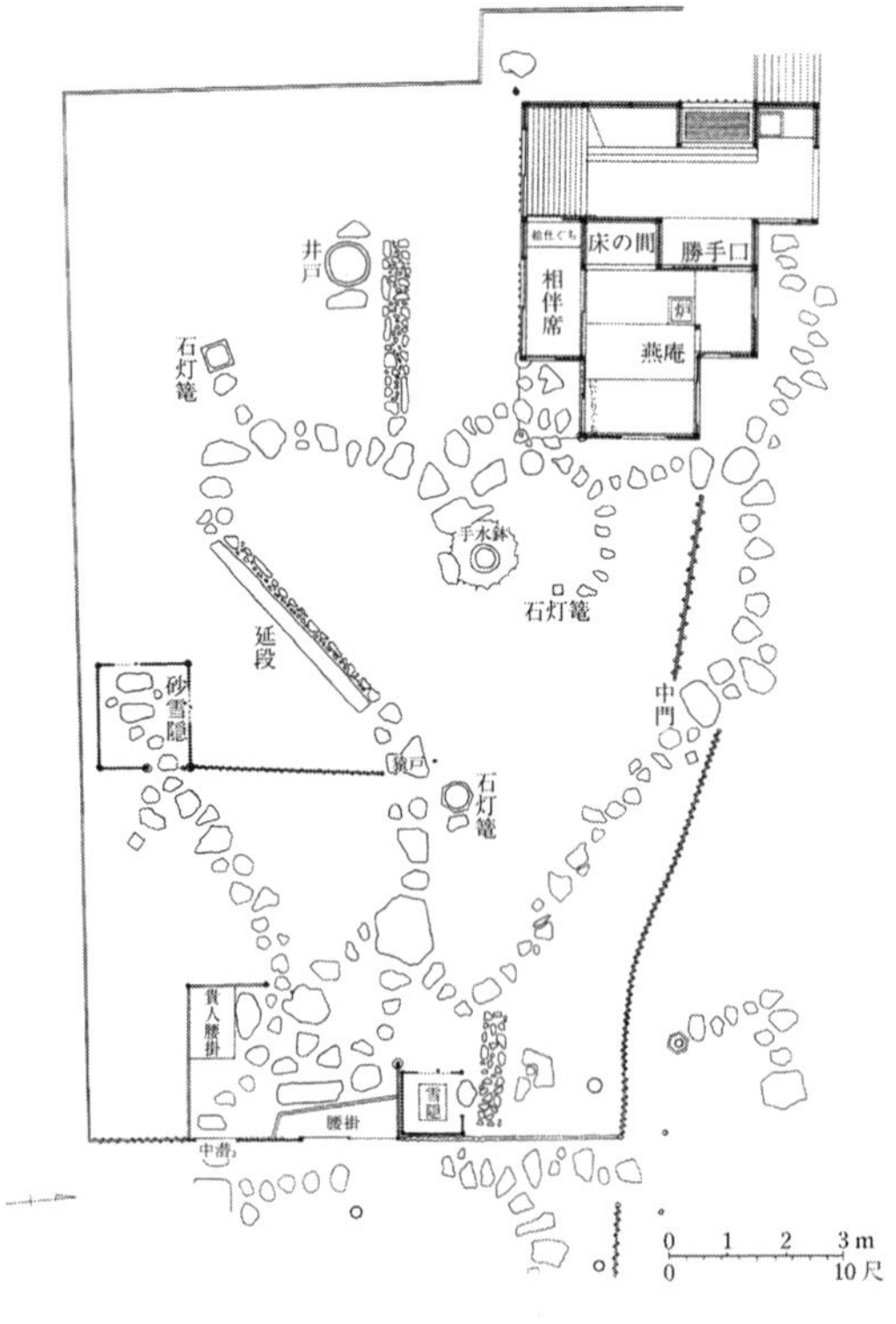

図7—10　織部好みの燕庵・露地の配置図

茶室の意匠はよりいっそう集密し、精緻なものになっていった。

二つ目は炉の隅に中柱を立てて袖壁を設け、そこに棚を吊る台目構《だいめがま》えの創始である。亭主が客とゆるやかに隔てられて、茶を点てるという空間を作り上げた。別室の茶点所で茶を点てて主室に持ち運ぶという伝統をゆるやかに受け継ぎ、かつ、できる限りのもてなしにより、亭主と客の心が通う「一座建立」の精神を空間で表現したのである。

また茶室の代名詞ともいうべき躙《にじ》り口《ぐち》も忘れてはならない。平面の限られる茶室では基本的に入口の鴨居や天井を低くするが、利休はその入り口をさらに強調し、茶室独特の入り口である躙り口を生み出した。躙り口は伝統の入室方法であった縁からの出入とは異なる茶室独特の新形式で、貴賤平等を求めた茶の心や茶室の意図を示した建築装置であり、既存の形式や身分社会に対するアンチテーゼでもあったのであろう。

草体化のなかで、壁で囲ってそこに自由に下地窓を作ることで、室内の光の演出のできる空間へと茶室は変化していった。『南方録《なんぽうろく》』によるとこの方法も利休によって始められたという。それまでの日本建築は基本的に柱・梁《はり》による軸組《じくぐみ》であったから、西洋建築のように壁で囲んでしまってから自由に窓をあけるという方法は画期的であった。これにより出入りの縁からの採光に大きく依拠していた茶室内の光環境は出入口の位置から解放され、茶室内の明暗を窓の位置によりコントロールできるようになっていった。

このように茶室、さらには日本建築に新たな風を吹き込んだ利休の茶室であるが、残念なことに利休の四畳半の茶室は現存せず、孫の千宗旦《せんのそうたん》が利休の意匠を忠実に写した又隠《ゆういん》（京都府、天明八年＝一七八八再建）が残るのみである。それ以外の規模のものも、天正十年（一五八二）ごろに利休により造立されたとされる妙喜庵待庵《みょうぎあんたいあん》（京都府）のみであるが、これには随所に利休の好みが表れている（【巻頭カラー43】）。待庵はわずか二畳に室床《むろどこ》付の茶室と次の間、勝手から成る極限の狭さの茶室で、亭主と客が触れ合わんばかりのスケールは利休の茶の心である「直心の交わり」を空間で体現している。割竹を組み入れた三ヵ所の下地窓は位置と大小により室内の微妙な明暗を生み出し、点前座と床前の平天井と躙り口上の化粧屋根裏《けしょうやねうら》も空間に変化を与えている。また荒壁仕上げの土壁、雑木の床框も草庵らしい風情で、利休の好みが散りばめられている。

利休の後の茶道界を担った古田織部は利休の茶をわびしすぎたとも評し、茶室に華麗さを取り入れることを求めた。特に織部は武人で将軍家の茶道指南にあたったこともあり、武家社会の要請に応じて求道性よりも宴遊的な趣向を重視した。これにともない、相伴《しょうばん》席を付して草庵にも上段下段の構成を組み入れ、貴人の待遇の場を設けるとともに、茶室のなかにも区分を持ち込んだ。また色紙窓《しきしまど》や花明窓《はなあかりまど》など斬新なデザインを取り入れることで、茶室は麗しさを獲得し、新たな一歩を踏み出したのである。

織部好みとしては、織部の義弟にあたる薮内剣仲《やぶのうちけんちゅう》に与えた燕庵《えんあん》が代表的で、この茶室は幕末に失われてしまったが、同形式の茶室を摂津有馬から移築して、継承している（【巻頭カラー42・44】、図7―10）。貴人・相伴《しょうばん》・亭主の分離を意識した空間構成で、三畳台目に相伴席を設ける。貴人の来客時には相伴席の畳を外し、円座を敷いて相伴席とし、三畳を上段に見立てて貴人席とすることで、茶室の内部に格差を設ける工夫を凝らしている。こうした貴人と相伴の差は茶室の外にも見られ、割腰掛《わりこしかけ》にも顕著に表れており、貴人席を相伴席よりも深い奥行きと高さとすることでこれを表現している。こうした区分は身分を重んじる武家社会になじんだものであった。燕庵は織部好みの最たるもので、寛政年間（一七八九～一八〇一）に西本願寺に建てられ、その後、大徳寺塔頭《たっちゅう》に移された篁庵《こうあん》、幕末に妙心寺天球院に建てられた蓬庵《ほうあん》、明治四十四年（一九一一）に神戸の旧村山邸に建てられた玄庵など、燕庵の「写し」も多く現存する。

遠州好みの茶室は二種類の四畳台目で、一つは織部の茶室を継承して創意を加えた高台寺系のもので、もう一つは伏見屋敷に造られたもので、後者には遠州の趣向が強く表れている（図7―11）。この系統の茶室では相伴席を特別には敷設せず、躙り口の位置を客座の中央として、いっぽうを貴人席、他方を相伴席に見立てるように区分していた。貴人席側に床を設け、天井も床前の貴人席から点前座前までを平天井、下座を化粧屋根裏とすることで、座の格差を表現している。また燕庵の相伴席から貴人座越しに点前を見る形式とは異なり、すべての客座から点前座が良く見えるように配慮され、点前座を舞台のように仕立て上げている。こうした空間構成の変化にも、茶の湯の性格の変容が表れているのである。

さて利休に話を戻そう。千利休は北野大茶会などを開催した秀吉とも縁の深い茶人で、政治の面でもよい相談相手であったが、少なからず建築の権威性に巻き込まれ、最期を迎える。利休が切腹へ追い込まれた背景にはさまざまな要因があるが、一つには派手を好む秀吉と武野紹鴎ゆかりのわび茶を求める利休の両者の志向の違いがじょじょに大きくなっていったことがある。さらに秀吉も権力を手中に収めると、秀長《ひでなが》と連携して政治に口をはさむ利休が疎ましくなってきたのであるが、利休にとって天正十九年の秀長の病没は後ろ盾を失う大きな痛手であった。

そんな折、事件は起こった。大徳寺の山門にまつわる一件である。大徳寺の山門は応仁の乱ののち、享禄二年（一五二九）に連歌師であった宗長《そうちょう》によって寄進されて下層のみが竣工していたのであるが、天正十七年に利休が上層を完成させ、山門は「金毛閣」と名付けられた。

利休の山門寄進への恩に報いるため、大徳寺は下駄をはいた利休の木造を上層に安置したのであるが、これが秀吉の怒りを買ってしまう。山門を通るのに、利休の

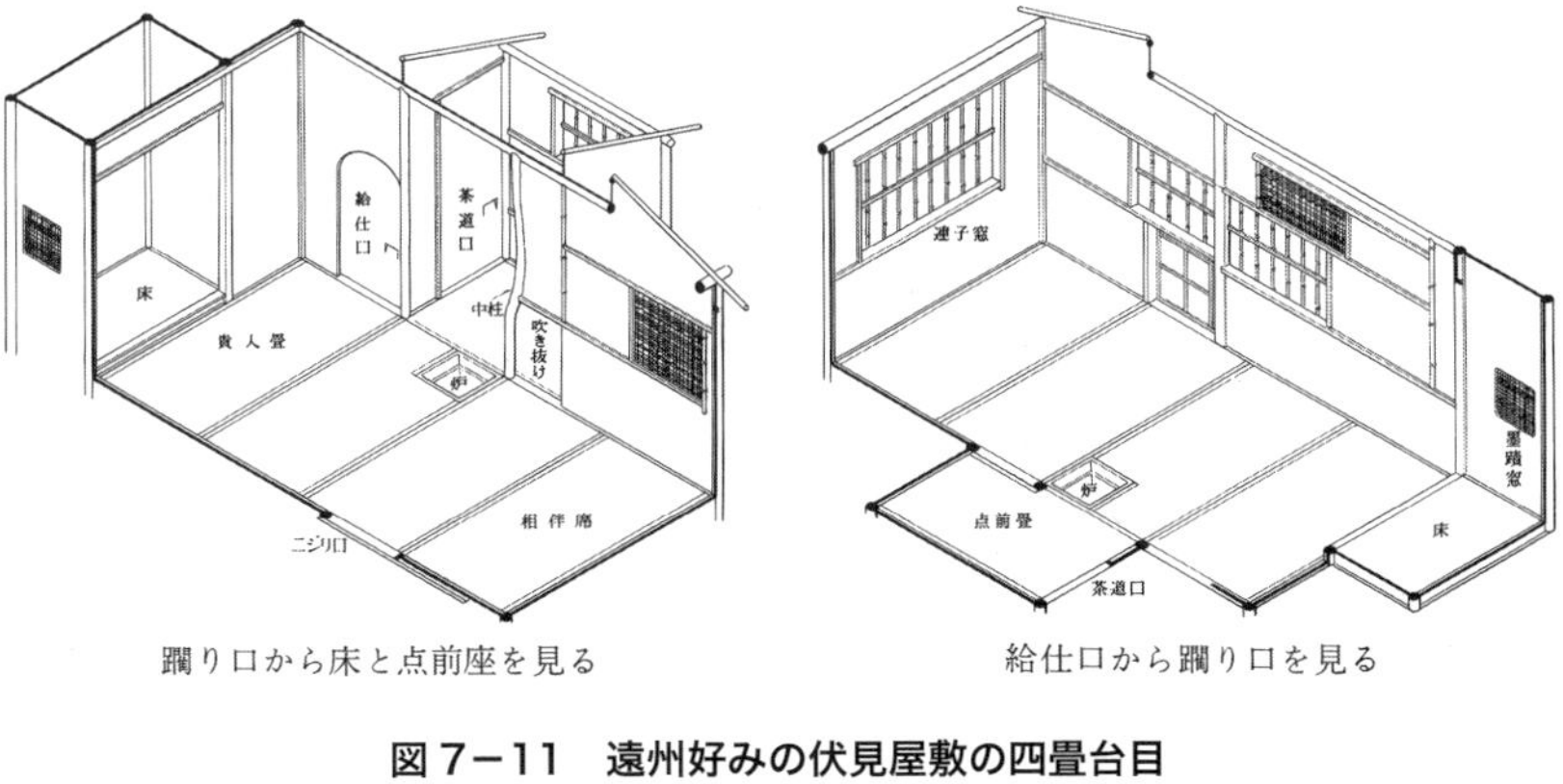

躙り口から床と点前座を見る　　給仕口から躙り口を見る

図7−11　遠州好みの伏見屋敷の四畳台目

足元をぐらなくてはならないとは何事か、ということである。

高札《こうさつ》に罪状として記された大徳寺山門の一件は利休を死に追いやった一因に過ぎないであろうが、このやり取りに建物の権威性を見て取ることができる。古代に律令で私邸の楼閣が禁じられたように、日本においては上層に登り、貴人を見下ろすことは基本的にタブーと考えられてきた。それゆえ関白たる秀吉の通る大徳寺三門の上層に、一茶人にすぎない利休の像が置かれることは断じて許すことのできないことであった。茶室に貴賤を持ち込まず、平等を求めた利休が建築の権威性に押し潰されてしまったのは、何とも皮肉なものである。

建築座の崩壊と被官大工

さていつの時代においても軍事と作事はセットで必要である。戦さで柵や野営のための仮設建物を構築する必要があることを考えれば、その両者が緊密な関係性にあることは想像に難くないであろう。また建築座による工匠の集積は平時の造営量であれば効果的に機能するのであるが、緊急性の高い城の造営や新しい城下町の建設などの活発な造営に対しては、寺社の座の工匠ではとても対応できるものではなかった。特に城の建設は長期にわたり、座から工匠を借り出すわけにもいかないので、各武将は軍事上の理由からも工匠の確保に務めた。各武将に被官した工匠を被官大工と呼び、被官大工はその統率力によって職人を集めることが求められた。被官大工に属する工匠にも利益はあり、中世的なガンジガラメで仕事が限定された座から開放され、自由に仕事ができるようになった。そのいっぽうで、一年に何日かの奉仕と有事の際の召集という義務も課された。安定した既得権の強かった寺社の力が戦乱によって低下するなかで、工匠も安定的な仕事を求めて戦国武将のもとに身を寄せたのである。こうした動きにより中世の座は崩壊していくのであるが、職人の座からの解放は信長や秀吉の志した楽《らく》市楽座《いちらくざ》と同じもので、既存の体制の破却という社会体制の変革にもつながっていった。

被官大工で有名なのは、信長が安土城築城の際に登用した岡部又右衛門《おかべまたえもん》で、技術者の長として番匠頭《ばんじょう》に任用した。彼はもともと尾張の熱田神宮《あつたじんぐう》の大工で、信長の御被官大工としての地位を得て、織田家の造営において工匠を統率する役目を負い、安土城の築城では番匠頭として、京都・奈良・堺の工匠を指揮し、大造営にあたった。

また座から解放されたことで、地域に固定されることなく工匠が移動できるようになった。これにより工匠が全国から集められることで相互の技術交流がなされるとともに、全国的な技術の伝播が可能になったのである。そのよい例が伊達政宗による仙台の造営で、仙台城・大崎八幡宮（慶長十二年＝一六〇七）・瑞巌寺（慶長十四年）を建てるために、山城・和泉・紀州などの畿内から大工を招いた。陸奥の地に文化の先端を走る畿内の建築文化を持ち込もうとしたのである。

このように戦国時代という戦乱の世は支配層の社会を変化させただけではなく、座の崩壊という形でそこに属していた工匠の生活も大きく変えていった。自由に仕事ができるようになった工匠は腕さえあれば、身分や年齢にとらわれずに、被官大工として任官できたのであり、まさに工匠の世界も実力主義の「下剋上《げこくじょう》」のような状態であった。また江戸時代の徳川幕府のもとで京都大工頭として中井家が世襲していくように、戦国武将に属した被官大工の発生は、武士と同じように、工匠が組織に取り込まれていったことを示しているのである。

よもやま話⑦ 勝手が違う

「釘をさす」「相槌を打つ」「豆腐にかすがい」「縁の下の力持ち」「柿《こけら》落とし」「大黒柱」……日常の言葉のなかにも建築用語がたくさん隠れている。例えば、「いの一番」も建物の柱の位置を示す番付の一つで、番付は「い、ろ、は……」と「一、二……」を組み合わせ、いの一番から柱を立てる。だから、真っ先にという意味となる。

さて前章で茶室や床《とこ》の間の話をしたので、これにかけて、「勝手が違う」という言葉を紐解いてみよう。知っての通り、「勝手が違う」とは慣れたやり方や経験したことと様子や具合が違って戸惑うことという意味である。台所のことを「お勝手」などと呼んだり、弓道の弦を引く手を勝手といったり、語源には諸説あるが、この勝手という語は座敷構えや茶室・茶道にも深く関係している。

床の間を設ける場合、座敷構えに向って左手を床の間、右手を床脇棚とするのが通常で、これを「本勝手《ほんがって》」という。これに対して向って右手を床の間、左手を床脇棚と

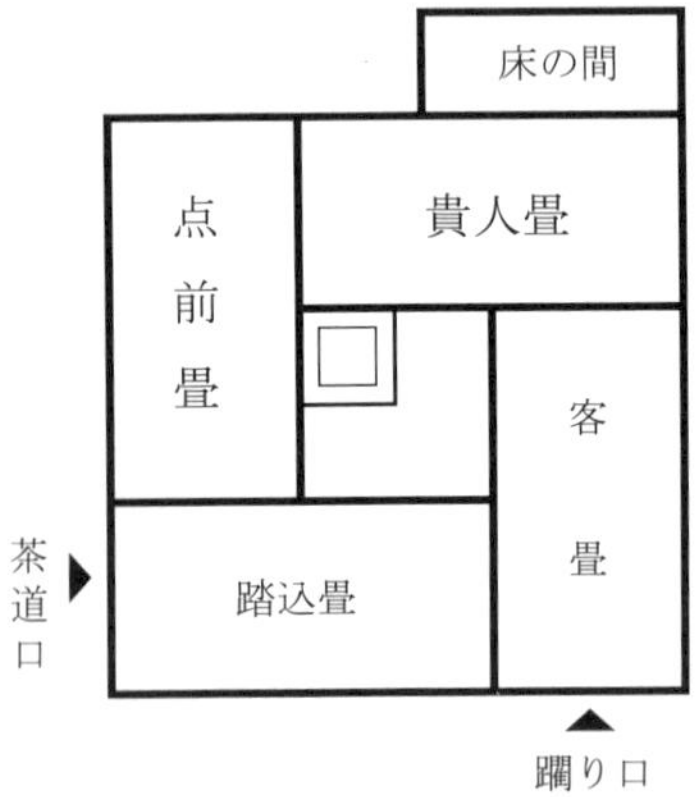

四畳半本勝手・上座床

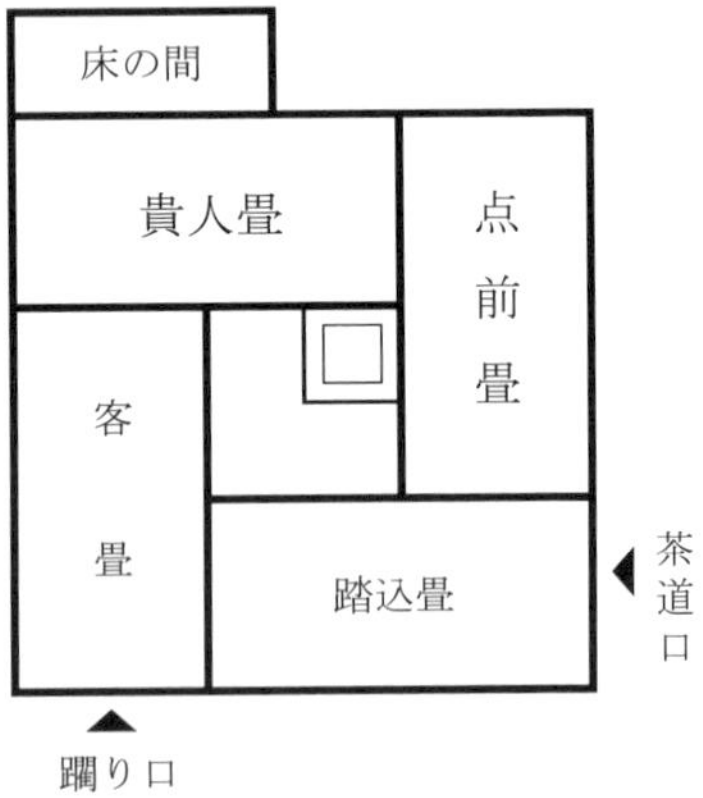

四畳半逆勝手・上座床

する形式を逆勝手《ぎゃくがって》というのである。座敷構えが左右逆であったら見慣れないであろうが、何か行動するのに大きな不都合はなかろうから、「勝手が違う」からといって、大きな問題はない。

いっぽうで「勝手が違う」と困るのが茶室である。茶室にはさまざまな平面があることは述べたが、茶室にも亭主の点前座と炉の関係で「本勝手」と「逆勝手」の二つがある。

本勝手とは、亭主が点前座の座る位置の右手に炉がある形式で、武野《たけの》紹鴎《じょうおう》や千利休《せんのりきゅう》が好み、多くの茶席がこの形式である。客人は炉を挟んで亭主の右手に座るため、亭主の左側は壁や襖となる。これに対して逆勝手は本勝手とは反対の状態で、亭主の左側に炉を切り、客人も亭主の左側に座る。そして亭主の右側は壁や襖になる。

ひとことで鏡に映したように左右反対の位置というが、逆勝手では本勝手とは茶碗を出す手などが逆になるだけではなく、細かい作法も異なってくるため、「勝手が違う」ことで戸惑ってしまうのである。左ハンドルの外車の運転や利き腕と逆の手で箸を使うのを想像していただければ、その気持ちは少しわかっていただけるのではなかろうか。

このように語源は諸説あるものの、建築用語のなかには我々の日常生活に浸透している言葉も多いのである。「敷居が高い」と思わずに、「几帳面」に日常のなかに潜む建築用語を探してみてはいかがであろう。

8 近世の太平と火事

巨大都市江戸の発展

天正十八年（一五九〇）に小田原攻めで北条氏《ほうじょう》が降伏すると、豊臣秀吉《とよとみひでよし》の命により、徳川家康《とくがわいえやす》は三河・駿河をはじめとする五ヵ国の領地を召し上げられ、北条氏の旧領、武蔵国などの関八州に移封された。その際に家康が居城に選んだ地は北条氏の居城のあった小田原ではなく、当時、栄えていたとはいい難い江戸であった。『徳川実紀《とくがわじつき》』によると江戸城の始まりは康正三年（一四五七）の太田道灌《おおたどうかん》による平山城《ひらやまじろ》の築城とされるが、家康の江戸入りのころには戦国期の戦乱を経て、城下は荒廃していた。また城の東は現在の茅場町の名が語るように、海水が流れ込んで茅場となるような低地で、城の南は日比谷の入り江が広がっており、大勢の家康家臣団が居住するのに適した平場は十分ではなく大改造が必要であった。

家康はまずは荒廃していた江戸城の増築に着手した。着手にあたって江戸湾からの水運を重視し、天正十八年九月には建築用の資材・米などを船で直接運ぶための水路として道三堀を造り、この開削した土で日比谷の入り江を埋め立てた。道三堀の周囲は物流の拠点であり、その北側に「本町」（現在の日本橋付近）が造られ、両岸には定期市・材木町・船町などの職人町ができ、柳町（遊郭）なども成立した。また江戸城の周囲に家臣団の屋敷を置き、常盤橋門から東の浅草方面の街道沿いに本町の町割りをおこない、江戸時代初期の町の骨格が出来上がっていった（図6―1、【巻頭カラー45・46】）。

家康の入府当時、日常の生活用水は川・池・湧水を利用していたが、人口の増加による水不足を見越して、上水路を整備することで安定的な飲料水の確保を図った。その最初の上水が天正十八年に開かれた小石川上水で、これがのちの神田上水になったといわれている。神田上水の水源は井の頭池で、ここから善福寺川《ぜんぷくじがわ》や妙正寺川《みょうしょうじがわ》などと合流して小石川の関口大洗堰を経て、水戸藩上屋敷（小石川後楽園）に引き込まれた。水戸藩邸では庭の園地などを通り、ここから神田川を御茶ノ水の懸樋《かけひ》（水道橋）で渡り（図8―2）、武家地や町人地に給水していた。ここに出てくる神田上水の井の頭池、小石川後楽園、水道橋などは現在も地名として残っており、なじみもあろう。

しかし、この家康の目算も十分ではなく、江戸の予想外の人口増加により十七世紀中期には水不足となってしまう。そこで承応元年（一六五二）には玉川上水《たまがわじょうすい》の開発が計画された。その計画は多摩郡羽村で多摩川から取水し、そこから四谷大木戸まで水路をつなぐもので、約四三キロもの長距離に渡る壮大な計画であった。さらに玉川上水は既存の河川を利用したものではなく人工河川による開削で、一大土木工事であった。

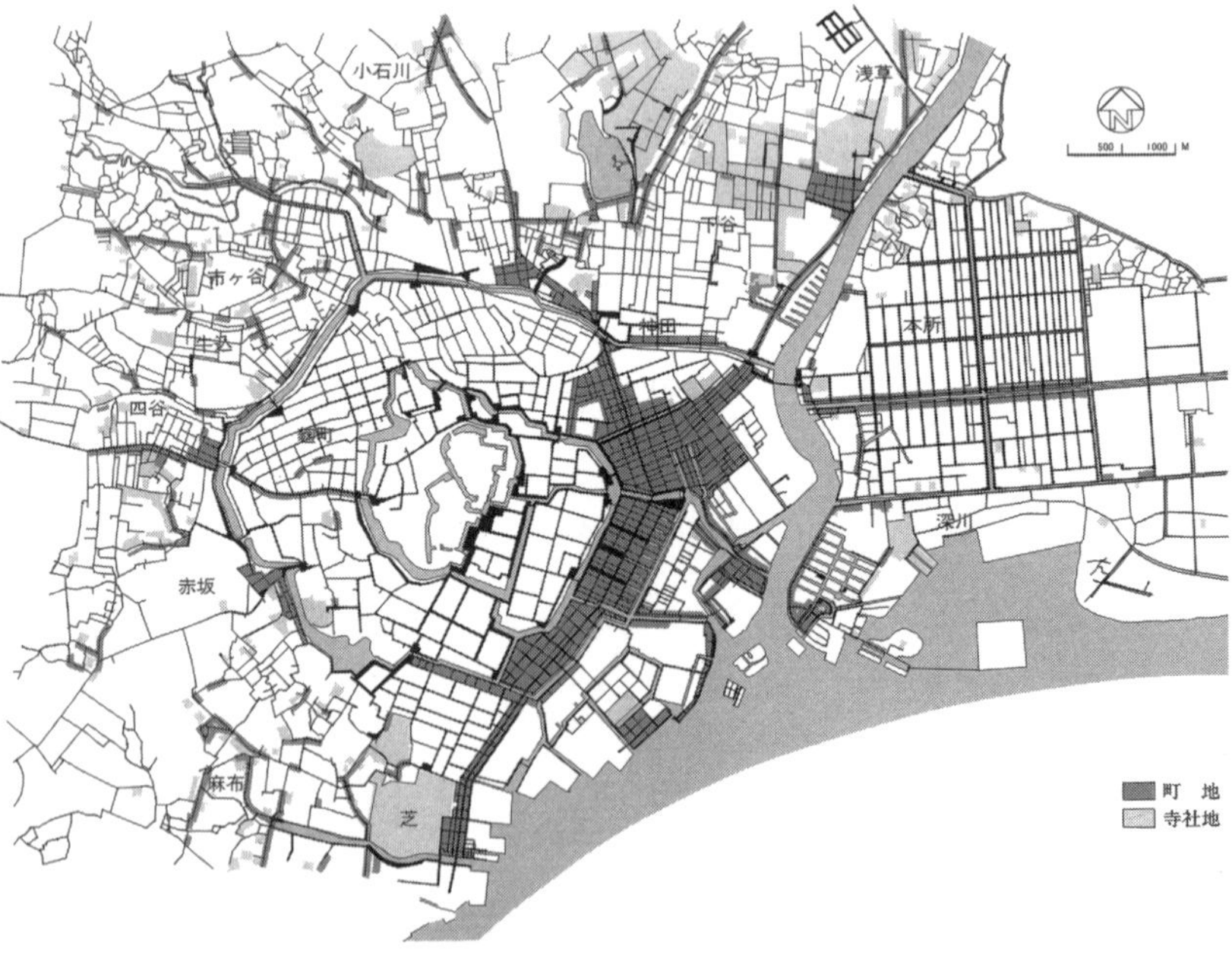

図8−1　寛文期の江戸の様子

翌二年正月に幕府はこの大事業を江戸の町人庄右衛門・清右衛門の兄弟に命じると、彼らの活躍もあって約一年あまりの短期間で玉川上水は完成し、江戸市中の多くの人々がこの恩恵に与かることになった。この功績によって、この兄弟は玉川の苗字《みようじ》と帯刀《たいとう》を許され、玉川上水役を命じられた。なお八代将軍吉宗《よしむね》の享保の改革によって開発された武蔵野新田はこの玉川上水を分水することで成り立っており、文字通り江戸時代において幕府と大都市江戸を支える大動脈であったのである。

もちろん水は都市の命綱であり、農業用水としても水利権であるから、幕府は厳重に管理し、各所に水番人を置いて水質・水量をチェックした。同時に水道の維持管理には多くの費用が必要になることから、上水利用者や武家・町から水銀《みずぎん》という形で費用を徴収した。このように上水の整備は単なる施政者の土木工事ではなく、都市の重要なインフラの形成を意味しており、その維持管理では受益者負担という現代と同じ概念がここに存在していたのである。

さて家康が慶長五年（一六〇〇）の関ヶ原の戦いに勝利して同八年に江戸幕府を開府すると、以降、天下普請により江戸城はさらに拡充された。まずは神田山を崩して日比谷の入り江を完全に埋め立て、さらに慶長十一年には諸大名に石材を運搬させて、天守台《てんしゅだい》や石垣の整備、本丸の普請がおこなわれた。その後も元和期に紅葉山東照宮造営や神田川の開削、本丸の拡張などがおこなわれ、寛永期には天守台や外郭の修築、二

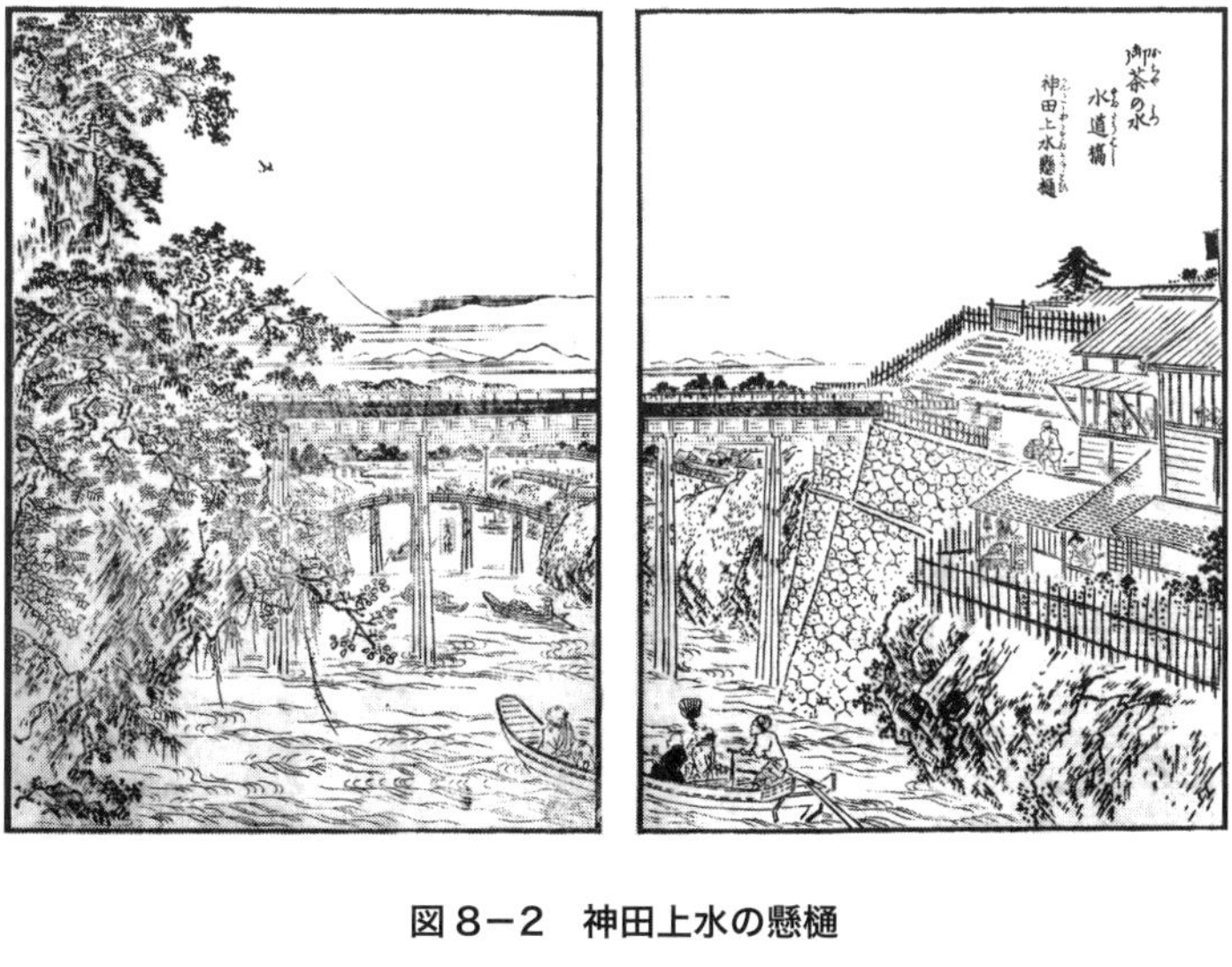

図８−２　神田上水の懸樋

の丸拡張などがおこなわれた。寛永期の天守は五重五階の銅瓦葺で、高さは天守台を含んで三〇間にもおよんだという。江戸時代を通じて、江戸城はまさに大都市江戸の中心、幕府の中枢として君臨していたのである（【巻頭カラー47】）。

明暦の大火と都市構造の改変

巨大都市として拡大してきた江戸であるが、明暦三年（一六五七）の大火《たいか》はその都市構造の改変、建築規制、防火対策におよぶ大事件であった。俗にいう「振袖火事《ふりそでかじ》」である。正月十八日に本郷丸山町の本妙寺で施餓鬼《せがき》法要のために晴れ着を焼いていたところ、これが空中に舞い上がり、あれよ、あれよという間に燃え広がっていった。そこから出た火は湯島・駿河台、浅草の米蔵や木挽町まで焼き、十九日未明にようやく鎮火した。しかし十九日昼前には小石川新鷹匠町《しんたかじょうまち》の武家屋敷から再び出火し、江戸城の天守・本丸・二の丸・三の丸から大名・旗本の屋敷を焼き尽くし、ようやく二十日の朝に鎮火した。この明暦の大火により、江戸の六割近くが焼けたという。

この火事を受けて、防火都市とするために江戸の大改造がおこなわれた。まずは延焼を防ぐため主要な道路の道幅を六間（約一〇・九メートル）から九間（約一六・四メートル）に拡幅し、火除けのための空地として上野・両国・湯島などに広小路《ひろこうじ》を設けた。また日本橋川沿いや神田から浅草見附などに火除けの土手を築き、江戸城周辺にあった御三家や近親者の屋敷も移転させて空地とし、これを火除け地とした。御三家では尾張・紀伊を麹町、水戸を小石川へ、そして他の城内の大名屋敷も移転させて幕府御用地とした。また被災に備えるために、諸大名には上・中屋敷に加えて避難用の下屋敷が与えられた。

寺院の移転も都市改造の大きなポイントであった。通常、城下町では城に近い方から順に武家町・町人町・寺町を配し、有事の際には塀をともなう寺院を防御線とすることが基本であったが、この構成を崩して寺院も分散配置とし、寺院に防火帯としての機能を期待した。これにより浅草・谷中・芝・三田などの寺町が誕生した（図8―1）。

さらに江戸の市中の拡大もおこなわれ、築地地域を埋立てたことで江戸の東側への開発が進み、万治三年（一六六〇）に隅田川東岸に渡る両国橋の架橋により江戸東方への避難経路が確保され、本所や深川の開発も進んだ。また大火後には日本橋の吉原（遊郭）も現在の浅草の地に移された。こうした拡大の結果、参勤交代《さんきんこうたい》による人口の流入と相まって、江戸は十八世紀の初頭には推定人口百万人という巨大都市へと成長していくのである。

ところで防火には瓦葺《かわらぶき》が有効であったのであるが、瓦の落下によりけが人が多発したことや大名屋敷や寺院などに限って用いられていた瓦葺の格式に対する配慮から万治三年（一六六〇）には瓦葺が禁止され、茅葺《かやぶき》や藁葺《わらぶき》は土を塗って防火性を高めることとした。そして新築には燃えやすい茅葺・藁葺・柿葺《こけらぶき》を禁止し、塗屋《ぬりや》などの防火建築が推奨された。しかし十分に規制がいきわたらなかったようで、寛文元年（一六六一）には新規の茅葺や藁葺が禁止され、板葺《いたぶき》とすることが求められた。なお防火目的の規制は江戸時代を通しての課題で、享保五年（一七二〇）には土蔵《どぞう》や塗屋造《ぬりやづくり》の普及が推進されて瓦葺規制も解除された。ちなみに十七世紀末には丸瓦と平瓦を一体化した桟瓦《さんがわら》が発明されており、瓦葺の懸念材料であった屋根の重量の問題も大きく緩和されており、さらに江戸は防火都市として発展していった。

この大火では寛永度天守も焼失してしまったため、その再建が計画されて御影石《みかげいし》の天守台が加賀藩主前田綱紀《まえだつなのり》によって築かれた。もちろん、その上に建つべき天守の造営計画図も作成されたのであるが、実際に天守が建設されることはなかった。これは幕府の重鎮であった保科正之《ほしなまさゆき》の進言によるもので、天守のはじまりは織田信長《おだのぶなが》が岐阜城に築いたもので城の守りには必要ではないとし、市街の復興を優先する方針をとったのである（図8―3）。

実用性に乏しく、威厳を示す装置としての意味の大きかった天守が造られなかったことは、支配装置が必要ないほど徳川幕府の体制が盤石であったことの裏返しでもある。

さてこうした江戸の火事の背景で大きく財を成した人物がいる。西廻り航路を開いた河村瑞賢《かわむらずいけん》である。彼は伊勢国の貧農に生まれたが、江戸で幕府の土木工事に従事して資産を築き、明暦の大火の際には木曽福島の材木を買い占め、土木・建築を請け負うことで莫大な利益を上げた。その後も老中稲葉正則《いなばまさのり》との緊密な関係により幕府の公共事業に関わっていき、晩年は淀川の治水をはじめ、全国で灌漑や開墾などの事業の功によって旗本に加えられた。ちなみに日本有数の材木の産地である木曽は秀吉・家康ともに直轄地としており、木材の産地は重要な資源の拠点であった。徳川幕府は木曽を元和元年（一六一五）には尾張藩領として、管理させたものの、その管理は幕府の意向を引き継いで非常に厳重であった。しかし明暦の大火による材木需要の増加から山林の荒廃を招いたため、寛文五年には尾張藩は留山《とめやま》の制度を設け、山への立入りと立木の伐採を禁じて、森林の保護に努めた。さらに宝永五年（一七〇八）には建築材として有用なヒノキだけではなく、これに似たアスナロ・コウヤマキ・サワラも誤伐採を避けるために御用材以外の伐採を禁止した。その後、ネズコも追加され、「木一本首一つ」というほど厳格な林政が敷かれた。こうした規制は火災復興における材木の市場価格高騰を抑制するためのものでもあり、この木材の厳格な管理からも頻繁に起こった火事と復興への苦慮の一端がうかがえる。

話がややそれたが、いずれにせよ、こうした都市の大改造は、幕府の強大な支配力とそれにもとづいた計画性の高い都市計画が背景にあって、初めて成り立つものである。太平の世になったことで、江戸が一城下町から権

図8−3　江戸城の旧天守台

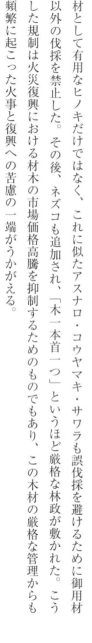

威性や防御性ではなく、防火性と機能性に富んだ巨大都市へと変貌する基盤ができあがり、百万都市へと発展していった。そのいっぽうで幕府の財政は逼迫《ひっぱく》し、火事やそれにともなう作事《さくじ》が慢性的な財政赤字のきっかけとなったのである。

大名屋敷と門の格式

江戸には大名屋敷が数多く建てられたが、その表門の様子は『要筐弁志《ようきようべんし》』や『青標紙《あおびようし》』によると、家柄によって格式が定められていたようである。国持大名は独立した門で、両潜唐破風造、畳出両番所付の大きな門で、最も格式の高いものであった。次の十万石以上の表門は独立した門ではなく、長屋門、両潜の本破風造で、畳出両番所付であった。これ以下の大名の表門も五万石以上、外様大名や国持分家、一万石以上と石高や家柄によって、細かく形式が定められていた。平安京の貴族の邸宅もそうであったが、江戸においても街路に面した表門がその家柄を示す屋敷の顔であったのである。

この江戸大名屋敷の表門は将軍家と諸藩の関係を映す鏡でもあった。江戸時代、大名同士の婚姻は将軍家の許しが必要であったいっぽうで、将軍家は有力大名に娘を嫁がせることで将軍家と大名の強い結びつきを求めた。第十一代将軍家斉《いえなり》は大奥に入り浸った性豪の将軍として名が知られており、側室一六人以上におよび、その子供は五〇人を超えるといわれる。その家斉の娘うちの一人、溶姫《やすひめ》が加賀百万石の大名、前田家に嫁いでいる。溶姫の母は家斉の寵愛を特に受けたお美代の方であり、その思いはひとしおであったのであろう。

図８−４　旧加賀藩邸御守殿門

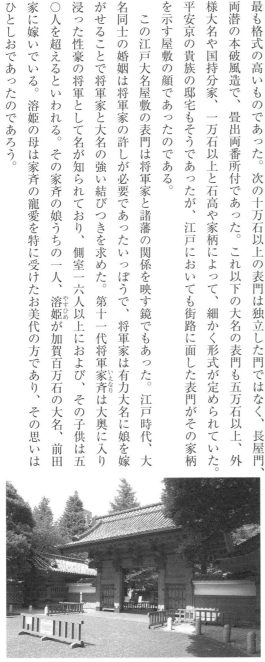

文政十年（一八二七）、前田家の第十三代当主前田斉泰《なりやす》は溶姫を将軍家から迎えるにあたって、慣例に倣って朱色に塗った門を建設した。これが今も東京大学に伝わる赤門で、正式には御守殿門《ごしゅでんもん》という（図8―4）。御守殿とは将軍の姫君が暮らすための御殿で、この朱色の門は将軍家から姫が嫁いだ家にのみ許されたものであった。赤門は現在、東京大学の象徴として扱われているが、実は将軍とゆかりのある大名であることを江戸の町に示すシンボルであり、江戸の市中を見渡すと、将軍の血を受け継ぐ者の存在が門の色で分かったのである。

というわけで、赤門は将軍の姫君の嫁ぎ先の家に建てられたのであるから、本郷の加賀藩上屋敷のみにあったわけではなく、実は江戸には他にも多くの赤門があった。溶姫の妹の末姫《すえひめ》が嫁いだ広島藩浅野家をはじめ、紀伊藩徳川家・彦根藩井伊家など、江戸各地に赤門が建っていたのである。

いっぽうで、赤門以外の大名屋敷の門の代表的なものの一つが上野の東京国立博物館の前に残っている旧因州池田家屋敷表門である（図8―5）。因州池田家は将軍家とも姻戚関係のある鳥取藩三二万石の大名で、表門は両側に向唐破風付の番所を備えた堂々たる構えである。通称、黒門と呼ばれ、当初は旧丸の内大名小路の池田家上屋敷にあったが、明治期には移築されて東宮御所《とうぐうごしょ》の門として用いられ、その後、現在の地に再び移築されている。

黒門と赤門、両者ともに大名屋敷にふさわしい構えであり、大名の権勢、施政者たる武士を頂点とした身分社会をいやがおうにも感じさせるのであるが、それだけではなく門の色の違いというカタチで、将軍という江戸時代の武家社会の頂点の存在が江戸の町並みに表出していたのである。

図8―5　旧因州池田家屋敷表門

東照宮と霊廟建築の造営

新たに花開いた江戸の地で、巨大都市の形成とともに建築文化が生み出されたのであるが、江戸時代の建築を語るにあたって、東照宮《とうしょうぐう》や霊廟《れいびょう》建築の造営に触れないわけにはいかない。偉大な人物を死後、崇めて祀ることは寺院でも開祖を祀る開山堂などがあったが、江戸時代には将軍・大名・武士・僧らを祀る霊廟建築が多く建てられた。代表的なものは豊臣秀吉を祀った豊国廟《ほうこくびょう》で、慶長四年（一五九九）に造営されたが、大坂夏の陣の後、元和元年（一六一五）には徳川家康によって破壊されてしまった。これも前権力者の廟所の破壊という形で権力の重心の移転を内外に示した一つの事例である。霊廟建築は寺院や神社とは異なる折衷した特殊なカタチをしており、既存の建築とは異質であることを視覚的にも表現していた。

霊廟の中心建築は霊屋《たまや》で、本殿・拝殿《はいでん》とその間の石の間（相の間）によって構成された権現造《ごんげんづくり》や禅宗様《ぜんしゅうよう》の宝形造《ほうぎょうづくり》、妻入《つまいり》の入母屋造《いりもやづくり》とすることが多い。周囲に透塀《すきべい》を廻らせ、水屋・鼓楼《ころう》・唐門《からもん》などにより、一郭を構成する。霊屋の背後には、石柵を廻らせて石燈籠《いしどうろう》を林立させ、墓標を立てることもあり、墓標は宝塔形とすることが多い。また大名墓所の場合は、菩提寺《ぼだいじ》に併設されることもあり、やはり石燈籠が立ち並び、厳かな空間としている（図8―6）。

さて話を東照宮に戻そう。東照宮と聞いて、どこを思い浮かべるであろうか。多くの方が日光東照宮（栃木県）を思い浮かべるであろうが、東照宮は東照大権現《とうしょうだいごんげん》である徳川家康を祀る神社で、全国に約一三〇社が現存するとされる。

図8−6　東光寺の萩藩墓所

日光東照宮は神輿舎《しんよしや》の「見ざる・言わざる・聞かざる」で有名な三猿の彫刻や陽明門《ようめいもん》の竜馬《りようば》の彫刻など、彫刻・金箔・彩色・塗装を凝らした豪華絢爛な建築群で有名である（【巻頭カラー48】）。ただし最も古い東照宮は日光ではなく、現在の日光東照宮も三代将軍家光《いえみつ》が造り替えたものである。

家康は元和二年（一六一六）に駿府城で死去すると、二代将軍秀忠《ひでただ》は遺命によって遺体を久能山《くのうざん》に葬った。そこに中井正清《なかいまさきよ》に命じて造営させたのが久能山東照宮（静岡県）で、これが徳川家の霊廟の最初のものである。中井正清は後述のように、京都大工頭として幕府の作事に深く関与した大工の一人で、家康が特に信を置いた工匠であった。

久能山東照宮は江戸時代初期の権現造で、霊廟建築の萌芽を見せるが、日光東照宮に比べると比較的簡素である（【巻頭カラー49】）。その構成は本殿・拝殿とその間の石の間（相の間）によって構成された権現造で、その周囲には透塀を設け、境内《けいだい》には唐門・神楽殿《かぐらでん》・鼓楼・神庫などの諸建築群が建ち並ぶ。元和三年には日光の地にも東照宮を造営し、遺骸は久能山からこの地へ移された。

以降、久能山や日光のほか、比叡山のふもとの日吉東照宮（滋賀県）、天海《てんかい》が入寺した喜多院《きたいん》の仙波《せんば》東照宮（埼玉県、元和三年創建、寛永十五年焼失、同十八年再建）など、各地に東照宮が建てられた。日吉《ひよし》東照宮は元和九年の創建であるが、現在の社殿は三代将軍家光により寛永十一年（一六三四）に権現造で改築されたもので、漆塗りや極彩色の彫刻で彩られている。この日吉東照宮の改築は日光東照宮の寛永改築に先立つもので、日光東照宮のプロトタイプとして造られたともいわれている。

家康以外の将軍の霊廟の多くは江戸に営まれ、増上寺《ぞうじようじ》には台徳院《たいとくいん》（秀忠）以下の霊廟（【巻頭カラー50】）、寛永寺に厳有院（家綱）以下の各霊廟が造られたが、大猷院《たいゆういん》（家光）霊廟のみ日光に造営され、江戸城内にも紅葉山や天守台下に東照宮が営まれた。なお家光の霊廟が日光に営まれたのは、自身が死後も家康の傍に身を置きたいという遺志であるともいわれている。この大猷院霊廟の造営の際には、家康の霊廟である東照宮を凌ぐ華美とならないようにという家光の遺言により、装飾華美とはせずに、重厚で落ち着いた造りとしている。さらに本来、南向きであるはずの本殿は鬼門の方角である北東を向いているのであるが、その先には東照宮があり、家光が家康を向く構図になっている。ここにも家光の家康に対する忠誠や思慕が表れている。このように大猷院の本殿の向き、建築の装飾に家光の祖父に対する畏敬の念、さらには開府者たる家康と家光の歴史的な立場の差が表れているのである。

霊廟の造営は大名にも広がり、各藩でも藩祖をはじめとする先祖を祀るようになる。その代表的なものは寛永十四年造営の仙台の瑞鳳殿《ずいほうでん》で、伊達政宗《だてまさむね》を祀っている。唐門・透塀・拝殿・玉垣《たまがき》などの諸施設によって構成され、彩色が施されているが、本殿は権現造ではなく、将軍家と比較すると抑えた規模と意匠で、一大名として分をわきまえた構成である（図8―7）。瑞鳳殿は大名霊廟のなかでも特に華麗なものであったが、一般的な大名のものはかなり抑えた意匠で、津軽藩の藩祖為信《ためのぶ》を祀った革秀寺《かくしゅうじ》の霊廟（青森県、江戸時代前期、図8―8）は簡素な造りで、地方霊廟の特色を示している。

このように江戸時代前半には東照宮や大名墓所など、豪華絢爛な霊廟建築が興隆したのであるが、その背景には桃山文化の継承と江戸幕府という政治体制があった。室町幕府は足利氏による武士の政権といいつつも、京に拠点を置いて貴族趣味的な文化のなかで生きながらえてきたが、江戸幕府は京から遠く離れた地で、武家が政治の頂点に立った新しい体制を構築した。ただし徳川家にしても、元をたどれば三河の地方武士に過ぎず、各藩の

図8−7　瑞鳳殿（復元）の彫刻・彩色

図8−8　津軽為信霊屋

大名も同様であったから、伝統的な文化のなかで既存の勢力とは異なる象徴を主張する必要があった。こうしたなかで豪華絢爛な霊廟建築は自己の優越や系譜の正統性による権威を示す装置として効果的であったのである。ただし贅を尽くした建築の費用は膨大であったため幕府や諸藩の財政は厳しくなっていき、八代将軍吉宗《よしむね》以降、新たな霊廟は造られず、合祀されるようになっていき、霊廟建築の栄華はここに陰りを見せたのである。

天台宗寺院の復興と拡大

天台宗の総本山は延暦寺《えんりやくじ》であったが、織田信長の焼き討ちにより、瑠璃堂《るりどう》を残して灰燼《かいじん》に帰してしまった。近世に入ると天台宗の体制も大きく変わっていったが、その背景には政治的な意図もあった。延暦寺も江戸時代初期には伽藍《がらん》復興するのであるが、そのいっぽうで江戸では関東の比叡山《ひえいざん》、すなわち東叡山《とうえいざん》の名が喜多院に与えられ、その後、寛永寺《かんえいじ》が開創されると、その名は上野の地に移っていった。将軍家とのかかわりを見つつ、これらの天台宗寺院の復興と拡大について述べたい。

まず延暦寺の復興の過程に触れたいが、その復興の順序にも社会背景が表れている。延暦寺は東塔《とうどう》・西塔《さいとう》・横川《よかわ》の三つの地区から成り立っており、その中心は東塔であったが、ここから復興が始まったのではないのである。時系列に沿って、順にみていこう。

元亀の焼き討ちをおこなった信長の存命中には延暦寺の再興は期待すべくもなかった。信長の死後、天正十年(一五八二)になって山徒三一名が比叡山に帰って復興を図り、ようやく同十二年に豊臣秀吉から伽藍再興の許しが出た。しかしこの復興も織田信長に対する配慮もあり、中心部の東塔ではなく、西塔が主な対象であった。また政治的に大きな影響力のあった延暦寺を抑制する意向もあったのであろう。

ただその復興自体は早く、その翌年には秀吉から西塔再建のために銀一万貫が寄進され、これを皮切りに勧進活動が展開された。この結果、天正年間には根本中堂《こんぽんちゅうどう》、横川中堂、四季講堂、無動寺明王堂《むどうじみょうおうどう》などが仮堂として再建され、文禄四年（一五九五）には秀吉の命によって園城寺弥勒堂《おんじょうじみろくどう》（金堂《こんどう》）が移築されて、西塔転法輪堂《てんぽうりんどう》（釈迦堂）とされた。この園城寺金堂の移築の背景にも大きな政治的意図があった。園城寺と延暦寺は同じ天台宗でありながら互いに山上・山下の関係で対立していたのであるが、園城寺が秀吉の怒りを買ったことで、その金堂が召し上げられて西塔の転法輪堂として移築され、西塔の復興のシンボルとされたのである。園城寺からすれば寺院の要たる金堂を持っていかれる屈辱であり、秀吉の怒りと権勢がここに表れている。このように建物に象徴性と権威があるがゆえに、泥を塗られるとその痛みはひとしおで、メンツ丸つぶれであったのである。

さて関ヶ原の戦いののち徳川の治世となると、慶長六年（一六〇一）には延暦寺に対して寺領五〇〇〇石が下賜され、名実ともに復興の基盤が築かれた。慶長九年には淀君によって横川中堂が再興され、同十二年には天海が東塔南谷の南光坊《なんこうぼう》に入って山門復興に尽力した。その後、天海は川越の喜多院に移り、三代将軍徳川家光に仕え、寛永元年（一六二四）には関東の比叡山、東叡山寛永寺を開創することになる。

これらの復興は大きな前進であったが、寛永八年の暴風で復興した堂舎の多くも倒壊してしまう。この暴風被害を受けて、延暦寺の本格的な復興が開始された。この復興は家光の師であった天海の力によるところが大きく、天海は家光に根本中堂の再建を進言し、寛永十一年から八年かけて完成した。天海はこの根本中堂完成の翌年に入寂してしまい、慶安元年（一六四八）に慈眼大師《じげんだいし》号を贈られた。この根本中堂の再建を皮切りに山内の堂舎の多くが復興していったのであるが、まさに天海―家光というタッグにより、延暦寺、特に東塔の復興の道筋はつけられたのである。

そのいっぽうで政治的には、この時期には東叡山の力が肥大化し、天台宗の実権を握り始めていた。現に守《しゅ》澄《ちょう》（尊敬）法親王が正保四年（一六四七）に日光山門主となり、承応三年（一六五四）に東叡山に移り、明暦元年

（一六五五）には天台座主《てんだいざす》の座に就くと、以後、東叡山門主が天台座主を兼ねることによって、天台宗の実権は関東に移った。これ以降、江戸時代を通じてこの体制が維持され、天台座主は法親王が務めることとなる。この意味は単に天台宗の実権が延暦寺から寛永寺に移ったことを示すだけではなく、三つの大きな意味を持っていた。一つは既存の大勢力で、強訴《ごうそ》や僧兵をはじめ、大きな影響力のあった延暦寺の復権を幕府が抑え込むことであった。二つ目は宗教的な基盤のなかった江戸に、最澄《さいちょう》以来の伝統ある天台宗を持ち込んで本山を構えさせ、宗教的にも江戸が中心であることを示すことであった。最後の一つは天台座主である法親王を江戸に置くことで、幕府は朝廷の要人を人質として江戸に確保したのである。

こうした天台宗の流れや延暦寺と寛永寺の関係を念頭に置きつつ、寛永寺の伽藍に目を移していこう。この寛永寺が開創された時代、まだ天台宗の総本山は延暦寺であったから、天海は寛永寺の伽藍を「見立て」という思想、すなわち京や延暦寺をマネしながら設計していった（図8―9）。位置関係を見ても、延暦寺が京都の鬼門の方角に位置するのに対し、寛永寺も江戸城の北東の鬼門の方角に位置している。

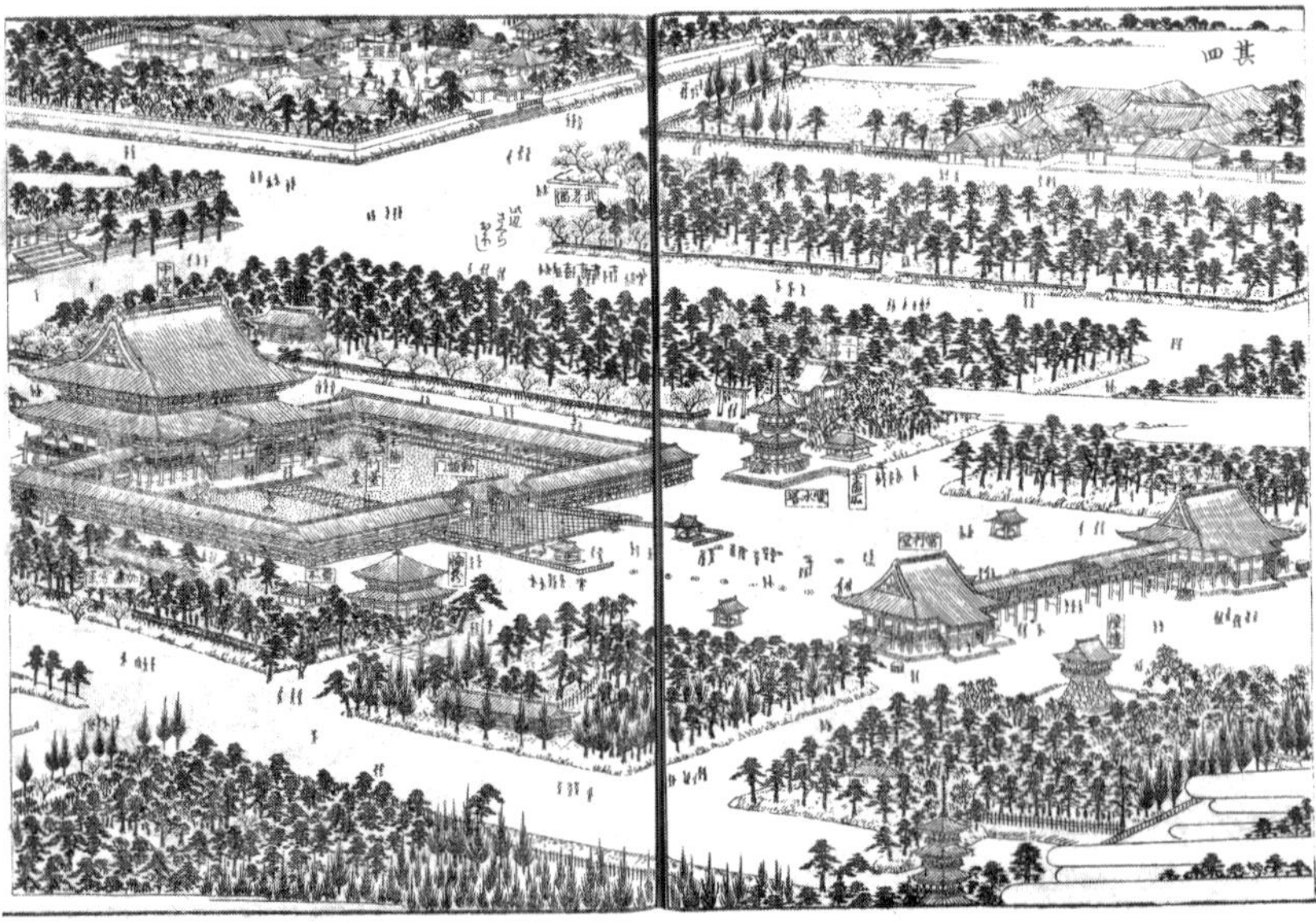

図8−9 「江戸名所図会」（天保5〜7年＝1834〜36）に描かれた寛永寺伽藍の様子

寛永寺の縁起を記した「東叡山諸堂建立記」では比叡山延暦寺との対比関係で寛永寺の伽藍を説明している。すなわち「清水観音堂」は京都の清水寺《きよみずでら》、不忍池弁天堂《しのばずのいけべんてんどう》は琵琶湖竹生島《ちくぶしま》の宝厳寺《ほうごんじ》、祇園堂《ぎおんどう》は京都の八坂神社《やさかじんじゃ》に見立てたのである。こうした設計思想のもとで、寛永元年までに天海の居所たる本坊が建設され、順次、天台宗の伽藍として不可欠のにない堂形式の法華堂《ほっけどう》と常行堂《じょうぎょうどう》、多宝塔《たほうとう》をはじめ、輪蔵《りんぞう》、東照宮などが寛永四年には完成し、同八年には清水観音堂、五重塔が造られ、大仏も造られた。しかし最も重要な堂宇《どうう》であるはずの根本中堂の落慶は元禄十一年（一六九八）、徳川綱吉《つなよし》の時代まで待たねばならず、それまでは法華堂・常行堂が寛永寺の伽藍の中心であった。ここには家光の寛永寺に対する思想が表れているとされる。寛永寺に延暦寺三塔すべてを写すのではなく、にない堂など、西塔伽藍の構成に限定して移し、あえて寛永寺に東塔の中心建物である根本中堂を設けなかった点にその趣向が強く表れているのである。延暦寺で東塔を復興していたから、東叡山には不要と考えたのであろう。

つまり家光による延暦寺の東塔の復興、西塔に見立てた寛永寺の開創は、家康による延暦寺横川の復興とあわせることで、二寺院の復興と開創という建設事業という意味だけではなく、天台宗の伽藍のすべてを徳川幕府が再興するという意味を持っていた。すなわち延暦寺の東塔・横川の復興と西塔を模した寛永寺の創建により、三塔を徳川の手で造ったのであり、これは天台宗を分断・新設したという意味を持っていた。この一大事業は、造営・宗教支配の両面で内外に徳川幕府の覇権を強く示すもので、江戸時代においても大造営が権力の表出として、大きく機能していたのである。そして、いまだ文化の中心であった畿内に対抗すべく、見立てにより畿内の名所を寛永寺に写して宗教的な中心地を上野の地に作ることで、江戸にモニュメントを創出し、巨大都市江戸の骨格が出来上がっていった。

公武の接点としての二条城

江戸を起点とした徳川幕府であったが、依然として朝廷は京の都にあり、こちらに対して幕府の権威の優越性を畿内においても示す必要があった。その一つが二条城《にじょうじょう》である。関ヶ原の戦い直後の慶長六年（一六〇一）には家康は上洛時の滞在場所とするため、数千軒の町家を立ち退かせて二条城の造営に着手した。中井正清を棟《とう》梁《りょう》とし、西国の諸大名に造営費用と労務の割り当てた天下普請であった。慶長八年には御殿・天守が完成し、以降、江戸幕府の京都における拠点の一つとなった。

家康が征夷大将軍になると、室町時代以来の慣例にもとづいて、拝賀の礼をおこなうために御所に向けて行列を出し、二条城では重臣や公家を招いて祝賀の宴を開いた。二条城における将軍就任の儀式は家康・秀忠・家光の三代にわたっておこなわれており、まさに二条城が徳川幕府の始まりの狼煙《のろし》を上げる舞台であったのである。

二条城が徳川幕府の京都の拠点であったことは、二の丸御殿で慶長十六年の豊臣秀頼《ひでより》との会見がおこなわれたことや大坂冬の陣での家康の出立地であったことからもうかがえ、元和六年（一六二〇）の後水尾《ごみずのお》天皇への徳川和子《まさこ》（秀忠の娘）の入内《じゅだい》もここから長大な行列を出している。

さらに家光の時代には、寛永三年（一六二六）の後水尾天皇の行幸のために二条城の大規模な改修がおこなわれた。尾張の徳川義直《よしなお》をはじめとする諸大名が参加し、作事奉行には造営・作庭で名高い小堀《こぼり》遠江政一《まさかず》（遠州）が充てられた。この行幸は公武の和の象徴であり、まさに二条城が幕府と朝廷を結ぶ公武間の儀式の場として歴史の表舞台に燦然《さんぜん》と輝いていたのである。

二条城二ノ丸御殿は、車寄《くるまよせ》・遠侍《とおざむらい》・式台・大広間・蘇鉄《そてつ》の間・黒書院・白書院が雁行型に配置されて廊下でつながった形状で、桃山時代から江戸初期の御殿の形式をよく示している（図8―10）。座敷構えを基調とした各部屋は松を描いた障壁画や彫刻で彩られており、それらの障壁画は江戸城・名古屋城など、当時の公儀の絵画制作に深くかかわった狩野探幽《かのうたんゆう》ら、狩野派絵師の手で描かれた（【巻頭カラー39】）。

この二条城二の丸御殿はその存在が政治的な意味合いを強く持つだけではなく、内部の構成も身分の上下を空間で明示したものであった。将軍の公式の謁見所であった大広間を見ると、天井や床高による格差が表現されている。大広間は床高を変えた一の間と二の間、そこから折れ曲がった三の間、一の間の東側の帳台構を挟んだ四の間（槍の間）の四室の構成で庭に面して広縁が廻る。それぞれの天井も一の間の二重折上格天井《にじゅうおりあげごうてんじょう》、折上格天井・格天井と格差をつけている。そして上段には床《とこ》・違い棚・付書院・帳台構を備え、まさに空間全体が権威と身分差を明示する舞台であったのである。

さて二条城は幕末にも表舞台に登場する。徳川幕府最後の将軍慶喜《よしのぶ》による大政奉還《たいせいほうかん》である。慶応三年（一八六七）十月十三日、二条城二の丸御殿大広間で、上洛中の諸藩の者を前に慶喜は大政奉還の決意を表明した。文字通り、武家から朝廷へ政権を返上するという歴史的な一幕がここにあったのである。家康による徳川幕府の幕開けと威信を示

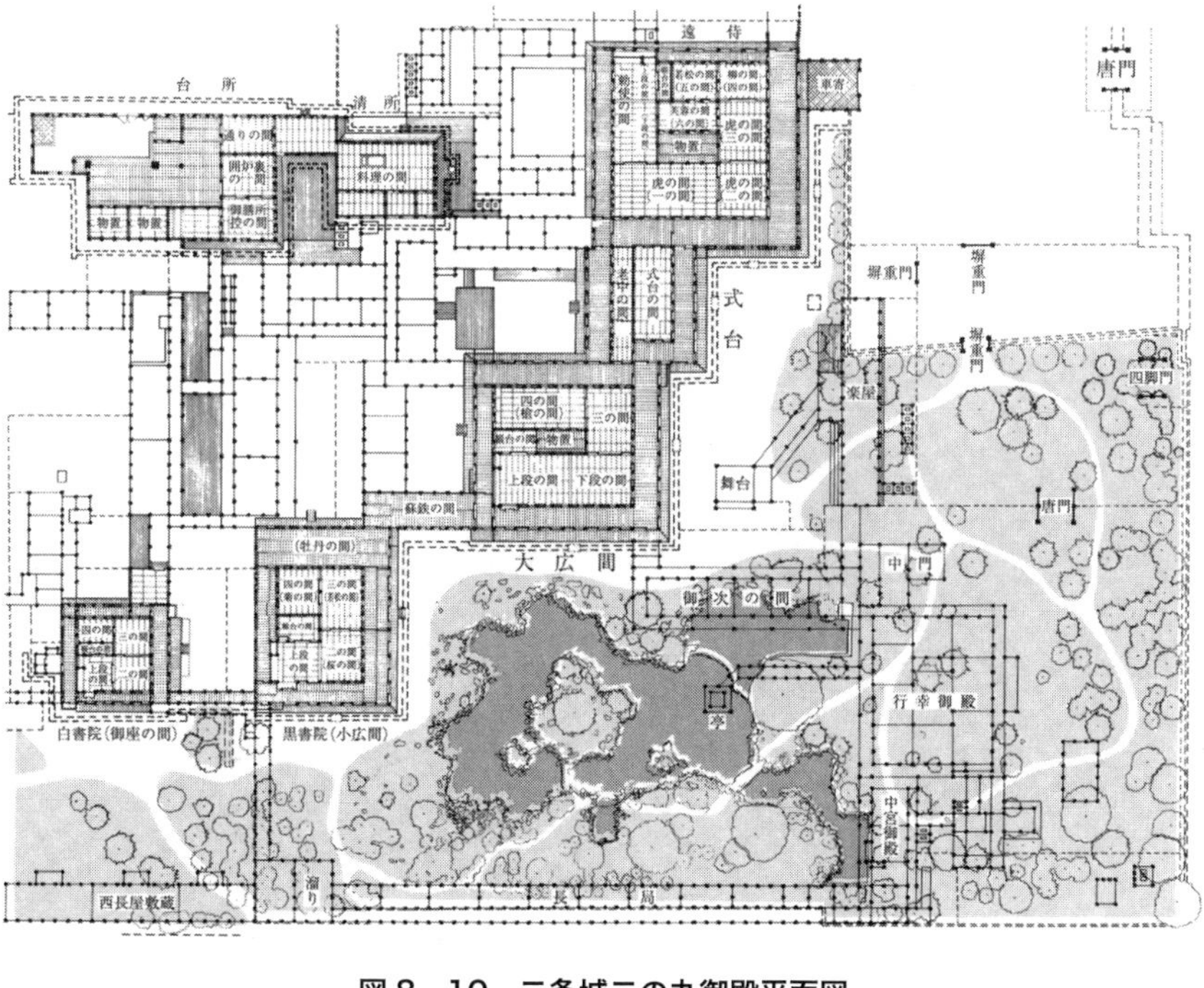

図 8－10　二条城二の丸御殿平面図

した創建、家光の時代の後水尾天皇行幸による公武の和の象徴としての最盛期、慶喜による徳川幕府の幕引きと、二条城は江戸時代の酸いも甘いもかみ分けた、数奇な建物であるといえよう。

諸寺社の復興

さて戦国期の戦乱を経て太平の世になると、荒廃した寺院の復興や新しい寺院建立がなされた。新興勢力の豊臣や徳川も源頼朝《みなもとのよりとも》と同じく寺社の復興に力を入れ、これを自身の権威装置として利用したのである。

豊臣家による再興は、天正二十年（一五九二）の金峯山寺蔵王堂《きんぷせんじざおうどう》（奈良県）や石清水八幡宮《いわしみずはちまんぐう》廻廊（京都府）など秀吉の存命中にもおこなわれていたが、秀吉の死後の秀頼の時代になるとその数は増え、主なものに法隆寺《ほうりゅうじ》・東寺《とうじ》・醍醐寺《だいごじ》・南禅寺《なんぜんじ》・相国寺《しょうこくじ》・北野天満宮《きたのてんまんぐう》・吉野水分神社《よしのみくまりじんじゃ》の再興などがある。この秀頼の寺社復興の背景には徳川家が豊臣家の力をそぐ思惑もあり、秀頼に対して秀吉の菩提を弔うために方広寺《ほうこうじ》をはじめ、畿内の諸大寺の修理を勧めたのである。ちなみに徳川家による復興は、先述のように徳川幕府の政権が盤石となった三代家光の時代になってからのものが多い。豊臣の修理の代表である法隆寺の慶長修理では重臣片桐且元《かたぎりかつもと》を修理奉行、法隆寺西里出身の中井正清を棟梁に据え、慶長五年（一六〇〇）より伽藍全体の修理がおこなわれた。堂舎の多くは傷みがひどく、創建以来の大修理であったようである。現在の法隆寺伽藍は秀頼の修理のおかげであるが、材料の入手には苦労したようで、ヒノキだけではなく、マツ・スギなどの材種も多く用いられた。豊臣家としては寺院復興の援助による費用の支出を抑え、徳川家に抗う力を蓄えておきたかったから節約に努めたとも考えられるが、室町時代の修理でもマツは多用されており、戦乱によって荒廃していた山林の影響は大きかったとみられる。

さて豊臣による寺院の発願と復興といえば、秀吉発願の方広寺と秀頼による同寺の再興は有名であろう。方広寺は焼失した東大寺大仏殿に代わって天正十四年に秀吉が発願した寺院である。その大仏の大きさは東大寺を超える大きさであったといい、権力をほしいままにしていた秀吉の栄華を示すものであった。あえて奈良の東大寺大仏殿の再建ではなく、新たに大仏や巨大仏殿を造ることで、京都に新しい権威を示すモニュメントを造り上げようとしたのである。また刀狩令《かたながりれい》で武器を没収する口実としても、方広寺大仏殿の造立による仏恩が強調された。いうなれば方広寺は天下統一を成し遂げた秀吉の威光を天下に示し、民衆を支配する装置であったのである。

しかし方広寺大仏は金箔で彩色されていたが木造であったため、文禄五年（一五九六）七月の慶長伏見地震で倒壊してしまう。この時、大仏殿は無事であったのであるが、この大仏殿も慶長三年の秀吉の死の四年後には金銅製の大仏で再興するための鋳造中に出火して、焼け落ちてしまう。こうしたなかで、秀頼は諸寺の再興とともに慶長十三年から大工頭中井大和守正清に大工三千人を率いさせて方広寺の再建に力を入れたのであるが、大仏の開眼供養を控えた同十九年に梵鐘《ぼんしょう》が完成すると、その銘が徳川家康の逆鱗に触れる。「国家安康」の字が「家康」の名を切っており、「君臣豊楽」が豊臣を君主とする意志の表れで、徳川への反意であるという方広寺鐘銘事件である。

関ヶ原の戦い以降、豊臣家の存在感や求心力は低下していたなかで、方広寺の再建は秀頼の建設事業を通して豊臣家の存在感を示す表現として重要な意味を持っていたのであるが、これが大きくくじかれ、逆に大坂の陣を引き起こす一つのきっかけとなり、豊臣家は滅亡への道を歩んでいくのである。

また諸藩の大名も各所の名刹の再興や開創に力を入れており、慶長十四年には伊達政宗も畿内から技術者を招いて松島瑞巌寺《まつしまずいがんじ》を建てている。紀伊の刑部左衛門国次《おさかべさえもんくにつぐ》・中村日向守吉次《なかむらひゅうがのかみよしつぐ》らを招き、材料も熊野から取り寄せたと伝えられ、まさに時代の先端を走っていた畿内に比肩する建物が東北の地に生み出されたのである。本堂・御成玄関・御成門・中門・庫裏などが残り、御成玄関の壮麗さは桃山建築らしさを示している。また本堂は方丈《ほうじょう》で、仏間の西側には政宗を迎えるための御成ノ間を備えていた。このほか加賀藩の瑞龍寺《ずいりゅうじ》開創や松江藩の月照寺《げっしょうじ》の再興など、大名墓所を定めることも相まって、各地の寺刹が誕生と再生を迎えたのである。

徳川家による寺社の復興は寛永三年（一六二六）の三代家光の上洛が一つの契機である。将軍の上洛自体、権威を示すセレモニーであり、軍事的なデモンストレーションでもあったのであるが、これに加えて、将軍の行く先々に恩恵をもたらすという意味もあり、寺社を復興したのである。天皇の行幸の際に近隣への下賜がなされたのと同じく、上洛にともなう復興という形で将軍の威光を天下に響き渡らせようとしたのであろう。寛永期には内裏《だいり》を筆頭に清水寺本堂・仁和寺《にんなじ》など京内・畿内の多くの建物が復興しており、仁和寺には、内裏の紫宸殿《ししんでん》・清《せい》涼殿《りょうでん》・常御所《つねのごしょ》などが下賜された。また徳川家康は浄土宗の信徒であったから、慶長十三年以降、総本山知恩院《ちおんいん》の寺地の拡大や伽藍整備に努め、秀忠、家光の代に引き継がれた。知恩院は京の東の高台にあり、ここに建つ巨大な御影堂《みえいどう》（寛永十六年）は京都御所を見下ろす位置にあって平城京の興福寺北円堂と平城宮の関係性に似た構成で、有力者のゆかりの寺院が朝廷の中枢施設を見下ろす構成は両者に通じるものがある。

さて家光は寛永十一年にも上洛しており、やはり寛永十五年ごろから近江国に集中して寺社の復興が見られ、胡宮神社《このみやじんじゃ》・多賀神社《たがじんじゃ》・大瀧神社《おおたきじんじゃ》らの復興がおこなわれた。また京都でも東寺五重塔や石清水八幡宮なども二度目の上洛前後に再建されている。このように上洛とそれに続く諸寺社の復興は徳川家の権力と財力を朝廷や京の人々にまざまざと見せつけるもので、権力の重心の移動を示すものであったのである。そして破壊の時代から再生・誕生の時代への変化は人々に太平の世の到来を告げるものであった。なお東大寺大仏殿の復興（【巻頭カラー52】）も江戸期の一大イベントであったが、その材木収集の苦労話については、よもやま話⑧（二一八頁）で述べたい。

徳川幕府と造営組織

江戸時代には幕府の組織による造営のほかに、諸大名に土木・建築を負担させる方法も取られた。徳川幕府は所領を安堵する見返りとして、所領に応じた軍役と工事の負担を大名に求めたのである。これは摂関期《せっかんき》の造国制に似ている。

さて江戸幕府は封建的な身分社会の再編成のなかで、職人の身分の固定化を進めていき、作事や営繕《えいぜん》を統括する作事奉行《さくじぶぎょう》が幕府や各藩に設置された。幕府では作事奉行は寛永九年（一六三二）に設置されて主に木工事を担い、土木関係の普請奉行《ふしんぶぎょう》、貞享二年（一六八五）に設置されて小作事や修理を担った小普請奉行《こぶしんぶぎょう》と合わせて、下三奉行と呼ばれた。作事奉行の当初の構成は明らかではないが、幕末の制度からみると、作事奉行のもとに御大工頭《おんだいくがしら》が置かれ、これを頂点として御被官大工、町棟梁以下の職人を統率する大棟梁が置かれた（図8―11）。二代将軍秀忠の霊廟である台徳院霊廟（寛永九年）の刻銘には大工鈴木長次、木原義久、御被官大工片山国久、林時元、谷田正次、内藤吉久、下棟梁甲良《こうら》宗広、平内《へいのうち》正信、甲良宗次、工保信吉、天満宗次の名があり、その後、鈴木氏・木原氏は江戸の大工頭、甲良氏・平内氏は大棟梁となり、江戸の作事体制を支えていった。なお大棟梁の平内家は後述のように、木割書《きわりしょ》『匠明《しょうめい》』を伝える家柄である。

いっぽう畿内では京都大工頭が置かれ、江戸とは別の体制が組織された。初代京都大工頭には法隆寺大工の工匠の中井正清が命じられ、以降、中井家が世襲して畿内六ヵ国の大工を支配した。中井正清は江戸城天守・駿府城・名古屋城・日光東照宮など、江戸時代初期の幕府の主要工事に参加して幕府の信任を得ていた。さらに大坂冬の陣のきっかけとなった、方広寺の梵鐘銘と棟札《むなふだ》の写しを幕府側に報告したのも彼で、政治的にも徳川家康のバックアップをしていた。余談ではあるが、法隆寺の修理の際には屋根に上

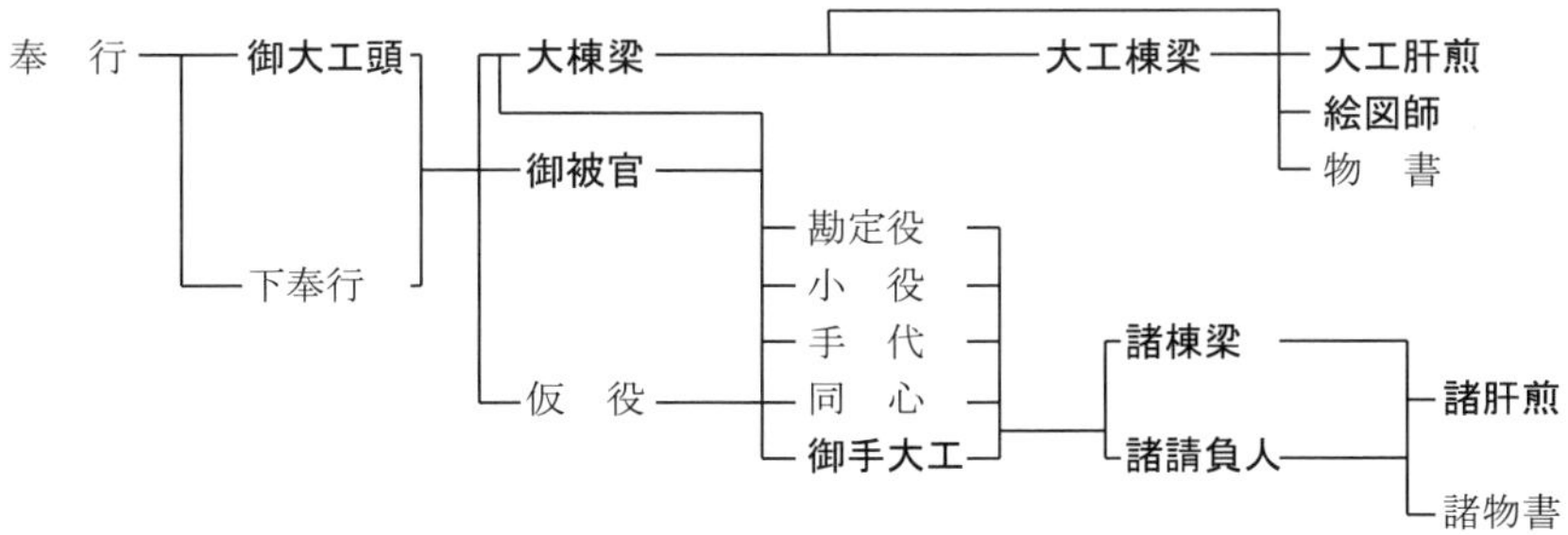

＊ゴシック体は技術系統、他は事務系統（『建築学体系 4　日本建築史』より作成）

図 8－11　作事方の組織図

がる必要があり、その屋根に上がれるのは殿上人《てんじょうびと》のみであったため、中井家は代々、従四位下、大和守の官位を賜っていた。元禄期には中井家は屋敷内に中井役所を設け、仕様帳・絵図作成などを造営にかかわる事務を幕府の費用でおこなうようになり、公的側面を帯びていき、五畿内・近江の作事を統括していたのである。

こうした技術体系のもとで江戸時代の作事は進んでいくのであるが、技術系のトップであった大工頭は江戸時代の世襲と官僚的な体制のもとで事務官的性格が強くなっていき、実態としては大棟梁が技術的なトップであったようである。

世襲と官僚化によって、実質的な技術力が低下した幕府の作事方では、延宝五年（一六七七）に被官大工であった片山三七郎を大工頭に取り立てると世襲制が崩れていく。さらに作事・営繕に関わる組織改編がおこなわれ、貞享二年（一六八五）に小普請方《こぶしんかた》が設置されると、これが台頭していく。十七世紀末の小普請方の活動範囲は広がって、作事方の仕事まで小普請方がおこなうようになり、宝永八年（一七〇九）には作事方にも仕事を与えられるように大工頭に嘆願書を出すほどであった。

さて幕府の作事体制が整ったいっぽうで、職人は大工仲間を結成し、みずからの権益を守ろうとした。要は仲間の形成により職人の縄張りを定め、新参者を排除しようとしたのである。これは後述の請負や入札《いれふだ》と逆行するものであるが、寛永十二年には京都大工頭中井正純より許可が出され、五畿内と近江では大工・杣《そま》・木挽《こびき》らによる特権的な仲間の存続が認められた。その背景には内裏や畿内の幕府工事は他の地域に比べて繁忙で、労働力の確保が必要であったことがある。また幕府としても畿内の軍事力の一翼として、建築技術者を確保することが目的で、中井大工頭のもとで職人を統制でき、夫役による労働力を確保できるというメリットもあった。こうした双方の事情から封建的な社会制度に組み込まれ、仲間が容認されていた。いっぽうで江戸や大坂などの大都市では、仲間の形成によって談合がおこなわれ、賃金の吊り上げなどの問題があったため、仲間の形成は禁じられた。

請負と入札

現在の建設事業では発注者自らが建設する直営ではなく、請負や入札がおこなわれるのが一般的であろう。請負はある仕事に対して一定の期間や費用での完成を約束するもので、第四章で述べた様工が請負工の早い例である。入札は工事を請け負うために、金額を書いた札を入れて、最も安い値を付けたものがその権利を得るという方法である。江戸時代にこの入札が開始されたのである。競争入札させることで施主側は作事費用を抑えることができるし、納期などについても工匠に対して契約にもとづき催促できる。工匠も入札の結果次第で、ある程度、仕事を選ぶことができ、自由な活動が認められた。そのいっぽうで幕府直轄の技術者は設計・企画・積算などの作事の事務に特化していったため、現場の技術者としての能力はしだいに低下していった。

律令制のもとで木工寮が設計・積算などをおこなったのに似ているが、古代の様工がおこなう請負は補助的なものに限定され、基本的に官の技術者である司工らが実務をおこなう直営であったから、企画・立案・設計・積算などの請負のための準備は近世ほど精度の求められるものではなかった。これに対して作事方には入札できるだけの高い精度が求められた。幕府の積算の工程資料として標準手間賃や標準手間工数を記した本途帳《ほんどちょう》が用いられたことは、その精度の高さを裏づけている。

請負工事の具体的な初例は寛永十七～十九年（一六四〇～四二）の南宮神社《なんぐうじんじゃ》（岐阜県）の造営であるが、この時は幕府作事方が設計・積算をおこない、それをもとに競争入札させている。この時の入札では本殿をはじめとする社殿をひとまとめにして、それを材木・大工手間・石工事などに分業させ、工事種目ごとに請け負わせた。ただし三重塔のみは一棟を一式で請負う形式としていた。この時の請負は幕府側に非常に有利な条件だったようで、工事の遅滞を認めずに仕様通りに建物を造ることを求めたのは当然であるが、万が一、工事遅滞の際には代金も支払われず、他の者に請け負わせて家財没収という厳しい処遇であった。また工事項目ごとの分業は専業化を示すいっぽうで、三重塔の一括請負があるように、専業の工匠を統括するゼネコン的な役割を果たすことのできる基盤が存在したことを示している。

このように近世には建築座の崩壊や戦国武将の御被官大工からの解放によって多様な工匠を生み出し、その結果として比較的、自由な経済のなかで作事は成熟していった。そこで生まれた請負や入札といった制度は現在の建設業界に通じるものであった。特に幕府の作事の場合には、競争入札による費用の抑制や請負契約による造営遅滞の防止という面で、多くのメリットがある制度であった。この作事の方法は近世の商業社会がかなり成熟していたことがここに表れているのである。

木割書と建築技術の硬直化

日本の伝統的な大工技術といえば、秘伝のものを思い浮かべる方も多かろう。あながち間違いではないが、その技術は口伝で伝えられるのみではなく、木割書という形で伝えられることもあった。

日本の伝統建築を造る技法の一つに各部の比例寸法によって部材寸法を体系的に決める木割という方法がある（第六章参照）。柱径や柱間《はしらま》を基準に、柱の高さや梁《はり》・組物《くみもの》・垂木《たるき》、さまざまな寸法を比例関係で決めていくのである。この木割を記した書物が木割書である。天和三年（一六八三）に四天王寺流の法隆寺の工匠である平政隆《たいらまさたか》が書いた『愚子見記《ぐしけんき》』や慶長十三年（一六〇八）に書かれた平内家の『匠明』、建仁寺流の甲良家の『建仁寺派家伝書』が有名である。特に『愚子見記』には長享三年（一四八九）に書かれた古い木割書である「三代巻」が収められており、室町時代にはすでに木割書が作成されていたことが知られる。また建築技術だけではなく、吉凶・武具・調度など、作事に関連する事柄が広く記されている。同じく座敷飾りや装飾などは、格式と形式を重視し、古式に則ることが求められたから、雛形本が出版されて手本とされた。こうした形式化には上層階級の建築で畳の敷き詰めが一般化して寸法の規格化が進んだことで、その影響が木材供給の場にもおよんで材が規格化し、建築の定型化や標準化が進んだという背景があった。

木割書は秘伝書であったが、寛文年間以降は刊本として多く流布し、ある程度の設計が誰でもできるようになり、建築技術の普及という面では大きな功績をあげた。また木割書の普及は先述の請負や入札にとっても好都合で、発注者側としては一定レベルの成果物が期待できるようになった。さらに有用であったのが積算の面である。木割書によって材の大きさは予想し得るし、それにともなう作材の手間も見込みやすい。事前の部材ごとの作材と組み上げというプレハブ化、あるいは建物の部分ごとの分業も可能である。すなわち木割書の影響で建設作業が高効率化し、正確な積算が可能となっていったのである。

そのいっぽうで木割書に頼った造営となるため、建物全体を設計するのではなく、現場の棟梁は請負業者化し、下部の職人は細部に力をこめることができるのみで、彫刻や仕上げで腕を競うようになる。その結果、建築があたかも芸術作品化していき、中世以前の平面や架構などのダイナミックなオリジナリティが影を潜めていった。

緊縮財政と建築制限

江戸時代初期、特に家光の時代には江戸・京都・日光の頻繁な造営に多くの財が投じられた。その後の明暦の大火の復興のための建設も必然的に膨大な量となり、これは幕府・諸藩・民衆の財政を圧迫した。それゆえ自然と緊縮財政と作事の制限へと向かっていく。先にも述べた保科正之の江戸城天守再建の断念などはその顕著な例であるが、寺社の再建でも華美な組物や彫刻を避ける傾向がみられ、具体的な法令による制限もみられる。

作事規制の最たるものは梁間《はりま》三間規制で、建物の規模を梁行《はりゆき》三間以下とせよというものである。家屋に対する規制は寺院に先行し、寛永二十年（一六四三）には「武家住宅法令」（『御触書寛保集成《おふれがきかんぽうしゅうせい》』）によって梁間三間以下とするように定められた。明暦の大火後の明暦三年（一六五七）の再建では仙台藩伊達家の上屋敷が梁間四間から三間に縮めて許可されたことから、この規制が実効性のあったものであったことが知られる。諸藩でも藩令によって同じように規制された。この規制は大名屋敷から町人屋敷へと拡大し、寛文八年（一六六八）の「寛文八年令」（『御触書寛保集成』）により寺院にも適用範囲が広がった。特に寛文八年の作事規制は厳しく、寺社に対して京間三間の規制が出されただけではなく、市井の家屋に対しても長押《なげし》・付書院・組物の禁止といった倹約令が出された。そのいっぽうで廂《ひさし》や裳階《もこし》を付すことでこの規制を回避することができたので、こうした方法で建物を拡大した近世的な寺院が生み出された。

作事の質素倹約化の実例は早くも十七世紀後半の延暦寺文殊楼《もんじゅろう》（滋賀県）の再建案の変遷に見て取れる。延暦寺文殊楼は東塔の中心部、根本中堂の正面の高台に東面して建っており、東の坂本からの本坂の正面を飾る表門である。その歴史は古く、貞観三年（八六一）に慈覚大師《じかくだいし》（円仁）が文殊楼の造立を奏上し、同八年（八六六）ごろに檜皮葺《ひわだぶき》二重の楼が完成したという。四隅には慈覚大師が五台山から招来した霊石が埋められたと伝え、四種《ししゅ》三昧《ざんまい》堂の一つ、常坐一行三昧院であった。元亀二年（一五七一）の全山焼討以前にも五回にわたって焼亡しており、焼き討ち後、文殊楼は寛永年間に根本中堂とともに復興したが、寛文八年（一六六八）二月に再び焼亡した。その半年後に復興が開始されて幕府主導で再興されたのが現在の文殊楼である。叡山文庫《えいざんぶんこ》に残る三つの絵図から文殊楼の焼失前の前身建物、再建案、修正案という変遷がわかるのである（図8—12）。これをみると家光が造営した前身の文殊楼は梁間（奥行）三間、三手先《みてさき》の組物で詰組《つめぐみ》の禅宗様の壮麗な建物であったことが知られる。

文殊楼の三つの図面を比較すると、梁間三間から二間への規模の縮小のほか、組物・妻側《つまがわ》の柱間装置・妻飾《つまかざり》・高欄《こうらん》に変更がみられる。上層の組物は二手先《ふたてさき》詰組（絵様繰形付肘木《えようくりがたひじき》）→二手先詰組（絵様繰形付肘木）+間斗束《けんとづか》

（蓑束《みのづか》）↓出組《でぐみ》詰組（雲形肘木）と変化している。特に焼失前の寛永期のものや再建当初案は隅に龍の彫刻を用いた華美なものである。

下層の組物も出三斗詰組↓出組（絵様繰形付肘木）中備《なかぞなえ》蟇股《かえるまた》（絵様繰形付肘木）↓大斗《だいと》絵様肘木と変化している。また柱間装置は前二者では妻側に花頭窓《かとうまど》を設け、禅宗様を全面に押し出した構成としている。妻飾は虹梁大瓶束《こうりょうたいへいづか》↓虹梁大瓶束笈形《おいがた》付↓豕叉首《いのこさす》と変化し、高欄は逆蓮《さかばす》高欄↓跳高欄↓逆蓮高欄と変化している。

このように寛文期の文殊楼再建の当初には、梁間三間から梁間二間に規模が縮小するのみで、全体の意匠は抑えず、むしろ絵様繰形付肘木の増加など、荘厳化は進んでいる。これに対して、再建案から修正案への変更の際には梁間二間という規模の変更はないものの、組物の手先や絵様繰形付肘木の減少など、意匠が簡略化されており、この意匠の簡略化を補うべく、雲形肘木という形式が最終的に採用された。

このように寛永から寛文ごろの文殊楼の再建案の変遷をみると、計画が進むにつれて規模の縮小、彫刻や組物などの意匠の簡素化をしている。その理由の一つには寛文期の作事の倹約、経費節減という事情があった。寛文再建時の文殊楼の規模縮小・隅の龍彫刻の中止・組物の簡素化は家光の影響力の大きかった寛永期とは異なる寛文期の幕府の懐事情や社会状況を反映しているのである。そのいっぽうで、組物の手先や彫刻を増やさずに荘厳するために創意工夫を凝らして簡素化を補うデザインが生み出されたのであり、ここに倹約のなかにも作事にかかわった人々の思いが透けて見える。

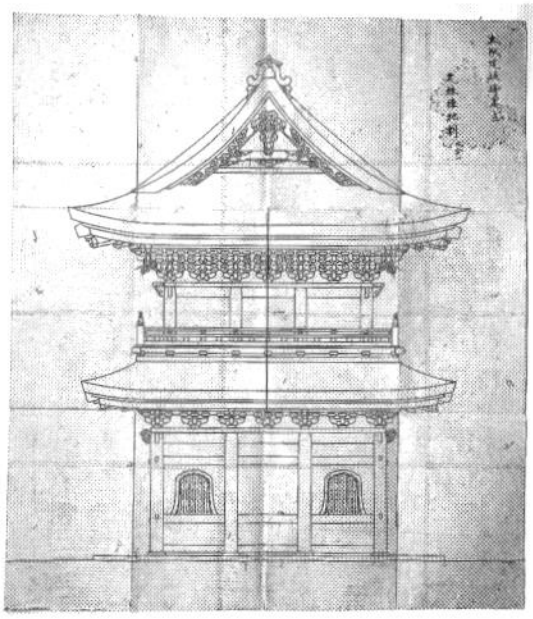
前身建物（家光）

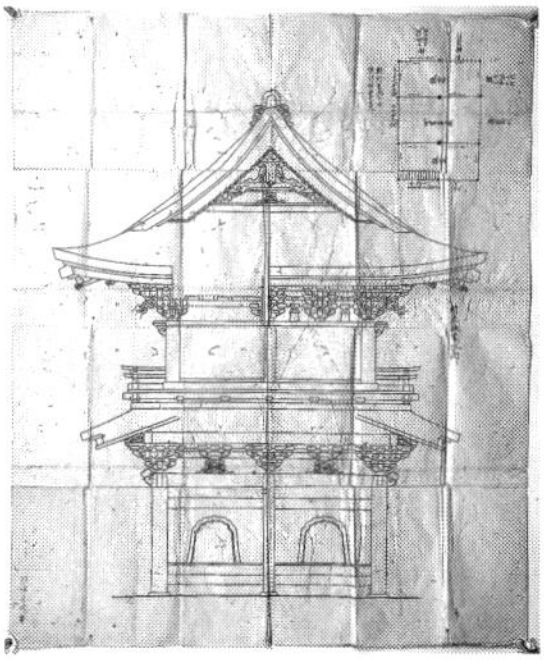
再建案（家綱）

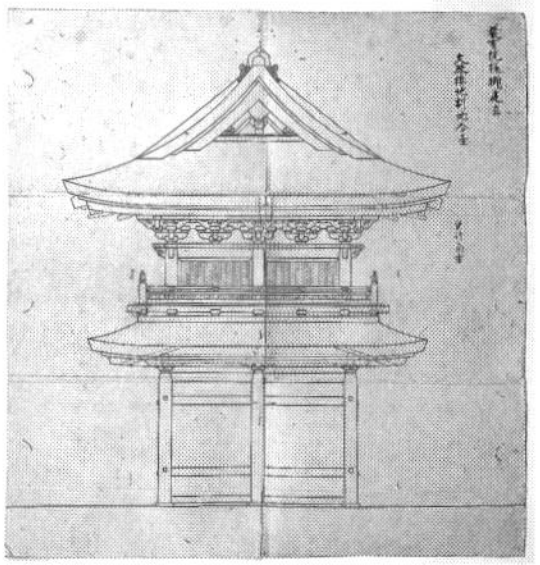
修正案（家綱）

図8−12　延暦寺文殊楼の再建案の変遷（叡山文庫蔵）

よもやま話⑧　巨木を探し求めて

巨大な歴史的建造物には多くの巨材が用いられており、そのなかでも、世界最大の木造軸組《もくぞうじくぐみ》建築である東大寺大仏殿の部材は目を引くものである。さて現在の大仏殿が三代目であることは、よもやま話⑥（一六〇頁）でも述べたが、これら三代の大仏殿は数多の巨大な木材に支えられてきており、その入手には歴史的に苦労してきた。

例えば、『七大寺巡礼私記《しちだいじじゅんれいしき》』によると創建大仏殿の柱は太さ三・八尺（約一一二センチ）で、長さ七丈（約二〇・七メートル）、六丈六尺（約一九・五メートル）、三丈（約三・九メートル）の柱をそれぞれ二八本ずつ、使用したと記録されている。そして鎌倉時代の大仏殿の柱はさらに太く、『玉葉《ぎょくよう》』や『東大寺造立供養記《とうだいじぞうりゅうくようき》』には径五・二尺（約一五三センチ）とも五・五尺（約一六二センチ）とも記され、縮小した現在の大仏殿でもその大きさはほぼ同じである。こうした豊富な木材は豊富な森林資源に育まれた日本建築の文化をよく表している。

ではこれらの木材はどこからもってきたのであろうか。奈良時代には甲賀（滋賀県）など奈良の近郊に杣《そま》（採材地）があったのであるが、鎌倉時代には重源《ちょうげん》は周防国（山口県）にまで材木を探し求めている。

そして江戸時代の再建の際には山林の荒廃は進んでいて、さらに大きな

材の調達が困難となっており、太い柱を一本で作るのではなく、短い柱を三・四本繋ぎあわせて、その外側に扇型の板を張り付けて、いわば集成材とすることで何とか用意していた。しかし柱と柱の間に架け渡す虹梁《こうりよう》という太く長い梁《はり》は一本物で作らねばならないのであるが、これが見つからなかった。全国に御触れを出して、日向国（宮崎県）で見つけた。ただし見つけたのはいいものの、これほどの巨木を運搬するのも一苦労であった。そこで妙案が考えられた。重い材料を船に載せるため、一度船を海に沈めて、その上に材木を浮かべ、その後、船を再浮上させることで、海へと漕ぎ出したのである。京都の木津までは船で運べたのであるが、ここから奈良までは陸路を牛馬で引くしかなく、多くの人がこれを手伝ったという。このように時代が下るにつれて、徐々に、徐々に遠くの地まで材木を求めねばならなかったのである。

実はこの巨材の確保は単なる昔話やおとぎ話の世界のことではない。現代の文化財修理でも同じような問題が起こっている。姫路城《ひめじじょう》大天守の昭和の大修理である。中央に立つ東大柱・西大柱の二本の大柱が大天守を支えているのであるが、この二本の柱の痛みが著しく補修が必要であった。大柱は径約一メートル、長さ二四メートルで、西の大柱は二本を継いでいるが、東の大柱は一本物という破格の大きさであった。東大柱は柱の足元だけ取り換える根継でよかったから台湾ヒノキで補えたのであるが、西の大柱の取替材の入手には全国に探し求めねばならなかった。苦労の末、ようやく岐阜県

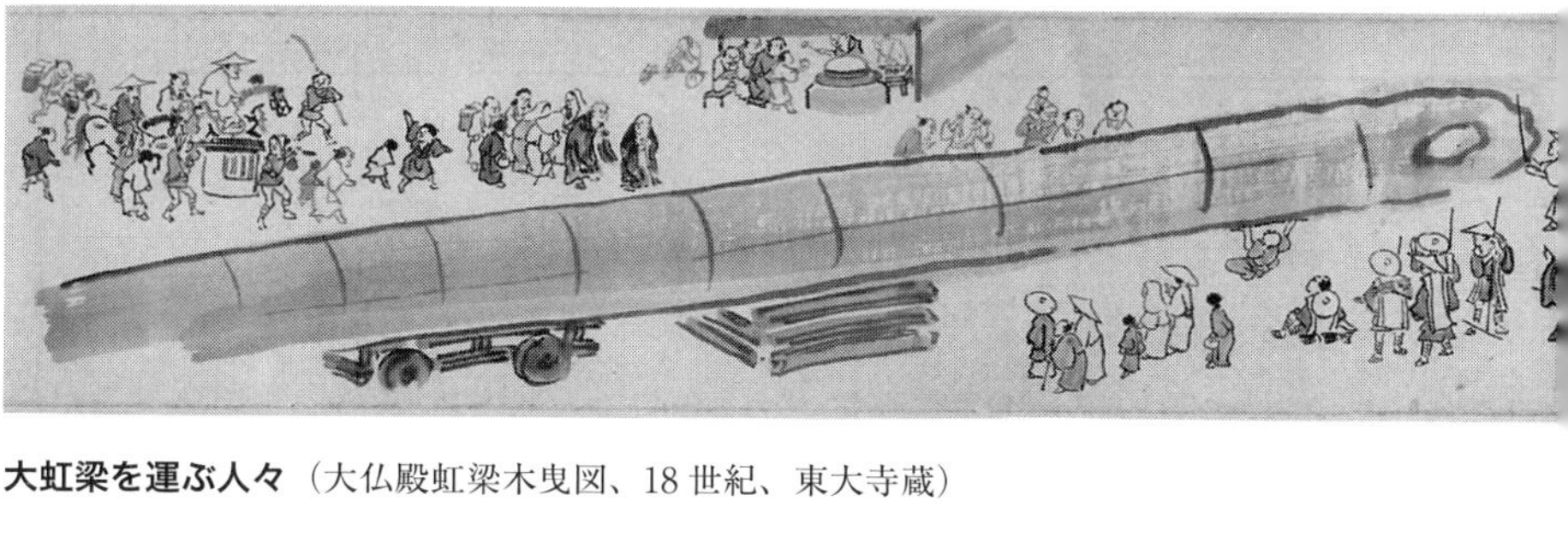

大虹梁を運ぶ人々（大仏殿虹梁木曳図、18世紀、東大寺蔵）

の山中で良木を見つけたが、森林鉄道で運搬しようとしたところ、カーブを曲がり切れずに落下して折損してしまった。そこで改めて笠方神社（兵庫県）境内のヒノキの大木を切って修理用の材料とし、何とか取替材を確保したのである。この西大柱の運搬の際には多くの姫路市民の手で祝い引きがなされ、姫路城の城内に運び込まれた。

物質的に恵まれた現代であるが、我が国の木の建築文化を支えてきた森林資源は奈良時代より豊かとはいえないであろう。そして次世代に文化財建造物を引き継ぐためには単に物としての木造建造物を伝えるだけでなく、その母たる森林を育んでいく必要があるのである。文化財建造物の修理の世界も木と上手に付き合っていく新しい時代に入っているのかもしれない。

転落する姫路城大天守の修理材

9 民衆文化の隆盛

民衆の隆盛と文化の醸成

江戸時代の太平の世になると、民衆は戦さに駆り出されることも、戦乱による田畑の荒廃に悩まされることもなくなり、生活基盤は安定した。もちろん幕藩体制のもとで民衆は支配されていたが、商人を中心に経済的な力をつけ、生活にも余裕が生まれてきた。これらを背景に江戸や上方を中心に民衆による文化が花開き、浮世絵・歌舞伎・浄瑠璃・相撲などに人々が興じた。都市が繁栄してくると大衆の文化も醸成し、それとともに芝居小屋をはじめとする文化施設が江戸・大坂・京都はもちろん、各地に誕生した。

また農村の生活も向上し、地方でも文化は成熟していった。飢饉により生活が苦しい時期があったのも確かであろうが、染料の藍や紅花、養蚕のための桑などの商品作物の栽培や手工業によって収入を得ており、特に庄屋・名主層の民家は大型化した。そして都市と同じく、歌舞伎・人形浄瑠璃などの芝居をはじめ、さまざまな芸能が催された。これらの芸能は神社への奉納という側面もあったため、神社の拝殿などが用いられたほか、専用の農村舞台も神社境内に建てられることが多かった。

また民衆の生活の向上と街道の整備が進むと、伊勢参《いせまい》りや善光寺参《ぜんこうじまい》りなど、各地への巡礼や参詣が広まった。こうした民衆の巡礼旅に拍車をかけたのが印刷技術の向上による名所図会などの旅行・名所案内の出版である。江戸時代末期には『東海道名所図会《とうかいどうめいしょずえ》』『伊勢参宮名所図会《いせさんぐうめいしょずえ》』『江戸名所図会《えどめいしょずえ》』などが普及したことが知られる。名所図会は各地の名所・旧跡・寺院・景勝地を鳥瞰図などの絵入りで解説した名所案内で、民衆の旅心を掻き立てる案内書として大きな役割を果たした。さらに旅の実用的なガイドブックとして宿場町の様相や旅籠《はたご》について記した「細見記《さいけんき》」や「道中記」、「案内図」（図9―1）なども刊行され、これらが民衆の旅をより快適かつ身近なものにした。このように江戸時代には為政者や神仏ではなく、庶民を中心とする「人のための建築」が成熟し、民衆が建築界の表舞台に上がってきたのである。

一国一城令と地方都市の変容

慶長二十年（一六一五）五月の大坂夏の陣の熱気も冷めやらぬ同年閏六月に徳川秀忠《とくがわひでただ》は一国一城令《いっこくいちじょうれい》を定めた。この法令は戦国時代以来、数多く建てられた城郭を制限することで、安定した世の構築を目指すものであった。主目的は軍事的な支配・統制であったが、その影響は城郭にとどまらず、城下町の変容を引き起こすことになった。城下町は城に詰める武家とそれを支える商工業を中心に町が形成されていたから、その中核たる城が廃されると、町は変容せざるを得なかったのである。

ただし城が置かれた場所は治安上の要衝の地であったから、藩の重臣が領主となったり番所や陣屋が置かれたりして、廃城後も政治的な中心性を保ち続けることもあった。こうした城下町由来の町は単線道路の両側に間口の狭い町家が広がった宿場町とは異なる特徴を持っている。防衛の観点から道を直線とはせずに、鈎の手状にクランクさせて見通しを悪くして外敵の侵入に備えた枡形や間口の広い武家住宅の敷地形状などはその名残である。また交通の便のよいところも多かったから、廃城後も交易上、重要な場として発展していった。越中高岡《えっちゅうたかおか》、伊《い》勢松坂《せまつさか》、周防岩国《すおういわくに》などがその例である。

越中高岡城は初代加賀藩主、前田利長《まえだとしなが》の隠居のための城として慶長十四年に築城されたが、一国一城令により廃城となった。しかし高岡は北陸の要衝の地であったために奉行所・番所が置かれ、加賀藩の米蔵・塩蔵・火薬蔵が備えられた。さらに利長の菩提を弔った瑞龍寺《ずいりゅうじ》も高岡に置かれ、高岡の町は商業都市・交易都市として継承され、城下町から在郷町《ざいごうまち》へと転身したのである。

松坂城は天正十六年（一五八八）に蒲生氏郷《がもううじさと》が近江から松坂入りして築城したもので、この時に新たに城下町を整備すると旧領から近江商人を呼んで楽市楽座《らくいちらくざ》を設けて城下町の発展を図った。これが伊勢商人の始まりである。蒲生氏の後、服部氏、古田氏が入封したが、元和五年（一六一九）に古田氏が石見国に転封となると御三家の紀伊徳川家の藩領となった。当初、松坂城を廃城とはせずに城代が置かれたが、正保元年（一六四四）に天守が倒壊すると再建されず、明治維新まで紀州藩の陣屋が置かれた。そのいっぽうで商業都市としての発展は著しく、三井家と筆頭に、小津家・長谷川家など多くの松坂商人が江戸で成功をおさめ、江戸時代の経済を牽引《けんいん》したのである。

岩国は江戸時代を通じて藩主毛利家の一門である吉川家が領主であったが、周防岩国城の廃城には毛利家と吉川家の複雑な歴史的経緯が絡んでいる。事の発端は関ヶ原の戦いにさかのぼる。周知のように毛利輝元《もうりてるもと》は関ヶ原の戦いで西軍方の総大将に担がれたのであるが、そのいっぽうで吉川広家《きっかわひろいえ》は密かに東軍と内通していた。戦いののち広家は毛利本家の本領安堵を望んだのであるが、意図せずして毛利家は改易の危機に陥り、その存続のために奔走することとなった。こうしたなかで幕府は毛利家に代わって吉川家を取り立てようとするほど、吉川家に対する幕府の信頼は大きかった。

改易を免れて毛利家が長門・周防の二ヵ国に減封されると、これにともなって吉川家も慶長六年に米子から岩国へとって岩国城の築城を開始し、同十三年に完成した。吉川領は三万石の石高であったが、毛利家は支藩ではなく、あくまで毛利家の家臣という扱いを取っていた。いっぽうの幕府は先の経緯から吉川家を重んじて外様《とざま》大名格とみていた。その二重対応のはざまにより岩国城は廃城となったのである。一国一城令の際に毛利家は萩城以外の領内の城を廃城とするために岩国城を早々に破却したのであるが、幕府としては長門・周防の二国であるから、岩国城の破却は必要ないという判断であった。信頼を置く吉川家を毛利の抑えとしたい幕府と吉川家を抑えたい毛利家の思惑が交錯し、それが岩国城の破却という形で表れたのである。さて廃城後、吉川家は干拓や製紙業を営み、岩国はその中心地として発展していったが、これも財政難の毛利家の反感を買う材料となった。この岩国城の廃城やその後の岩国の発展には幕府・毛利家・吉川家の三者の複雑な関係性が表れているのである。

このように城下町から藩内の拠点として継承されたり、商業都市へと発展したりしたいっぽうで、各国内の廃城により、残った城下町への集住が進み都市の高度化がなされたことは事実である。各地域における城下町への人口集中は県庁所在地という形で少なからず現代に引き継がれている。

参詣・巡礼と寺社建築

江戸時代に入ってキリスト教が禁教となると、寺請制度《てらうけせいど》によって民衆はいずれかの寺院の檀徒となることが求められた。また民衆と寺院の距離が近くなると、民衆も来世の救済よりも現世利益を求めるようになっていき、神仏のなかでも弁天（財福）・秋葉（防火）・金毘羅（海運）などの神が尊ばれ、仏では衆生諸難を救い、諸願をかなえるために三十三の姿に変化する観音への信仰が厚くなっていった。

こうした信仰心の向上とともに民衆が経済力をつけてくると、熊野詣《くまのもうで》、成田参詣《なりたさんけい》、善光寺参り、伊勢参りなど、庶民の間に巡礼や参詣が流行するようになる。また観音信仰により、西国三十三所観音霊場（図9―1）、坂東三十三所霊場、秩父三十四所霊場とこれらを合わせた百観音の巡礼とこれらを結願したのちの善光寺参りが大人気となった（【巻頭カラー57】）。巡礼による旅の大衆化である。江戸時代には民衆の移動は制限されていたが、寺社参詣については通行手形の許可も得やすく、観光を兼ねた参詣や巡礼は民衆の数少ない旅のチャンスで、人々の支持を得たのである。

さて巡礼の代表格は伊勢参りで、これと熊野詣・西国巡礼がセットになることも多かった。江戸に幕府が置かれたとはいえ、江戸や東国の人々にとって文化の中心であった上方への憧れは大きかったから、その観光は旅の主目的の一つであった。敬虔な巡礼者もいたのであるが、特に六月朔日前後に出発し、伊勢の六月月次祭《つきなみのまつ》り、七月の京のお盆行事に合わせる日程が人気であったから、巡礼と観光のいずれに力点が置かれていたかは推して知るべし、といったところであろう。

巡礼により各地への旅が可能になったとはいえ、村落において長期の遠隔地への旅費は高額であったから金銭的には容易なものではなかった。そこで講《こう》という集団を形成して費用を集め、くじ引きなどで決めた代表者が参詣・巡礼するというシステムを構築した。このシステムでは、一度、代表

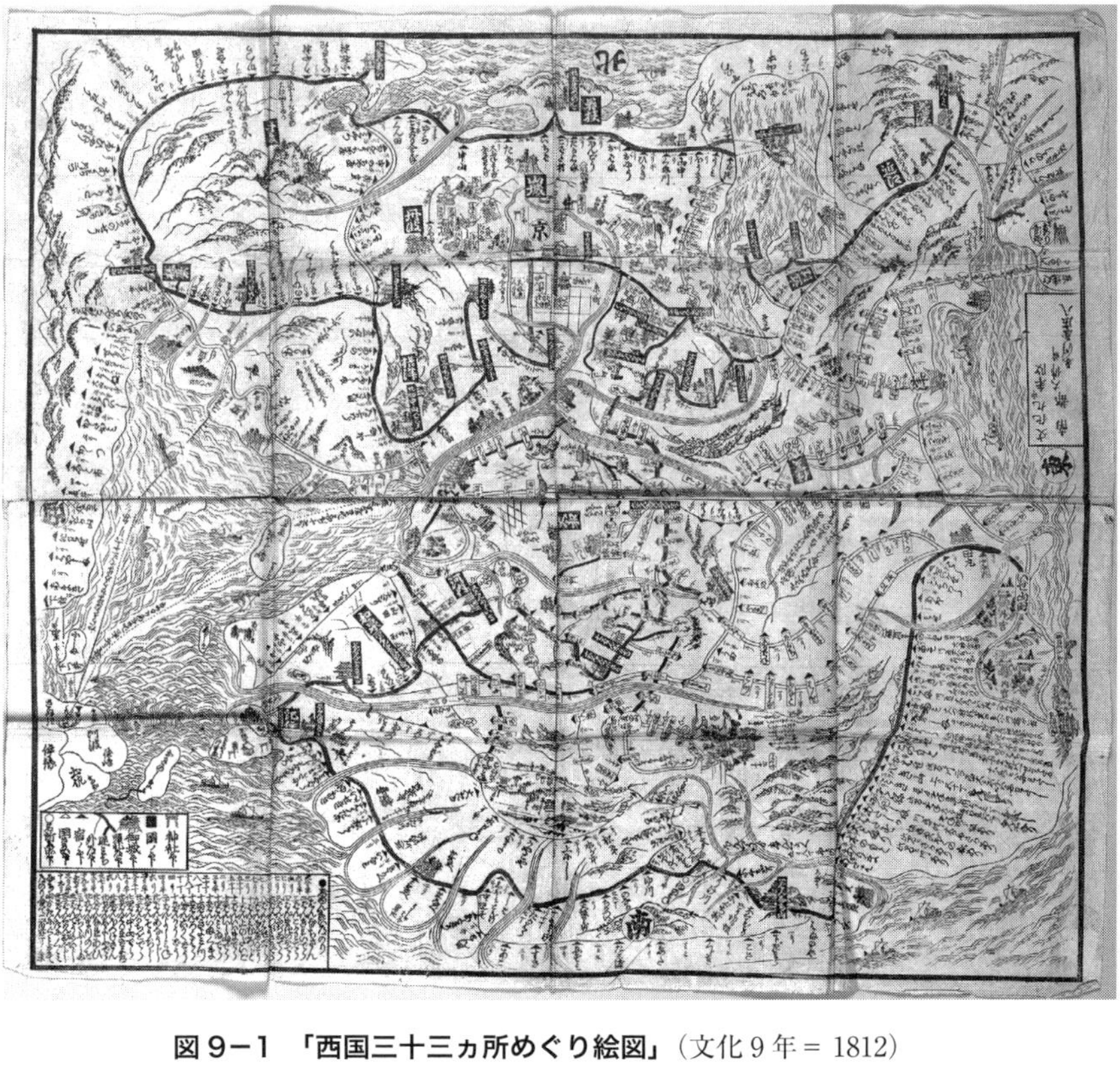

図９−１　「西国三十三ヵ所めぐり絵図」（文化９年＝1812）

となった者はその権利を失ったから、全員に巡礼の機会が廻ってきた。そのため民衆にとって参詣・巡礼の旅はいっそう身近なものとなり、多くの巡礼者が伊勢や霊場を訪れることとなったのである。

参詣者の巡礼の増加にともなって、彼らのための旅籠に加えて芝居小屋や茶屋などの遊興施設が寺社の近くに集まり、門前町が栄えていった。こうした遊興がさらなる参詣者を呼び込み、寺院への喜捨《きしゃ》も増加するというサイクルが生まれたのである。また寺院自体も参拝客の目を引くことが重要になってくると、参拝空間が充実してくる。特に建物の前面に取り付く向拝は水引虹梁《みずひきこうりょう》・繋虹梁《つなぎこうりょう》などの架構《かこう》や中備《なかぞなえ》・手挟《たばさみ》・木鼻《きばな》の彫刻によって荘厳された。虹梁に彫られた絵様《えよう》も渦と若葉で構成されていたものが次第に装飾的になり、時代が下るにつれて向拝の虹梁の絵様は雲や波をモチーフとした彫り込みなど華やかになっていった。向拝周りの彫刻の精緻さや華美さは内陣を凌ぐものもあったのであるが、これは仏や僧のための仏堂ではなく、参拝者をもてなすための仏堂へとその性格が変化していった結果である。中世の密教本堂で起こった外陣（礼堂）の荘厳化の変化と同じく、近世の寺社もパトロンたる参拝者のために華やかな参詣空間を用意することで、目に訴えて集客に努め、建築技術も彫刻や彩色を中心に発展していった。天保十四年（一八四三）に建てられた大瀧神社《おおたきじんじゃ》本殿および拝殿《はいでん》（福井県）などは彫刻や多彩な屋根の変化を凝縮したもので、近世寺社建築の建築技術の高さが表れている（【巻頭カラー54】）。中世にも外陣の荘厳化が進んだが、江戸時代に入り、さらに建築の前面へと力の入れ所が移ってきたのであり、その背景にはやはり参詣客への経済的依存が大きくなったという寺院社会の事情があったのである。

さて、こうした各地の寺院の巡礼を通した旅情も憧れであったが、民衆、特に農民にとって長期間、故郷を離れることは時間的にも難しく、講が形成されたとはいえ金銭的負担も大きかったから、多くの庶民にとっては寺社参詣は身近なものではなかった。そこで各地で西国三十三所霊場などを勧請して新たな観音巡礼霊場を作るようになった。これを「写し霊場」といい、西国三十三所や四国八十八所の霊場を写したものが多く誕生した。民衆としては手軽かつ近郊で利益を得られ、為政者としても領民が安易に巡礼で他国へ赴くのを防止でき、両者にメリットが大きいものであった。

巡礼に対する手軽さ・便利さの追求はそれにとどまらず、一寺の周辺に三十三の観音を集めて三十三所霊場に見立てたものまで出現した。江戸の護国寺《ごこくじ》境内札所写三十三観音、播磨の一乗寺《いちじょうじ》の三十三観音板碑、伊豆の長源寺山中の西国三十三所観音霊場などで、これらは一ヵ所の寺を巡ることで手軽に利益を得られ、霊場巡りを追体験できるものとして人気を博した。

護国寺の札所写では西国三十三所の特徴を引き写しており、第九番興福寺南円堂《こうふくじなんえんどう》（奈良県、寛政元年＝一七八九ごろ再建）、十六番清水寺《きよみずでら》（京都府）を模してそれぞれ八角形の平面、広い板床としており、オリジナルの建築の要素を表現した。また西国巡礼三十番は琵琶湖の竹生島《ちくぶしま》の宝厳寺《ほうごんじ》で、同島には都久夫須麻神社《つくぶすまじんじゃ》が併存するが、護国寺では池を作って弁天社を祀ることで周辺環境も似せた。こうした本家本元の表現によって西国巡礼の雰囲気を醸し出し、江戸の人々の評判を呼んだのである。ちなみにこの堂舎建立の費用も明和元年（一七六四）の秩父三十四所の出開帳《でがいちょう》を契機として実現しており、まさに大衆の参詣と寺院建立の資金集めが密接に絡み合ったうえでの成功であったのである。

寺院はこうしたミニ霊場以外にも民衆の心をつかむべく苦心し、今でいうところのテーマパーク施設も生まれた。前述の参詣空間の荘厳化と同じく、参拝者をいかに楽しませるかという点に重きが置かれたのである。

その最たるものが安永九年（一七八〇）に江戸本所の羅漢寺《らかんじ》に出現した三匝堂《さんそうどう》である。ここでは何と西国・坂東・秩父の観音を合わせた百観音を祀り、一つの建物で百ヵ所の霊場を廻る利益を謳ったのである。百観音巡礼が困難な庶民にとって一つの建物を参詣することで百ヵ所の札所を廻ったのと同じ功徳を得られる点は魅力的であった。これに加えて三階に登れるという珍しさも手伝って、江戸の人々の間で大人気となった。『江戸名所図会』によると、下層に秩父札所、中層に坂東札所、上層に西国札所の諸観音を祀り、右周りにぐるりと回って三階に登る構造で、俗に栄螺堂《さざえどう》といったという。ただし百観音堂は江戸三十三所の滝泉寺、大坂の新西国巡礼の三番札所、鶴満寺《かくまんじ》などにもあって羅漢寺唯一のものではなかったから、大衆を虜にしたのは三匝堂という特殊な建築そのものであったとみられる。かくして、羅漢寺は江戸の人気観光スポットとなったのである。

残念ながらこの三匝堂は安政二年（一八五五）の地震で大きな被害を受けて明治初頭には失われてしまい、我々が追体験することはできないが、百観音を祀った三匝堂はいくつか残っている。著名なものは会津の旧正《きゅうしょう》宗寺《そうじ》三匝堂（寛政八年、【巻頭カラー56】）で、この三匝堂は外観からして栄螺のような形をしており、内部も二重螺旋を用いて昇る階段と降る階段が交差しないような造りとなっている。このほか江戸時代の三匝堂としては曹源寺さざえ堂（群馬県、寛政十年）・長禅寺三世堂《ちょうぜんじさんぜどう》（茨城県、享和元年＝一八〇一）・蘭庭院《らんていいん》三匝堂（青森県、天保十年）などが残っている。

ここでは三匝堂を取り上げたが、これ以外にも善光寺の胎内潜りや笠森寺観音堂（千葉県）の四方懸造など、遊興的な性格を帯びた建築が各地の寺院に造られ、京都の蓮華王本堂（文永三年＝一二六六）を写した浅草や深川の三十三間堂なども多くの民衆を集めるために建設された。このように寺院が為政者の庇護を離れて参拝客の喜捨に多くを頼るようになるなかで、建築がまさに民衆を惹きつけるアトラクションとして花開いたのである。

出開帳と造営費用

さて寺社の建物を維持・整備するには多くの費用を必要としたのであるが、庶民信仰を集めた寺院では民衆の寄進に依っており、幕藩領主によって庇護された寺社は彼らの援助で成り立っていた。数十年単位で必要となる大規模な修繕や建替には多額の費用を必要としたから、領主の負担は相当なものとなった。いっぽうで藩の財政は江戸時代中期以降、厳しいものであったから、寺社に対する助成も困難となっていった。

こうした社会背景のなかで寺社は自身による資金確保を模索する必要に迫られ、その手段として出開帳がおこなわれたのである。本来、開帳は寺社の秘仏などを開扉して人々と神仏を結縁する宗教行為であったが、江戸時代には別の意味を帯びてきた。もちろん信仰を集める目的もあったのであるが、堂舎の建立や修理費用のための集金事業として秘仏が都市へと出ていき、寺社の経営の一部として開帳されたのである。特に宝暦年間以降、人口の多い江戸をはじめとする大都市での出開帳が盛んになった。ただし単に秘仏を出せばよいというわけではなく、江戸以外の寺社の開帳期間は六十日ないし八十日未満に限定されていたから、事前の宣伝が不可欠であった。出開帳の場には多くの人が集まったから歌舞伎の見世物小屋や茶屋などが開かれ、民衆の娯楽・憩いの場となり、遊興的な性格を強めていった。

なかでも成田山新勝寺《なりたさんしんしょうじ》・信濃善光寺・嵯峨清涼寺《さがせいりょうじ》・身延山久遠寺《みのぶさんくおんじ》の出開帳は多くの参拝客を集めた。成田山の江戸出開帳は深川永代寺《ふかがわえいたいじ》を中心におこなわれたのであるが、成田山は歌舞伎役者の市川團十郎《いちかわだんじゅうろう》との関係が深く、後述するように歌舞伎と相まって、多くの信仰を集めた。善光寺・清涼寺は特定の宗派に属さない両国回向院《りょうごくえこういん》が出開帳の場とされた。いっぽうの身延山は同じ日蓮宗の深川浄心寺《じょうしんじ》を会場として日蓮祖師像を開帳した。

これら四寺の出開帳は江戸の人々の信仰を集めたのであるが、これらの大寺以外にも出開帳はおこなわれ、巡礼霊場も参詣者を集めるために、十七世紀後半以降、出開帳を企画し、先に述べたように明和元年（一七六四）には秩父三十四所霊場の全札所がそろって江戸の護国寺で出開帳をおこなうほどであった。

このように民衆の経済力の向上と参詣の流行、幕藩の財政困難という社会状況のなかで、寺院は伽藍の修理や建立の資金を集めるための出開帳が江戸や大都市で庶民の心をつかみ、これによって民衆と寺社がさらに近づいたのである。

花見と名所

桜の時期になると、上野・飛鳥山・千鳥ヶ淵など東京の花見の名所には多くの人が集まっている。花見の歴史は古く、奈良時代には梅の鑑賞をしていたようで、織豊期《しょくほう》には大規模な桜の花見がおこなわれており、豊臣秀吉《とよとみひでよし》による文禄三年（一五九四）の吉野の花見や慶長三年（一五九八）の醍醐《だいご》の花見が有名である。醍醐の花見では桜を植えさせただけではなく、三宝院《さんぽういん》の建物や庭園を整備する盛大なものであった。江戸時代に入って品種改良が進んだこともあり、こうした花見の風習が庶民に広まっていったとされる。

現在の東京の名所のいくつかは江戸時代に整備されたもので、「花の雲 鐘は上野か 浅草か」というように芭《ば》蕉《しょう》の句にも詠まれている。芭蕉庵は江戸深川の六間堀《ろっけんぼり》にあったから、桜の咲く方向から鐘の音が聞こえてきて、鐘のある寛永寺《かんえいじ》や浅草寺《せんそうじ》などを思い浮かべたのである。ここに出てくる寛永寺は江戸初期からある数少ない桜の名所で、天海《てんかい》が吉野山を模して周囲には桜を植えさせたことに端を発する。上野恩賜公園の桜がそれである。上野山は花見の一大名所であったが、寛永寺は徳川家の菩提寺《ぼだいじ》であったから暮六つ（午後六時ごろ）には門が閉鎖されてしまい、現在のように夜桜の宴会の場ではなかった。

江戸初期の花見の名所は少なかったと書いたが、江戸の花見の名所の多くは民衆文化が隆盛した十八世紀に八代将軍吉宗《よしむね》によって整備されたものである。その背景には寛永寺に集中していた花見の場を分散させる目的もあったといい、浅草・飛鳥山・御殿山・隅田川堤・小金井などに桜が植えられ、庶民の物見遊山を推奨した。豪勢な花見弁当・酒・桜餅を片手に芝居などの行楽に沸く花見の様子は浮世絵にも描写された。また「長屋の花見」「花見の仇討」などの落語に貧富や貴賤を問わず、花見を楽しんだ様子が表現されたように、花見は庶民に身近な風物詩であったのである。

吉宗の桜名所の整備のなかでも飛鳥山は肝いりで、一〇〇〇本を超える桜が植えられ、現在も花見の名所となっている。また隅田川堤の桜は見物客による踏み固めによる治水を期待したものといわれる。「桃李《とうり》ものいわざれども、下おのずから蹊《みち》をなす」、すなわちモモやスモモは物をいわないが、その花や果実を求めて果樹の下には人が集まり、自然と道ができるという『史記』の記述を参考としたものであろう。期待通り、桜の名所として桜の木の下に仮設小屋を架けて楽しむ人々や往来の物売りや幟《のぼり》を立てた店、台上で講釈する人など、多くの人でにぎわった（図9―2）。一風かわった桜の名所としては新吉原がある。ここでは桜の時期にのみ植木職人が桜を移植し、花街を彩った。吉宗による武蔵野の新田開発の際には小金井付近に桜が植樹され、ここも花見の名所として江戸の人々を楽しませた。

このように現在の東京の花見の名所の多くは江戸時代に造成されたものであり、春には大勢の人々を楽しませている。そして上野寛永寺・飛鳥山などの桜並木の向こうには天海や吉宗の影が見え、江戸時代の民衆の享楽の声が聞こえるのである。

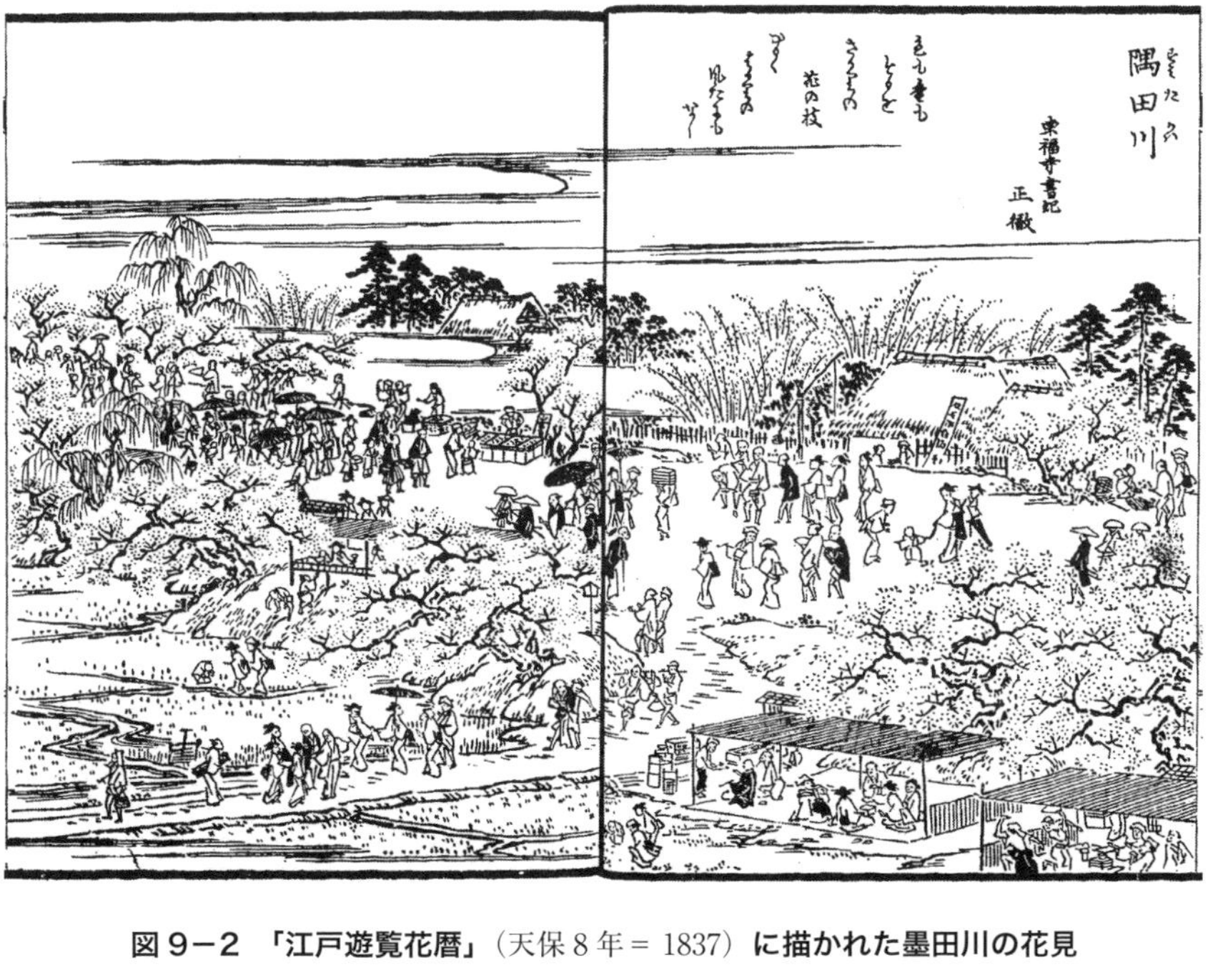

図9－2　「江戸遊覧花暦」（天保8年＝1837）**に描かれた墨田川の花見**

黄檗宗寺院と中国との交流

幕府によって外国との接触が制限されたとはいえ、大陸からの新しい影響や建築の伝来がまったくなかった時代というわけではなかった。黄檗《おうばく》宗である。黄檗宗は承応三年（一六五四）に明から渡来した隠元《いんげん》を開祖とした禅宗の一派で、四代将軍家綱《いえつな》の庇護を受けて寛文元年（一六六一）に宇治の萬福寺《まんぷくじ》が開かれた。将軍や諸大名の援助のもとで日本人の工匠が伽藍の建立に従事したが、歴代の住職を中国渡来僧が務めることが多く、中国の黄檗山に倣った建築のカタチを順守した。そのため中国的な独特の建築と空間を今に継承している。また海外との窓口であった長崎にも興福寺・福済寺《ふくさいじ》・崇福寺《そうふくじ》・聖福寺《しょうふくじ》などの黄檗宗寺院が建立された。諸大名のなかにも黄檗宗に帰依したものがおり、東光寺《とうこうじ》や興禅《こうぜん》寺《じ》はそれぞれ毛利家・池田家の菩提寺とされた。

黄檗宗の建築の特徴を最もよく伝えているのが萬福寺で、妙高峰を背にした西向きの伽藍《がらん》配置である。中心部は左右対称の建物配置で、三門・天王殿・大雄宝殿《だいゆうほうでん》・法堂が一直線に並び、鐘楼《しょうろう》・鼓楼《ころう》、伽藍堂・祖師堂《そしどう》、斎《さい》堂《どう》・禅室、東西方丈《ほうじょう》が左右対称に並び、各建物は廻廊で結ばれる（図９—３）。また諸堂宇は基本的に土間の四《し》半敷《はんじき》で、組物《くみもの》は詰組《つめぐみ》とする。こうした特徴は禅宗寺院と共通する点も多く、大雄宝殿は二重の屋根とし、その前

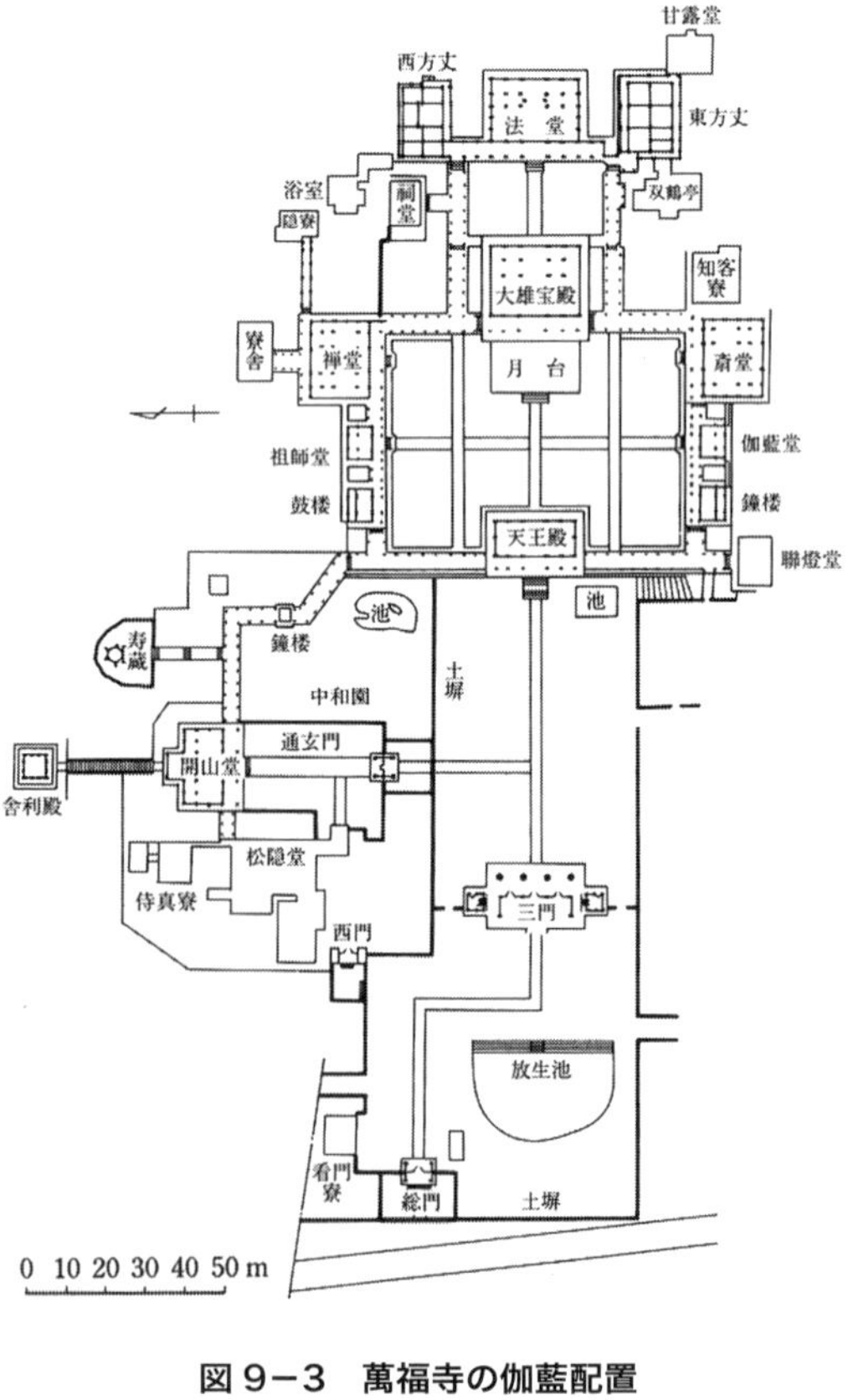

図９−３　萬福寺の伽藍配置

には月台《げつだい》が設けられた（図9―3、【巻頭カラー53】）。

ただし細部には禅宗様とは異なる独特のデザインを用いており、方形の礎盤《そばん》、円窓、アーチ状に造られた黄檗天井、扉の桃符、卍崩しの高欄など、各所に独自性が表れている（図9―4）。日本建築とは異なる中国的なカタチであった黄檗宗の建築であるが、伽藍の顔である総門にもそれが表れている。総門は中央の屋根が高く、左右の屋根が低い牌楼式《ぱいろうしき》で、屋根の大棟両端にはインドの想像上の生き物である摩伽羅《まから》を載せて異国情緒にあふれたものとしている。外界に面した総門を中国的なデザインとすることで黄檗宗寺院としての性質を表現した例としては、崇福寺第一峰門《だいいっぽうもん》（長崎県、元禄八年＝一六九五、図9―5）がある。この門では斜めの組物を用いて軒下

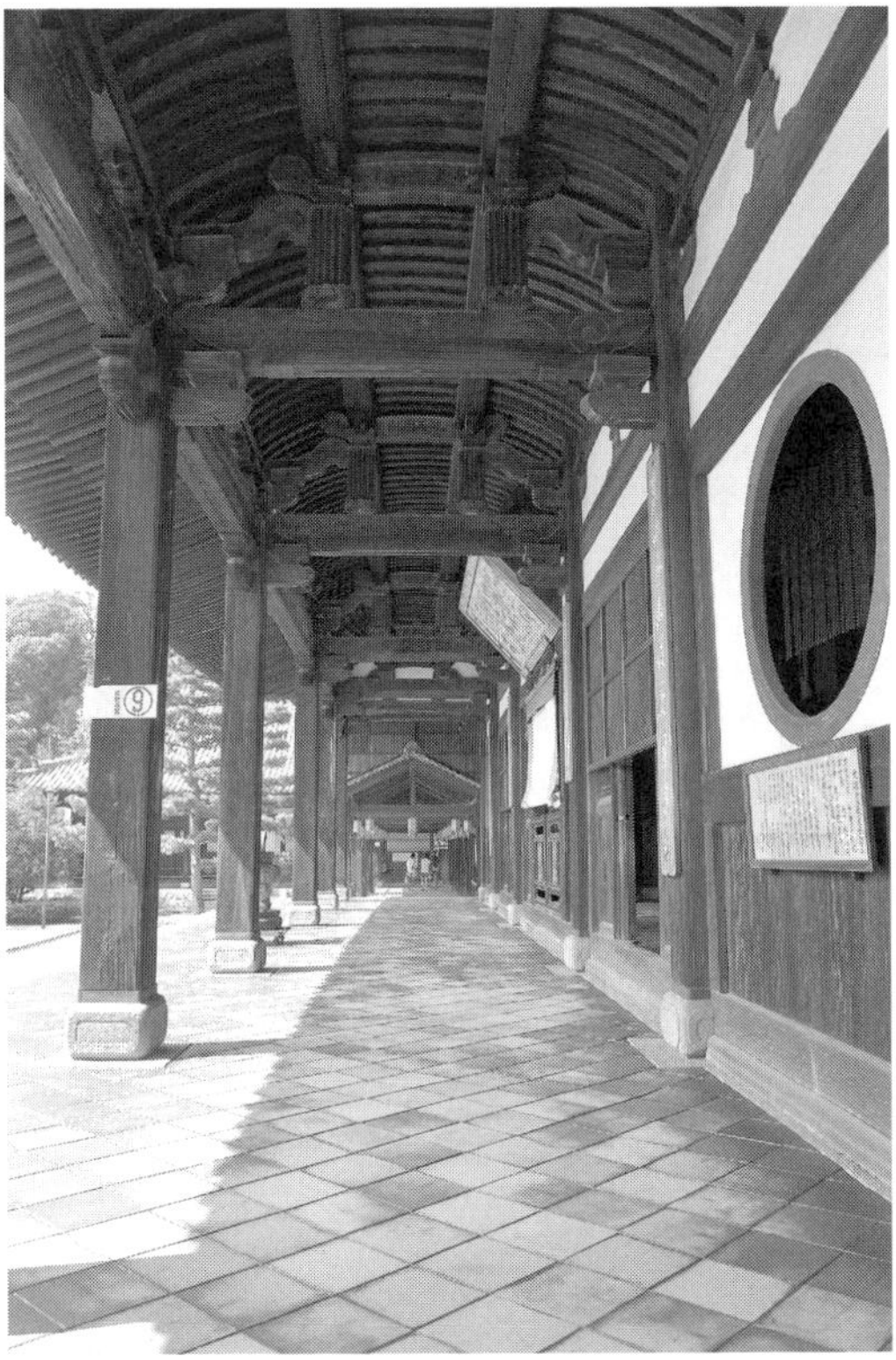

図9―4　方形礎盤・円窓・黄檗天井
（萬福寺大雄宝殿）

図9―5　崇福寺第一峰門の斜めの組物

を覆いつくすことで、日本建築では類を見ないカタチとしている。なお、この門は中国で部材が刻まれて船で運んできて長崎に建てられたものといわれており、中国本場仕込みの異様なデザインも納得できよう（よもやま話⑨、二四六頁）。このように黄檗宗は禅宗寺院とも異なるカタチで、これを渡来僧が堅持したことで独特の建築と空間が継承されたのである。

町場の形成と町家

江戸時代には参勤交代という各藩の江戸への往来によって、街道や宿場町、あるいは宿泊する陣屋が成熟した。宿場町のほかにも、中世から発展した京都や堺の町、城下町・門前町・寺内町《じないちょう》、あるいは商工業者が集住した在郷町など、人々が集住する場として町場が形成され、密集した都市が構築された。中世の町家《まちや》は密集していたとはいってもまだ敷地にまだ余裕があったが、近世都市では町家が近接して軒を連ねたため、屋根を切妻造《きりづまづくり》として両側面の壁は隣家とほぼ接する形状とすることが多かった。

城下町と宿場町の性格を兼ね備えた例として鳥取県南東部にある若桜《わかさ》の町を見てみよう。鳥取と播磨を結ぶ若桜街道の宿場町若桜は近世に若桜鬼《おに》ケ城《がじょう》の城下町として開発され、その後、一国一城令によって若桜鬼ケ城が廃城となり若桜街道の宿場町として発展した地で、両方の特徴を備えている（図9―6）。元々、城下町であったから道を町中で直線とするのでは

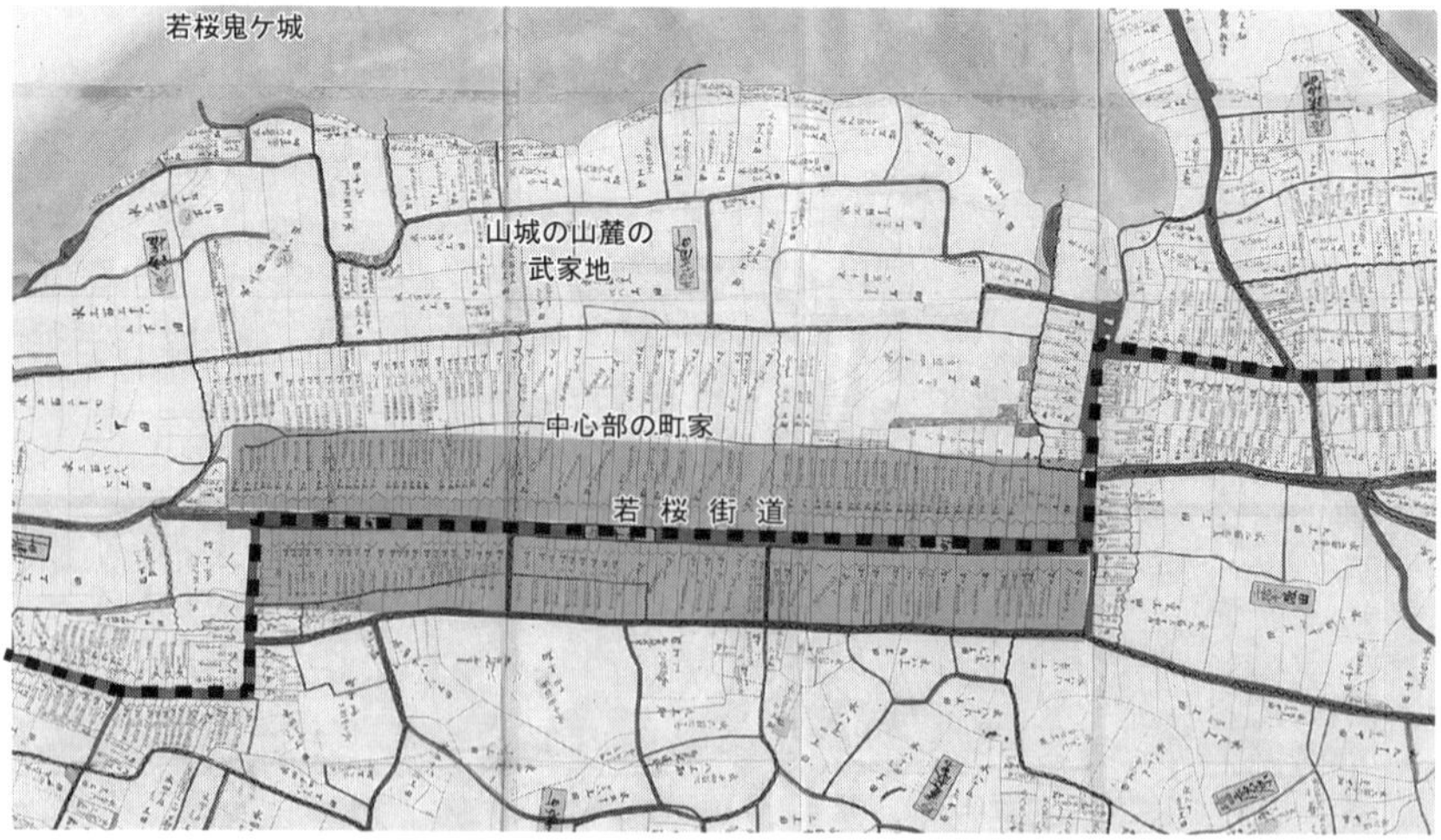

図9―6　若桜の町割り（「八東郡若桜宿田畑地続全図」（天保14年＝1843）に加筆）

なく、クランクさせて枡形をつくり、外敵が容易に侵入できないような工夫をしている。また城に近い山麓部分には間口が広く正方形に近い武家地を設け、街道沿いには間口の狭い町家が並んでいた。身分によって住む場所や敷地のカタチ・規模も大きく異なっていたのである。

さて若桜に限らず、町家では商売のためにも接道することが重要であるから、少しでも接道しようとして間口は狭く奥行の長い短冊形の敷地となった。町家の平面は一階の片側に通り土間を設け、もういっぽうを床上の一列三室の居室とするのが基本で、規模が大きくなると二列六室になることもあった。商家などでは土間に荷車や大きな荷物を搬入するために大戸《おおど》を設けており、通常は大戸に付いたくぐり戸を通用口としていた。

また二階が設けられることはなく、あったとしても「つし二階」という階高の低いもので、街路側の二階には座敷などは設けられなかった。これは道を往来する武士を町人が見下ろすことがないようにという配慮であるといい、封建社会の身分制度がここでも建築のカタチとして表れていたのである。同じく切妻造の屋根の両端を一段切り上げた卯建《うだつ》も社会的な格付けと関連が深い。卯建は「うだつがあがらない」という語の語源にもなっているが、有力な商工業者の富裕のステータス・シンボルで、都市において屋根の形状がその家の格式を示すサインとなっていたのである。

町家の特徴は農家ほど顕著ではないが、地域ごとに特徴が分かれている。一つは外壁を塗りこめた瓦葺《かわらぶき》の防火性の高い形式のもので、京都以西と関東地方に多い。いっぽうは外壁に柱を見せた真壁《しんかべ》で板葺《いたぶき》とする形式のもので、京都以東に多い。また家作制限が武家から町人まで身分に応じて定められ、特に町人に対する制限は多く、長押《なげし》・杉戸をはじめ、付書院、組物・彫り物も禁止された。武家住宅との比較の問題もあるが、経済的に余裕があっても身分不相応の格式は許されなかったのである。屋根葺材も自由ではなく、火事の多かった江戸でも、一般の町家は板葺・茅葺《かやぶき》が多く、檜皮葺《ひわだぶき》や本瓦葺は大名屋敷や寺院くらいのもので、ごく限られたものであった。

特に瓦葺は防火上、有用であったが、火事の際の落下瓦によるけが人の多発から、土蔵《どぞう》を除いて一時、禁止された（第八章参照）。これが大きく変わったのは享保五年（一七二〇）に土蔵造や塗屋《ぬりや》、瓦葺が許されてからで、これを奨励すると重厚な構えの町並みが構成されていった。ちなみに大坂は諸藩の蔵屋敷《くらやしき》が置かれた商業都市であったから、破風《はふ》まで漆喰《しっくい》で塗り込めた防火性の高い建物とすることで、火事には十分に備えていた。

　さて江戸や大坂などの大都市の構造は次第に地方へも浸透していったのであるが、大坂と同じく自治権を認められた今井町は一風変わった特徴をみせている。奈良の今井町は代表的な寺内町の一つで、称念寺《しょうねんじ》を中心として浄土真宗の宗徒によって造られた（【巻頭カラー59】）。今井町は周囲を濠に囲まれた周濠集落で、元亀二年（一五七一）に石山本願寺《いしやまほんがんじ》・松永久秀《まつながひさひで》・三好三人衆らが信長に抵抗すると、今井町もこれに呼応した。これにともない、道の見通しを妨げるための枡形、濠の深化、土塁《どるい》の構築などの防衛対策を進めた。特に町の西端（現今西家住宅付近）には櫓を構えて西口の備えを強化して、半年あまり信長に抵抗したが、堺の豪商津田宗及《つだそうぎゅう》を通じて和睦した。その際の今井町の扱いは破格のもので、今井町は武装解除を条件に大坂と同じく検断権が認められた。

　警察・治安維持・刑事裁判の権利である検断権は徴税権と並んで、地域を統治するための重要な権利であり、それが今井町に下されたのである。その権威性は検断権を担った惣年寄筆頭今西家の建物にも表れている。現在の今西家は慶安三年（一六五〇）に建てられたものであるが、その規模は通常の町家よりもひときわ大きく、外壁の白漆喰塗は柱を隠して軒下まで塗りこめ、屋根は入母屋造《いりもやづくり》を重ねて本瓦を葺いており、城のような重厚な構

図９−７　今西家住宅と周濠

えである（図9―7）。内部は土間を白洲に見立てて簡単な裁きをおこなうことができて、もちろん牢屋も備えていた。名実ともに、今西家が為政者から検断権を委ねられたことを建物がカタチで体現したのである。江戸時代に入って延宝七年（一六七九）に今井町が天領になると自治権を失ったが、今西家の構えは今西家、さらには今井町の有していた自治権の大きさや威厳を示すもので、ここにも建築の社会性が示されたのである。

このように都市の発展とともに、町家が軒を連ねる町並みが形成されたのであるが、まさしく「町」家の「並」んだ景観こそが町並みであったのである。街道の往来と身分へ配慮したつし二階や町人家屋への長押や付書院の禁止は封建社会の制約がカタチとなったものであった。その町並みのなかで家格を示すシンボルとして用いられた卯建は少しでも差を示そうとする民衆のささやかな意図の表れであった。江戸時代には商人を中心とする民衆が力を付けたとはいえ、家屋の普請に自由に注力できる環境ではなく、身分社会という区分が町家や町並みを通して視覚化されていたのである。

農村民家と地域性

都市で町家が発展したのと同じく、農村でも上層民家を中心に地域性に合わせてさまざまな形の家屋が誕生した。曲屋《まがりや》（岩手県）、本棟造《ほんむねづくり》（長野県）、合掌造《がっしょうづくり》（岐阜県、図9―8）、くど造（佐賀県）などは地域的特徴の大きなもので、一定の地域内では同じ形式の建物が建てられた。合掌造の小屋裏は養蚕に適した空間であったし、曲屋のL字型平面は土間が延びて、そこに馬屋が設けられてできたもので、いずれも生活習慣・風土に根差した結果である。また町家と違って敷地に余裕があるので、倉・納屋・家畜小屋などの付属屋が敷地内に建てられて複合的に利用されていた。さらに江

図9－8　白川郷の合掌造の民家

戸時代後半には長屋門が建てられることもあった。

多様な形を持つ農家であるが、長方形平面の直家《すごや》は広域にみられる。一概に農家の平面を語ることは難しいが、土間と床上の部屋によって構成され、広い土間は農作業や家畜のスペースとして有用で、古いものでは約半分の面積を占めるものであった。その土間には竈《かまど》などの炊事のスペースのほか、馬屋が設けられることも多かった（図9―9）。箱木家住宅《はこぎけじゅうたく》（兵庫県、室町時代）は最古の農家とされ、箱木家は地侍層を出自とされ、箱木家住宅は前座敷三間取りに広い土間を付した平面である。近世に入っても小規模農家では掘立柱《ほったてばしら》の農家が多かったなかで、すでに礎石《そせき》建で、屋根は軒先の低い茅葺で土壁が多く閉鎖的な構成である（【巻頭カラー58】）。

時代が下り、新田開発や農業技術の発展によって農民の経済力が向上すると、上層階級を中心に農家の平面も徐々に変化し、大きくなっていく。江戸時代後半にも一室空間の土間で筵《むしろ》敷きの家も少なくなかったが、寝間部分の分かれた二間取りが出現した。居室部分が大きくなると、土間に面した広い板敷の部屋と奥の二部屋による広間型、前面を広間とした前座敷三間取りなどの形式が生まれ、居室は細分化していった。こうした形式が発展して、床上の部屋を四間取りとした田の字型が成立したとみられている（図9―10）。

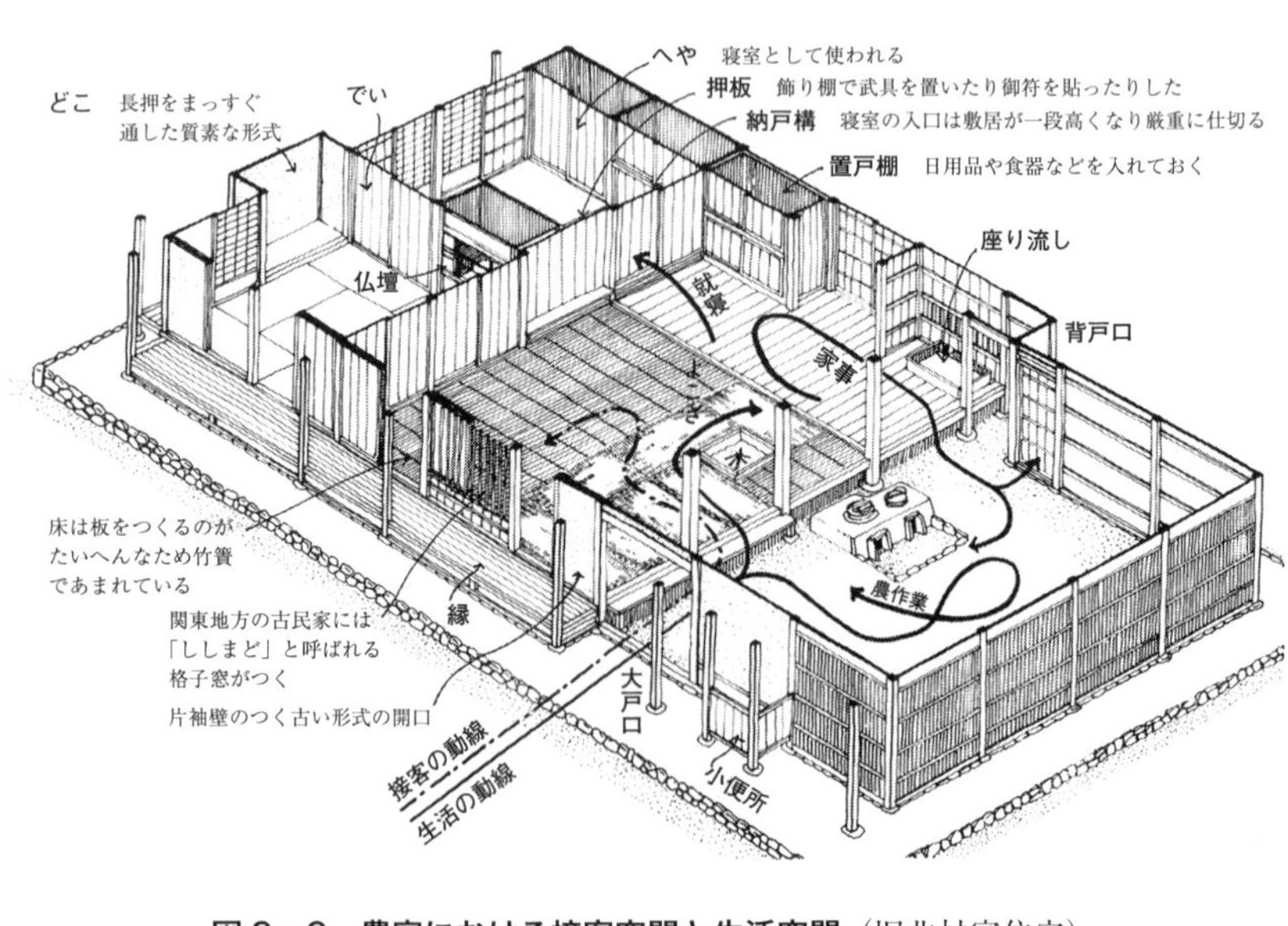

図9―9　農家における接客空間と生活空間（旧北村家住宅）

■1間取り

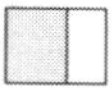

平面発達の初段階であると同時に、
17〜19世紀を通じて広く分布していた。

古文書に記された住宅（栃木）
17世紀中〜17世紀初

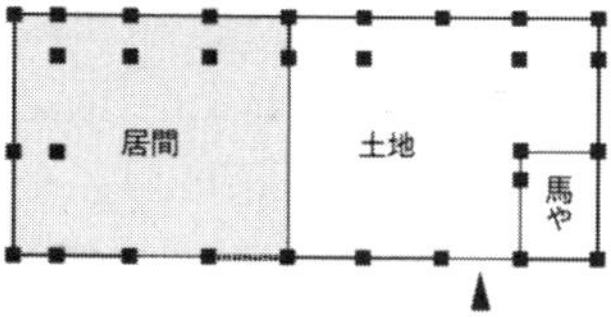

■2間取り

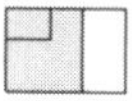

住居部分に寝間が派生する。

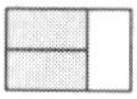

住居部分が前後に分かれる。

■3間取り

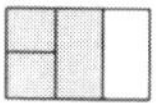

広間型3間取りと呼ばれる。
全国的に広く分布する。

北村家住宅（神奈川、現・日本民家園）1687年

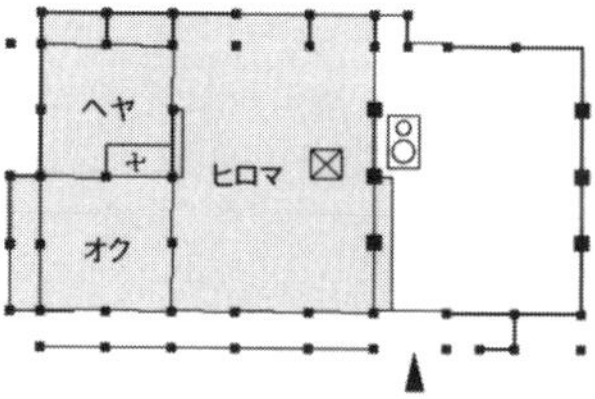

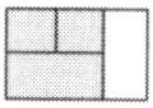

前座敷3間取りと呼ばれる。
近畿地方の古い民家にみられる。

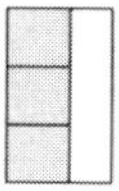

3室併列と通り土間の組合わせ。
町屋の代表的な間取りである。また大阪府北部（能勢）を中心として京都府、兵庫県の農家にもみられる。

■4間取り

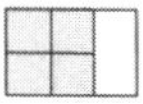

整形四間取りと呼ばれる。くいちがい型を含めて、日本の民家の代表的な間取りである。3間取りを改造している場合も多い。

江向家住宅（富山、現・日本民家園）
17世紀末〜18世紀初

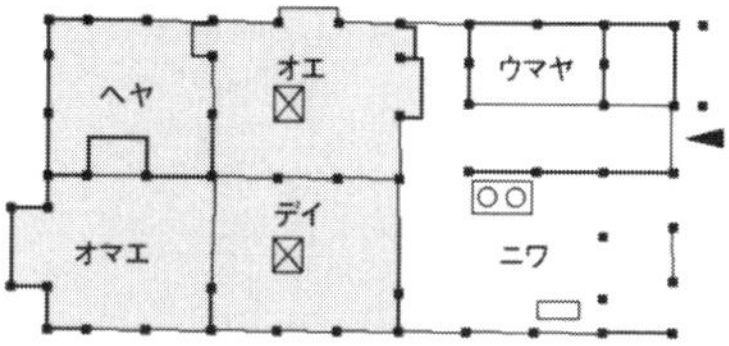

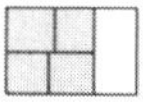

タテくいちがい4間取り。

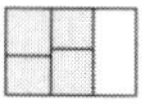

ヨコくいちがい4間取り。

■大きな間取り

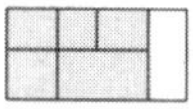

前座敷3間取りに2室付加した形。

作田家住宅（千葉、現・日本民家園）
主屋17世紀後・土間18世紀後
主屋と釜屋が別個の屋根を持つ分棟型

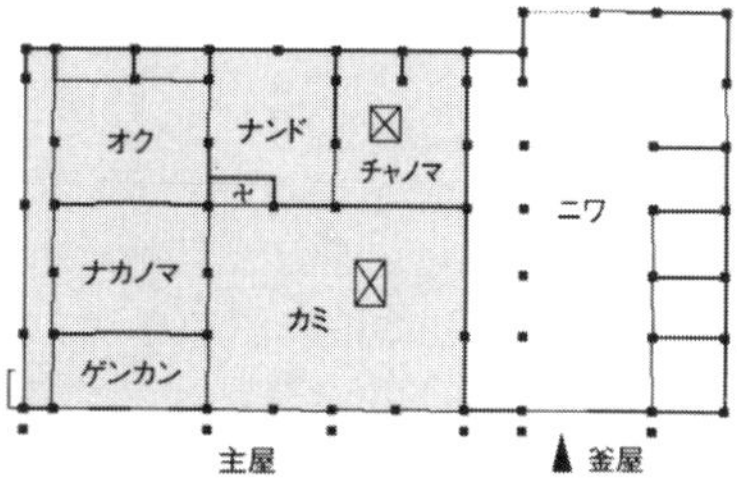

■併列型間取り

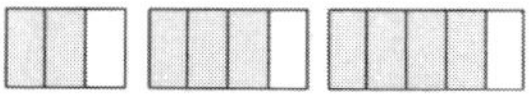

山間の傾斜地に建つ民家に多い。敷地の奥行が制約を受けるので、部屋の配置は横一列となる。

図9−10　農家の間取り

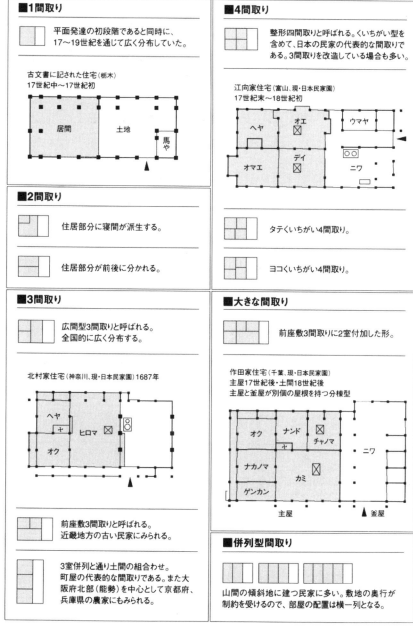

こうした民家の平面の変化があるのであるが、民家の第一の画期は十七世紀後半にあり、上層農民が増えたことで開放的な建物に変化した。この時期は多くの藩で農民自身の農地所有を推進した時期で、社会的な変革と建物の変化がリンクしている。第二の画期は一八〇〇年前後の江戸時代後期で、接客のための空間と生活のための空間という表と裏に機能が分かれてきた時期である。床柱《とこばしら》・大黒柱・床《とこ》の間・差鴨居《さしがもい》、畳敷きの部屋など、接客のための設備や家の格式を示す装置が意識的に農家に持ち込まれるようになったのである。もちろん町家と同じく農家でも床《とこ》・棚・付書院、長押などの室内装飾は武家の住宅以外では禁じられていたが、名主など、武家の接待を仰せつかった上層階級の農家にはこれらを備えるものもあった。ただし、これらもあくまで接客のためのもので家人のためのものではなく、現在残る民家にみられる床の間はこうした流れを受けたものである。書院造《しょいんづくり》風の座敷構えは武家の格式を示す装置であり、庶民の使用を厳しく制限することで、さらなる権威装置として意義づけられたのである。

この第二の変化の時期は土地の集中による大地主層の出現の時期であり、やはり上層農民の富裕化という社会情勢を農家が建築のカタチとして映し出している。合掌造りや本棟造などの地域的特徴をよく示す農家もこの時期に造られ、多様な農家の形態を生み出したのである。

このように農家もその所有者たる農民の富裕化や支配者層との接点という社会的な影響を受けつつ、その形を変化させ、成熟していった。また町家とは異なって農家は広い敷地であったため、生活習慣や風土に合わせて多様なカタチが造られ、地域的な多様性が生まれたのである。

娯楽施設の誕生

民衆の興隆とともに、多くの大衆的な娯楽施設が誕生した。江戸の吉原に代表される遊廓と歌舞伎・浄瑠璃などの芝居小屋である。遊廓は江戸時代初期から都市と密着し、幕府公認の遊廓も各地に設けられたが、なかでも江戸の吉原・京都の島原・大坂の新町は三大遊廓として名をとどろかせた。わずかに揚屋であった島原の角屋《すみや》が現存する程度であるが、文献資料や浮世絵、明治期の写真などから吉原の様子も知られる。吉原では濠で内外が区切られ、出入口となる大門《おおもん》から仲之町が延び、道の両側には二階建の店が並んだ。その一階では格子窓で仕切られた張見世《はりみせ》のなかに遊女が盛装して並んだ（図9―11）。当時、一般的ではなかった二階建の建物が建ち並ぶ様子は吉原の盛況ぶりを、格子窓の囲いは遊女の身の上を表象しており、世俗からの隔離と相まって、妖艶かつ奇警な空間を作り上げ、別天地を形成したのである。

湯屋も江戸時代の建築を語るうえで欠くことのできないものである。湯屋では湯女が客の世話をしていたが、明暦三年（一六五七）以降、禁止されて公衆浴場となっていった。ただし寛政の改革で江戸の男女混浴が禁じられ、天保の改革以後、混浴が全国的に禁止されたように、混浴は広くおこなわれていた。とはいえ幕末に米国領事のタウンゼント・ハリスが驚いたように、慣習に根付いた混浴は続いていたようである。

京都や大坂では大商人の邸宅には内風呂を備えていたが、江戸では水の便や火事の問題から内風呂はほとんどなく、各町には湯屋が設けられた。それゆえ湯屋は町内の人々が集まる社交場としての機能を備えた情報交換の場であり、二階の休憩所には相撲番付や寄席《よせ》・見世物《みせもの》などの宣伝も掲げられた。このように湯屋は人々の生活や風習に密着した施設で、憩いの場であるとと

図９－11　「江戸名所吉原仲之町」（歌川広重画、安政元年＝1854）**に描かれた大門と遊廓**

もに、江戸時代の民衆社会の一端を表す施設であったのである。

さて遊廓や湯屋は人の性《さが》によって発展した建築であったが、歌舞伎は大衆の娯楽として花開き、十七世紀後半以降、上方歌舞伎、江戸歌舞伎の二大潮流が成立した。風紀の乱れを懸念した幕府はたびたび抑圧したが、その思いとは裏腹に歌舞伎は庶民文化として定着していく。歌舞伎の草創期には能舞台と似た舞台で演じられていたが、その興隆とともに芝居小屋が建築として発達していった。

ただし芝居小屋は町家に比べて規模が大きく、内部空間も大きかったために火災の際の延焼が早く、類焼防止のための建物の引き倒しも困難であったことから、その建設は規制された。江戸時代中期から後期には江戸町奉行所から歌舞伎興行を許された芝居小屋として江戸四座（中村座・市村座・森田座・山村座）が認められたが、正徳四年（一七一四）に山村座が取り潰されて三座となった。その背景には幕政を巻き込んだ江島生島事件《えじまいくしまじけん》があった。これは大奥御年寄の江島と歌舞伎役者の生島新三郎が情を交えたとされる一大事件で、大奥をはじめ、処分された関係者は千名にのぼった。ちなみにこの歌舞伎の絡んだ江島生島事件も明治維新後、歌舞伎の演目として演じられ、現代まで好評を博しているから皮肉なものである。

さて幕府の許可を得た芝居小屋はそれを内外に示すために芝居小屋の正面の木戸の上に櫓《やぐら》を付けた。公認の証が建築の装置として設けられたのである。この櫓では人寄せの太鼓をたたいたといい、現在も顔見世大歌舞伎などに際には象徴的に掲げられる。

内部を見ていくと、歌舞伎の演題に合わせてさまざまな装置が開発されて芝居小屋に組み込まれた。場面を変える時間の短縮となった回り舞台や舞台から客席に延長した花道、引幕などの設備が発明され、楽屋が背後に備えられ、これらの設備が文字通り歌舞伎を裏で支えたのである。

舞台装置や裏方が発展するいっぽうで、観客席は幕府の規制とのせめぎあいであった。もともと歌舞伎の草創のころは能舞台と変わらないものであったから、観客席は舞台の下の土間に筵を敷いた簡素なものであった。これが土間と桟敷を備えるようになり、特に桟敷は二層になり、さらに三層にまで発展した。ただし前述の正徳の歌舞伎座の改革の際に一層に戻され、その後、二層の桟敷は享保九年（一七二四）に復活したものの、三層の桟敷は姿を消した。

いっぽう土間は屋根のないものであったが、興行が天候に左右されてしまうため、興行者は屋根を求め、延宝五年（一六七七）には中村・市村座の新築で土間の一部に板葺の屋根が許された。しかし、正徳の改革で質素倹約の精神の建前のもと、これも筵張りに戻させられてしまった。その後、三座の嘆願により、享保三年には再び板葺の屋根が許されたが、火事が頻発したため瓦葺・土蔵造の塗屋とすることが命じられた。本来規制したいはずの歌舞伎座が華美な構えとなってしまうのであるが、実益のために防火を優先したのである。ちなみに抜け目ない興行者たちはこれをよい機会とばかりに、防火対策の改築費用を稼ぐという名目で、増収のための二階桟敷の設置を画策し、幕府から許しを得た。これにより、優雅で貫禄ある大規模な歌舞伎座の建築が形成されたのである（図9―12）。

図9－12　浮世絵「歌舞妓芝居之図」（歌川豊春画、明和6年＝1769）**に描かれた歌舞伎座**

余談ではあるが、歌舞伎に荒事を取り入れ、人気を博した市川團十郎は寺院との関係も深い。成田山新勝寺である。初代團十郎は跡継ぎに恵まれなかったため、新勝寺に祈願し、待望の長男を授かった。その念願成就の感謝として、大神鏡を成田山に奉納し、成田山の江戸出開帳の際に新勝寺の本尊にちなんだ「成田山分身不動」という歌舞伎を初代・二代目が親子で演じたことで、成田山の霊験が江戸中に広まることとなった。これにより、成田山は庶民の信仰を集め、江戸から近い成田参詣は大流行したのである。出開帳は大成功で、現存する三重塔（千葉、正徳二年＝一七一二）のような華麗な建築が成田山に誕生した（【巻頭カラー55】）。こうした縁により市川家は「成田屋」の屋号を使うようになった。

さてこれだけであれば一人の歌舞伎役者と寺院の関係に過ぎないのであるが、市川團十郎と成田山の縁は続く。七代目團十郎も男子に恵まれなかったため成田山に祈願し、千両という大金で奉納して三升の額堂を寄進すると、同六年には八代目を授かることができた。ただし七代目と成田山の関係はこれにとどまらなかった。七代目は豪勢な生活を送っていたため、天保の改革の質素倹約に触れて江戸を追放されてしまう。その際に七代目が身を隠したのが成田山延命院で、八代目は成田山の不動明王に父の赦免《しやめん》を願ったのである。嘉永二年（一八四九）にようやく追放令が解かれると、七代目は自身の等身大の像を奉納した。この額堂は昭和四十年（一九六五）に焼失してしまったが、七代目の石像は現存しており、江戸時代以来の市川家と成田山の結びつ

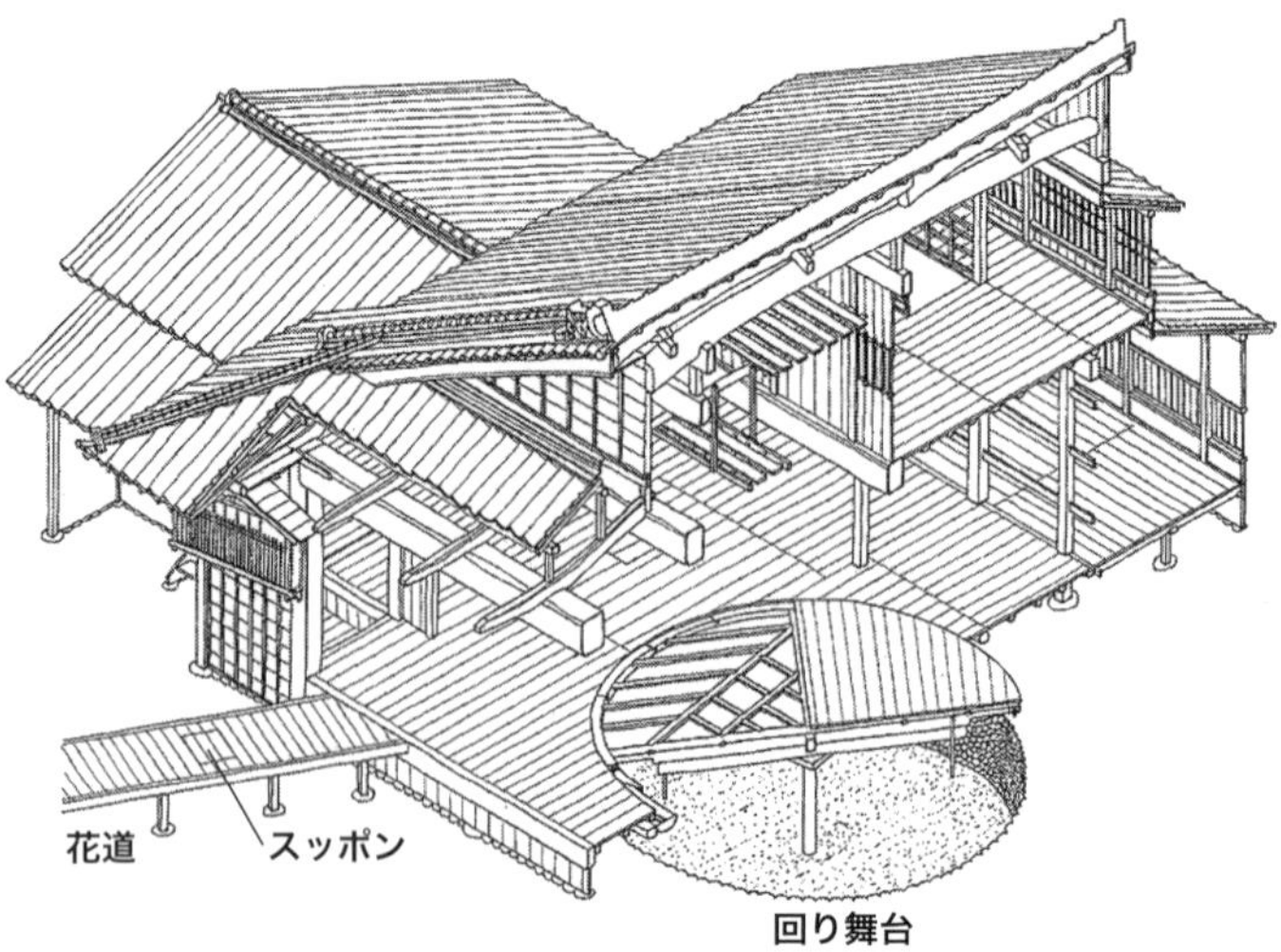

図９−13　魚村（船越）の神社境内の歌舞伎舞台の構造

きを今に伝えている。

このように江戸時代を通じて市川團十郎と成田山は深い関係を築いた。市川家の歌舞伎に伝わるにらみや不動の見栄は不動明王への信仰の証とされるが、その背景には江戸時代の成田山での寺院建立と参詣の深い関係があったのである。

さて江戸三座の歌舞伎座が規制のなかで発展したいっぽうで、常設芝居小屋として許可を得ていないものは宮地芝居《みやちしばい》、あるいは地芝居《じしばい》と呼ばれ、その芝居の場には簡易な屋根であることや舞台上以外には屋根をつけないこと、引幕・回り舞台・花道などの舞台装置を使わないことなど、多くの制限が設けられた。

こうした芝居に対する熱は都市部に限った話ではなく、農村でも春秋の祭りなどには、地元の人々がおこなう地芝居に沸いた。神社に対する奉納を名目に拝殿や長床、舞殿、神楽殿などで芝居がおこなわれることも多かった。専用の舞台として組立式の仮設舞台を設けるところもかなりあったが、常設の農村舞台が神社の境内に建てられることもあり、回り舞台などの舞台装置を備えたものもあった（図9―13・14）。いずれにしても、建設費用はもちろんのこと、維持管理の費用も村落の負担であったから、舞台にかけた江戸時代の民衆の想いは計り知れず、いうなれば建物の存在そのものが大衆の間における芝居の文化の栄華の証であったのである。

図9−14　小豆島歌舞伎舞台（四国村に移築）

よもやま話⑨　建物の引っ越し

自宅を引っ越した経験のある方はいるだろうか。荷物の運搬・搬入で苦労した人も多かろう。車を持っている方は車も引っ越したかもしれない。しかし建物ごと引っ越したという経験のある方はほとんどいないであろう。実は建物も引っ越しできるのである。移築という方法である。

移築はこれまでも触れてきたが、読んで字のごとく、場所を「移」して、また建「築」することである。木造建築の場合、壁や釘を外す必要はあるが、木部は柱・梁《はり》・垂木《たるき》などの部材にまでバラバラにすることができる。これを運んで、新たな地で再び建てるのである。移築の歴史は古く、有名なものでは藤原豊成《ふじわらのとよなり》の板殿が紫香楽《しがらき》宮《みや》から石山寺《いしやまでら》へ食堂《じきどう》として施入するために移築されており、バラバラにした部材の名前や数が詳細に『正倉院文書《しょうそういんもんじょ》』に記録されているし、現存するものでは唐招提寺《とうしょうだいじ》講堂《こうどう》や法隆寺東院伝法堂《ほうりゅうじとういんでんぼうどう》（いずれも奈良県、八世紀）が移築されたことが知られる。また崇福寺第一峰門《だいいっぽうもん》（長崎県、図9―5）などは中国寧波《ニンポー》で材を切組み、海を渡って元禄八年（一六九五）に長崎の地に建てられており、これも一種の建物の引っ越しである。

このように宗教建築・住宅・民家・城郭のいずれでも移築は一定数おこなわれたが、規模の小さい茶室などはよく移築されており、国宝の妙喜庵待庵《みょうきあんたいあん》（京都府、天正年間＝一五七三～九二）、如庵《じょあん》（愛知県、元和四年＝一六一八ごろ）、八窓庵《はっそうあん》（旧舎那院忘筌《きゅうしゃないんぼうせん》、北海道、江戸時代前期）など枚挙にいとまがない。また現代では歴史的建造物の保存のために博物館明治村や民家村などに移築されることもあり、解体して持ち運ぶ木造建築の移築は比較的、よくおこなわれていた。

建物を動かすという意味で面白いものとしては曳家がある。曳家と聞いて何のことかパッと頭に浮かぶ人はそうそういないであろう。「ひきや」と読み、建物を解体

旧奈良駅庁舎の曳家

せずに建物全体を持ち上げて、引っ張って別の場所に移動させる方法である。一般的には大きく三つの工程があり、①建物を地面から離し、ジャッキアップして持ち上げる、②移動ルートを確保し、枕木を組んで台を作り、レールを設置し、ローラーに乗せる、③ジャッキやウィンチを使って移動し、設置場所に建物を下ろし、固定する、という三工程である。

歴史は古く、室町時代には曳家の例が確認できるが、その起源は明らかではない。曳家の最盛期は戦後復興期で、道路拡幅や区画整理などにともなって、鉄筋コンクリート造のビルまでもが移動した。また敷地改変によって移動した日本工業倶楽部会館・奈良駅庁舎・旧李王家東京邸（赤坂プリンスホテル旧館）や、解体をともなわない基礎の修理をおこなった弘前城天守など、歴史的建造物の保存の現場で活躍している。

建物の引っ越しは独特な日本の建築文化をよく表しており、現在も文化財修理の世界をはじめ、大きな役割を果たしているのである。

10 近代日本の黎明

徳川幕府の崩壊と近代

十九世紀に入って日本近海への西洋船の来訪が増えてくると、幕府は文政八年（一八二五）の異国船打払令《いこくせんうちはらいれい》などの対策を講じたが、開国派と攘夷《じょうい》派に国を二分する大問題に発展していった。特に一八四〇～四二年のアヘン戦争で清がイギリスに負けると、幕府としても、いやが応にも、西洋諸国の圧倒的な軍事力を認めざるを得なくなった。その脅威が現実となったのが嘉永六年（一八五三）のペリーの黒船来航で、これは徳川幕府を崩壊へといざなう序曲であった。長崎の出島でオランダを介して間接的に触れていた西洋が直接、間近に迫ってきたのである。圧倒的な武力が江戸時代の人々にとって恐怖であったのは確かであるが、そのいっぽうで西洋との接触は日本が政治・経済・社会体制・軍事など、あらゆる面で新たな文化・社会と向き合うきっかけとなった。

このように十八世紀中ごろの日本は激動と混乱の時代であったため、これらを経て確立した近代は大政奉還《たいせいほうかん》や明治政府の設立を画期として、近世以前とは隔絶した時代として描かれることが多い。しかし連綿と続く歴史の流れのなかで見ると、江戸時代末期から西洋との接触は始まっていたし、明治時代に入っても近世以来の日本の伝統的な文化や習慣が一掃されたわけではなく、根強く残り続けた。建築界も同じで明治以前に近代の萌芽がみられ、近代にも伝統的な日本建築は造られ続けた。いうなれば日本の近代は西洋からの新知見の受容と前近代の伝統の継承という二つの流れが重なり合って形成されたのである。

江戸時代末期には異文化との接触によって、日本建築の空間の既存の価値観の崩壊は起きていた。その様子が米国領事タウンゼント・ハリスと第十三代将軍家定《いえさだ》の謁見に見て取れる。ハリスは日米和親《にちべいわしん》条約《じょうやく》にもとづいて通商条約を結ぶべく、安政三年（一八五六）に下田《しもだ》に入港した。ハリスは下田に領事館を構えると、江戸出府と将軍への謁見を強く希望したが、攘夷論者の反対もあって、幕府はこれに応じなかった。こうした状況も翌年七月に砲艦が下田に到着すると一変し、幕府もハリスの要求を渋々認めざるを得なくなった。

そして安政四年十月二十一日。ようやくハリスは通訳のヒュースケンとともに将軍に謁見することとなったのであるが、この謁見は異文化交流の困難さを顕著に示すものでもあった。ハリスは謁見でも拝跪《はいき》せずに西洋式に立ったままであるから、将軍が上段に座しても、身長六尺（約一・八メートル）ともいうハリスが将軍を見下ろすことになってしまう。書院造《しょいんづくり》では上中下段の高さの差で身分の差が示されたように、前近代の日本において高さの差は強力な威厳装置であったから、これは大問題である。もちろんアメリカ人のハリスに対して、上等な座敷構えなどの装置は大きな意味を持たない。そこで将軍の座に厚い畳を七枚敷き、その上の椅子に家定が腰かけることで、ハリスよりも目線を高くし、将軍の権威を保とうとしたのである（「温恭院殿御実紀」）。

このハリスの将軍謁見は日本の権威や伝統が西洋文化と接触した瞬間で、日本式の空間の権威性が崩れ去る出来事でもあった。現代人の我々からすれば目線の高さ程度と滑稽に思えるかもしれないが、江戸時代の封建社会や価値観のなかで生きてきた武家にとって、その差は目に見える以上に大きな問題で、最も重要なことであったのである。

開港と外国人居留地

安政五年（一八五八）に日米修好通商条約《にちべいしゅうこうつうしょうじょうやく》を締結し、幕府が長崎・神戸・横浜など五ヵ所の開港を許可すると、欧米の貿易商が大挙して日本に押し寄せた。彼らは中国沿岸部から足を延ばして、はるばる日本で茶や生糸などを買い付け、幕府と薩長の両者に武器を輸出することで莫大な利益をあげていた。開港地では海岸沿いにバンド（外灘）が形成され、山の手の眺望のよい場所に住居を構え、外国人居留地が形成されていった。武器の購入先という優位な立場があったため、貿易商らは幕府や明治政府に対して高い都市インフラの整備を要求し、上下水道や洋風公園も造られた。こうして異人街が日本に誕生したのであった。

長崎は出島《でじま》で知られるように江戸時代の外国との窓口であったから、通商条約の締結後、すぐに開港地として始動した。もちろん出島の規模では収まらなかったから東山手・南山手が居留地とされ、翌年には大浦海岸の埋立を開始した。次いで小曽根海岸・下り松海岸・梅香崎海岸と山手周辺の埋立てが続き、広馬場・新地・館内の土地の借入を経て、下り松橋が架けられ、出島から小曽根に至る海岸通りを中心にバンドが形成された。開港当初のものではないが、旧香港上海銀行長崎支店・旧英国領事館・旧長崎税関下り松派出所など、海岸沿いに往時をしのぶ建築群が今も残っている。また南山手にはグラバー邸（文久三年＝一八六三）や大浦天主堂《おおうらてんしゅどう》

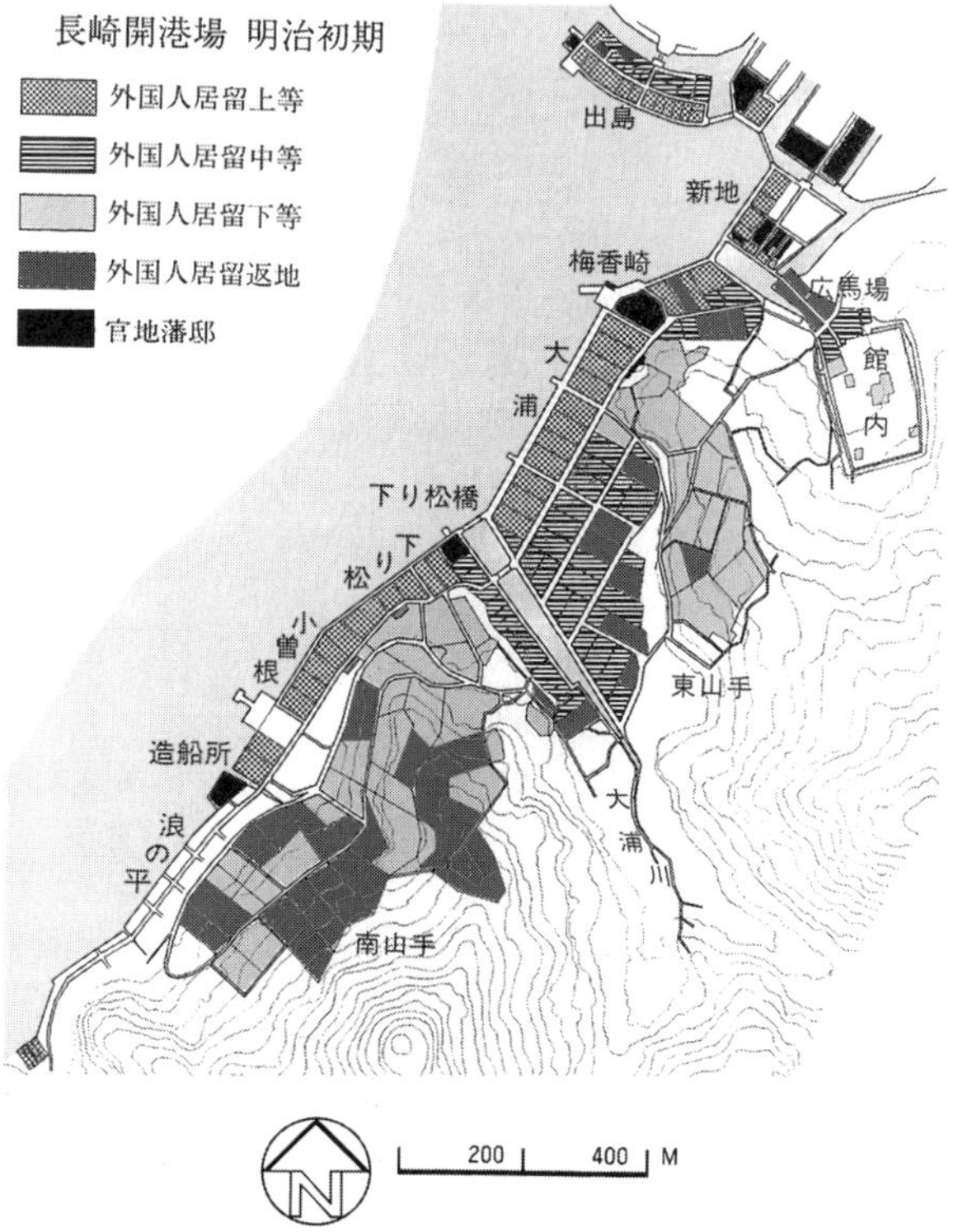

図 10−1　長崎の外国人居留地

(元治二年＝一八六五)などの住宅や宗教建築、東山手には領事館が集中的に建てられ、明治前半に横浜や神戸に海外貿易の中心が移るまで貿易の窓口として長崎の町は活気にあふれた。

いっぽう、横浜も条約締結の翌年、安政六年には開港しており、幕府は迅速に対応したのであるが、予定していた宿場町の神奈川ではなく、東海道から外れた横浜とした。幕府は日本人と外国人の接触によるトラブルを恐れ、外国人を僻地《へきち》に押し込めておきたかったのである。そのため開港当初の横浜の居留地は幕府の主導で山の手を周辺に日本風の造りで整備された。ただし慶応二年(一八六六)の豚屋火事《ぶたやかじ》でこれらも焼けてしまい、以後は本格的な西洋建築で再建された。特に明治五年(一八七二)に新橋・横浜間に鉄道が通されると、横浜の発展には拍車がかかった。

その横浜の中心施設であるイギリス領事館(明治二年、図10—2)、横浜駅(同四年)、横浜税関(同六年)、横浜町会所(同七年)はいずれも米国人建築技師、ラファエル・P・ブリッジェンスによって木骨石造で建てられた。ブリッジェンスは後で述べるように、日本の棟梁《とうりよう》清水喜助《しみずきすけ》とともに、築地ホテルでなまこ壁を用いて西洋建築を日本風にアレンジする試みをしており、擬洋風《ぎようふう》建築にも深くかかわる人物である。ブリッジェンスの用いた木骨石造は木造の軸組の外側に石を積んで石造のように見せかける方法である。ヨーロッパではほとんど見られないが、アメリカの開拓のなかで成熟した技術とみられており、これがアメリカ人の手によって日本にもたらされたのである。

図10−2　イギリス領事館

居留地のなかでも神戸と並んで特に発展が著しかった横浜の建築は木造漆喰《しっくい》塗りから煉瓦《れんが》造や木骨石造と短い間に建築構造を変化させていった。これらの外国人の手で造られた横浜の建築は洋風建築の建設に迫られた日本の棟梁たちにとってよいお手本で、彼らはこぞって見物に訪れた。

長崎や横浜の開港が早かったいっぽうで、兵庫の開港は当時の日本の商都であった大坂や御所のある京都に近いこともあって、外国の影響を抑えるべく国内の調整は難航し、慶応三年と他港よりも遅れた。ようやく開港した兵庫の港は生田川の西岸の神戸村に置かれると、幕府は横浜港の開港を担い、文久遣欧使節で渡欧経験もあった柴田《しばた》剛中《たけなか》を兵庫奉行として事業にあたらせた。ただし開港の時までに完成したのは運上所《うんじょうしょ》（税関）・埠頭・倉庫程度で、外国人を受け入れる居留地やインフラは未完成であった。さらに時は激動の時代のまっただなかで、幕府の大政奉還や鳥羽伏見《とばふしみ》の戦いでの敗戦によって工事は中止へと追い込まれてしまった。こうした事情から兵庫港の開港時には居留地が完成していなかったため、東の生田川、西の宇治川、北の丘陵に囲まれた九村の範囲で内外人の雑居が認められ、ほかの居留地にはない特殊な町が出来上がった。なかでも北野の山手は外国人に人気で、洋風の異人館が建ち並び、現在も北野異人館街として知られている。

その後の工事は明治政府によって進められたのであるが、神戸の町は英国の土木技師J・W・ハートの計画・設計によってグリッド状に道路が通され、整然とした都市が生み出された。この新都市は歩道、下水道、街灯などのインフラに加えて外国人公園や海岸遊園までも備えたもので、各区域には整然と西洋建築が軒を連ねた。

このように開港地を中心に西洋文化が流入し、外国人の居留とともに西洋建築も持ち込まれ、見たこともない異国の町の景観が日本人の目の前に現れたのである。当初の異国人居留地は日本人の立入が制限されていたから、この建築のカタチがすぐに広まることは無かったが、立入が認められるようになると、洋風建築を建てようとする者たちの好奇心を掻き立て、その影響は各地に広まっていった。

西洋技術の導入と洋風工場

西洋との出会いは西洋の先進技術の導入の幕開けでもある。日本近海への外国船来訪が増加するなかで薩摩藩はいち早く西洋の進んだ文化や技術を学ぶ必要性を感じ、第二十八代藩主島津斉彬《しまづなりあきら》は西洋に倣った産業施設の整備を積極的に進めた。その最初の一手が嘉永五年（一八五二）の反射炉《はんしゃろ》の建設開始で、蘭学を駆使して溶鉱炉、ガラス工場、蒸気機関の製造所が建設され、産業の近代化の拠点として産声をあげた。安政四年（一八五七）には集成館《しゅうせいかん》と命名され、薩摩藩の近代化と富国強兵の礎となった。

特に反射炉は銑鉄を溶かして鋳型に流し込むための炉で、大砲の製造に欠かせないものであった。その名は燃焼室の熱や炎を壁で反射させて溶解室の鉄を溶かすことに由来する。当初、薩摩藩はオランダの書物をもとに在来技術を応用して反射炉の建造を計画したが失敗に終わり、安政四年に二号炉が完成した。ここに倒幕に向けた薩摩藩の基盤が整ったのである。同じく萩藩でも安政三年に反射炉の試験炉を操業しており、西洋の近代技術の導入の象徴であった（【巻頭カラー65】）。

さて薩摩藩が文久三年（一八六三）の薩英《さつえい》戦争でイギリスに大敗を喫して、いよいよ西洋の技術を学ぶ必要性を実感すると、近代化への歩みはさらに加速した。島津忠義《ただよし》は斉彬の遺志を継承して、慶応元年（一八六五）には薩英戦争の砲撃で破壊された集成館を石造で再建し、この再建された集成館は外観からストーンホームと呼ばれた（図10―3）。上げ下げ窓風の嵌《は》め殺しのガラス窓や亀腹風の基礎などには洋風建築の理解が十分ではない蘭学者や大工の苦悩が表れており、これらの未熟さは当時の情報や技術の限界と西洋との交流が制限されていた社会の実情を語っている。

そこで同年には国禁を侵して、五代友厚《ごだいともあつ》らをイギリスへ派遣し、近代的な工場の建設のため、機械の買い付けと技術者の招聘を試みた。その成果もあり、イー・ホームら七人の技師を招くことに成功する。翌年十一月に彼らが来日すると、彼らの生活に適した西洋風の住居が必要となり、英国人のトーマス・ウォートルスにより白ペンキ塗りの木造、二階建の宿舎（旧鹿児島紡績所技師館）が建てられた（【巻頭カラー60】）。この宿舎は四面にベランダを廻らせたコロニアルスタイルの洋館で、ヨーロッパから東回りで伝来したベランダコロニアル様式である。この建物は外国人建築家の設計であるものの、施工は日本人の大工の手でおこなわれたから、小屋組は和小屋で、柱間の寸法も尺寸で造られており、和洋の合作とみられている。室内のドアノブの高さが床に座ってちょうどよい高さにあるところにも日本の生活スタイルにもとづいた建物であることが表れている。

明治に入っても西洋技術の導入は重要な課題で、多くの洋風工場が建てられたが、工場は梁間のスパンが大きく、防火性に優れている必要があったから、日本の木造建築の技術では建設が困難であった。殖産興業は近代日本の肝であったから官庁や権威施設、高官住宅などに先駆けて、工場に洋風建築の技術が持ち込まれたのである。

その一例が貨幣の鋳造工場である。貨幣の鋳造権は為政者の強大な権力の一つであったから、その刷新は世の支配者の変更を知らしめる有効な方法であった。明治政府はすぐに新貨幣を鋳造する造幣寮《ぞうへいりょう》を大阪に設立した。造幣寮には鋳造工場や外国人技師の住居、天皇の行幸時の宿泊所である泉布観《せんぷかん》（大阪府、明治四年、【巻頭カラー61】）などが建てられ、その設計はイギリス人のウォートルスの手によるものであった。

図10−3　旧集成館

さて薩摩藩がイギリスと縁が深かったのに対し、幕府はフランスとの関係が深かったから、フランス人の手で洋風建築が造られたのであるが、その活躍の場は幕府による横須賀製鉄所であった。慶応元年（一八六五）にフランス海軍の技術顧問団を迎え入れると、明治三年に至ってようやく完成した。明治時代にもフランス人技師の力を必要としており、官営工場の富岡製糸場《とみおかせいしじょう》（群馬県、図10―4）もフランス人技師エドモン・オーギュスト・バスチャンの設計で、明治五年に完成した。ここでは木骨煉瓦造《もっこつれんがぞう》としており、フランス人の設計でありながらも日本の施工技術で建てることのできる構造としていた。

これらの洋風工場では大スパンの屋根を架けるためにトラスが導入された。梁間《はりま》を大きくするのに和小屋では大きな梁を架ける必要があり、これには太く長い梁が必要となるが、こうした巨材の入手が困難であることは東大寺大仏殿の再建時からも明らかであった（よもやま話⑧、二一九頁）。それゆえ構造力学にもとづいて三角形を組み合わせて細い材料で大スパンを架けられるトラスの導入が必要であったのである（図10―4）。

このように西洋技術の導入期には大屋根の洋風工場が建設され、そこに勤める外国人技師のための宿舎も建てられた。その建設では西洋建築を模倣しつつも日本人棟梁らの施工上の問題もあって思い通りに実現できない葛藤に悩まされた。この問題の解決は御雇い外国人らから直接、体系的に技術の伝達を受け、施工者の技術が成熟するまで待たねばならなかった。

図10−4　大スパンの屋根を架ける洋風トラス（富岡製糸場）

明治政府と列強諸国への対抗

明治元年（一八六八）に東京への奠都《てんと》がなされると、江戸から近代都市東京への改造が始まる。延暦十三年（七九四）に平安京に遷都されてから、政権は鎌倉や江戸に移ったとはいえ、名目上の都は京都にあり続けたから、これは歴史上の一大事であった。ちなみに奠都は新たに都を定めることで、都を遷す遷都とは意味が異なる。遷都ではなく奠都とした背景には京都を中心に東京遷都によって、京都が都でなくなることへの根強い反対があった。そこでまず明治天皇が明治元年十月に東京に行幸した。そこで長らく政権を担った幕府の象徴たる江戸城に明治天皇が入城し、さらにこれを東京城と改称したのであるが、これは内外に政権交代を強く示すものであった。すなわち権力が交替したことを江戸城という幕府の権威性のある場所や建築を舞台装置として用いることで示したのである。その後、明治初頭には旧江戸城西の丸御殿が天皇の居所に使用されたが明治六年に焼失したため、同地に明治宮殿が建設され、以降も場所の権威性は継承された。

ほぼ同じころ、廃藩置県《はいはんちけん》がおこなわれ、幕藩体制から明治新政府による全国統制へと社会は変化していった。こうした社会の変貌にともなって、建築の姿も大きな影響を受けた。東京では近代化すべく、官公庁はもちろんのこと、ホテル・銀行・学校などの新しい社会システムのための建築が新時代の象徴として新しいカタチで生み出された。奈良時代初期の律令制の成立期に国府《こくふ》・国分寺《こくぶんじ》・郡衙《ぐんが》・正倉院《しょうそういん》などが整備されたのと似た状況である。

明治政府は日本を近代国家として列強諸国に認めさせ、不平等条約を改正するためにも、社会制度の整備とともに洋風建築により街観を整える必要があると感じていたが、殖産興業のための工場建設の優先度も高かったうえに、東京には江戸以来の町並みが整っていたので、すぐには大改造に至らなかった。そのため明治初期には官庁も武家屋敷を利用したものが多く、西欧建築による諸官庁の近代的な整備計画は明治十年代後半の井上馨《いのうえかおる》による欧化政策の時代を待たねばならなかった。

もちろん東京の近代化がそれ以前にまったく起こらなかったわけではなかった。最初の転機が訪れたのは明治五年の銀座の大火で、和田倉門《わだくらもん》内から出た火は丸の内・銀座・築地を焼きはらった。明治政府はこの教訓から煉瓦造による都市の不燃化に着手する。銀座煉瓦街の誕生である。設計はウォートルスに依頼し、西欧風の近代都市の建設を目指したのである。ウォートルスは土地管理・測量・土木・建築のすべてを扱え、都市を構築する際に全体から個々の建物まで見通すことができ、植民地や居留地などの都市設計にはうってつけの人物であったから、銀座煉瓦街の建設ではそのトータルコーディネイトの実力がいかんなく発揮された。また日本人では東京府権参事、三島通庸《みしまみちつね》がその任にあたった。彼はここでの経験を活かし、次に述べるように後に「土木県令」の異名をとって各地で道路・橋梁整備や西洋風の建築による公共施設の建設に力をふるうことになる。

ウォートルスは銀座の再生にあたっては三種類の道幅を設定し、大通りでは車道と歩道に分けた街路に並木とガス灯を並べた。そして歩道沿いにはトスカーナ式の列柱で商店のアーケードを設け、裏道にも歩車分離とアーケードという都市設計の原則を適用した。そして道幅に応じて建物の高さを決め、敷地ごとに建物を建てるのではなく、ブロックごとの大きな建物として軒高をそろえることで町並みを整え、もちろん建材は火事に強い煉瓦か石を使用することで、新橋から京橋まで約一キロにおよぶアーケー

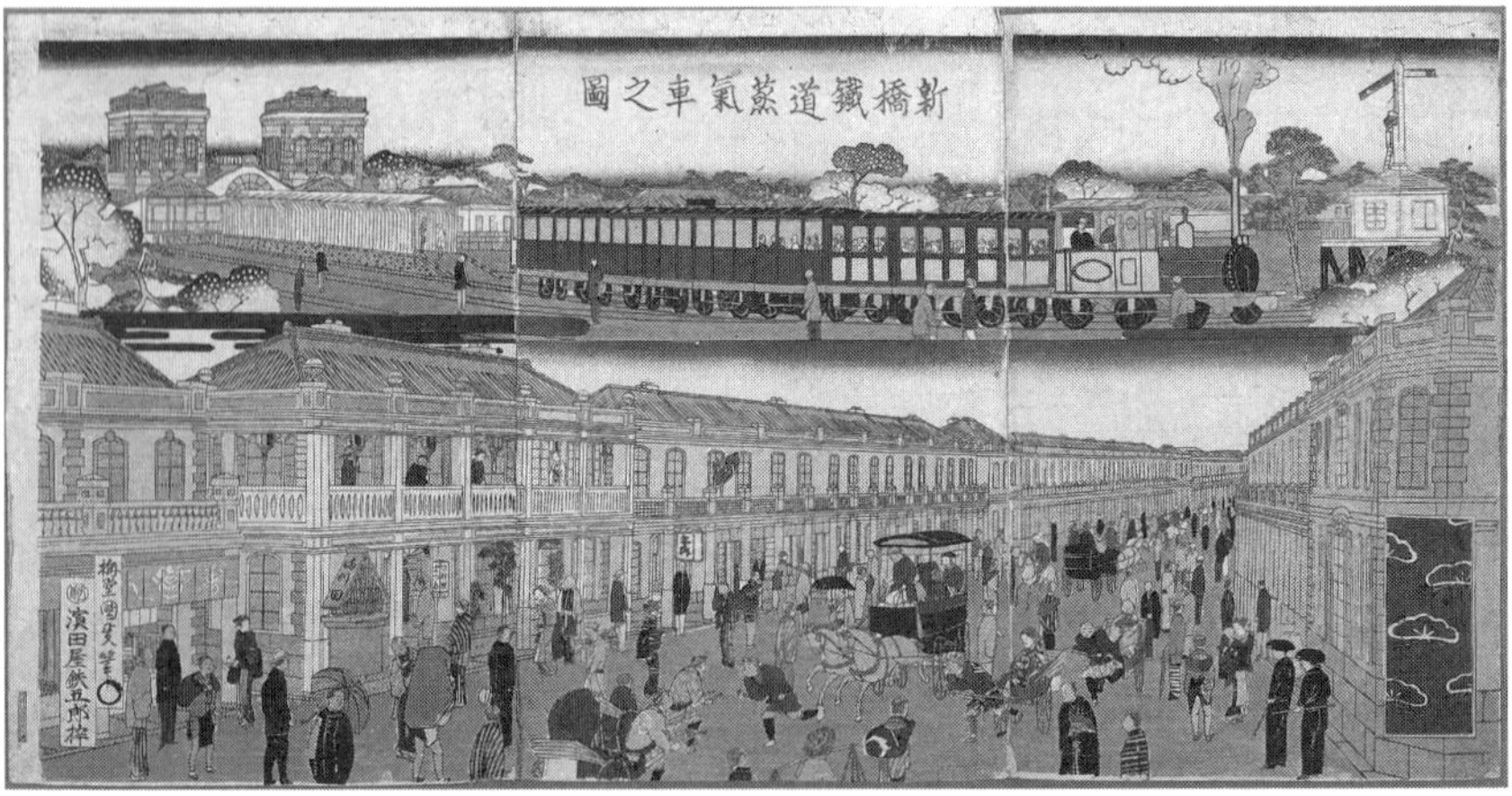

図10−5　東京銀座煉瓦石繁栄之図・新橋鉄道蒸気車之図
（明治六年、歌川国政《うたがわくにまさ》〈四代〉画）

ドの町並みが完成した（図10―5）。それまでの西洋建築といえば居留地くらいのものであったから、ロンドンやパリを思わせる煉瓦造や石造の町並みは日本人に大きな衝撃を与え、たちまち人気スポットとなった。その驚きぶりや盛況ぶりは描かれた錦絵からも知られ、文明開化の象徴として、近代という舞台で輝いたのである。

地方でも都市の近代化が進み、特に新政府に対する抵抗の大きい地域では西洋的な街並みを形成することで、これが新しい政治体制を示すモニュメントとして新政府の威光を示し、新時代の幕開けを知らしめた。いうまでもなく地方の中心都市にも城下町や宿場町などの既存の町が存在し、多くの住民が集住していたから、新しい近代的な街並みを整備する用地に恵まれていたわけではなかった。こうした地方の城下町を近代都市に変える一つのきっかけとなったのが、明治六年に出された「全国《ぜんこく》城郭《じょうかく》存廃《そんぱい》ノ《の》処分《しょぶん》並《ならびに》兵営地《へいえいち》等《とう》撰定方《せんていかた》」である。これにより各地の城郭は存城処分もしくは廃城処分とすることが定められ、前者の場合は陸軍の兵営地などとして使用され、後者の場合は大蔵省の所管として土地は学校や公的機関の用地として処分された。彦根城《ひこねじょう》・姫路城《ひめじじょう》など一部の城を除いて多くが後者であり、これによって公共用地が確保された。また藩が無くなって家禄を失うと、武家も武家屋敷を手放すものも少なくなく、ここにも余剰の土地が生まれた。これらの城郭や武家屋敷は前時代の支配の象徴であったから、ここに新しい行政機関や公共施設が近代的なカタチでモニュメント性をもって建てられることで、幕藩政治から明治政府による中央集権という時代の転換が視覚的に示されたのである。城濠《しろぼり》の内側や城近くの敷地に県立高校や役所があるのはこの名残である。とはいえ、東京や大阪などの大都市と違って、地方に西洋建築の技術に精通した技術者はほとんどいなかったから、日本人の棟梁が自己流で洋風の建物を表現した、洋風とも和風とも区別しがたい擬洋風《ぎようふう》建築で建てるよりほかなかった。この擬洋風建築については次項で述べることとする。

明治政府の地方振興策の一つは北海道の開拓である。北海道の開発は明治政府の肝いりで、明治二年には北海道開拓使《かいたくし》が置かれ、アメリカから開拓の技術導入を図った。五〇名超の開発顧問団が札幌にやってくると、明治六年には開拓使本庁舎・同工業局庁舎など、官庁や官舎群が札幌の町を造り上げられた。北の大地に開拓のための新たな町が西洋建築で築かれたのである。その建物は横板を少しずつ重ねて外壁とした下見板《したみいた》の西洋建築で造られたのであるが、この建物はヨーロッパからアメリカ経由の西回りで伝わった下見板コロニアル様式であった。この下見板の様式は後述するように、擬洋風建築の晩期を飾る。

北海道以外でも地方都市の近代化は進み、そのなかでも東北地方、特に山形は当時の社会状況をよく表している。幕末には奥羽越列藩同盟《おううえつれっぱんどうめい》を組んで新政府軍に抵抗したように、東北地方は新政府に歯向かう不穏分子の多い土地であった。明治七年に三島通庸が酒田県令（現在の鶴岡）に就いたのであるが、当時の酒田県は旧庄内藩の士族の反対運動が激しく、農民の暴動（「ワッパ騒動」）も活発な、課題の多い地であった。

三島は難しい統治を迫られたが、持ち前の剛腕統制で一揆を抑えると、酒田県を鶴岡県と改称して県庁を鶴岡に移した。そして明治九年には鶴岡城の石垣を崩して濠を埋め、その上に下見板張りの擬洋風建築で巨大な朝暘《ちようよう》学校を建設した。ここでも県庁移転と城郭跡地への公共施設の設置という方法で権力を視覚化し、反抗勢力を圧倒したのである。同年には鶴岡・山形・置賜《おきたま》が合併して現在の山形県が誕生し、三島も山形に活躍の場を移すことになる。

三島は山形の殖産興業・文明開化・政治安定の三つに注力した。殖産興業のためにインフラの整備に着手し、山形と秋田・宮城・福島をつなぐ道路を開通させた。そして三島は文明開化のために県庁周辺の都市の近代化を計画するのであるが、通常の城下町の改造とは異なる手法をとった。多くの城下町では城址や周辺の武家地に県庁や公共建築を築いたことは先にも述べたが、山形では商業地を形成した羽州街道《うしゆうかいどう》を延伸させる形で、旧城下町でいえば町外れの位置に県庁と官庁街を新設したのである（図10―6）。

羽州街道から延伸した南北の大通りの正面に県庁を置き、その建物は高塔を備えた重厚感のある作りとした。県庁から延びた大通りの東側に南山学校、師範学校、警察本署、西側に製糸工場、勧業博物館、南村山郡役所、警察署を建てて、大通りの両側の新時代のための建物を擬洋風で整えた。さらに県庁の裏側には模範農園兼農事試験場である「千歳園《ちとせえん》」を設け、ここでは西洋式の畜産野菜の栽培などが試みられ、製糸場とともに山形の経済の発展に貢献した。こうして殖産興業、明治新政府を象徴する近代施設が三島の手によって県庁周辺の一画に集中して建てられたのである。

この異世界のようで威圧的な都市景観は封建社会から近代国家体制へ社会が転換したことを人々に示す効果としては十分すぎるものであった。まさに目に見える形で新政府の威光を地方に知らしめたのである。

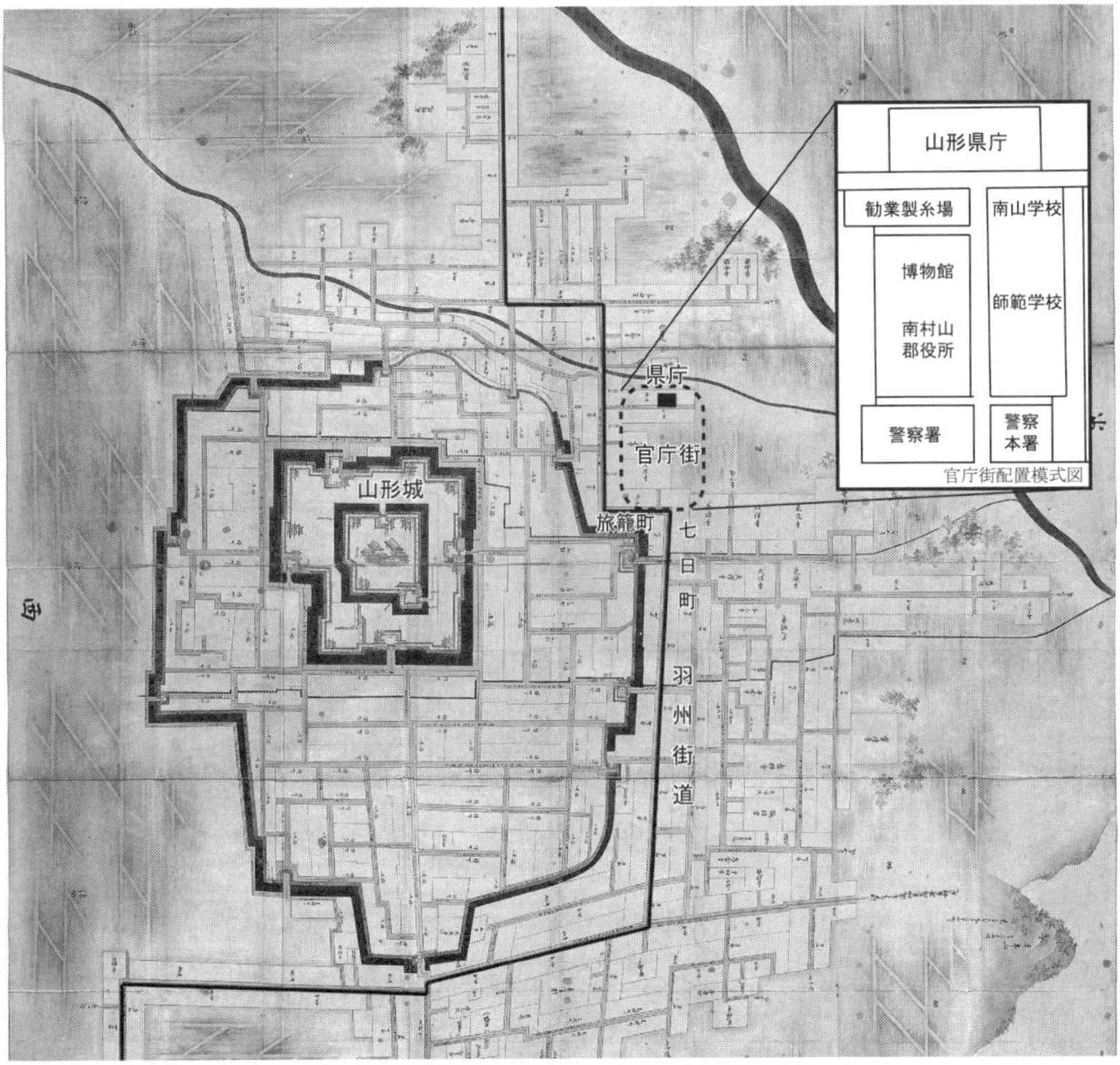

図 10−6　山形県庁周辺の明治整備
(「出羽国最上山形城絵図」〈正保元年＝1644〉に加筆)

この三島の山形県庁周辺の整備は明治十二年には一段落し、その二年後には巡幸で明治天皇が山形を訪れると、同行の政府高官とともに県庁周辺の官庁街を視察され、三島の業績は広く政府高官の知るところとなった。

このほかにも県立病院の旧済生館《さいせいかん》病院本館（明治十一年）が下見板による擬洋風建築で建てられているが、十六角形のドーナツ型平面で、中央に中庭を持つ特殊なものであった（【巻頭カラー64】）。この建設にあたっては横浜のイギリス人海軍病院を参考にしたといい、これも円形のドーナツ型平面をしている。

山形では県庁周辺に限らず、県内のほかの場所にも公共建築が整備されており、旧東村山郡役所（明治十二年）、旧東田川郡役所、旧西田川郡役所（明治十四年）、旧鶴岡警察署（明治十七年）などが擬洋風建築で建てられた。これらの建設は県営ではないから三島の直接的な指示ではないであろうが、三島関連の擬洋風建築の工事に従事した棟梁が形式を踏襲したとみられる。

このように三島の手法は強引ではあったが、山形の殖産興業・文明開化を推し進め、近代的な町並みとインフラの基礎を築いた。さらに三島は既存の固定概念を打ち破って、城下町の外れに近代的な官庁街の景観を生み出したのである。この重厚な町並みと西洋風の建物の権威性はその背後にある新時代の技術力と新政府の財力・権力を暗示するものであった。これらの官庁街整備は地方統治の面では十二分な効果を発揮し、思惑通り成功したといえよう。

県令による建築整備は山形に限った話ではなく、県庁舎でいえば、例えば三重県庁舎は明治九年に県令岩村定《いわむらさだ》高《たか》によって計画され、地元棟梁の清水義八《しみずぎはち》の設計・施工で同十二年に完成した。また明治政府は学校教育を国造りの根幹と考えられたため、学校建築の建設には力が入れられた。山梨では県令藤村紫朗《ふじむらしろう》のもと、同七年の琢美《たくみ》学校と梁木《やなぎ》学校の完成を皮切りに、多くの小学校が塔・二階建・車寄せ・ベランダを備えた擬洋風の建物で計画され、これらは県令の名をとって藤村式建築と呼ばれている。これらの藤村式建築を実現化するために、現地で施工したのは小宮山弥太郎《こみやまやたろう》、松木輝殷《まつきてるしげ》、土屋庄蔵《つちやしょうぞう》ら地元の棟梁であった。

このように東京などの大都市では列強諸国と対等な立場を勝ち取るという対外国的な目的として、地方では新体制の不満分子を威圧するという対国内的な目的として、擬洋風建築を中心とした近代的な建築の整備が進み、近代国家を形成するための舞台が整えられたのである。

日本人棟梁たちの西洋建築（擬洋風建築）

さて明治政府は建築の欧化を目指したものの、国内に西洋建築を造るには大きな困難をともなった。もちろん日本人棟梁は洋風建築を建てるどころか、見たことすらなかったから、正確な西洋建築の建設は望むべくもなかった。そこで生まれたのが擬洋風建築である。西洋風の形を持ちながら、洋風、和風、中国風などの要素が混在した建築が日本の棟梁によって日本各地に建てられたのである。明治時代の幕開けとともに花開いた擬洋風建築であったが、「西洋建築を見たこともない」、「西洋建築の指導者もいない」なかで「見よう見まね」で生み出されたものであったから、御雇外国人《おやといがいこくじん》による建築や西洋的な建築教育の確立によってその役目を終え、明治二十年（一八八七）以降、衰退していった。そのため擬洋風建築が輝いた時代はちょうど文明開化の時期と重なっており、文字通り近代日本の黎明期を築いたのであった。

最初期にあたる幕末から明治初期にかけては木造に石や煉瓦を張った木骨石造が中心であったが、その後、左官技術を駆使した漆喰系の擬洋風建築が隆盛を極めた。やがて明治十年ごろ以降、ペンキ塗の下見板系が漆喰塗系に代わって主流となっていった（図10―7）。

擬洋風建築といっても、参考とすべき洋風建築がなくては模倣とすることもできない。幕末の洋風建築は外国人居留地くらいのものであったから、擬洋風建築のルーツは開港地にあったとみられる。いずれの開港地でも多くの建物はベランダを廻らせたコロニアルスタイルで占められていたが、そのなかでも横浜は独特で、フランス海軍病院やフランス軍駐屯所のように入母屋造《いりもやづくり》の屋根や破風《はふ》など日本建築の要素を取り込んだ和洋折衷の建物も建てられていた。こうした現地建築の要素の摂取は一八六〇年代にフランス影響下にあったベトナムでもみられ、フランスのオリエンタリズムへの応答とされる。

いっぽうでデザインとして和洋折衷が強く表れていたのがブリッジェンスの設計したイギリス仮公使館で、これを手伝った日本人の大工棟梁が二代目清水喜助である。彼は開港とともに横浜に店を構えた初代清水喜助の後を継ぐと、幕府公認の請負人四人のうちの一人に選ばれ、幕府や外国関係の公的な作事を独占的に手掛けた。その彼がブリッジェンスを支えたのである。

このイギリス仮公使館で用いられた手法が壁体の表面に平瓦を張り付けて、瓦の目地の漆喰を盛り上げたなまこ壁である。なまこ壁自体は土壁よりも防火性が高いから江戸時代より大名屋敷や商家の土蔵などに用いられてきたが、この特徴的な壁を新時代の建築のデザインとして取り入れることで和洋を融合したのである。

さらに清水はブリッジェンスに師事するだけではなく、横浜居留地で実物を通して西洋建築を学び、なまこ壁のほか、木骨石造・ベランダ・

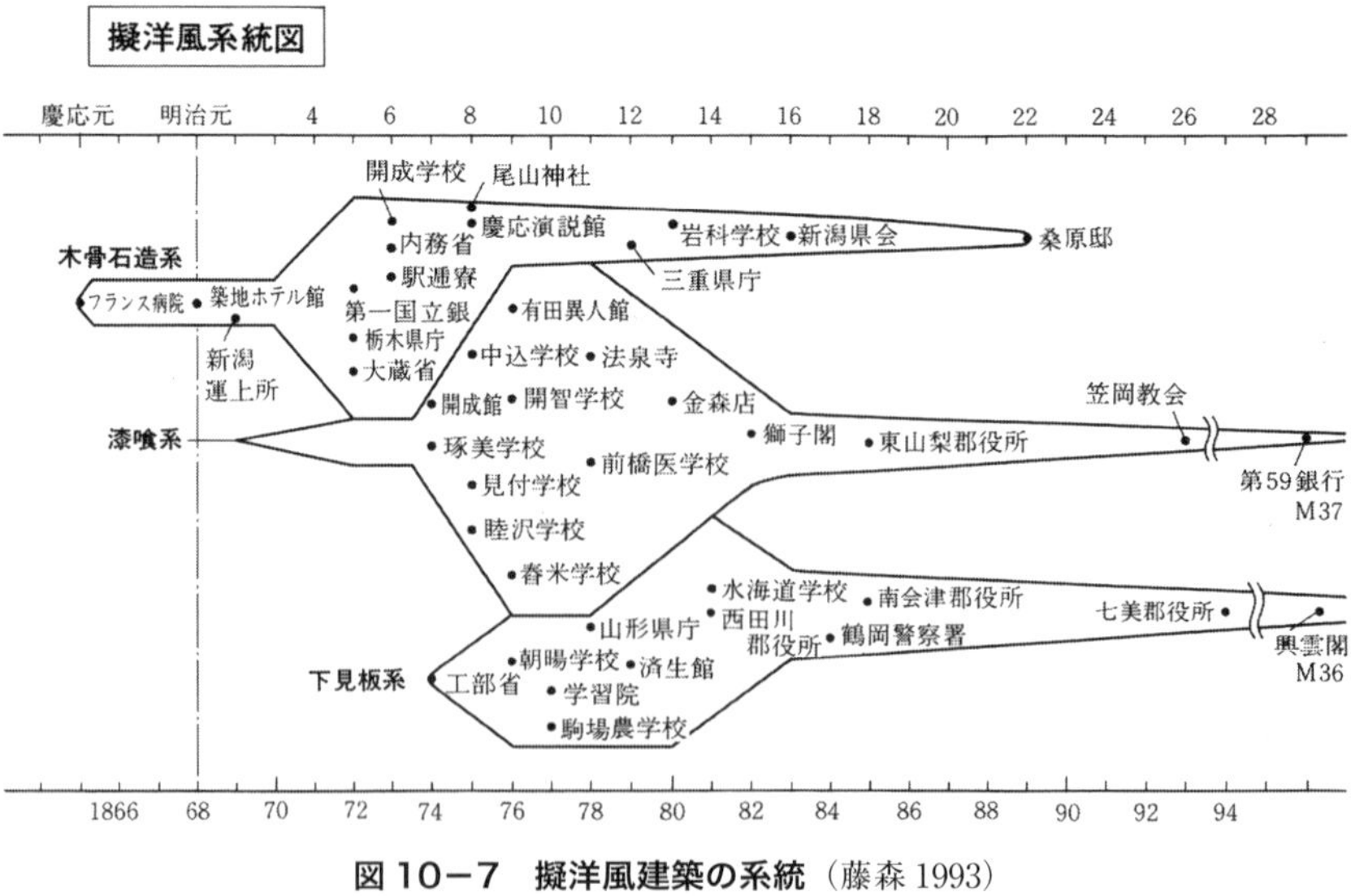

図10−7　擬洋風建築の系統（藤森 1993）

日本屋根などを組み合わせ、草創期の擬洋風建築の代表ともいうべき、築地ホテル（東京、明治元年、図10―8）をブリッジェンスの基本設計で建て、清水単独の仕事としては第一国立銀行（東京、明治五年）を生み出した。築地ホテルの建設は築地の外国人に対する開市にともなって、江戸滞在の外国人の宿泊施設が必要であるとイギリスから幕府に要請があったことによるもので、ホテルという西洋的な概念にもとづいた新しい機能の建物が求められたのであった。築地ホテルは銀座の大火によってわずか五年で歴史の舞台から姿を消したのであるが、ブリッジェンスと清水は瓦葺の屋根、塔、巨大ななまこ壁という日本建築の要素とホテルという新しい西洋由来の機能を融合させて、和洋折衷の建物を造り上げたのである。この築地ホテルは東京のモニュメント的な要素を強く持っていたから新時代の象徴として錦絵《にしきえ》にも描かれ、ここで用いられたなまこ壁は新潟運上所（明治二年）など、各地に広まっていった（図10―8）。

同時期にブリッジェンスのもとにいた林忠恕《はやしただひろ》もイギリス仮公使館の工事に参加し、その後、大蔵省営繕寮に入り、ウォートルスのもとで、政府の技術者として明治初期の建築界を牽引《けんいん》した。林はブリッジェンスの木骨石造や清水の派手な擬洋風とは異なる手法をとり、漆喰壁を用いつつ、アーチや隅などの一部に石積みとする手法をとった。意匠的には落ち着いた構えで三角形の切妻《きりづま》破風のペディメントの付いた車寄せを多用し、全体として重厚な造りの擬洋風建築で官庁の建物を整備していったのであるが、清水のなまこ壁や塔のような派手

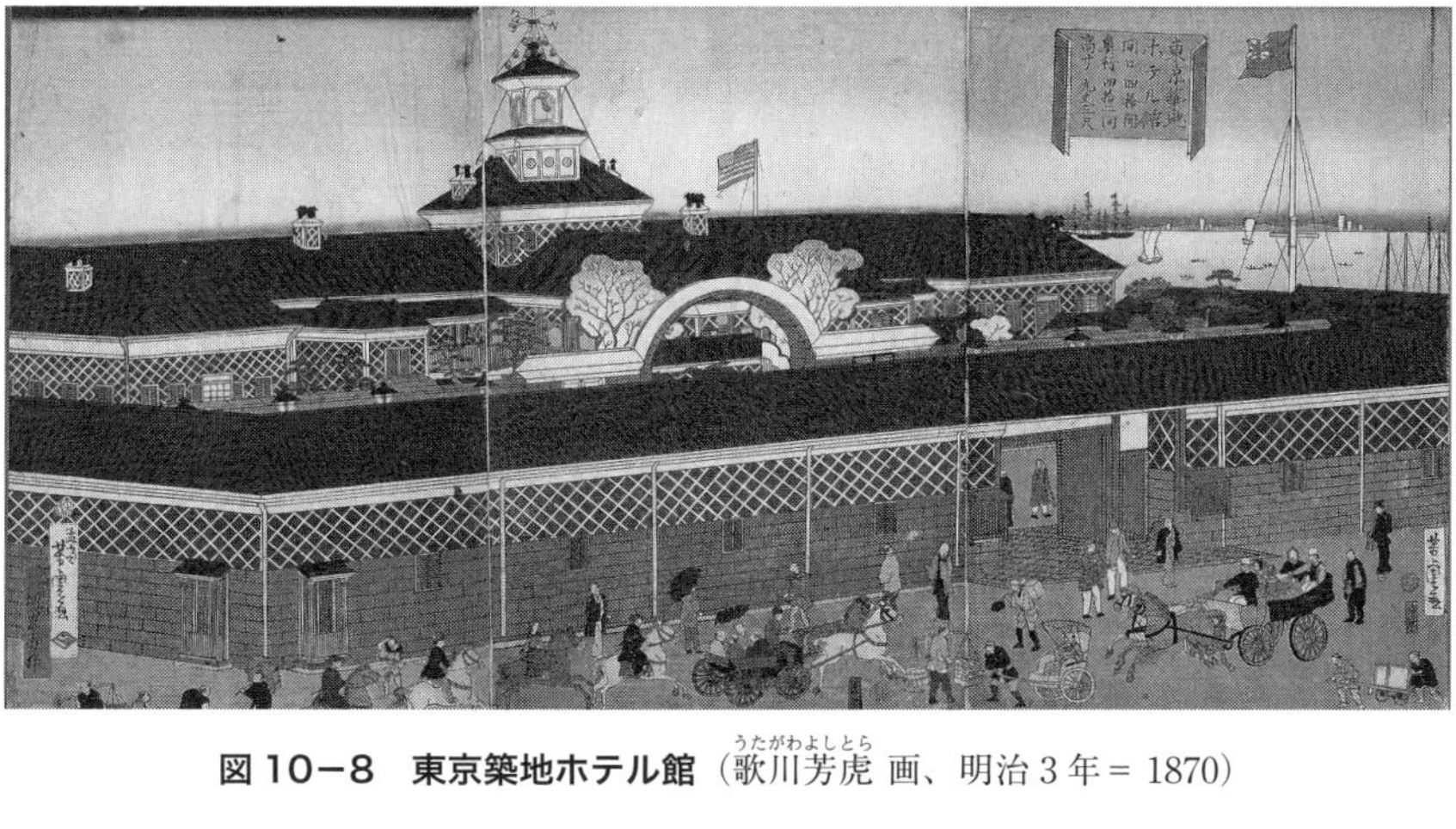

図10―8　東京築地ホテル館（歌川芳虎《うたがわよしとら》 画、明治3年＝1870）

な意匠ではなく重厚感を醸し出すことで、政府の威厳を表現しようとしたのであろう。

これらの初期の擬洋風建築は横浜や東京を中心に生み出されたのであるが、学制《がくせい》発布とともに全国的に学校を整備することとなり、学校とともに地方の警察署・郡役所などの公共建築も洋風化していった。これらでは木骨石造ではなく壁を漆喰塗として、アーチや隅の石積みも黒漆喰を盛り上げて表現した漆喰塗系擬洋風建築で建てられた。ここでは石造の構造的な本質は失われ、カタチとしての洋風建築の表現のみが重視されたのであった。

そのなかでも明治九年に建てられた開智《かいち》学校（長野県、【巻頭カラー63】）は漆喰系擬洋風建築の一つの到達点であろう。県令永山盛輝《ながやまもりてる》のもと、筑摩県《ちくまけん》（現在の長野県の中南部）では堂宮大工として実績のあった立石清重《たていしせいじゅう》が開智学校建設の棟梁に選ばれた。とはいえ当時の筑摩県には洋風建築はもちろんのこと、学校も寺院の堂宇を借用しており、隣県の山梨で洋風の学校が建てられた程度で情報もほとんどなかったから、洋風建築や学校建築を学ぶべく、東京や横浜を訪れるよりほかなかった。

彼が東京・横浜などの新時代の建築を見て回ったことは道中のスケッチから知られ、開成学校や清水の第一国立銀行、山梨の藤村式建築の琢美学校などを見て回って擬洋風建築の手法を集めたのであるが、これらを単に模倣するのではなく、彼自身の独創性でまとめあげて開智学校を生み出した。完成した開智学校は和洋折衷で、中央の八角形の塔や中央の車寄せ、コーナーや腰壁の石造を模した色漆喰など、洋風のデザインで仕上げるいっぽう、桟瓦葺《さんがわらぶき》の屋根や車寄せの唐破風《からはふ》や龍の彫刻は寺社建築の向拝を思わせるデザインで和風そのものである。こうした木造漆喰系の擬洋風建築は周囲にも影響を与え、全国に広まった。

次に出てきたのが下見板を用いた擬洋風建築である。漆喰系の代わりにペンキ塗の下見板を用いた建築が明治十年以降、大勢を占めるようになっていく。先に述べたように山形を中心に下見板系が発展していくのであるが、その背景には地理的な要因があった。江戸時代より港として栄えていた鶴岡は北前船《きたまえぶね》によって北海道と関係が深く、明治に入っても両者の技術交流によって、開拓に沸いていた北海道から山形に下見板の建物がもたらされたのである。この下見板のデザインは写真館や医院などの簡便な西洋建築において日本各地で長く好んで用いられた。

さて擬洋風建築では、石造が色漆喰に置き換えられてしまうように、本来の構造を十分に理解せずにカタチのみを真似た部分が少なくない。トラスもその一つであった。日本の棟梁は筋違《すじかい》など、部分的に斜めの部材を用いることもあったが、基本的には柱・梁《はり》・桁《けた》による軸組《じくぐみ》の建物を扱っていたから、トラスの構造的な仕組みを理解せずに形状のみ模倣したものも多く、西洋建築の技術が本格的に日本に持ち込まれるには、外国建築家による体系的な教育を待たねばならなかった。

このように明治初期には、外国人の建てた西洋建築を日本人の棟梁が「見よう見まね」することで、新時代のモニュメント性をもって擬洋風建築が各地に建てられたが、やはり御雇外国人に代表される外国人建築家の来訪によって本場の西洋建築が体系的に持ち込まれると衰退していった。わずかな期間でその役目を終えた擬洋風建築であったが、この一見、奇怪な和洋折衷の建物は限られた情報や技術のなかで新しい時代の建築を創り出すべく、大工棟梁が苦悩と独創性を詰めこんだ知恵と努力の結晶であった。その結果としての擬洋風建築は図らずも日本の伝統と新時代の潮流を併せ持つことで、幕末から明治初期という時期の社会の混沌と文明開化の活気を体現することになったのである。

御雇外国人

日本の棟梁たちが苦心しながら擬洋風建築という新しい時代のための建物を生み出したのであるが、やはり本格的かつ体系的に西洋建築を導入し、後進を育成するには外国人の力を借りねばならなかった。これは建築に限った話ではなく、先進的技術・学問・制度・文化など、多くの分野で近代化を図るべく、明治政府は外国人の専門家を招聘した。殖産興業のための御雇外国人である。有名なところでは札幌農学校のクラーク博士（ウィリアム・スミス・クラーク）、アーネスト・フェノロサらがおり、彼らは札幌農学校や東京美術学校の設立に大きく寄与したことが知られる。

建築では日本の近代建築に偉大な足跡を残したジョサイア・コンドルの名を挙げねばならない。コンドルは一八五二年にロンドンで銀行員の父のもと生まれたが金融の道には進まず、一八七三年にゴシック建築で有名なウィリアム・バージェス事務所に入所した。バージェスはトルコ・英領インドでの設計経験があり、東洋との接点の多い建築家であった。

コンドルは一八七六年にカントリーハウスの設計で建築家の登竜門とされるソーン賞を二四歳の若さで受賞すると日本政府の目に留まり、日本への招聘依頼を受ける。翌明治十年（一八七七）には来日し、東京大学工学部建築学科の前身である工部大学校造家学科で教鞭をとった。建築家としても腕をふるい、旧東京帝室博物館本館（明治十五年）や旧海軍省本館（明治二十七年）などの官営建築に加え、三菱一号館（東京都、明治二十七年、一九六八年解体後、二〇〇九年復元）・岩崎久彌邸《いわさきひさや》（東京都、明治二十九年、【巻頭カラー62】）をはじめとする三菱関係の建物を多く手掛けた。特に明治二十二年に陸軍省から払い下げられた丸の内の開発では三菱一号館をはじめ、一《いっ》丁倫敦《ちょうロンドン》と呼ばれる赤煉瓦のオフィス街を造り上げた。丸の内オフィス街の整備は弟子の曾禰《そね》達蔵《たつぞう》に引き継がれ、同じく弟子の辰野金吾《たつのきんご》の設計による東京駅（大正二年＝一九一三）とともに、東京、あるいは日本の顔ともいうべき丸の内の一画は形成された。

コンドルは日本を愛したことでも知られ、当初の契約であった五年の経過後も日本に滞在し、数々の日本文化に触れた。日本画では河鍋暁斎《かわなべきょうさい》に師事し、「暁英《きょうえい》」の号を賜って多くの作品を残している。また日本舞踊にも傾倒すると師匠の前波くめと結婚し、大正九年に日本で生涯を終え、現在も妻とともに護国寺に眠っている。まさにコンドルは日本の近代建築の創成に骨を折り、文字通り、日本に骨を埋めた、日本の近代建築を語るうえで欠くことのできない人物なのである。

コンドルの作品のなかでも鹿鳴館《ろくめいかん》（明治十六年）は日本の近代化や西欧化への志向を象徴的に表した建築である。当時の明治政府にとって西洋諸国との不平等条約の改正は大きな目標であり、近代主権国家として彼らと肩を並べるためにも、日本が物質的にも精神的にも欧化する必要があった。特に井上馨外務卿や伊藤博文《いとうひろぶみ》は渡英経験もあり国際情勢に明るかったから、日本は一流国で対等な国であると西洋諸国に認めさせるには上流階級の風俗・習慣の欧化が第一歩であると考えた。そのためにも外交官など外国の賓客《ひんきゃく》を相手に舞踏会などに興じるにふさわしい舞台として、国の威信をかけた立派な洋館が不可欠であったのである。

この明治十年代後半は井上を中心として政府は欧化政策を推進していた時期で、外交手法は鹿鳴館外交、時代は鹿鳴館時代とも呼ばれ、文字通り鹿鳴館は時代を象徴していた。ただし鹿鳴館での迎賓も順風満帆とはいかず、日本人は真剣そのものであったとはいえ、西洋人からみると舞踏会・洋装・食事マナーは未熟といわざるを得なかった。フランス人の風刺画家ジョルジュ・ビゴーが洋装した日本人の男女が映る大鏡に猿の絵を描いたように、西洋人の目には猿真似で滑稽に映ったのであろう。鹿鳴館という新しい舞台は整ったのであるが、役者が追い付かなかったのである。

この鹿鳴館も計画推進者たる井上馨の失脚とともに衰退の道をたどっていく。明治二十三年には宮内省に移管され、さらには明治二十七年に明治東京地震で被害を受けると華族会館として下賜され、歴史の表舞台から姿を消した。井上馨によって

図10−9　鹿鳴館

日本の未来を託された鹿鳴館は建設初期こそ彼とともに時代の先端を生きたが、その夢は井上の志とともについえ、露と消えたのである。これも権威と建築が運命をともにしたことを良く示す一例であろう。その後、鹿鳴館は民間に払い下げられると、昭和十五年（一九四〇）には解体され、この世からも姿を消した。

このようにコンドルは建築家として社会に影響を与える建築や名建築を多く残したのであるが、それは彼の業績の一部に過ぎない。むしろ彼の最大の業績は多くの日本人建築家の弟子を生み出したことであろう。工部大学校の第一期生として辰野金吾・片山東熊《かたやまとうくま》・曾禰達蔵・佐立七次郎《さたちしちじろう》の四人の卒業生を輩出すると、彼らは明治の建築界を牽引し、日本の近代建築の基礎を築いていった。四人のなかでも辰野金吾は東京駅・日本銀行本店本館（東京都、明治二十九年）などの設計で知られる建築家で、東京帝国大学で長く教鞭をとった教育者でもあり、日本建築史の祖というべき伊東忠太を指導し、その伊東が文化財建造物の保護の基礎を築いていった（よもやま話⑩、二七四頁）。こうして擬洋風建築を手掛けた日本人棟梁、御雇外国人らによる活躍と教育を経て、ようやく日本人の建築家の時代が幕を開けるのである。

和風の開放

文明開化の波は建築にも押し寄せ、西洋建築が席巻したことは間違いないのであるが、日本の伝統建築がすべて淘汰されたわけではなかった。公共建築やホテルなどは新時代の機能に合わせて洋風建築で建てられたのであるが、日本の靴脱ぎ文化をみればわかるように、生活スタイルはそうそう変えることはできないから、住宅や旅館などでは和風建築の文化が継承された。特に住宅では接客用の洋館を建てても隣に日常生活のための和館を建てることも少なくなく、和風建築は依然として建てられ続けた。例えばコンドル設計の岩崎久彌邸でも洋館の隣には書院造の和館が建てられている。

さらにいえば、江戸時代は身分制度によって住宅の建築規制がなされていたが、新時代に規制から解放されると、新興勢力の新政府関係者や経済力を備えた富裕層は和風建築に力を入れ、新たな境地を生み出した。封建社会と倹約主義のなかで格式を重んじて閉鎖的であった近世の住宅に対して、和風住宅では銘木をあしらった座敷構えなどの数寄の要素や庭に面した開放的な縁廻り、大きな柱間による大空間などによって、晴れやかな新時代の風を取り込んだのである。これらの遠方の銘木の使用や緻密な数寄の細部意匠が可能となった背景には近代以降の交通の便の向上・工具の発展・構造の進歩があった。さながら近代和風建築は近世の抑圧から解放と近代社会による流通や技術の向上に裏づけられた新時代の自由と活気の表出であったのである。

もちろん、近代和風建築は西洋の文化や技術とともに伝来した洋風建築の対置であるから、擬洋風建築のように和洋折衷のなかではその位置づけは難しい。さらに近代和風建築でも洋風トラスのように部分的に西洋建築の技術を用いることも多い。いっぽうで明治十年代後半以降、デザインとして和風の要素を抽出するとこれを強く表現するようになり、近代的な和風建築が生み出された。文明開化がひと段落した後の自国文化への回帰である。

住宅は生活スタイルと密着しているから和風の要素は根強く残り続けた。現存する比較的古いものでは水戸徳川藩の最後の藩主であった徳川昭武《あきたけ》の別邸である旧徳川家住宅松戸戸定《とじょう》邸（千葉県）があり、明治十七年（一八八四）に完成した。松戸は江戸と水戸を結ぶ水戸街道の宿場町で、水戸藩ゆかりの地であった。表座敷棟を中心に中座敷棟・奥座敷棟・離座敷棟など各棟が渡廊下で有機的につながり、日本の伝統的な邸宅の構成としつつ、開放的な縁廻りや福を呼ぶコウモリの欄間彫刻・御居間の円窓などの近代らしい数寄の要素が持ち込まれた。また近代に入って徳川家が権力の座を離れたため、大名屋敷に比べても規模を縮小しており、大きく接客空間、日常生活の空間、使用人の空間の三つの空間で構成している。いっぽうで、それぞれの区画の性格に応じて建物構成や材種を変えて差別化しており、ここには封建的な要素が少々、垣間見える。

住宅だけではなく、宿泊施設でも近代和風の文化は花開いた。富士屋ホテル（神奈川県、明治二十四年、【巻頭カラー66】）・日光金谷ホテル（栃木県、明治二十六年）・奈良ホテル（奈良県、明治四十二年）が代表的であるが、ホテルという西洋由来のものである以上、洋風を基調として和風を部分的に盛り込んでおり、三者三様である。特に富士屋ホテルは外国人を対象としたリゾートホテルを目指していたから、伝統の「和風」をそのまま表現するのではなく、唐破風・千鳥破風・瓦屋根など、わかりやすい和風のデザインを抽出して、近代的な「和風」を表現した。

いっぽうで伝統的な近代和風の要素を強く表しつつ、新たな表現を生み出したものとしては賓日館《ひんじつかん》（三重、明治二十年）がある。賓日館は伊勢神宮を参拝する賓客の休憩・宿泊を目的とした施設で、明治天皇の母である英照《えいしょう》皇太后の宿泊に合わせて建てられた。特に御殿の間は二重格《にじゅうごう》天井や螺鈿《らでん》の輪島塗《わじまぬり》による床の間など、伝統的な手法にさらに手を加えることで荘厳性を高め、新境地に達したのである（【巻頭カラー67】）。また旅館では大正から昭和初期にかけて多層建築が流行し、変化の富んだ屋根が建物を彩った。宿泊施設ではないが道後温泉神の湯本館・同又新殿・霊の湯棟などの一連の建物（愛媛県、明治二十七〜大正十三年）は木造多層の構成で近代和風らしい建物である（図10―10）。

さて公共施設は明治前半には洋風建築を志向したのであるが、明治中期に入ると、ここにも和風表現が見え始め、明治十七年には群馬県の迎賓施設である臨江閣《りんこうかく》が木造、二階建、入母屋造の桟瓦葺の数寄屋《すきや》風の建築で建てられ（図10―11）、ここでは伝統的な日本の接客空間の代表である茶室を備えていた。明治の表舞台に「和風」

図10―10　道後温泉本館又新殿

の建築が登場したのである。また京都の旧宮津裁判所（博物館明治村に移築、愛知県、明治十九年）や兵庫の旧笹山地方裁判所（現笹山市立歴史美術館、明治二十四年）などの木造裁判所でも和風表現が用いられた。後者の入母屋造・桟瓦葺の主体部と左右対称の入母屋屋根の突出部、中央の車寄せという形式は木造の裁判所の一つの類型となったようで、類似した形の建物が全国に建設された。同形式の建物が全国に造られた点にも同時期に同様の建物が多く必要になった当時の事情と明治政府の中央集権の強さがうかがえる。その後、奈良県庁舎（長野宇平治、明治二十八年）・愛知県庁舎（明治三十三年）などの公共建築でも和風建築が取り入れられた。

このように近代に入って、入母屋破風や唐破風などの多様な屋根を和風のデザインの本質として、総二階建の建物や数寄の要素を取り込んだ座敷構えや開放的な空間を造り上げ、近代和風建築が生み出された。いっぽうで和風建築の技術がいかんなく発揮されて文化的に成熟したとはいえ、近代和風建築は書院造による座敷構えなどの前時代の封建的な権威を示す装置を継承しているところに、西欧化や近代化という社会の革新と自由を唱えつつも伝統を受け継いだ矛盾を抱えている。新時代に政治・文化を刷新しようとしたにもかかわらず、過去の権威性を引きずったようにもみえるのであるが、ここには明治維新が外国勢力による制圧ではなく、自国民の手による政権交代であったという歴史の流れの一端が見て取れる。すなわち明治維新は内政的な政権の交代であって、国家の転覆や外国による被支配とは異なっていたがゆえに、新たな文化を取り入れつつも伝統的な文化が完全には破壊・刷新されず、過去の権威性を引き継ぐことができたとも理解できよう。こうした近代和風建築の成熟にも日本の近代化のもつ社会性や歴史性の一端が表れているのである。

図 10−11　臨江閣

よもやま話⑩ 修理のための方便

文明開化の時代を迎えると西洋建築の導入が課題となり、日本の建設業界は西洋建築の導入に躍起になった。いっぽうで日本の近代建築の父である辰野金吾《たつのきんご》はイギリス留学中に師事したウィリアム・バージェスより日本の伝統建築について質問されたが答えられず、自国の建築文化を顧みなかったことを大いに反省した。辰野は帰国して教鞭をとると日本の伝統建築にも力を入れるべく、修理職棟梁《しゅりしきとうりょう》を代々務めた木子家の木子清敬《きごきよし》を招聘し、工科大学造家学科（東京大学建築学科の前身）で講義を開き、日本建築史の礎を築いた。その成果は実を結び、辰野や木子の教え子、伊東忠太《いとうちゅうた》が明治二十年代に法隆寺の主要堂塔の実測することで、日本建築の価値が再認識され、保存の必要性も広く知られるようになっていった。

こうした近代化の流れのなかで、明治も半ばとなって、ようやく日本建築史も生まれたのであるが、西洋の新しい風は寺社にとっては厳しい北風であった。特に明治初期の寺院は廃仏毀釈《はいぶつきしゃく》の影響を大きく受けていたため、明治政府は寺院の宝物を守るべく、明治四年（一八七一）に古器旧物保存方《こききゅうぶつほぞんかた》の太政官符を発し、古器旧物の目録とその所蔵人の詳細なリストを作成し、状況の把握に努めた。この成果もあり、明治十三年の古社寺保存金制度が公布された。明治十七年には岡倉天心《おかくらてんしん》やフェノロサらに古社寺の宝物調査を命じ、ここに伊東忠太も加わって建造物の保存を働きかけ、同三十年の古社寺保存法の公布に至った。

法整備が進むいっぽうで、古建築修理の近代的な方法の確立も大きな課題であった。そこで東京帝国大学で日本建築史を学んでいた関野貞《せきのただし》が古社寺保存法の交付に先駆けて明治二十九年末に奈良県技師として赴任する。

保存するとはいっても、どの建物を保存するか、どのように修理するかを決めねばならなかったから、関野はまず指定物件の選定のために、建築年代の判定をおこなった。関野は約半年という短期間で八〇棟の建築を選別し、建築年代の判定とともにさらに第一等から第五等、等外の六段階にランク分けし、保護すべき目録を作成した。その審美眼は感嘆に値し、相対的な年代の前後関係はほぼ信頼できるものであった。

この調査を受けて明治三十年の新薬師寺《しんやくしじ》本堂・法起寺三重塔の修理を皮切りに、明治三十二年の東大寺法華堂《とうだいじほっけどう》、翌年の室生寺《むろうじ》五重塔と県内各所の修理を手掛けたのであるが、これらの修理に際しては、建物のかつての姿に戻す復原や修理時の実測図作成など、現在にも受け継がれる修理方針の基礎が示された。

ただし、この古社寺保存法は、その名の通り、社寺のみを対象としたものであったから、城・宮殿・住宅・民家などの社寺以外の建物は保存の対象とはならなかった。もちろん社寺以外にも重要な古建築は多くあったから、問題が起こるのに時間はかからなかった。その一つが、正徳五年（一七一五）に建てられた琉球《りゅうきゅう》王朝の顔、首《しゅ》里城《りじょう》正殿である。

首里城正殿はもちろん、社寺ではないから、古社寺保存法の対象ではない。そこで奇想天外な手が打たれた。

復元された首里城正殿

大正十四年（一九二五）に首里城の後ろに沖縄神社という神社を新たに創設し、首里城正殿は沖縄神社の拝殿である、としたのである。これにより、首里城正殿は古社寺保存法にもとづく特別保護建造物に指定された。とはいえ、これは奥の手のようなもので、首里城正殿のように古社寺保存法では保存しきれない建物が多くあったことから、昭和四年（一九二九）には国宝保存法が成立し、同二十五年には文化財保護法が制定され、現在の文化財保護制度の基礎となっている。こうして守られた首里城正殿であったが、惜しいことに、第二次世界大戦で失われてしまい、現在のものは修理時の図面などをもとに平成四年（一九九二）に再建されたものである。

このように、文化財保護法のもとで、国宝・重要文化財が修理されている現代と異なり、近代の修理は試行錯誤であった。こうした先人の苦労のおかげで、我々は文化財と向き合うことができているのであり、未来に貴重な遺産を伝えるべく、継続的な努力が今日も修理現場でおこなわれているのである。そして先人から受け継がれた遺産を我々は一時、預かっているにすぎないということを肝に銘じておく必要があろう。

おわりに　建築の意味と歴史

さて縄文時代から明治初期まで建築を通して歴史を見てきたのであるが、建築のカタチと権威が密接に絡んでいることをわかっていただけたであろう。建築文化が成熟していくと、人間の最低限の生活装置としての建築を離れて、荘厳性や象徴性などが増加して合理性だけではない別の機能が建築に加わっていった。その結果として、律令制・摂関政治・院政・武家社会などの社会体制のなかで、建築は多かれ少なかれ単なるカタチ以上の意味を持つことになったのである。それを紐解いていくと、①建築の権威性の確立と継承、②建築の破壊による否定と新形式による創造、③建築文化の制限と解放の大きく三つの意味を建築は有していたようで、これらの点によって歴史を映し出してきた。為政者はこれらの意味をうまく使い分けて建築を威厳装置として用いることで、権力の重心が移ったことを視覚的に示し、社会をコントロールしてきたのである。

建築の権威性の確立と継承

第一に建築や構築物の建造には多大な労働力・財力・時間、すなわち政治的・経済的な力を必要としたため、建築は為政者の権威を示すにはうってつけの材料であった。建築のモニュメント性が前面に押し出された結果で、他を圧倒する巨大な古墳、中国的な瓦葺《かわらぶき》・朱塗りの宮殿や整然とした都城《とじょう》、城郭の天守・書院造《しょいんづくり》などのわかりやすい表現がこれにあたり、古代宮殿の大極殿《だいごくでん》や朝堂院《ちょうどういん》、書院造の座敷構えや上中下段の空間構成は立ち位置、座席の位置によりいやが応にも格差を自認するものであった。特に対国外的な装置としては本能的に理解できるわかりやすさが求められ、視覚的に威圧する装置が造られたのである。奈良時代には東アジアのなかでの地位を固める必要性があったから、国内の蝦夷《えみし》や隼人《はやと》に対する権威の誇示だけではなく、国家の威厳を東アジアに示さねばならなかった。この状況は近代も同じで、対国内・対国外の両面に示すべく建築、さらには都市の西洋化が求められ、異文化でも感じ取れるように視覚による差別化は強烈な表現とする必要があった。いっぽうで比較的、対外的な衝突の少なかった日本では、明確な威圧や格差を示す直接的な装置ではなく、日本独自の文化が醸成されていくなかで、畳の縁《へり》や座敷飾りの違いなど、わずかな差を示す装置や手法も生まれた。こうした違いは共通の文化のなかで、わずかな違いを理解しているからこそ有効な手法で、日本の歴史・文化の特質をよく示している。時代や社会体制により、カタチの差異には強弱があったが、格式をともなって、建築が新たな意味を獲得したのである。

さて為政者のための建築だけではなく、宗教施設も信仰を集めるために象徴性の強いカタチで内外に示していた。寺院では仏教の伝来によって金色《こんじき》に輝く仏像がもたらされ、その存在を金堂《こんどう》外観の荘厳で示し、内部では仏の空間を表象した。朱塗りや瓦葺という見たことのない外観は仏教の存在を強く表し、対照的に神社は素木《しらき》や非瓦葺とすることで、自己表現とした。また仏教でも新しい宗派は既存の仏教とは異なることをカタチで示した。それぞれが差別化された建築を通して自身の宗教性を誇示したのである。

宗教建築は元来、強い象徴性を持つモニュメントそのものであったから、為政者もこれに目を付けた。城郭などを除くと為政者自身の建築は必ずしも人々の目に触れるものではなかったから、統治者たる権威性を示すために伝統ある寺社建築を表現の代替装置として用いたのである。前近代、特に中世以前は寺社建築が造営の主役を占め続けていたから、各時代の権力者にとってもそれを支援することで間接的に自身の力を示すよい機会となった。その代表例として東大寺《とうだいじ》の鎌倉・江戸の再興、延暦寺《えんりやくじ》の江戸の再興などがあり、これにはそれぞれ幕府の威信が表れている。また平泉《ひらいずみ》の無《む》量光院《りようこういん》のように、平等院鳳凰堂という権威性を持つ名建築を模倣することで、その権威を移すことも模索された。これも建物の権威性や伝統があってこそそのことであろう。

このように建築で権威を示すのに、初めは見たことのない建築のカタチで人々にインパクトを与えたのであるが、次第に建築が形式化していき、それ自体が権威性を帯びていった。すなわち「格式の高いカタチ」が定まっていくことで、建築の表現方法が定まっていったのである。建築の企画者は三手先《みてさき》の組物《くみもの》や書院造の座敷構えなどの定まった建築のカタチによって社会的地位の格差・権力の大きさ・宗教的重要性などを視覚化し、その存在を社会に示そうとした。

こうした差別化の装置が形式化することで伝統や格式となり、それが建築に意味を与えていく。文化の交流のなかで共通の価値観を持ち、建築の形式による権威性や伝統を共有したからこそ、きめ細やかな建築文化が醸成されたのである。律令の営繕令《えいぜんりよう》による楼閣《ろうかく》建設の禁止や江戸時代の町人に対する瓦葺や座敷構えなどの家作制限は、禁止されたがゆえに、こうした装置の権威性の存在を逆に強く示している。また形式化した装置・建築のカタチ・場所は権勢や威光を示す装置として継承されていくこともあった。場所でいえば大内裏《だいだいり》跡の聚楽第《じゆらくてい》、江戸城跡の皇居はその代表であろう。建築や場所が大きな意味を持ち、権力の重心として認識されたのである。

建築の破壊による否定と新形式による創造

比叡山《ひえいざん》の焼き討ちがその代表であるが、建築を破壊することで物理的のみならず精神的にも屈服・制圧させる意図があった。これは建物が権威性や象徴性といった大きな意味を持っていたからこそ有効であったのであり、その破壊は屈服や制圧を具現化する行為となったのである。

建築の破壊以外の方法で権威性を否定することもあった。権力者・宗教者ともに既存のカタチとは異なる新しいカタチを用いることで自己表現を図り、新しい時代の到来を視覚的に表現したのである。そういう意味では近代の廃城とその跡地への洋風建築による公共施設の設置には破壊と新しいカタチによる創造という相乗効果があり、建築の持つ権威性を最大限、活用した方法であった。こうした新形式が創造されるいっぽうで、仏教建築と対比して造られた古代の神社や歴史ある大寺の中世・近世の再興の際には、あえて古いカタチを継承することで伝統を示すという方法もとられた。新しいカタチと対比的に表現することで伝統や格式を示したのである。

いずれにしても建築のカタチの差別化により自己の存在の表現がなされ、その建築の権威性が確立していたからこそ建築の破壊や新しいカタチによる創造が有効な方法であったのであり、その破壊と創造が新たな意味を持ったのである。

建築文化の制限と解放

元来、建築文化は経済的な余裕を必要とするため、支配者層や寺社などに限られたものであった。そのため民衆が建築文化を真に獲得し、それが興隆するには彼らの経済基盤が向上・安定する江戸時代を待たねばならなかった。民衆文化が花開いたなかで、権力者や神仏の権威性を高める装置としての建築ではなく、住生活の向上や娯楽・集客といった民衆の要望に応える建築が成熟した。これは長い日本の歴史のなかで、建築文化が民衆の手に渡った画期である。ただし封建社会においては身分と紐づいて制限された建築は大きく羽ばたけず、近代に入って、ようやくその制限から解き放たれて新たな文化を生み出したのである。

この既存の伝統的な建築文化も殖産興業・文明開化という新しい潮流に取って代わってしまったのであるが、近代の建築表現の制限からの解放は建築文化の解放であった。この流れは封建社会の崩壊と新時代の到来という歴史性を反映したもので、近代における和風表現は栄耀した。まさに民衆が力を付けてきたことを建築が顕著に示したのである。そのなかで生み出された建築の派手な意匠や奇抜な構造は格式張らず、伝統に縛られない自由な新為政者の好みを強く反映しており、彼らが新たな主役であることを建築が代弁した。ここでも建築が社会の表象として歴史の表舞台に立ったのである。そのいっぽうで洋風に対する和風の表現として座敷構えが採用された点には前近代に育まれた格式に対する敬慕の念がうかがえ、そこには封建社会の為政者から民衆の手に権力が解放され、移譲されたことが表れている。意図の有無を断じることはできないが、近代という新体制のなかで新たな文化を生み出すのではなく、伝統を踏襲することで既存の権威装置に依拠し、自身の正統性と権威を示したのであった。

現代の建築と建築の行く末

さて現代の我々を振り返ってみると、建築は合理的かつ経済的な側面が最重視され、建築に求められる性能のなかで、「カッコいい」「派手」「厳か」などの意匠的な要素の優先順位は下がっているように感じる。ましてや権威性などは忌むべきものとして否定されることさえある。県庁舎の歴史と格式ある知事室を否定する方向性はそれを端的に表すものであろう。こうした否定的な流れも、伝統ある建築が強い権威性を持っているからこそのものであり、政治的なパフォーマンスの道具として建築が用いられているのである。建築の権威性は現代人でも肌で感じ取ることのできるもので、長い歴史を見ても権威性を帯びた建築に対する畏敬の念は人間の性分であるから、これは無理に否定するものでもなく、過去の事象を継承するものとして評価すべきであろう。過去から現在まで引き継がれてきた人類の遺産を現代というわずかな一時の価値観で拒絶することは先人の行為を否定するだけではなく、現在、さらには未来の人々が多様な価値観で古建築に接する機会を奪うことにつながってしまう。

もちろん、建築の権威性や荘厳性に対する否定は現代の社会の変化の表出であるが、建築の持ってきた意味を歴史的に考えると、現代の建築を取り巻く社会状況は世知辛い。食事にごちそうと日常のご飯があるように、建築にもハレとケがあって、その円熟さが建築文化を成熟させてきたのではなかろうか。江戸時代の倹約主義による家作制限のもとで建築の表現が抑圧されたように、現代の建築、特に公共建築は合理性や経済性の名のもとに、強固に抑圧された時代ともいえる。こうした現代であるからこそ、新築の現代建築がその機能を果たせないのであれば、歴史的建造物が建築の持つ権威性はそれを補完することで重要な役目を果たせるのであり、うまく活用することで都市の多様性や重層性などの多くの意味を語らせることもできよう。

つまり現存する古建築をじっくりと見ることは歴史の背景を読み解くことにつながるのである。本書では建築の細かいカタチについてあまり言及しなかったが、金堂と講堂の格式の違いを屋根形状や組物で表現していたり、寺院の内陣《ないじん》と外陣《げじん》、書院造の上段と下段などの空間の差に応じて、天井や組物を変えたりしており、建築は細部を変えることで、さまざまな差を表現している。こうした違いを認識するには古建築の知識が必要であるが、今に伝えられてきた古建築を訪れて細部まで見渡してみることで、歴史の奥行が見えてこよう。古建築は歴史の証人としてその舞台に立ってきたのであるから、そこに刻まれた記憶と対話してみることで、立体的な歴史が見えてくるのであり、新たな歴史の見方も出てくるのである。

あとがき

建築史はとっつきにくい、古建築のどこを見たらよいのかわからない、筆者もよく耳にする言葉である。高校の日本史の教科書でも歴史的建造物のあつかわれる分量はごくごくわずかであろう。また建築を学ぶ学生にとっても、前近代の建築史はわかりにくい、技法や部材の名前など細かい内容が多い、こうした声も少なくない。現にこうした影響からか、近年、日本建築史を志す学生は減っているように感じるし、近視眼的に日本建築史を見ているようにも感じる。いっぽうで、文献史学・美術史学・考古学などの隣接分野からは、建物そのものの意匠や構造といった面はもちろんであるが、社会における建築の位置づけを求められることが多い。

両者の問題の根底は共通しており、批判を恐れずに述べるのであれば、一般読者、初学者や他分野の研究者にとって、日本建築史はタコツボ化していて、歴史のなかで建築を十分に位置づけておらず、その意義や魅力を伝えきれていなかったといわれているのであろう。少なくとも、日本建築史以外の人々にはそう見えてしまっているのである。

これは伊東忠太《いとうちゅうた》以来、文化財保護と密接に絡んで日本建築史が発展してきたという背景もあり、残っている建物に優先してスポットライトを当てざるを得なかったという事情がある。その成果は文化財保護や日本建築の構造・意匠の発展史の解明に重要な役割を果たしてきたことは疑いない。いっぽうで、これらの建物は当時の為政者の意思や宗教者の思想などを受けて造られているから、建設の社会背景を紐解くことは歴史観を大きく広げる可能性を秘めている。同時に建物を通すことで、違った角度から歴史を見ることもできるであろう。

このように建築の技術発展史ではなく、日本建築史を社会のなかで位置づけることで歴史を紐解けないかという学術的な新機軸を示しつつ、同時に日本建築史以外の方々に「とっつきやすい」ものが書けないか、初学者の入口になるようなものが書けないかと思案していた折、吉川弘文館から執筆の機会を頂いた。

さて、ひとことで建築から歴史を語るといっても、ただ眺めているだけでは建物は何も語ってはくれない。しかし建設の背景や往時の社会情勢を少し知ると、雄弁に語りだすのである。

東大寺《とうだいじ》を例にとってみると、広大な伽藍《がらん》や盧舎那仏《るしゃなぶつ》（大仏）に創建当初の聖武《しょうむ》天皇の想いを感じ、南大門《なんだいもん》に鎌倉時代の重源《ちょうげん》、その背後に源《みなもとの》頼朝《よりとも》の姿が見えてくる。そして大仏殿に目を移せば、集成材の柱や大梁には公慶《こうけい》の苦労がにじみ出ており、その奥に江戸幕府の存在がうかがえるのである。本書を読み終えた読者の方々には少しは共感していただけるのではないだろうか。

そのいっぽうで我々が目にすることのできる建物は過去の数多の建物のなかのほんの一部に過ぎないことを賢明な読者の方々はお気づきであろう。奈良時代でいえば東大寺や興福寺《こうふくじ》の金堂《こんどう》、桃山時代でいえば聚楽第《じゅらくてい》や伏見城、時代の先端を走った最高峰の建築は失われてしまっているのである。残っている建物ばかり見ていては歴史の真実を見失ってしまう、これを肝に銘じておかねばならない。

現代の日本の建設業界を振り返ってみると、バブル以降、果たして現代の我々は後世に誇り、未来の人々が残そうと思う建築をどれだけ造ることができているのであろうか。コスト・工期・構法など、さまざまな要因があろうが、現代社会において建築の象徴性が低下していることは否めない。スクラップアンドビルドから建物の長寿命化への舵をきりつつある今だからこそ、初期投資による長寿命化、さらには文化遺産として次代に継承してもらえるような建築の創造に力を注ぐ必要があるのではないかと建築史の分野に従事する者としては感じざるを得ない。過去の建築文化を次代に継承するのと同じくらい、新たな建築文化の創造も重要であり、後世に誇るべき建築を造ることは過去の文化遺産を享受している現代人としての責務であろう。

現代においても、二〇一一年の東日本大震災では海沿いに建った瑞巌寺《ずいがんじ》の五大堂（宮城県、慶長九年＝一六〇四）が被災を免れ、同寺の境内が避難場所になったことは先人の知恵や場所の意味を今に伝えてくれた。そして二〇一六年の熊本地震の復興では宇土櫓《うとやぐら》（慶長十二年）をはじめとする加藤清正《かとうきよまさ》の築城した堅固な熊本城がシンボルとなっている。このように古建築は現代社会のなかでも大きな意義を担っており、長い歴史を経てきたからこその賜物なのである。建物の歴史的な背景を紐解くことで、先人の想いや教えを知ることは未来への志向の一助となり得るであろう。

最後に刊行にあたってお世話になった方々に御礼を申し上げたい。歴史のなかで建築を位置づけるというテーマをご理解くださり、出版の機会を用意くださった吉川弘文館には感謝申し上げる。特に石津輝真氏には企画の段階から助言をいただき、よい方向に導いてくれた。

そして本書の内容の一部は科学研究費補助金JSPS18H01618科研費基盤研究B「古代東アジアにおける建築技術体系・技術伝播の解明と日本建築の特質」や公益財団法人 松井角平記念財団の助成を受けた研究「文化財建造物のメンテナンスの歴史に関する基礎的研究」といった研究助成の成果を含んでおり、ここに記しておきたい。

また奈良文化財研究所では、さまざまな分野の方々からの刺激によって、タコツボ化しない環境のなかに身を置くことができており、本書のような広い視野の原点の一部はこの環境のおかげである。特に年輪年代学の星野安治氏とは、薬師寺東塔の修理現場をはじめ、折に触れて、造られた当時の社会状況という面で、建築と社会の関係を考えさせられた。また末尾になったが、初学者や他分野の研究者はもちろん、一般読者にもわかりやすい書籍と目指すということで、妻みな子には多忙のなか、最初の読者として貴重な意見をもらった。改めて感謝したい。

本書の主旨は建築を社会史として捉えるという新たな試みであるが、建物を通した一つの歴史の見方を提示できたのではないかと思う。本書では学術的にはわかりやすく伝えることを心掛けたが、建築はそのものを詳しく見ることで、さらに歴史の奥行や視野は広がってくる。それゆえ現地に赴き、古建築に触れることで世界観も変わってこよう。本書がその第一歩として建築史、あるいは古建築への興味を掻き立てる一冊となれば、著者として至福の極みである。

二〇一八年五月　奈良の自宅にて

海野　聡

参考文献

【第1章】
海野聡『古建築を復元する 過去と現在の架け橋』歴史文化ライブラリー四四四、吉川弘文館、二〇一七年
文化庁文化財部記念物課『発掘調査のてびき』集落遺跡発掘編、整理・報告書編、同成社、二〇一〇年
宮本長二郎『原始・古代住居の復元』日本の美術四二〇、至文堂、二〇〇一年
宮本長二郎『出土建築部材が解く古代建築』日本の美術四九〇、至文堂、二〇〇七年
【第2章】
青木敬『土木技術の古代史』歴史文化ライブラリー四五三、吉川弘文館、二〇一七年
池浩三『家屋文鏡の世界―古代祭祀建築群の構成原理』相模書房、一九八三年
佐原真ほか『集落と祭祀』日本考古学四、岩波書店、一九八六年
白石太一郎『古墳とその時代』日本史リブレット四、山川出版社、二〇〇一年
鳥越憲三郎・若林弘子『家屋文鏡が語る古代日本』新人物往来社、一九八七年
【第3章】
海野聡『古建築を復元する 過去と現在の架け橋』歴史文化ライブラリー四四四、吉川弘文館、二〇一七年
大脇潔『飛鳥の寺』日本の古寺美術一四、保育社、一九八九年
鈴木嘉吉『上代の寺院建築』日本の美術六五、至文堂、一九七一年
鈴木嘉吉『飛鳥・奈良建築』日本の美術一九六、至文堂、一九八二年
坪井清足『飛鳥の寺と国分寺』古代日本を発掘する二、岩波書店、一九八五年
町田章編『古代の宮殿と寺院』古代史復元八、講談社、一九八九年
渡辺保忠『伊勢と出雲』日本の美術三、平凡社、一九六四年
【第4章】
海野聡『古建築を復元する 過去と現在の架け橋』歴史文化ライブラリー四四四、吉川弘文館、二〇一七年
大岡實『南都七大寺の研究』中央公論美術出版、一九六六年

太田博太郎『奈良の寺々　古建築の見かた』岩波ジュニア新書四三、岩波書店、一九八二年
佐藤信『古代の地方官衙と社会』日本史リブレット八、山川出版社、二〇〇七年
須田勉『国分寺の誕生　古代日本の国家プロジェクト』歴史文化ライブラリー四三〇、吉川弘文館、二〇一六年
奈良文化財研究所編『図説　平城京辞典』柊風舎、二〇一〇年

【第5章】

伊藤延男『密教の建築』日本の美術八、小学館、一九七三年
井上満郎『平安京の風景―人物と史跡でたどる千年の宮都（古代の三都を歩く）』文英堂、二〇〇六年
川尻秋生『平安京遷都』日本古代史五、岩波書店、二〇一一年
工藤圭章『平安建築』日本の美術一九七、至文堂、一九八二年
斉藤利男『平泉―よみがえる中世都市』岩波書店、一九九二年

【第6章】

伊藤ていじ『重源』新潮社、一九九四年
久野修義『重源と栄西』日本史リブレット人〇二七、山川出版社、二〇一一年
伊藤延男『禅宗建築』日本の美術一二六、至文堂、一九七六年
橋本文雄『書院造』日本の美術七五、至文堂、一九七二年
太田博太郎『中世の建築』彰国社、一九五七年
川上貢『室町建築』日本の美術一九九、至文堂、一九八二年

【第7章】

平井聖『城と書院』日本の美術一三、平凡社、一九六五年
平井聖『日本の近世住宅』鹿島研究所出版会、一九六八年
堀口捨巳『茶室』日本の美術八三、至文堂、一九七三年
村井康彦『京の歴史と文化　四　戦国・安土桃山時代』講談社、一九九四年
米澤貴紀『日本の名城解剖図鑑』エクスナレッジ、二〇一五年

【第8章】

伊藤ていじ『日本の工匠』鹿島出版会、一九六七年

陣内秀信『東京の空間人類学』筑摩書房、一九八五年
谷直樹『中井家大工支配の研究』思文閣出版、一九九二年
内藤昌『江戸と江戸城』鹿島出版会、一九六六年
光井渉『都市と寺社境内―江戸の三大寺院を中心に―』日本の美術五二八、ぎょうせい、二〇一〇年

【第9章】

石山修武・毛綱毅曠『異形建築巡礼』国書刊行会、二〇一六年
伊藤延男『住居（すまい）』日本の美術三八、至文堂、一九六九年
鈴木充『江戸建築』日本の美術二〇一、至文堂、一九八三年
光井渉『都市と寺院境内―江戸の三大寺院を中心に―』日本の美術五二八、ぎょうせい、二〇一〇年
吉田靖『民家』日本の美術六〇、至文堂、一九七一年
佐賀朝・吉田伸之編『三都と地方都市』シリーズ遊廓社会一、吉川弘文館、二〇一三年
真野俊和編『本尊巡礼』日本の巡礼第一巻、雄山閣出版、一九九六年

【第10章】

坂本勝比古『明治の異人館』朝日新聞社、一九六五年
清水重敦『擬洋風建築』日本の美術四四六、至文堂、二〇〇三年
西和彦『近代和風建築』日本の美術四五〇、至文堂、二〇〇三年
藤森照信『日本の近代建築』上・下、岩波書店、一九九三年
藤森照信『明治の東京計画』岩波書店、一九八二年
村松貞次郎『日本近代建築の歴史』ＮＨＫブックス三〇〇、日本放送出版協会、一九七七年
米山勇『日本近代建築大全』〈東日本篇〉〈西日本編〉、講談社、二〇一〇年

図版出典一覧（特記しないものはすべて筆者撮影）

【巻頭カラー】

1　佐賀県教育庁文化財課提供
3　東京国立博物館蔵／Image: TNM Image Archives
5　奈良文化財研究所所蔵写真
6　便利堂提供
7　奈良文化財研究所所蔵写真
8　神宮司庁提供
9　渡辺保忠『伊勢と出雲』日本の美術三、平凡社、一九六四年、六四・六五頁、図二三
12　橿原市教育員会蔵／奈良文化財研究所所蔵写真
13　奈良市役所蔵／奈良文化財研究所所蔵写真
19　奈良国立博物館蔵
24　『日本美術全集一一　信仰と美術』小学館、二〇一五年
26　平等院提供
27　平泉文化史館提供
28　国立歴史民俗博物館蔵
29　東京国立博物館蔵／Image: TNM Image Archives
30　中尊寺提供
32　奈良文化財研究所所蔵写真
37　国立歴史民俗博物館蔵
38　東京国立博物館蔵／Image: TNM Image Archives
39　鈴木嘉吉・工藤圭章『二条城二の丸御殿』不滅の建築一一、毎日新聞社、一九八九年
42　公益財団法人藪内燕庵／中村昌生『茶室と露地』日本の美術一九、小学館、一九八一年、二八頁、図二〇
43　妙喜庵／中村昌生『茶室と露地』日本の美術一九、小学館、一九八一年、七頁、図三

44　公益財団法人藪内燕庵／田畑みなお撮影
45　国立歴史民俗博物館蔵
46・47　都立中央図書館特別文庫室蔵
48　奈良文化財研究所所蔵写真
52　都立中央図書館特別文庫室蔵
56　フォトライブラリー
66　富士屋ホテル提供

【第1章】
図1―1　石井博信『古代住居のはなし』吉川弘文館、一九九五年、一一頁、図一
図1―2左　宮本長二郎『日本原始古代の住居建築』中央公論美術出版、一九九六年、一一八頁、図一五
図1―2右　国立歴史民俗博物館『高きを求めた昔の日本人　巨大建造物を探る』山川出版社、二〇〇一年、一二頁、図四
図1―3　文化庁文化財部記念物課『発掘調査のてびき』集落遺跡発掘編、同成社、二〇一三年、一三二頁、図一二二
図1―4　文化庁文化財部記念物課『発掘調査のてびき』集落遺跡発掘編、同成社、二〇一三年、一三二頁、図一二三
図1―5　文化庁文化財部記念物課『発掘調査のてびき』集落遺跡発掘編、同成社、二〇一三年、一四〇頁、図一四一
図1―6　国営海の中道海浜公園事務所所有（筆者撮影）
図1―7　韮山町史刊行委員会『韮山町史』第一巻　考古編、静岡県田方郡韮山町役場、一九七九年、一三九・一四〇頁、挿図第六・七
図1―8　青森県教育庁文化財保護課提供
よもやま話①　木奥家蔵／奈良文化財研究所所蔵写真

【第2章】
図2―1　白石太一郎『古墳とその時代』日本史リブレット四、山川出版社、二〇〇一年、七頁
図2―2　藤井寺市史編さん委員会『藤井寺市史』第三巻 史料編一、藤井寺市、一九八六年、口絵
図2―3　木村徳国『古代建築のイメージ』NHKブックス三三六、日本放送出版協会、一九七九年、二一頁、第二図
図2―4　白石太一郎『古墳とその時代』日本史リブレット四、山川出版社、二〇〇一年、五九頁
図2―5　国立歴史民俗博物館蔵
図2―6　国立歴史民俗博物館『高きを求めた昔の日本人巨大建造物をさぐる』山川出版社、二〇〇一年、一七頁、図六
よもやま話②　松阪市蔵／奈良文化財研究所所蔵写真

【第3章】

図3―2　文化庁文化財部記念物課『発掘調査のてびき』各種遺跡調査編、同成社、二〇一三年、八六頁、図八九
図3―4　奈良文化財研究所『奈良文化財研究所創立五〇周年記念 飛鳥・藤原京展―古代律令国家の創造―』朝日新聞社、二〇〇二年、一八〇頁
図3―5　岸俊男『日本の古代宮都』岩波書店、一九九三年、一九頁、図六
図3―6　奈良文化財研究所『奈良文化財研究所創立五〇周年記念 飛鳥・藤原京展―古代律令国家の創造―』朝日新聞社、二〇〇二年、五五頁
図3―7〜9　奈良文化財研究所所蔵写真
図3―12　丹下健三『伊勢―日本建築の原型―』朝日新聞社、一九六二年、九一頁
図3―13　出雲大社提供
図3―14　渡辺保忠『伊勢と出雲』日本の美術三、平凡社、一九六四年、七九頁、図四〇
図3―15　日本建築学会『日本建築史図集』新訂第二版、彰国社、二〇〇七年、九頁、図二
よもやま話③　奈良文化財研究所『国宝薬師寺東塔の発掘調査』二〇一五年、七頁、第二図（下図は太田博太郎『日本建築史基礎資料集成一一 塔婆Ⅰ』中央公論美術出版、一九八四年、一七八・一七九頁より）

【第4章】

図4―1　奈良文化財研究所『図説 平城京事典』柊風舎、二〇一〇年、三七頁
図4―2　小澤毅『日本古代宮都構造の研究』青木書店、二〇〇三年、二二一頁、第二〇図
図4―3　奈良文化財研究所『図説 平城京事典』柊風舎、二〇一〇年、三三三頁
図4―4　奈良文化財研究所『図説 平城京事典』柊風舎、二〇一〇年、二一頁、図B
図4―5　奈良文化財研究所内部資料
図4―6　筆者作成
図4―7　奈良文化財研究所内部資料
図4―8　奈良文化財研究所所蔵写真
図4―9　東大寺蔵（筆者撮影）
図4―10　奈良文化財研究所『西大寺食堂院・右京北辺発掘調査報告』二〇〇七年、四九頁、図四五
図4―11　奈良文化財研究所『古代の官衙遺跡 Ⅱ遺物・遺跡編』二〇〇四年、一二九頁、図一

図4―12　栃木県教育委員会蔵
図4―13　関市教育委員会提供写真をもとに筆者作成
図4―14　筆者作成
図4―15　海野聡『奈良時代建築の造営体制と維持管理』吉川弘文館、二〇一五年、一五頁、図一
よもやま話④　右：奈良文化財研究所『薬師寺発掘調査報告』奈良国立文化財研究所学報第四十五冊、図版、一九八七年、ＰＬＡＮ一八／左：奈良文化財研究所『飛鳥・藤原宮発掘調査概報』二五、一九九五年、六七頁、Ｆｉｇ．五三

【第5章】
図5―1　石上英一ほか『岩波 日本史辞典』岩波書店、一九九六年、一四〇四頁
図5―2　朝尾直弘ほか『角川新版 日本史辞典』角川書店、一九九六年、一四一六頁、付録
図5―3　太田博太郎『新訂 図説 日本住宅史』彰国社、一九九九年、二六頁
図5―4　太田博太郎『新訂 図説 日本住宅史』彰国社、一九九九年、二七頁
図5―6　伊藤延男ほか『文化財講座 日本の建築 二 古代Ⅱ・中世Ⅰ』第一法規出版、一九七六年、三三頁
図5―8　太田博太郎『日本建築史基礎資料集成五 仏堂Ⅱ』中央公論美術出版、二〇〇六年、一五一頁、図九
図5―9　奈良文化財研究所所蔵写真
図5―10　太田博太郎『日本建築史基礎資料集成五 仏堂Ⅱ』中央公論美術出版、二〇〇六年、一二〇頁、図一
図5―11上　京都府教育庁文化財保護課『国宝浄瑠璃寺本堂・三重塔修理工事報告書』京都府教育委員会、一九六七年、図面六
図5―11下　同図面一
図5―12　日本建築学会『日本建築史図集』新訂第二版、彰国社、二〇〇七年、三九頁、図二
図5―13　奈良市南市町自治会蔵

【第6章】
図6―1　奈良県教育委員会蔵保存図
図6―2　国宝浄土寺浄土堂修理委員会『国宝浄土寺浄土堂修理工事報告書図版編』国宝浄土寺浄土堂修理委員会、一九五九年、図三七一
図6―3　松尾剛次『中世都市鎌倉の風景』吉川弘文館、二〇〇九年、三一頁、図一四
図6―4　日本建築学会『日本建築史図集』新訂第二版、彰国社、二〇〇七年、四四頁、図四
図6―6　日本建築学会『日本建築史図集』新訂第二版、彰国社、二〇〇七年、四五頁、図四・五

図6―8　太田博太郎『日本建築史基礎資料集成七　仏堂Ⅵ』中央公論美術出版、一九八三年、一一九頁、図一および一二一頁、図六に筆者加筆

図6―9　太田博太郎『日本建築史基礎資料集成一六　書院Ⅰ』中央公論美術出版、一九七一年、九七頁、図一

図6―10　太田博太郎『日本建築史基礎資料集成一六　書院Ⅰ』中央公論美術出版、一九七一年、八三頁、図五

図6―11　太田博太郎『日本建築史基礎資料集成一六　書院Ⅰ』中央公論美術出版、一九七一年、九六頁、図一〇

図6―12　太田博太郎『新訂　図説日本住宅史』彰国社、一九九九年、三七頁

図6―13　太田博太郎『新訂　図説日本住宅史』彰国社、一九九九年、三九頁

図6―14　筆者作成

【第7章】

図7―2　重要文化財丸岡城天守修理委員会『重要文化財丸岡城天守修理工事報告書』重要文化財丸岡城天守修理委員会、一九五五年、第一〇図

図7―3　大阪城天守閣蔵

図7―4　三井記念美術館蔵

図7―5・6　筆者作成

図7―7　平井聖『日本の近世住宅』SD選書三〇、鹿島研究所出版会、一九六八年、四四頁、図一三

図7―8　滋賀県教育委員会『国宝光浄院客殿・国宝勧学院客殿修理工事報告書』滋賀県教育委員会、一九八〇年、図一

図7―9　京都府教育委員会『国宝本願寺飛雲閣修理工事報告書』京都府教育委員会、一九六六年、図面二頁、図二

図7―10　日本建築学会『日本建築史図集』新訂第二版、彰国社、二〇〇七年、八七頁、図三

図7―11　川上貢・中村昌生『桂離宮と茶室』原色日本の美術一五、小学館、一九六七年、二二七頁

よもやま話⑦　筆者作成

【第8章】

図8―1　高橋康夫『図集　日本都市史』東京大学出版会、一九九三年、一九四頁、図一

図8―2　『国史大辞典』第三巻、吉川弘文館、一九八三年、八七五頁

図8―9　国立国会図書館蔵

図8―10　日本建築学会『日本建築史図集』新訂第二版、彰国社、二〇〇七年、七一頁、図四

図8―11　筆者作成

図8―12　叡山文庫蔵／奈良文化財研究所『比叡山延暦寺建造物総合調査報告書』比叡山延暦寺、二〇一三年、二四二・二四三頁、図五―九―八～一〇に筆者加筆
よもやま話⑧　東大寺蔵／奈良国立博物館『東大寺公慶上人　江戸時代の大仏復興と奈良』二〇〇五年、一一二頁
加藤得二『姫路城昭和の修理』真陽社、一九六五年、一九二頁

【第9章】

図9―1　奈良県立図書情報館蔵
図9―2　国立国会図書館蔵
図9―3　日本建築学会『日本建築史図集』新訂第二版、彰国社、二〇〇七年、八三頁、図四
図9―6　鳥取県立博物館蔵の図に加筆
図9―9　鈴木充『江戸建築』日本の美術二〇一、至文堂、一九八三年、第八八図
図9―10　太田博太郎『日本建築様式史』美術出版社、一九九九年、一二三頁、図七―二一
図9―11　江戸東京博物館蔵／Image: 東京都歴史文化財団イメージアーカイブ
図9―12　奈良県立美術館蔵
図9―13　川崎市立日本民家園提供
よもやま話⑨　朝日新聞社提供

【第10章】

図10―1　高橋康夫『図集　日本都市史』東京大学出版会、一九九三年、二七五頁、図三
図10―2　藤森照信『日本の近代建築』上、岩波書店、一九九三年、四九頁、図二―七
図10―5　都立中央図書館特別文庫室蔵
図10―6　国立公文書館蔵「出羽国最上山形城絵図」に筆者加筆
図10―7　藤森照信『日本の近代建築』上、岩波書店、一九九三年、八八頁
図10―8　都立中央図書館特別文庫室蔵
図10―9　国立国会図書館蔵

著者略歴
一九八三年、千葉県に生まれる
二〇〇六年、東京大学工学部建築学科卒業
二〇〇九年、東京大学大学院工学系研究科建築学専攻博士課程中退
現在、東京大学大学院工学系研究科准教授、博士（工学）

〔主要著書〕
『古建築を復元する―過去と現在の架け橋―』（吉川弘文館、二〇一七年）
『奈良で学ぶ　寺院建築入門』（集英社、二〇二二年）
『森と木と建築の日本史』（岩波書店、二〇二二年）
『日本建築史講義―木造建築がひもとく技術と社会―』（学芸出版社、二〇二二年）
『古建築を受け継ぐ―メンテナンスからみる日本建築史―』（岩波書店、二〇二四年）

建物が語る日本の歴史

二〇一八年（平成三十）八月一日　第一刷発行
二〇二五年（令和　七）五月十日　第二刷発行

著　者　海《うん》野《の》　聡《さとし》

発行者　吉　川　道　郎

発行所　株式会社　吉川弘文館
郵便番号一一三―〇〇三三
東京都文京区本郷七丁目二番八号
電話〇三―三八一三―九一五一（代）
振替口座〇〇一〇〇―五―二四四
https://www.yoshikawa-k.co.jp/

組版＝文選工房
印刷＝藤原印刷株式会社
製本＝誠製本株式会社
装幀＝河村　誠

ISBN978-4-642-08336-2